SOCIAL SECURITY
PRACTICE AND TRAINING

社会保障实务与实训

龙玉其◎主编

图书在版编目（CIP）数据

社会保障实务与实训/龙玉其主编. —北京：经济管理出版社，2018.5
ISBN 978-7-5096-5697-6

Ⅰ.①社… Ⅱ.①龙… Ⅲ.①社会保障—中国—教材 Ⅳ.①D632.1

中国版本图书馆CIP数据核字（2018）第046927号

组稿编辑：梁植睿
责任编辑：梁植睿
责任印制：黄章平
责任校对：陈　颖

出版发行：经济管理出版社
　　　　　（北京市海淀区北蜂窝8号中雅大厦A座11层　100038）
网　　址：www.E-mp.com.cn
电　　话：（010）51915602
印　　刷：三河市延风印装有限公司
经　　销：新华书店
开　　本：787mm×1092mm/16
印　　张：21.75
字　　数：413千字
版　　次：2018年5月第1版　2018年5月第1次印刷
书　　号：ISBN 978-7-5096-5697-6
定　　价：59.00元

·版权所有　翻印必究·

凡购本社图书，如有印装错误，由本社读者服务部负责调换。
联系地址：北京阜外月坛北小街2号
电话：（010）68022974　　邮编：100836

《社会保障实务与实训》编委会

主　编

　　龙玉其

副主编

　　单　俊　朱丽敏　刘　雪

编写组成员

　　龙玉其　单　俊　刘　雪
　　朱丽敏　李　洁　王海漪

前　言

实践能力是劳动和社会保障专业学生的重要专业能力之一。在高校高度重视实践教学、提升人才培养质量和就业竞争力的背景下，加强社会保障实务与实训教学具有重要意义，有助于学生巩固社会保障理论知识、熟练掌握社会保障政策，提高社会保障管理与服务过程中的基本技能，还有助于培养学生的社会保障情怀，增强学生对专业的认可度。

社会保障实务与实训教学的方法包括案例分析、情境模拟、岗位实习、软件实训等，其中，软件实训是目前许多高校社会保障实训教学的重要方式。从现实来看，一些高校在社会保障实训教学方面还存在诸多问题，实训教学的效果不太理想，其中一个重要的原因就是缺乏科学、完善的社会保障实训教材。笔者经前期调研发现，高校社会保障专业教师对实训教材的需求较大，绝大多数专业教师认为应该使用专门的社会保障实训教材。因此，开发和编写一本科学、适用的社会保障实训教材是未来完善社会保障实训教学的重要任务，本书的编写正是对这方面的尝试。

本书主要围绕我国社会保险、社会福利、社会救助这三类社会保障体系的核心项目，立足于学生的专业能力培养与职业岗位需求，介绍社会保障的基本概念、基本政策、基本流程，通过情境模拟、软件实训等方式，帮助学生和相关专业人士从参保登记、基础信息管理、缴费与筹资、待遇核定与计发、转移接续等方面全面把握社会保障的核心技能与能力。

本书适用于劳动与社会保障专业的本科生、公共管理专业硕士研究生，也适合人力资源管理、公共事业管理、社会工作等专业的学生使用。本教材的特色和优势在于：编写人员来自高校、教学软件公司，有助于从多人视角考虑学生的需求，内容更加贴近工作实际，政策内容更加新颖，特别是情境模拟、软件实训等环节，线上与线下相结合，注重实训软件的运用，更全面、更生动、更实际地提升学生的社会保障实践能力。

本书编写的具体分工如下：全书由龙玉其主持编写，拟定了全书的编写大纲，并组织讨论确定编写大纲，撰写了第一章、第四章和第五章的主要内容，负责全书的统筹和最终审定；单俊负责编撰全书的案例；刘雪负责撰写第二章；朱丽敏负责撰写第三章；李洁、王海漪分别参与撰写了第四章和第五章的部分内容。单俊、朱丽敏、刘雪对书稿提出了修改意见，协助主编统稿和审稿。在编写过程中，这些作者付出了辛勤的努力，牺牲了宝贵的工作和休息时间，甚至熬夜、带病加班完成编写任务。在此，一并表示感谢。

编写社会保障实训教材是一项开创性的工作，由于时间、精力和水平有限，书中不足之处恳请各位批评指正，我们将在再版过程中吸收完善，力求为我国社会保障实训教学和人才培养贡献微薄之力。

龙玉其

2018 年 1 月 10 日

目 录

第一章 社会保障实务与实训概述

第一节 社会保障的概念、特点与体系构成 ... 1
一、社会保障的概念 ... 1
二、社会保障的特点 ... 3
三、社会保障体系的构成 ... 4

第二节 社会保障管理的概念与内容 ... 6
一、社会保障管理的概念 ... 6
二、社会保障管理的主要内容 ... 6
三、中国社会保障管理体制 ... 7

第三节 社会保障实务与实训的内涵与内容 ... 9
一、社会保障实务与实训的内涵 ... 9
二、社会保障实务与实训的内容 ... 10

第四节 社会保障实务与实训的意义与方法 ... 11
一、社会保障实务与实训的意义 ... 11
二、社会保障实务与实训的方法 ... 12

第五节 初识社会保障实训软件：逸景社保综合智能实训平台 ... 14
一、逸景社保综合智能实训平台简介 ... 14
二、该软件的特色与创新 ... 14
三、实训教学中该软件能解决的主要问题 ... 15
四、软件内置流程 ... 16
五、学生端操作步骤 ... 16

第二章 社会保险实务 ... 18

第一节 养老保险实务 ... 18
一、基本概念 ... 18

二、政策现状 …………………………………………………… 18
　　　三、业务办理 …………………………………………………… 25
　第二节　医疗保险实务 …………………………………………………… 35
　　　一、基本概念 …………………………………………………… 35
　　　二、政策现状 …………………………………………………… 35
　　　三、业务办理 …………………………………………………… 40
　第三节　失业保险实务 …………………………………………………… 43
　　　一、基本概念 …………………………………………………… 43
　　　二、政策现状 …………………………………………………… 43
　　　三、业务办理 …………………………………………………… 47
　第四节　工伤保险实务 …………………………………………………… 50
　　　一、基本概念 …………………………………………………… 50
　　　二、政策现状 …………………………………………………… 50
　　　三、业务办理 …………………………………………………… 55

第三章　社会保险实训 …………………………………………………… 59

　第一节　社会保险参保登记实训 ………………………………………… 59
　　　一、社会保险登记 ……………………………………………… 60
　　　二、社会保险变更登记 ………………………………………… 76
　　　三、社会保险注销登记 ………………………………………… 84
　第二节　社会保险费征缴实训 …………………………………………… 87
　　　一、社会保险缴费申报 ………………………………………… 87
　　　二、社会保险费缴费基数核定 ………………………………… 91
　　　三、社会保险费缴纳 …………………………………………… 96
　第三节　个人账户管理实训 …………………………………………… 104
　　　一、基本养老保险个人账户 …………………………………… 104
　　　二、基本医疗保险个人账户 …………………………………… 113
　　　三、失业保险个人缴费记录 …………………………………… 118
　第四节　社会保险待遇给付实训 ……………………………………… 121
　　　一、养老保险待遇给付 ………………………………………… 121
　　　二、医疗保险待遇给付 ………………………………………… 134
　　　三、失业保险待遇给付 ………………………………………… 141
　　　四、工伤保险待遇给付 ………………………………………… 146

第五节 社会保险转移接续实训 ………………………………………… 161
　　一、城镇企业职工基本养老保险关系跨统筹地区转移 ……………… 161
　　二、城镇职工基本养老保险与城乡居民基本养老保险关系的转移接续 … 169
　　三、机关事业单位基本养老保险关系和职业年金转移接续 ………… 175
　　四、基本医疗保险关系转移接续 ……………………………………… 186
　　五、失业保险关系转移接续 …………………………………………… 193

第六节 社会保险查询统计实训 ………………………………………… 196
　　一、社会保险查询 ……………………………………………………… 196
　　二、社会保险统计 ……………………………………………………… 200

第四章 社会福利实务与实训 ……………………………………………… 203

第一节 老年人福利实务与实训 ………………………………………… 203
　　一、基本概念 …………………………………………………………… 203
　　二、政策现状 …………………………………………………………… 204
　　三、业务办理 …………………………………………………………… 210
　　四、软件实训 …………………………………………………………… 224
　　五、情境模拟 …………………………………………………………… 227

第二节 儿童福利实务与实训 …………………………………………… 228
　　一、基本概念 …………………………………………………………… 228
　　二、政策现状 …………………………………………………………… 229
　　三、业务办理 …………………………………………………………… 234
　　四、软件实训 …………………………………………………………… 239
　　五、情境模拟 …………………………………………………………… 244

第三节 残疾人福利实务与实训 ………………………………………… 245
　　一、基本概念 …………………………………………………………… 245
　　二、政策现状 …………………………………………………………… 246
　　三、业务办理 …………………………………………………………… 253
　　四、软件实训 …………………………………………………………… 269
　　五、情境模拟 …………………………………………………………… 272

第五章 社会救助实务与实训 ……………………………………………… 275

第一节 特困人员供养实务与实训 ……………………………………… 275
　　一、政策现状 …………………………………………………………… 275

二、业务办理 …………………………………………………………… 277
三、软件实训 …………………………………………………………… 277
四、情境模拟 …………………………………………………………… 279
第二节 最低生活保障实务与实训 ………………………………………… 279
一、政策现状 …………………………………………………………… 279
二、业务办理 …………………………………………………………… 281
三、软件实训 …………………………………………………………… 284
四、情境模拟 …………………………………………………………… 287
第三节 住房救助实务与实训 ……………………………………………… 287
一、政策现状 …………………………………………………………… 287
二、业务办理 …………………………………………………………… 288
三、软件实训 …………………………………………………………… 289
四、情境模拟 …………………………………………………………… 292
第四节 教育救助实务与实训 ……………………………………………… 292
一、政策现状 …………………………………………………………… 292
二、业务办理 …………………………………………………………… 293
三、软件实训 …………………………………………………………… 298
四、情境模拟 …………………………………………………………… 301
第五节 医疗救助实务与实训 ……………………………………………… 301
一、政策现状 …………………………………………………………… 301
二、业务办理 …………………………………………………………… 303
三、软件实训 …………………………………………………………… 305
四、情境模拟 …………………………………………………………… 308
第六节 临时救助实务与实训 ……………………………………………… 309
一、政策现状 …………………………………………………………… 309
二、业务办理 …………………………………………………………… 311
三、软件实训 …………………………………………………………… 313
四、情境模拟 …………………………………………………………… 316
第七节 流浪乞讨人员救助实务与实训 …………………………………… 316
一、政策依据 …………………………………………………………… 316
二、业务办理 …………………………………………………………… 317
三、软件实训 …………………………………………………………… 319
四、情境模拟 …………………………………………………………… 319

第八节 灾害救助实务与实训 ………………………………………… 319
　　一、政策现状 ………………………………………………… 319
　　二、软件实训 ………………………………………………… 322
　　三、情境模拟 ………………………………………………… 325
第九节 就业救助实务与实训 ………………………………………… 326
　　一、政策现状 ………………………………………………… 326
　　二、软件实训 ………………………………………………… 329
　　三、情境模拟 ………………………………………………… 331

参考文献 …………………………………………………………………… 333

第一章 社会保障实务与实训概述

[**学习目标**]

准确把握社会保障的含义与特点;了解我国社会保障体系的主要内容与构成;熟悉我国社会保障管理的主体及其职责;了解社会保障实务与实训的含义、内容与意义;熟悉社会保障实训教学软件。

第一节 社会保障的概念、特点与体系构成

建立和完善社会保障体系是防范个人和社会风险的重要举措,是国家和政府的基本职能之一,是社会文明进步的重要标志。改革开放以来,我国社会保障体系建设取得了巨大成就,为保障国民生活、促进经济社会发展发挥了重要作用。明确社会保障的概念、特点与体系构成是充分认识社会保障的必然要求,也是开展社会保障实务与实训教学的基本前提。

一、社会保障的概念

社会保障是一个动态、多元视角的概念,到目前为止,尚未形成一个全球统一的社会保障概念。不同学者在不同时期、从不同视角对社会保障概念的理解千差万别。由于国情不同,不同国家社会保障体制也存在较大差异,由于国情的变化和社会保障体制的变革,甚至一个国家不同时期对社会保障的认识与实践也存在较大差异。

从国内学者对社会保障概念的理解来看,陈良瑾教授从收入分配的视角对社会保障进行了定义,认为"社会保障是国家和社会通过国民收入的分配与再分配,依法对社会成员的基本生活权利予以保障的社会安全制度"。[①] 其中特别强调了社会保障的收入

[①] 陈良瑾:《社会保障教程》,知识出版社1990年版。

再分配原理与作用。孙光德、董克用教授在此基础上进一步明确了社会保障的主体、依据与内容，认为"社会保障制度是以国家或政府为主体，依据法律规定，通过国民收入再分配，对公民在暂时或永久失去劳动能力以及由于各种原因生活发生困难时给予物质帮助，保障其基本生活的制度"①。郑功成教授对社会保障的概念进行抽象概括，即"社会保障是各种具有经济福利性、社会化的国民生活保障系统"②，突出了社会保障的经济福利性和社会化特征，而且强调了社会保障内容的全面性，涉及国民生活的各个方面，是一个复杂的系统。

从国外对社会保障概念的理解来看，不同国家的不同学者对社会保障的理解也存在较大差异。国际劳工组织《社会保障（最低标准）公约》对社会保障进行了定义，即"社会保障是通过一定的组织对这个组织的成员所面临的某种风险提供保障，为公民提供保险金、预防或治疗疾病，失业时资助并帮助其重新找到工作"。这一概念强调了社会保障的雇主责任或组织责任，并强调其生活风险保障的职能。美国社会保障总署编写的《全球社会保障制度》认为，"社会保障是指根据政府法规而建立的项目，给个人谋生能力中断或丧失提供保险，还为结婚、生育或死亡而需要某些特殊开支时提供保障"。《贝弗里奇报告》认为，"社会保障是国民在失业、疾病、伤害、老年以及家庭收入锐减、生活贫困时予以生活保障"，主要根据国民的社会保障需求和具体项目对社会保障进行定义。

学界对社会保障概念理解的差异较大，体现了社会保障发展的阶段性、时代性和动态性，也体现了不同国家、不同时期社会保障发展的特色以及发展模式的多样性。无论如何，都不可否认社会保障的政府责任、社会保障的福利性、社会保障内容的全面性，均强调社会保障的收入再分配机制。我们认为，社会保障是国家和社会依据相应的法律法规，通过收入再分配的机制，对国民遭受老年、疾病、伤残、失业、生育、贫困及意外事件等风险时，采用一定的方式方法，运用资金、实物、服务等手段保障国民基本生活并提高其生活水平，促进社会安全稳定的社会制度。强调社会保障主体的多元性，最重要的主体是国家和社会，具体包括各级政府、单位、社区、家庭、个人等主体。社会保障的对象应该是全体国民，不同社会保障项目的具体对象有所不同，重点针对弱势群体和有特殊需要的人群。社会保障需要运用来自国家和社会的相关资源，通过收入再分配的方式使资源和收入在不同人群之间进行转移与分配。社会保障的内容主要针对国民生活风险，涉及国民生活需求的各个方面，是一个复杂的系统。社会保障的目标是预防和化解生活风险、保障国民的基本生活、提高国民的生活水平。③

---

① 孙光德、董克用：《社会保障概论》，中国人民大学出版社2001年版。
② 郑功成：《社会保障学——理念、制度、实践与思辨》，商务印书馆2013年版。
③ 王延中、龙玉其：《社会保障概论》，中国人民大学出版社2017年版。

与此同时，社会保障还与政治、经济、社会、文化等产生相互影响。

二、社会保障的特点

社会保障具有以下几个方面的特点：

一是公平性。社会保障的公平属性要求公平对待全体国民，让全体国民公平享有社会保障，实现社会保障的广覆盖、全覆盖。社会保障的重要功能就是通过对贫困、弱势群体的帮助来实现社会的公平正义，而国家和社会对贫困、弱势群体的帮助就必然存在着收入分配调节的因素，通过向高收入者和普通国民征税，通过科学的制度设计来实现对这些人群的帮助，进而实现全体国民整体福利的提高。在任何时代、任何国家都会存在一些因自身原因或社会因素面临生活困境和意外事件而需要帮助的人，随着工业化进程的加快，生活风险的类型日益复杂化，人们面临的风险日益增加，而个人和家庭承担风险的能力在相对下降，这就更加需要发挥社会保障的互助共济作用，体现公平性。当然，强调社会保障的公平性与互助共济性，并不排斥其效率性，应该坚持公平优先，兼顾效率。

二是福利性。福利性是公平性的重要体现。在一些国家，尤其是福利国家，往往运用社会福利的概念取代社会保障，更加凸显社会保障的福利性和全民性。社会保障强调发挥政府的作用，加强公共资源与财政投入。总体来看，社会保障对象的付出一定是小于其获得的收益，甚至不需要缴纳任何费用就可以获得国家和社会的经济帮助，特别是针对一些贫困和低收入人口的帮助，比如最低生活保障制度、老龄津贴制度。即使社会保险要求劳动者或居民缴费，待遇获取与缴费之间也非一一对应关系，国家财政往往对社会保险基金进行补贴、承担托底责任。社会保障是一种重要的资源分配方式，在一定程度上是"按需分配"而非"按能力分配"，必然调节居民收入之间的收入分配，体现福利性。①

三是法制性。完善、科学的社会保障法制是社会保障完善与成熟的重要标志。从国际经验来看，凡是社会保障制度比较成熟、社会保障体系比较健全的国家，都建立和完善了一套比较科学的法律法规，甚至强调立法先行，通过法制建设推动社会保障的实施与科学运行。在我国社会保障改革与发展过程中，积极重视加强法制建设，并取得了重要进展，出台了《中华人民共和国社会保险法》《中华人民共和国军人保险法》《中华人民共和国慈善法》，《自然灾害救助条例》《失业保险条例》《工伤保险条例》《社会救助暂行办法》等法规也已经出台。通过法制建设进一步明确不同社会保障主体的权利与义务，更加有效地保护国民的社会保障权益。当然，由于诸多原因，我国社会保

---

① 龙玉其：《社会保障在收入再分配中的作用》，《前沿》2013年第11期，第99-102页。

障的法制建设还存在许多问题，迫切需要进一步推进社会保障法制建设。

四是社会性。社会保障是一个社会化的保障系统，社会性是其中的核心特征之一。简言之，社会保障的社会性体现在社会保障的社会效应、社会保障资金来源的社会共担、社会保障待遇的社会共享、社会保障管理服务的社会化等方面。社会保障是一项非常重要的社会事业，社会保障的发展有助于推进社会建设、促进社会和谐。社会保障的主体是国家和社会，具体包括社会中的各类组织和个人。社会保障的对象应该是全体社会公民，而且应该一视同仁，不因身份差异而产生歧视。社会保障的资源应该来自社会，由全体社会成员共享。社会保障的管理服务应该实现社会化，由独立、专业化的机构来经办，而不是单位包办；社会保障的筹资、给付、基金管理与投资等相关信息应该向社会公开，确保社会保障对象的知情权，吸纳相关主体加强对社会保障的监督。

五是全面性。社会保障涉及生活需求的方方面面，不同的社会保障项目具有不同的生活保障功能。如前所述，社会保障包括了经济保障、医疗保障、服务保障、精神保障等方面，满足不同劳动者和国民的不同需求，防范各类生活风险。社会保障体系包括了社会保险、社会福利、社会救助等内容，下面分别包含了不同的社会保障项目，这些项目相互联系、相互促进、相互补充，分别承担着不同的保障职能。在发挥不同社会保障项目的具体功能时，还应该充分发挥这些社会保障项目的合力，注意不同社会保障项目的协调性，推进社会保障的统筹发展。

六是多层次性。由于不同人群收入水平和能力的差异性，对社会保障的需求存在较大差异。社会保障的发展既要考虑全体劳动者和国民的共同需求，也要兼顾不同职业、身份和收入人群需求的差异性，需要建立和完善多层次的社会保障体系，通过多层次的制度体系来满足不同群体的差异化需求。多层次社会保障体系建设要求政府与市场相结合、公平与效率相结合。其中，基本社会保障层次必须坚持公平优先的原则，强调政府责任；补充性保障层次应该强调效率，遵循市场化的原则，强调保障的差异性。

三、社会保障体系的构成

社会保障是针对国民生活需求与风险而言的，涉及国民生活的方方面面。国民生活需求主要包括经济需求、服务需求、医疗需求、精神需求等方面，这是国民风险的主要领域，因而社会保障体系也包括经济保障、服务保障、医疗保障和精神保障四大内容，它们相互联系，不可或缺。四大社会保障系统的功能通过多个层次、多个项目来实现。

从社会保障的层次来看，我国社会保障是一个多层次的系统，包括基本保障层次、补充保障层次、个人自愿储蓄保障层次。基本保障层次是社会保障的核心主体和发展重点，强调政府财政责任与保障的公平性，满足全体公民的基本生活需求，属于法定保障的范围。补充保障层次一般属于自愿保障的范围，是建立在基本保障的基础上，由劳动者和国民自愿参与的保障项目，国民通过自愿缴费和单位支持而获得保障待遇，体现出不同人群的差异性，主要是指补充养老保险与补充医疗保险，尤其以补充养老保险中的职业年金与企业年金为重点。个人自愿储蓄保障层次则完全遵循自愿原则，保障待遇与个人积累完全一一对应。补充保障与个人自愿储蓄保障主要采用市场化的保障方式，政府给予适当的政策支持。

从具体项目来看，社会保障主要包括社会保险、社会福利和社会救助三大核心模块：

社会保险是国家和社会依据一定的法律法规，通过资金的筹集与分配，对遭遇年老、疾病、伤残、失业、生育等风险而减弱或失去收入来源的公民（在一些情况下还包括其家属）给予经济支持，保障其基本生活的社会保障制度。社会保险包括养老保险、医疗保险、失业保险、工伤保险等项目，目前我国的生育保险制度将合并至医疗保险项目中去，正在探索建立护理保险制度。社会保险是目前我国社会保障的核心和主体，它强调权利与义务的结合，享受社会保险待遇的前提是履行缴费义务。

社会福利是以老年人、残疾人、儿童等特殊人群为主要对象，面向全体公民，以提供实物、服务、资金等手段提高特殊人群和国民生活质量的社会保障制度。社会福利应该包括老年人福利、残疾人福利、儿童福利、住房福利、教育福利等内容。

社会救助是国家和社会面向贫困人口与不幸人群，在其遭遇各种风险和意外事件而失去收入来源或者难以维持最起码的生活时，给予其资金、实物和服务帮助，保障其最低生活需要的社会保障制度。社会救助坚持"托底线、救急难、可持续"的原则，是社会保障安全网的网底。社会救助是一个综合系统，包括最低生活保障、特困人员供养、受灾人员救助、医疗救助、教育救助、住房救助、就业救助、临时救助等内容。

社会保险、社会福利和社会救助三大系统的保障主体、对象、内容、目标、原理、机制是不同的，三者共同构成了我国社会保障体系的核心。除了以上三大核心内容外，社会保障体系还包括社会优抚、慈善事业、职业福利、商业保险等内容。①

---

① 王延中、龙玉其：《社会保障概论》，中国人民大学出版社2017年版。

第二节 社会保障管理的概念与内容

科学、高效的社会保障管理是实现社会保障目标的重要保障。制度设计再完善、再科学,如果没有一个良好的管理服务体系,也是一纸空文,难以实现保障目标。社会保障的实务与实训教学最核心的任务就是熟悉社会保障的管理服务,增强社会保障的实践能力与动手能力。

一、社会保障管理的概念

社会保障管理既包含了一般的管理原理,也具有其专业性和特殊要求。管理是在特定的环境下,相关管理主体(企业或组织)整合运用其所拥有的内外部人力、物力、财力、信息等资源,通过一定的程序和方法进行计划、组织、领导、协调、控制、监督,以便更好地实现组织目标的过程。

社会保障管理是一般管理方法和原理在社会保障领域中的运用,是一种特殊的管理活动。具体来说,社会保障管理是指政府和各类组织依据相应的法律法规和政策,遵循社会保障的根本目标、基本属性和发展规律,整合运用各类社会保障资源,运用一定的方式、方法和程序,对各类社会保障事务进行计划、组织、领导、协调、控制与监督的活动。

社会保障管理作为公共管理与社会管理的重要内容,与企业管理活动有着明显不同,主要体现在管理的目标方面,社会保障管理在提升管理效率的同时主要强调实现社会效率,更好地为保障对象提供服务,而企业管理活动主要追求经济效率和利润最大化。

二、社会保障管理的主要内容

根据社会保障发展的需求,社会保障管理的内容主要包括行政管理、业务管理、财务管理(基金管理)、服务管理和监督管理五大方面。

社会保障行政管理是指社会保障的相关行政管理部门从政府职能和公共管理的角度来推进社会保障的各项工作,主要包括加强社会保障的宣传引导、统筹规划与系统设计,在相应的法律法规指导下制定社会保障的政策文件,明确社会保障模式、制度设计、保障范围,规定不同社会保障主体的权利义务关系,加强社会保障财政投入,发挥托底保障和基本保障的职能,加强社会保障的监督管理,确保社会保障法律法规和政策落实，进而实现社会保障的目标，维护劳动者和城乡居民的社会保障权益。

社会保障业务管理是指在相关法律法规和行政部门的指导监督下，通过独立、专业化的社会保障管理服务机构（经办机构），为社会保障对象提供各种服务的管理活动。社会保障业务管理主要包括社会保障对象的信息登记与管理、社会保障资金筹集、社会保障权益记录、社会保障档案与信息管理、社会保障待遇审核与支付。这些业务管理活动直接关系到社会保障对象的权益，主要通过专门的社会保障经办机构来实现。

社会保障财务管理是社会保障管理的另外一项核心内容，直接关系到社会保障制度运行的物质基础和可持续性，是社会保障管理过程中比较受关注的内容之一。社会保障财务管理主要是指相关部门和机构对社会保障财务收支、基金管理与运行状况进行管理与监督的过程。其中，基金管理是社会保障财务管理的核心，是实现财务可持续的重要保障，主要包括社会保障基金的筹集、给付、管理、投资运营等方面。

社会保障服务管理主要是相关部门和机构为社会保障对象提供各类社会保障服务的管理过程。社会保障不仅是经济保障，还包括服务保障，主要是针对社会保障的服务需求而言的，众多社会保障项目的载体和方式是社会保障服务，主要包括医疗服务、养老服务、护理服务、精神服务等方面。这些服务需要由专业化的机构来提供，需要积极培育和发展各类服务主体，推进社会保障服务的供给侧改革，发挥市场和社会资源，为国民提供更多、更好的社会保障服务。

社会保障监督管理是预防和解决各类社会保障风险与问题的重要举措，主要是指包括政府、企业、社会、专家、保障对象等在内的多个主体对社会保障的各项工作进行监督、反馈与纠偏的过程。监督的内容涉及社会保障运行的各个方面，尤其是以资金为线索，对社会保障的资金筹集、基金管理、待遇发放、服务提供等方面进行全方位的监督。事前、事中与事后相结合，构建一个全面、严密、多主体的社会保障监督体系。

三、中国社会保障管理体制

社会保障管理体制是指中央和地方各级行政管理部门围绕社会保障行政管理的相关职能和社会保障内容而推进社会保障管理的机构、制度、政策和管理方法的总称。经过多次改革和完善，我国社会保障的管理体制基本理顺，目前的社会保障管理体制主要是在1998年政府机构改革的基础上通过进一步改革和完善形成的。从目前社会保障项目和管理职能来看，社会保障管理主要涉及人力资源和社会保障部、财政部、民政部、国家卫生和计划生育委员会、全国老龄办等部门。

人力资源和社会保障部是全国社会保障事务的核心主管部门，社会保险管理是其核心职能，包括养老保险、失业保险、医疗保险、工伤保险、农村社会保险以及社保险基金监督方面。该部门主要负责拟定社会保障事业发展规划、政策，起草社会保障法律法规草案，制定部门规章，并组织实施和监督检查，统筹建立覆盖城乡的社会保障体系，统筹拟定城乡社会保险及其补充保险政策和标准。

财政部的社会保障管理职能主要涉及社会保障财政支出与社会保险基金管理，包括会同有关部门管理中央财政社会保障和就业及医疗卫生支出，拟定社会保障资金（基金）的财务管理制度，编制中央社会保障预决算草案。财政部专门设立社会保障司，主要参与研究制定国家社会保障和就业、农村危房改造、医疗卫生和计划生育事业改革与发展的规划及政策，牵头制定并组织实施相关财政政策，负责社会保险基金预决算和投资运营有关工作。

民政部承担着社会保障的托底职能，主要负责社会优抚、社会救助、社会福利、慈善事业等社会保障管理业务。在社会救助方面，负责牵头拟定社会救助规划、政策和标准，健全城乡社会救助体系，负责城乡居民最低生活保障、医疗救助、临时救助、生活无着人员救助等工作，拟定救灾工作政策，负责组织、协调救灾工作，组织自然灾害救助应急体系建设，管理、分配中央救灾款物并监督使用，组织、指导救灾捐赠。在社会优抚方面，拟定优抚政策、标准和办法，拟定和实施退役士兵、复员干部、军队离退休干部和军队无军籍退休退职职工安置政策及计划。在社会福利方面，拟定和实施社会福利事业发展规划、政策和标准，指导老年人、孤儿和残疾人等特殊群体的福利与权益保障工作，组织拟定促进慈善事业发展政策，组织和指导社会捐助工作。

国家卫生和计划生育委员会负责协调推进医药卫生体制改革和医疗保障，负责制定医疗机构和医疗服务全行业管理办法并监督实施，负责组织推进公立医院改革，建立公益性为导向的绩效考核和评价运行机制，建立和谐医患关系，提出医疗服务和药品价格政策的建议；组织制定国家药物政策和国家基本药物制度，组织制定国家基本药物目录，拟定国家基本药物采购、配送、使用的管理制度；拟定农村卫生和社区卫生政策、规划、规范并组织实施，指导全国基层卫生服务体系建设和乡村医生相关管理工作，监督指导基层卫生政策的落实。

全国老龄办是人口老龄化背景下一个非常重要的机构，主要负责办理全国老龄工作委员会决定的事项；研究提出全国老龄事业与老龄工作发展的方针政策和规划与实施办法；督促、检查全国老龄工作政策的落实情况；开展调查研究，收集、整理老龄工作的有关情况和信息，总结推广先进经验。

国家发展和改革委员会、审计署、全国社会保障基金理事会、中国残疾人联合会等也承担了部分社会保障管理职能，参与社会保障的监督与管理。如国家发展和改革委员会设立有社会发展司等机构，负责制定社会保障的中长期规划等；审计署下设专门的社会保障审计司，负责对社会保障资金收支与管理活动进行审计监督；全国社会保障基金理事会承担着全国社会保障基金和部分社会保险基金的投资运营管理；中国残疾人联合会在维护残疾人权益、发展残疾人福利方面也发挥着重要作用。

此外，人力资源和社会保障部社会保险事业管理中心是社会保障管理服务中一个非常重要的业务管理机构，综合管理全国社会保险基金和社会保险经办业务工作，包括制定和实施全国社会保险经办管理总体规划和实施方案；组织拟定和实施社会保险经办工作的管理、技术和服务标准；拟定和实施社会保险参保扩面、基金征缴和支出计划建议方案；制定和实施社会保险参保登记、缴费申报、费用征缴、财务核算、权益记录、稽核检查、关系建立、终止和转移、接续、待遇审核、支付等经办规程与操作规范；承担编制全国社会保险基金预决算草案，组织实施社会保险基金预算，监测全国社会保险基金运行情况，参与制定中央财政社会保险转移支付资金分配方案；负责社会保险精算工作，指导全国社会保险经办系统对社会保险基金中长期财务风险进行测算分析，建立年度精算报告制度。

第三节　社会保障实务与实训的内涵与内容

加强社会保障实务与实训学习，应该了解社会保障实务与实训的含义，明确社会保障实务与实训的主要内容。

一、社会保障实务与实训的内涵

（一）社会保障实务

社会保障实务是指在社会保障制度运行与发展实践过程中涉及的社会保障管理与服务工作。社会保障实务是相对社会保障理论而言的，是建立在社会保障相关理论与原理的基础上对社会保障管理服务具体内容的分析，包括社会保障行政管理、业务管理、财务管理、服务管理、监督管理等社会保障管理实务。在本书中，主要介绍社会保障的制度设计、覆盖面、资金筹集、待遇给付、保障水平、业务办理等社会保障管理与服务的具体内容。

（二）社会保障实训

社会保障实训是在熟悉社会保障实务的基础上进一步加强社会保障管理服务技能的训练，模拟社会保障管理的业务操作，更好地掌握社会保障的管理服务技能，更好地满足社会保障的实践能力要求，适应社会保障管理相关岗位的技能需求与提升就业竞争力。社会保障实训的场所可以是真实的工作场景，也可以是实训实验室，前者更为真实,但往往受制于条件限制难以实现,后者虽然效果稍差,但是相对容易操作。

二、社会保障实务与实训的内容

(一) 社会保障实务的主要内容

社会保障实务侧重于了解和熟悉社会保障的政策现状、管理运行现状与流程。

1. 社会保险实务

社会保险是我国社会保障的核心模块,因而社会保险实务是社会保障实务的核心内容。具体包含养老保险、医疗保险、失业保险、工伤保险以及其他社会保险的具体实务,包括社会保险的政策依据、制度框架、参保对象、缴费水平、基金管理、待遇支付等内容。

2. 社会福利实务

社会福利是关注弱势群体、面向全体国民的社会保障制度。社会福利实务主要是指运用国家公共资源和社会资源,对全体国民给予公平普惠的福利待遇,并向特殊人群倾斜,运用资金、物质、服务等手段,满足国民的社会福利需求,促进其生活质量的提升。这里主要需要了解老年人福利、残疾人福利、儿童福利等社会福利项目的制度设计与运行现状。

3. 社会救助实务

社会救助是一个综合系统,主要针对贫困人口和遭受意外事件者,社会救助实务主要是筹集社会救助资源,并将有限的资源高效地运用于受救助对象,帮助其渡过生活难关。这里主要以最低生活保障、特困人员供养、流浪乞讨人员救助、灾害救助、医疗救助等社会救助的核心项目为主,介绍社会救助制度的政策与运行现状,熟悉社会救助的各个环节与具体业务内容。

(二) 社会保障实训的主要内容

社会保障实训侧重于社会保障管理与经办服务技能的训练。

1. 社会保险实训

社会保险实训是在一定的实训场所内,运用实训软件和道具,扮演不同的社会保障管理与经办角色,基于社会保险的实务学习,对社会保险的管理与经办业务场景进行仿真模拟训练。社会保险实训是社会保障实训的核心,社会保险实训的核心是社会保险业务经办角色与技能的训练。根据项目内容不同,社会保险实训包括养老保险实训、医疗保险实训、失业保险实训、工伤保险实训。根据社会保险的业务办理需要,社会保险实训包括参保登记实训、保费征缴实训、个人账户管理实训、待遇给付实训、转移接续实训等内容,具体包括社会保险登记、缴费基数采集与核定、缴费申报、保费收缴、个人账户记账、个人账户年度结算、个人账户转移、个人账户清算、养老保险待遇申领、医疗保险个人垫付费用报销、医疗保险普通住院流程、医疗保险转院就医流程、失业保险待遇申领、工伤保险待遇申领等具体业务。

2. 社会福利实训

社会福利实训主要模拟以民政部门为主的社会福利职能与业务。根据社会福利的项目划分，社会福利实训包括老年人福利实训、残疾人福利实训、妇女儿童福利实训等。根据社会福利的方式，包括服务提供、物质提供和精神干预等方面的训练。老年人福利包括养老机构的设立与审批、养老机构的运营资助、老年优待、老龄津贴的资格审查与待遇发放等内容。残疾人福利实训包括残疾人福利机构的设立与管理、残疾人康复、残疾人就业、残疾人津贴、残疾人无障碍设施建设等内容。儿童福利包括儿童收养、儿童寄养、儿童营养与健康、孤儿基本生活费的发放等内容。

3. 社会救助实训

社会救助实训主要包括软件模拟社会救助的核心实验流程，包括城市居民最低生活保障、农村居民最低生活保障、农村五保供养、城乡医疗救助、就业救助、住房救助、灾害救助、临时救助、教育救助、流浪乞讨人员救助等，主要包括救助申请、救助人员识别与救助资格审核、救助待遇的核准与发放、救助款物管理等业务内容。

第四节 社会保障实务与实训的意义与方法

加强社会保障实务与实训学习，需要明确其方法和意义，增强社会保障专业学习、实践的积极性、主动性与效率。

一、社会保障实务与实训的意义

在高校积极重视实践教学、提升人才培养质量和就业竞争力的背景下，加强社会保障实务与实训教学具有重要意义。

1. 巩固社会保障理论知识

在社会保障专业教学的过程中，要求理论联系实际。理论学习是专业实践的前提和基础；相反，社会保障的实务与实训有利于巩固社会保障理论，增强社会保障理论教学效果。在社会保障实务与实训过程中，可以加深对社会保障基本概念、基本知识与基本理论的理解，加深对社会保障专业的认识，有助于更好地分析和解决社会保障的现实问题。

2. 熟练掌握社会保障政策

社会保障具有较强的法制性、政策性与应用性，社会保障的实务与实训教学是建立在相关社会保障法制和政策的基础之上的。可以说，社会保障的实务工作就是对社会保障政策的实施与执行。在社会保障实务与实训过程中，需要熟练掌握社会保障的政策现状及具体内容，加强社会保障政策的分析，理解社会保障政策变迁的过程及其动因。

3. 掌握社会保障经办技能

对社会保障业务技能的训练是社会保障实务与实训教学的亮点所在，社会保障实务与实训最核心的要求就是学习、掌握社会保障管理与服务过程中的基本技能，包括社会保障的行政管理技能、社会保险经办管理技能、社会保障服务技能以及其他各方面的技能。通过社会保障实务与实训教学更好地提升学生的专业实践能力与业务技能水平。

4. 提升社会保障专业能力

社会保障专业能力是完成社会保障管理与服务活动及相关工作所需要的思维、知识和技能等要素的总和。管理与经办技能是社会保障专业能力之一，还包括学术研究、政策分析、基金管理、行政管理等方面的能力。社会保障实务与实训也有助于培养学生发现、分析和解决社会保障现实问题的能力。此外，社会保障实务与实训教学还有助于培养学生的社会保障情怀，增强对专业的认识与认可度。

二、社会保障实务与实训的方法

社会保障实务与实训的主要方法包括：

1. 案例分析

这是社会保障实务教学中最常用的方法之一，即通过对反映社会保障发展实践的典型案例进行深入分析，进而更好地掌握社会保障的发展现状及其问题，有利于更好地完善社会保障的运行机制与管理服务。案例分析的步骤和内容包括三个部分：首先是对现实案例的描述，厘清案例事实，包括背景、时间、地点、参与主体及其行为表现、事件的演进过程，展现一个客观的案例事实；其次是对案例的剖析与挖掘，包括对不同主体的行为反应、主要经验与成效、存在的主要问题及其原因；最后是基于案例事实和相关分析的基础上对社会保障的完善和未来发展提出有针对性的思考与建议。在本书中，将在社会保障的实务部分提供部分典型案例，并提出相关的问题，由教师和学生在课堂中进行学习、研讨。

2. 情境模拟

角色扮演是在充分了解社会保障制度现状与实践的基础上，对社会保障管理服务工作岗位中不同角色进行扮演与业务情境演练。比如模拟社会保险的参保者、单位经办人员、经办机构人员、行政部门人员、服务机构人员等角色的职责与技能要求，对工作中遇到的常规事项和意外事项进行场景模拟训练。基于角色扮演的情境模拟训练往往需要具备一定的实训场所和道具，即社会保障实训室，由学生通过课前准备在课堂上现场演示，并进行讨论和点评。由于现实中大多数高校办学空间的限制，没有专门、独立的社会保障实训场所，也可以事先给学生提供情境案例、角色扮演要求，由学生事前自主选择场所和准备道具，录制成视频在课堂汇报交流，或者以作业的形式提交。两种方式各有利弊，前者更加便利，便于课堂学习；后者更加灵活，有利于学生在课堂上更好地发挥。

3. 岗位实习

岗位实习比较贴近工作岗位需求，有利于更好地掌握社会保障管理与服务过程中的技能，更好地适应未来的岗位工作。这需要高校与政府主管部门、社会保障经办机构、社会保障服务提供机构之间建立密切联系，形成有效的合作机制。以高校与地方政府部门及相关机构的合作为主，包括人社部门、民政部门、卫生部门、经办机构、医疗机构、养老机构、救助机构、非政府组织等相关部门和机构。在学生掌握了社会保障的专业理论、熟悉了社会保障的相关政策与实务后，到这些部门开展1~2个月的专业实习。这种方式的最大优势就是贴近工作实际，效果较好，但受制于资源限制，往往难以实现，而且只能对某一个或几个岗位进行实习，难以掌握全部的社会保障管理与服务技能。

4. 软件实训

这是许多高校采用的社会保障实训方式，即通过建立社会保障实训室，加强空间、硬件与软件设施建设，模拟社会保障管理与服务的业务岗位与技能要求。借助于多媒体与信息技术，通过社会保障实训软件的操作，在实训室内完成社会保障的技能演练。软件实训的方式对实训软件的要求较高，而目前国内开发的社会保障实训软件普遍还不太成熟，影响实训效果。在软件实训中，受制于空间与时间的限制，难以顾及全部的社会保障业务内容。由于社会保障政策经常变动，对于软件开发与更新要求较高。社会保障的部门分割、地区分割也对社会保障实训软件的研发与使用提出了更高的要求。如何"以静制动、以不变应万变"，更加考察了社会保障实训软件的研发与更新。此外，软件实训教学教材的缺乏也影响教学效果，需要加强实训教学教材的研发，而本书正是在这方面的尝试。

第五节　初识社会保障实训软件：逸景社保综合智能实训平台

一、逸景社保综合智能实训平台简介

逸景社保综合智能实训平台是由上海逸景网络科技有限公司在多年社保类教学软件研发经验的基础上，充分调研国内教学软件使用不便、无实验数据、考核简单等现状，突破常规模拟教学软件模式，研发而成的一套结构灵活、扩展性广的实训系统。该软件内置大量的实验数据、实验引导系统、教学考评系统三大核心内容，集教学理念创新、技术创新、实训模式创新于一体，革命性地提出"我的实训教学　我做主"的产品理念，突破"可成长、自主配置、无须二次开发"的技术创新，并引导实训教学走向"定制实训"的教学运作模式。

该产品在模拟社会保险全流程业务处理的基础上，根据当今最新的教学需求，融合最新学校教学要求，结合保险市场实际情况，真实模拟了人保中心、人保厅、社会化管理服务机构、社保所、人才中心、企业等角色。

本产品借鉴国内外先进的社会保障模型和管理经验，结合学校老师教学实验的真实需求，按照目前社会保障的全流程的业务管理需求，经过详细的需求分析，形成了适应高校社保业务教学的软件产品。

二、该软件的特色与创新

（1）实验课程智能生成功能：教师只需要有简单的文字资料，即可以通过软件自动生成全套带流程步骤及考核答案的实验课程数据（系统内置上百套实验数据）。

（2）实验过程智能引导功能：从学生进入实验、选择角色、选择步骤、步骤延续到步骤操作，每一步都有显著标识提示。学生在实验过程中可以随时查询自己的实验进度，而且可以根据教师要求关闭。

（3）实验数据智能考核功能：可以对每个步骤的每个空格进行考核并单独进行评分设定，并可以在学生做错时智能提示正确答案供学生参考。

（4）实验过程智能调整功能：教师可以根据实验具体要求，在实验过程中随时调整实验内容、步骤顺序、操作角色、考核点位置等所有相关数据，而且调整方式为所见即所得。

(5) 实验结果智能分析功能：可以单独或者批量对学生进行自动考核，考核内容需包括流程及学生填写的实验数据，如批量考核时，系统能自动分析某次实验整个班级的每个操作步骤的合格率、得分、不同分段的比例数据。通过大数据方式分析整个班级的实验情况。

(6) 实验报告智能生成功能：系统可以根据教师要求及学生操作数据，自动为每位学生导出包含学生操作过程、单证、错误点、得分等所有数据的 Word 版本的实验报告，实验报告格式可根据学校要求自定义。

三、实训教学中该软件能解决的主要问题

逸景社保综合智能实训平台能解决实训教学中的以下这些问题（见表 1-1）。

表 1-1 逸景教学软件可解决实训课教学中可能遇到的问题

实训课教学中可能遇到的问题	逸景教学软件的解决办法
学生教师需要花大量时间学习软件的使用，反而使大量的实训课时间没有练习专业内容	软件内置一套专业的学生实验引导系统，从学生进入实验、选择角色、选择步骤、步骤延续到步骤操作，每一步都有显著标识提示，而且可以根据教师要求关闭
教学过程状况百出，教师应付学生提问而疲于奔命，甚至课程无法向前进行。因为软件操作复杂，学生操作完一个步骤后往往不知道接下来应该如何操作，只能向老师求助，学生与教师的大量时间都耗费在与实训内容无关的软件操作上	同一类型操作在不同步骤中界面风格保持一致，而且每个步骤完成后均能自动生成流程图引导学生后续步骤操作。无须教师指导
教学软件只有实验流程，无实验数据，教师在上课前要花费大量时间准备学生上课的实验数据及实验的答案	软件内置社保相关的上百套左右实验数据，每套数据均包含完整的实验背景、实验参数、实验步骤、实验单据、实验考核点及答案
实验数据无法扩展，只能简单地手动向软件中加入文字内容或者简单的案例。软件不具备可成长性	软件内置学生实验录制工具，教师只需要有简单的文字资料，即可以通过软件自动生成全套带流程步骤及考核答案的操作实验。而且所有实验数据可以导入导出，方便实验数据的共享
软件无完善的考核功能，目前国内绝大部分软件的考核功能只提供了软件步骤流程的考核，某一步骤操作了即可得分，至于操作时候填写的内容无法考核。因此很多学生可以随便填写实验内容，造成老师无法了解学生具体实验情况	软件内置了实验综合考评系统，可以对每个步骤的每个空格进行考核并单独进行评分设定，教师可以随时了解学生操作的问题及错误。而且内置的实验均含实验答案及分值。教师可以直接使用
实验的结果无法正确统计，也无法了解学生实验的具体内容及错误。而且实验数据无法长期合理保存。无法与学校现有的考核方式结合	软件内置了实验成绩统计系统，系统可以自动统计每位学生或者每个班级学生实验的每个步骤中每个考核点的得分，并可以以班级为单位进行合格率统计。此外，软件还内置学生实验报告自动生成系统，此系统可以根据学校实验报告模板导出一份包含学生实验所有数据、实验得分及实验单证的 Word 版本实验报告。报告完整且格式以学校的标准为准，可长期保存作为后续教学资料
软件一旦购买后无法根据学校的要求自主定制，即使可以修改，要花费大量的精力和时间以及费用。任意一个软件，不管做得多么完美，都不可能满足所有用户的要求，即便目前满足了要求，教学大纲在未来调整后，可能原有的实验流程或数据就不能满足最新教学大纲要求了	软件内置实验内容自主配置系统，学校可以根据实验具体调整要求，随时调整实验内容、步骤、角色、考核点等所有相关数据，且调整方式为所见即所得，操作如同普通 Windows 操作一样简单、方便

四、软件内置流程

逸景社保综合智能实训平台的内置流程主要包括以下内容（见表1-2）。

表1-2 实训平台的内置流程

缴费账户开户流程	单位信息登记流程
职工信息登记流程	单位信息变更流程
职工信息变更流程	缴费基数核定流程
缴费申报流程	保费缴纳流程
个人账户转移流程	养老账户的封存流程
养老账户的启封流程	养老账户的接续流程
个人账户的一次性补贴流程	个人账户记账流程
个人账户对账流程	医疗保险个人账户对账流程
养老金月报数据汇总上报	退休手续办理
养老金月报支付	死亡一次性领取工伤保险待遇核准
一至四级一次性领取工伤认定	一至四级一次性领取工伤保险待遇核准
因工死亡保险待遇核准	养老金月报支付
养老金月报外支付	一至十级工伤认定
一至十级工伤保险待遇核准	生育保险手工报销
生育保险实时结算	生育津贴申领
医疗保险实时结算	失业保险金待遇申领
医疗保险手工报销	失业保险金待遇申报
单位账户设立	公积金个人账户设立
公积金账户信息变更	公积金汇缴
公积金提现	公积金贷款
公积金个人账户封存	公积金个人账户转移
公积金个人账户启封	公积金停缴
公积金补缴	单位账户注销
城乡贫困居民最低生活保障	城乡贫困居民医疗救助
农村"五保"救助	城乡就业救助
城镇住房救助	受灾人员救助
临时救助	教育救助

五、学生端操作步骤

首先，当学生点击实验管理模块时，进入的是实验选择界面，学生可以在此查看自己未开始、已开始及已经完成的实验内容，并可以选择某个实验进入操作。

学生进入实验后，系统会自动为学生生成此实验的步骤及流程图，学生可以点击某个步骤或者流程进行实验操作。此时，如需要操作的步骤，则系统会自动将其点亮；不需要操作或者已经操作完成的步骤，系统会自动将其分配为不能操作和已完成操作的状态。

在进入实验步骤后，则需要对实验场景进行选择。选择完场景后，即进入实验界面，在此界面中，学生可以选择进入相关的模拟实验部门进入操作，进入部门后，可以查看此步骤任务的任务内容、相关操作帮助，以及相关所有单证。在实验中，部分单证放在单证箱中，需要学生取出后方可进行操作。

学生在进行实验操作后，需点击某张单证进行操作，此时，系统会自动点亮所有需要进行操作考核的填空项，学生可以进行单证填写操作，填写完成后，系统会自动将学生的操作与系统内置的实验答案进行比较，如错误，则会用红色警告标识提示学生错误，并自动记录错误并扣分。

学生在完成操作点击提交后，系统会自动将学生数据进行评分并上传给老师，并同时点亮学生需要操作的下一步。

学生在完成实验后，也可以实时对自己的成绩进行查看，可以查看自己每一步的操作记录及得分，也可以对比其他学生的操作和正确答案。让学生知道自己错在哪里。

根据系统中实验报告要求填写完毕后，即可生成实验报告。实验报告完成后，学生可以直接导出实验报告，系统会自动导出学生填写的实验报告并将实验中的单据自动打包让学生下载。软件使用界面示例如图1-1所示。

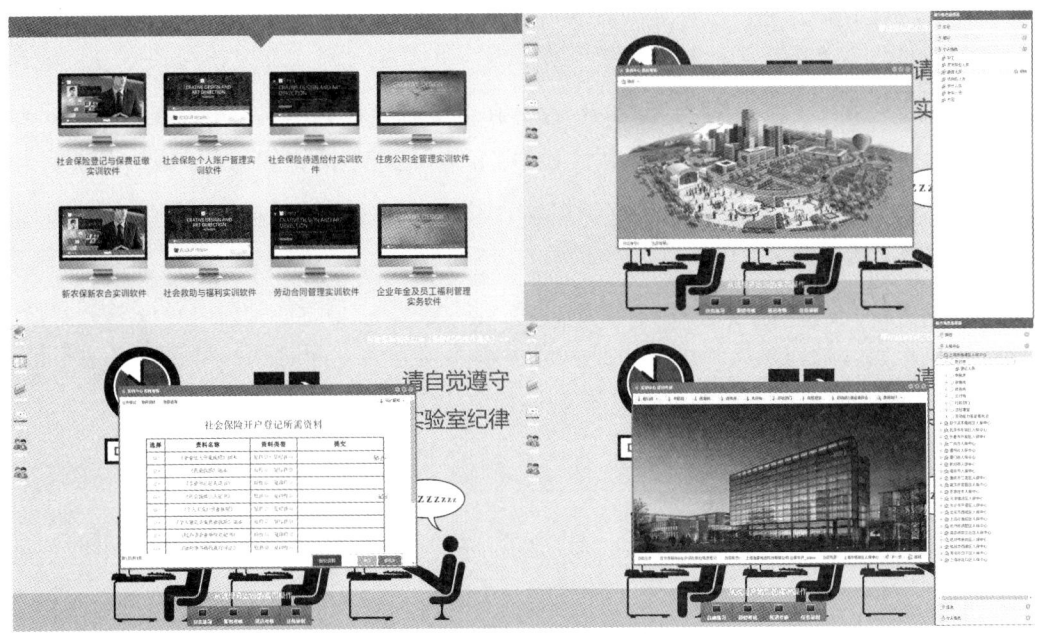

图1-1 实训平台软件界面示例

资料来源：上海逸景网络科技有限公司。

第二章　社会保险实务

[学习目标]

准确把握养老保险、医疗保险、失业保险、工伤保险的含义；了解我国养老保险、医疗保险、失业保险、工伤保险的运行现状，包括覆盖范围、资金筹集、待遇给付、享受资格；熟悉我国养老保险、医疗保险、失业保险、工伤保险的经办业务。

第一节　养老保险实务

一、基本概念

养老是社会成员生存与发展的客观需求。人类生存的自然规律表明，任何个人完整的人生必然经过出生、成长、衰老、死亡的过程。当一个人步入老年后，就可能部分或全部丧失劳动能力，需要他人的供养。在传统农业社会中，家庭就是家庭成员养老保障的提供者。进入工业社会之后，由于生产方式与生活方式的社会化，原来纯粹属于个人或家庭领域的养老问题日益演变成社会问题，社会化的养老保险则成为解决这一问题的必然选择。

养老保险是指国家和社会通过相应的制度安排为劳动者解除养老后顾之忧的一种社会保险，它的目的是增强劳动者抵御老年风险的能力，同时弥补家庭养老的不足，手段则是在劳动者退出劳动岗位后为其提供相应的收入保障。①

二、政策现状

目前，我国的养老保险制度主要包括城镇企业职工基本养老保险、机关事业单位

---

① 高灵芝：《社会保障概论》，山东人民出版社2016年版。

人员基本养老保险和城乡居民社会养老保险。

(一) 城镇企业职工基本养老保险

城镇企业职工基本养老保险制度的政策依据主要包括：《国务院关于完善企业职工基本养老保险制度的决定》（国发〔2005〕38号）、《中华人民共和国社会保险法》。

1. 覆盖范围

《中华人民共和国社会保险法》第十条规定，职工应当参加基本养老保险；无雇工的个体工商户、未在用人单位参加基本养老保险的非全日制从业人员以及其他灵活就业人员可以参加基本养老保险。

2. 资金筹集

城镇职工基本养老保险基金由用人单位和个人缴费以及政府补贴等组成。城镇职工基本养老保险的筹资采取统筹账户与个人账户相结合的制度。

用人单位应当按照国家规定的本单位职工工资总额的比例缴纳基本养老保险费，一般不得超过企业工资总额的20%，用人单位缴费全部计入社会统筹基金。职工应当按照国家规定的本人工资的比例缴纳基本养老保险费，缴费比例为本人缴费工资的8%。个人缴费全部计入个人账户。无雇工的个体工商户、未在用人单位参加基本养老保险的非全日制从业人员以及其他灵活就业人员参加基本养老保险的，应当按照国家规定缴纳基本养老保险费，由于不承担历史债务，他们的缴费基数为当地上年度在岗职工平均工资，缴费比例统一为20%。城镇个体工商户和灵活就业人员缴费的8%计入个人账户（见图2-1）。国有企业职工在参加基本养老保险前，视同缴费年限期间应当缴纳的基本养老保险费由政府承担。

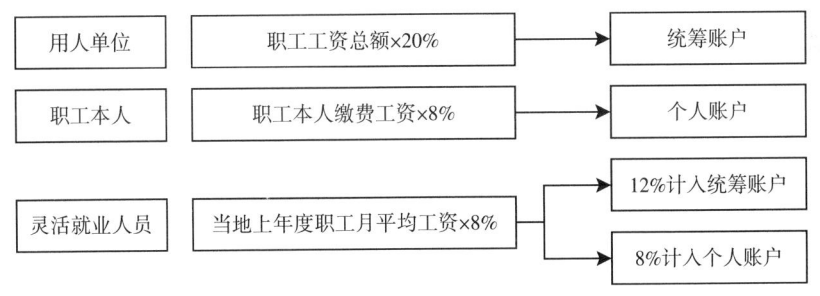

图2-1 城镇职工基本养老保险缴费基数和比例

3. 待遇给付

基本养老金由基础养老金和个人账户养老金组成。基本养老金根据个人累计缴费年限、缴费工资、当地职工平均工资、个人账户金额、城镇人口平均预期寿命等因素确定。国家建立基本养老金正常调整机制。根据职工平均工资增长、物价上涨情况，适时提高基本养老保险待遇水平。参加基本养老保险的个人，因病或者非因工死亡的，其遗属可以领取丧葬补助金和抚恤金；在未达到法定退休年龄时因病或者非因工致残完全丧失劳动能力的，可以领取病残津贴。所需资金从基本养老保险基金中支付。

由于我国在1995年以后实施了"统账结合"的养老保险筹资制度，针对每个人不同的时间状态，在基本养老保险计发办法上，实行了区别对待的办法，即"新人新办法，老人老办法"。

（1）"新人"。《国务院关于建立统一的企业职工基本养老保险制度的决定》（国发〔1997〕26号）实施之后，参加工作的企业参保人员属于"新人"，退休时的基础养老金月标准以当地上年度在岗职工月平均工资和本人指数化月平均缴费工资的平均值为基数，缴费每满1年发给1%。个人账户养老金月标准为个人账户储存额除以计发月数，计发月数根据职工退休时城镇人口平均预期寿命、本人退休年龄、利息等因素确定。

基础养老金 =（参保人员退休时当地上年度在岗职工月平均工资 + 本人指数化月平均缴费工资）÷ 2 × 缴费年限（含视同缴费年限）× 1%

个人账户养老金 = 个人账户累计储存额 ÷ 计发月数

其中，本人指数化月平均缴费工资 = 参保人退休时当地上年度在岗职工月平均工资 × 本人月平均缴费工资指数

参保人基本养老保险平均缴费指数 = 参保人退休时缴费年限的每月缴费指数之和 ÷ 缴费年限的月数

参保人基本养老保险每月缴费指数 = 参保人每月缴费工资 ÷ 缴费时上年度本市在岗职工月平均工资

计发月数是指待遇发放期间的计划发放月数，即根据个人账户余额和计发月数核定月发待遇。《国务院关于完善企业职工基本养老保险制度的决定》（国发〔2005〕38号）规定，60岁、55岁和50岁计发月数分别为139个月、170个月和195个月（见表2-1）。

表2-1 个人账户养老金计发月数

单位：岁、个

退休年龄	计发月数	退休年龄	计发月数	退休年龄	计发月数
40	233	51	190	62	125
41	230	52	185	63	117
42	226	53	180	64	109
43	223	54	175	65	101
44	220	55	170	66	93
45	216	56	164	67	84
46	212	57	158	68	75
47	208	58	152	69	65

续表

退休年龄	计发月数	退休年龄	计发月数	退休年龄	计发月数
48	204	59	145	70	56
49	199	60	139		
50	195	61	132		

（2）"中人"。在《关于建立统一的企业职工养老保险制度的决定》（国发〔1997〕26号）实施前参加工作，且缴费年限累计满15年的企业参保人属于"中人"。在发给基础养老金和个人账户养老金的基础上，再发给过渡性养老金。

过渡性养老金＝参保人员退休时本人指数化月平均缴费工资×过渡性养老金计发比例×建立个人账户前缴费年限（含视同缴费年限）

（3）"老人"。国发〔2005〕38号文件实施前已经离退休的企业参保人员属于"老人"，对于他们仍然按照国家原来的规定发给基本养老金，同时执行基本养老金调整办法。

4. 享受资格

《中华人民共和国社会保险法》第十六条规定，城镇职工基本养老保险金的领取条件有：①在基本养老保险覆盖范围内并且参保；②达到了国家法定退休年龄；③个人缴费年限累计满15年。《中华人民共和国社会保险法》规定，参加基本养老保险的个人，达到法定退休年龄时累计缴费不足15年的，可以缴费至满15年，按月领取基本养老金。

《国务院关于工人退休、退职的暂行办法》（国发〔1978〕104号）对退休年龄做出了明确规定：男年满六十周岁，女年满五十周岁，并且累计工龄满十年的；男年满五十五周岁、女年满四十五周岁，累计工龄满十年的，从事井下、高空、高温、特别繁重体力劳动或其他有害身体健康的工作；男年满五十周岁，女年满四十五周岁，累计工龄满十年，由医院证明，并经劳动鉴定委员会确认，完全丧失劳动能力的应当准予退休。

（二）机关事业单位职工基本养老保险

机关事业单位基本养老保险制度的政策依据有：《中华人民共和国社会保险法》《国务院关于机关事业单位工作人员养老保险制度改革的决定》（国发〔2015〕2号）、《人力资源和社会保障部、财政部关于贯彻落实〈国务院关于机关事业单位工作人员养老保险制度改革的决定〉的通知》（人社部发〔2015〕28号）。

1. 覆盖范围

按照《中华人民共和国公务员法》（简称《公务员法》）管理的单位、参照《公务员法》管理的机关（单位）、事业单位及其编制内的工作人员需要参加城镇职工基本养老保险。

2. 资金筹集

实行社会统筹与个人账户相结合的基本养老保险制度，基本养老保险费由单位和个人共同负担。单位缴纳基本养老保险费的比例为本单位工资总额的20%，个人缴纳基本养老保险费的比例为本人缴费工资的8%，由单位代扣。个人工资超过当地上年度在岗职工平均工资300%以上的部分，不计入个人缴费工资基数；低于当地上年度在岗职工平均工资60%的，按当地在岗职工平均工资的60%计算个人缴费工资基数。

本单位工资总额为参加机关事业单位养老保险工作人员的个人缴费工资基数之和。机关单位（含参公管理的单位）工作人员的个人缴费工资基数包括：本人上年度工资收入中的基本工资、国家统一的津贴补贴（艰苦边远地区津贴、西藏特贴、特区津贴、警衔津贴、海关津贴等国家统一规定纳入原退休费计发基数的项目）、规范后的津贴补贴（地区附加津贴）、年终一次性奖励；事业单位工作人员的个人缴费工资基数包括：本人上年度工资收入中的基本工资、国家统一的津贴补贴（艰苦边远地区津贴、西藏特贴、特区津贴等国家统一规定纳入原退休费计发基数的项目）、绩效工资。其余项目暂不纳入个人缴费工资基数。

按本人缴费工资8%的数额建立基本养老保险个人账户，全部由个人缴费形成。个人账户储存额只用于工作人员养老，不得提前支取，每年按照国家统一公布的记账利率计算利息，免征利息税。参保人员死亡的，个人账户余额可以依法继承。

3. 待遇给付

养老金由基本养老金和职业年金构成。其中，基本养老金由统筹养老金和个人账户养老金组成。具体执行中，实行"新人新办法、老人老办法、中人发给过渡性养老金"。

（1）"新人"。《国务院关于机关事业单位工作人员养老保险制度改革的决定》（国发〔2015〕2号）实施后参加工作的机关事业单位参保人员属于"新人"。个人缴费年限累计满15年的人员，退休后按月发给基本养老金。基本养老金由基础养老金和个人账户养老金组成。退休时的基础养老金月标准以当地上年度在岗职工月平均工资和本人指数化月平均缴费工资的平均值为基数，缴费每满1年发给1%。个人账户养老金月标准为个人账户储存额除以计发月数，计发月数根据本人退休时城镇人口平均预期寿命、本人退休年龄、利息等因素确定（与企业职工基本养老保险计发月数一致）。

基础养老金＝退休时当地上年度在岗职工月平均工资×（1＋本人平均缴费工资指数）÷2×缴费年限（含视同缴费年限，下同）×1%

其中，本人平均缴费工资指数＝（视同缴费指数×视同缴费年限＋实际平均缴费指数×实际缴费年限)÷缴费年限。各地根据测算形成与机关事业单位职务职级(技术职称)和工作年限相对应的视同缴费指数表,工作人员退休时,根据本人退休时的职务职级(技术职称)和工作年限等确定本人视同缴费指数。

(2)"中人"。国发〔2015〕2号文件实施前参加工作、实施后退休的机关事业单位参保人员属于"中人"。在发给基础养老金和个人账户养老金的基础上,再依据视同缴费年限长短发给过渡性养老金。

过渡性养老金=退休时当地上年度在岗职工月平均工资×本人视同缴费指数×视同缴费年限×过渡系数

其中,过渡系数与机关事业单位养老保险统筹地区企业职工基本养老保险过渡系数保持一致。视同缴费指数由各省级地区统一确定。

人力资源和社会保障部、财政部《关于贯彻落实〈国务院关于机关事业单位工作人员养老保险制度改革的决定〉的通知》(人社部发〔2015〕28号)规定,对于改革前参加工作、改革后退休的"中人"设立10年过渡期,过渡期内实行新老待遇计发办法对比,保底限高。即新办法(含职业年金待遇)计发待遇低于老办法待遇标准的,按老办法待遇标准发放,保持待遇不降低;高于老办法待遇标准的,超出的部分,第一年退休的人员(2014年10月1日至2015年12月31日)发放超出部分的10%,第二年退休的人员(2016年1月1日至2016年12月31日)发放20%,依此类推,到过渡期末年退休的人员(2024年1月1日至2024年9月30日)发放超出部分的100%。过渡期结束后退休的人员执行新办法。

(3)"老人"。国发〔2015〕2号文件实施前已经离休、退休的机关事业单位工作人员属于"老人",继续按照国家规定的原待遇标准发放基本养老金,同时执行基本养老金调整办法。

国发〔2015〕2号文件实施后达到退休年龄但个人缴费年限累计不满15年的人员,其基本养老保险关系处理和基本养老金计发比照《实施〈中华人民共和国社会保险法〉若干规定》(人力资源和社会保障部令第13号)执行。

根据人力资源和社会保障部、财政部《关于贯彻落实〈国务院关于机关事业单位工作人员养老保险制度改革的决定〉的通知》,改革后获得省部级以上劳模、有重大贡献的高级专家等荣誉称号的工作人员,在职时给予一次性奖励,退休时不再提高基本退休费计发比例,奖励所需资金不得从养老保险基金中列支。对于改革前已获得此类荣誉称号的工作人员,本人退休时给予一次性退休补贴并支付给本人,资金从原渠道列支。退休补贴标准由各省(自治区、直辖市)根据平衡衔接的原则予以确定。

4. 享受资格

机关事业单位基本养老保险的待遇享受资格与企业职工基本养老保险的待遇享受

资格相同,包括三个方面:①在基本养老保险覆盖范围内并且参保;②达到了国家法定退休年龄;③个人缴费年限累计满15年。

(三)城乡居民基本养老保险

城乡居民基本养老保险制度的法律依据为:《建立统一的城乡居民基本养老保险制度的意见》(国发〔2014〕8号,以下简称《意见》)。

1. 覆盖范围

年满16周岁(不含在校学生),非国家机关和事业单位工作人员及不属于职工基本养老保险制度覆盖范围的城乡居民,可以在户籍地参加城乡居民养老保险。

2. 资金来源

城乡居民养老保险基金由个人缴费、集体补助、政府补贴构成。

参加城乡居民养老保险的人员应当按规定缴纳养老保险费。缴费标准目前设为每年100元、200元、300元、400元、500元、600元、700元、800元、900元、1000元、1500元、2000元12个档次,省(自治区、直辖市)人民政府可以根据实际情况增设缴费档次,最高缴费档次标准原则上不超过当地灵活就业人员参加职工基本养老保险的年缴费额,并报人力资源和社会保障部备案。人力资源和社会保障部会同财政部依据城乡居民收入增长等情况适时调整缴费档次标准。参保人自主选择档次缴费,多缴多得。

有条件的村集体经济组织应当对参保人缴费给予补助,补助标准由村民委员会召开村民会议民主确定,鼓励有条件的社区将集体补助纳入社区公益事业资金筹集范围。鼓励其他社会经济组织、公益慈善组织、个人为参保人缴费提供资助。补助、资助金额不超过当地设定的最高缴费档次标准。

2017年2月,北京市人力资源和社会保障局出台《关于进一步完善本市城乡居民基本养老保险政策措施的通知》,明确自2017年起,提高城乡居民养老保险的参保缴费标准上限,由现行的7420元调整为9000元,最低缴费标准1000元保持不变,即调整后的北京市城乡居民基本养老保险年缴费标准为1000元到9000元,参保人可以在此区间内自行选择年缴费标准。此外,将以往的两个缴费补贴档次及补贴额度增加至四个,每人每年补贴从60元至150元不等。①

3. 筹资方式

国家为每个参保人员建立终身记录的养老保险个人账户,个人缴费、地方人民政府对参保人的缴费补贴、集体补助及其他社会经济组织、公益慈善组织、个人对参保

---

① 《北京调整城乡居民养老保险参保缴费标准》,网易财经,http://money.163.com/17/0216/16/CDDMK6QL002580S6.html,2017年2月16日。

人的缴费资助，全部计入个人账户。个人账户储存额按国家规定计息。

4. 待遇给付

城乡居民养老保险待遇由基础养老金和个人账户养老金构成，支付终身。

（1）基础养老金。中央确定基础养老金最低标准，建立基础养老金最低标准正常调整机制，根据经济发展和物价变动等情况，适时调整全国基础养老金最低标准。地方人民政府可以根据实际情况适当提高基础养老金标准；对长期缴费的，可适当加发基础养老金，提高和加发部分的资金由地方人民政府支出，具体办法由省（自治区、直辖市）人民政府规定，并报人力资源和社会保障部备案。

（2）个人账户养老金。个人账户养老金的月计发标准，目前为个人账户全部储存额除以139（与现行职工基本养老保险个人账户养老金计发系数相同）。参保人死亡，个人账户资金余额可以依法继承。个人账户储存额支付完后，由政府财政按领取标准继续支付。

5. 享受资格

参加城乡居民养老保险的个人，年满60周岁、累计缴费满15年，且未领取国家规定的基本养老保障待遇的，可以按月领取城乡居民养老保险待遇。

新农保或城居保制度实施时已年满60周岁，在本《意见》印发之日前未领取国家规定的基本养老保障待遇的，不用缴费，自本《意见》实施之月起，可以按月领取城乡居民养老保险基础养老金；距规定领取年龄不足15年的，应逐年缴费，也允许补缴，累计缴费不超过15年；距规定领取年龄超过15年的，应按年缴费，累计缴费不少于15年。

城乡居民养老保险待遇领取人员死亡的，从次月起停止支付其养老金。有条件的地方人民政府可以结合本地实际探索建立丧葬补助金制度。社会保险经办机构应每年对城乡居民养老保险待遇领取人员进行核对；村（居）民委员会要协助社会保险经办机构开展工作，在行政村（社区）范围内对参保人待遇领取资格进行公示，并与职工基本养老保险待遇等领取记录进行比对，确保不重、不漏、不错。

三、业务办理

（一）城镇职工基本养老保险业务办理

1. 缴费业务

社会保险费实行基本养老保险费、基本医疗保险费、失业保险费三项社会保险费集中、统一征收。社会保险费的征收机构由省、自治区、直辖市人民政府规定，可以由税务机关征收，也可以由劳动保障行政部门按照国务院规定设立的社会保险经办机构（简称社会保险经办机构）征收。社会保险费征缴流程如图2-2所示。

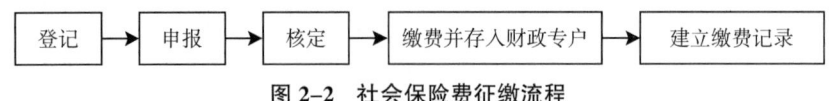

图 2-2 社会保险费征缴流程

（1）参保登记。①单位登记。缴费单位必须向当地社会保险经办机构办理社会保险登记，参加社会保险。登记事项包括：单位名称、住所、经营地点、单位类型、法定代表人或者负责人、开户银行账号以及国务院劳动保障行政部门规定的其他事项。社会保险登记证件不得伪造、变造。2016年10月1日起，"营业执照、组织机构代码证、税务登记证、社保登记证、统计登记证"五证合一在全国全面正式实施，过渡期截至2017年12月31日。五证合一过渡期结束，届时非多证合一的营业执照、组织机构代码证、税务登记证、社保登记证、统计登记证将不再有效。②个人登记。个体劳动者和自由职业者可以以灵活就业人员的身份直接到户籍所在地的社会保险经办机构办理参加养老保险手续，缴纳养老保险费。以北京为例，从未在北京缴纳过社会保险（四险、医疗）的符合法定工作年龄（满16周岁至法定退休年龄）的人员，初次参保需要办理个人参保登记。初次参保人员增加首先用CA证书直接在网上办理新参保人员增加申报，提示处理成功后，携带相关报表与材料到北京市各社保分中心办理增员审批。

（2）缴费申报。缴费单位必须按月（每月5日前办理）向社会保险经办机构申报应缴纳的社会保险费数额，经社会保险经办机构核定后，在规定的期限内缴纳社会保险费。

以个人身份参加社会保险的可以采取定期或不定期的灵活申报、缴费方式。

省、自治区、直辖市人民政府规定由税务机关征收社会保险费的，社会保险经办机构应当及时向税务机关提供缴费单位社会保险登记、变更登记、注销登记以及缴费申报的情况。

（3）缴费基数核定。缴费单位不按规定申报应缴纳的社会保险费数额的，由社会保险经办机构暂按该单位上月缴费数额的110%确定应缴数额；没有上月缴费数额的，由社会保险经办机构暂按该单位的经营状况、职工人数等有关情况确定应缴数额。缴费单位补办申报手续并按核定数额缴纳社会保险费后，由社会保险经办机构按照规定结算。

（4）缴费并存入财政专户。缴费单位和缴费个人应当以货币形式全额缴纳社会保险费。

缴费个人应当缴纳的社会保险费，由所在单位从其本人工资中代扣代缴。

无雇工的个体工商户、未在用人单位参加社会保险的非全日制从业人员以及其他灵活就业人员，可以直接向社会保险费征收机构缴纳社会保险费。

社会保险费不得减免。

征收的社会保险费存入财政部门在国有商业银行开设的社会保障基金财政专户。

(5) 建立缴费记录。社会保险经办机构应当建立缴费记录,社会保险经办机构负责保存缴费记录,并保证其完整、安全。社会保险经办机构应当至少每年向缴费个人发送一次基本养老保险、基本医疗保险个人账户通知单。

2. 领取养老金业务

属个人缴费窗口缴纳养老保险金或失业人员,由本人提供相关资料到所属社会保险机构养老部门办理退休手续;属单位为其缴纳养老保险金的,由单位或本人提供相关资料到所属社保机构养老部门办理。退休人员须在拿到《养老保险待遇核定书》后,可到办理退休所属的养老窗口办理退休证,提供本人近期一寸免冠彩照一张、社保卡及身份证办理。

3. 个人账户管理业务

(1) 个人账户建立。社会保险经办机构以公民身份号码为标识,为所有参加城镇职工基本养老保险的职工建立或补建个人账户。用人单位新招录、聘用的人员,如从未建立过该统筹地区基本养老保险个人账户的,由职工劳动关系所在单位到社会保险经办机构办理。

个人账户的主要内容包括:姓名、性别、社会保障号码、参加工作时间、视同缴费年限、个人首次缴费时间、个人历年缴费基数、历年缴费月数、历年记账利息、个人账户储存额等情况。

(2) 个人账户记账。个人账户需按月记账,免征利息税,不得提前支取。记账利率不得低于银行定期存款利率,主要考虑职工工资增长和基金平衡状况等因素,并通过合理的系数进行调整。每年6月由人力资源和社会保障部、财政部公布。2017年6月,人力资源和社会保障部、财政部下发《关于公布2016年职工基本养老保险个人账户记账利率等参数的通知》,2016年城镇职工基本养老保险(含机关事业单位和企业职工基本养老保险)个人账户记账利率为8.31%。

(3) 个人账户封存和启封。缴费人员出于各种原因,需要暂时停止缴纳养老保险费,单位应到社会保险经办机构办理该人员养老保险个人账户封存。到恢复缴纳养老保险费时,单位应到社会保险经办机构办理该人员养老保险个人账户启封。

(4) 个人账户对账和终止。对因自动离职、失业、参军、调入机关事业单位,以及被判刑、劳教等中断缴费人员的个人账户进行全面清理,做出分类,建立专门的中断缴费数据库,封存个人账户。对参保人员死亡、跨统筹地区调出、出国定居、缴费不满15年一次性领取个人账户储存额等情况,账户处理完毕后予以封存,与参保职工个人账户分开管理。

（二）机关事业单位工作人员基本养老保险业务办理

人力资源和社会保障部《机关事业单位工作人员基本养老保险经办规程》（人社部发〔2015〕32号）规定，机关事业单位工作人员基本养老保险业务实行属地化管理，由县级及以上社保经办机构负责办理。在京中央国家机关事业单位基本养老保险业务由人力资源和社会保障部社会保险事业管理中心负责经办，京外的中央国家机关事业单位工作人员基本养老保险业务由属地社保经办机构负责经办。

1. 缴费业务

（1）参保登记。用人单位申请参保登记。应当自成立之日起30日内向社保经办机构申请办理参保登记，填报《社会保险登记表》，并提供有关职能部门批准单位成立的文件；《组织机构代码证》（副本）；事业单位还需提供《事业单位法人登记证书》（副本）、参照《公务员法》管理的单位还需提供参照《公务员法》管理相关文件；单位法定代表人（负责人）的任职文件和身份证；省级社保经办机构规定的其他证件、资料等证件和资料。

社保经办机构审核用人单位报送的参保登记资料。对符合条件的，在15日内为用人单位办理参保登记手续，确定社会保险登记编号，建立社会保险登记档案资料，登记用人单位基本信息，向用人单位核发《社会保险登记证》；对资料不全或不符合规定的，一次性告知用人单位需要补充和更正的资料或不予受理的理由。

参保单位向社保经办机构申报办理人员参保登记手续，填报《机关事业单位工作人员基本信息表》。

社保经办机构审核参保单位报送的人员参保登记资料。对符合条件的，录入人员参保登记信息，建立全国统一的个人社会保障号码（即公民身份号码），进行人员参保登记处理并为其建立个人账户；对资料不全或不符合规定的，应一次性告知参保单位需要补充和更正的资料或不予受理的理由。属于涉及国家安全、保密等特殊人群的，可采用专门方式采集相关信息，并做特殊标记。

社保经办机构对已核发的《社会保险登记证》实行定期验证和换证制度。参保单位应按年填报《社会保险登记证验证表》向社保经办机构申请验证。《社会保险登记证》有效期为4年。有效期满，社保经办机构应为参保单位更换。

参保单位名称、地址、法定代表人（负责人）、机构类型、组织机构代码、主管部门、隶属关系、开户银行账号、参加险种以及法律法规规定的社会保险其他登记事项发生变更时，应当在登记事项变更之日起30日内，向社保经办机构申请办理变更登记。

参保人员登记信息发生变化时，参保单位应当在30日内，向社保经办机构申请办理参保人员信息变更登记业务。机关事业单位办理社保登记流程如图2-3所示。

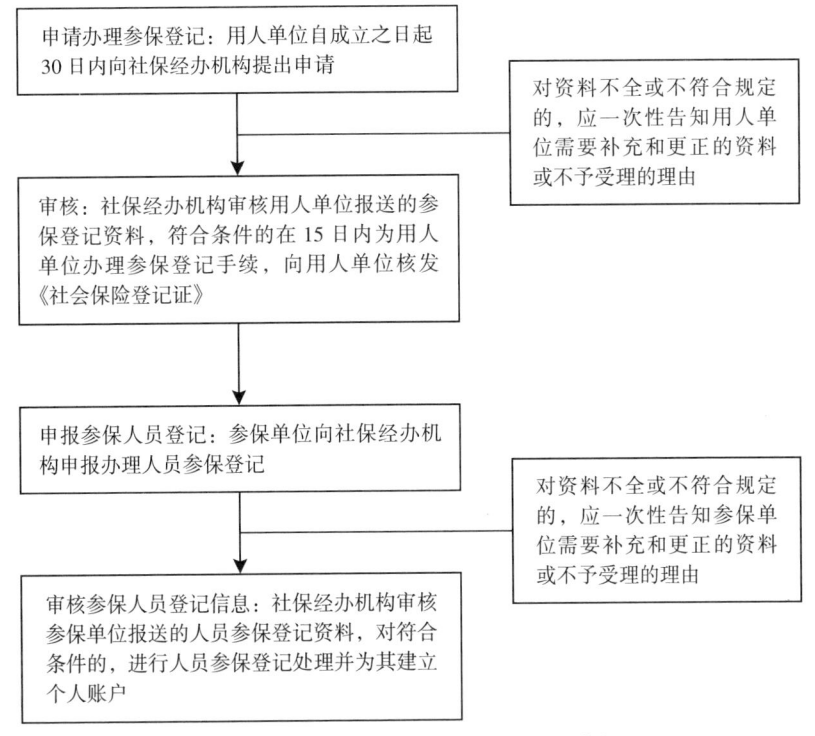

图 2-3　机关事业单位办理社保登记流程

（2）缴费申报。参保单位应每年统计上年度本单位及参保人员的工资总额，向社保经办机构申报《机关事业单位基本养老保险工资总额申报表》。新设立的单位及新进工作人员的单位，应在办理社会保险登记或申报人员变更的同时，一并申报工作人员起薪当月的工资。

（3）缴费基数核定。参保单位按规定申报工资总额后，社保经办机构应及时进行审核，对审核合格的，建立参保单位及参保人员缴费申报档案资料及数据信息。审核时，参保人员月缴费基数按照本人上年度月平均工资核定；新设立单位和参保单位新增的工作人员按照本人起薪当月的月工资核定。本人上年度月平均工资或起薪当月的月工资低于上年度全省在岗职工月平均工资60%的，按60%核定；超过300%的，按300%核定。单位月缴费基数为参保人员月缴费基数之和。

参保单位未按规定申报的，社保经办机构暂按上年度核定缴费基数的110%核定，参保单位补办申报手续后，重新核定并结算差额。在一个缴费年度内，参保单位初次申报后，其余月份应申报人员增减、缴费基数变更等规定事项的变动情况；无变动的，可以不申报。

（4）缴费并存入财政专户。社保经办机构负责征收基本养老保险费。社保经办机构应与参保单位和银行签订委托扣款协议，采取银行代扣方式进行征收；参保单位也可按照政策规定的其他方式缴纳。

社保经办机构根据参保单位申报的人员增减变化情况，及时办理基本养老保险关系建立、中断、恢复、转移、终止、缴费基数调整等业务，按月生成《机关事业单位基本养老保险费征缴通知单》，交参保单位；同时生成基本养老保险费征缴明细。实行银行代扣方式征收的，征缴明细按照社保经办机构与银行协商一致的格式传递给银行办理养老保险费征收业务。

社保经办机构对银行反馈的基本养老保险费当月到账明细进行核对，无误后进行财务到账处理；及时据实登记应缴、实缴、当期欠费等，生成征收台账。

参保单位因不可抗力无力缴纳养老保险费的，应提出书面申请，经省级社会保险行政部门批准后，可以暂缓缴纳一定期限的养老保险费，期限不超过1年，暂缓缴费期间免收滞纳金。到期后，参保单位必须全额补缴欠缴的养老保险费。

2. 领取养老金业务

参保人员符合退休条件的，参保单位向社保经办机构申报办理退休人员待遇核定，按月领取养老金。社保经办机构应及时对申报资料进行审核，对符合条件的，根据退休审批认定的参保人员出生时间、参加工作时间、视同缴费年限、退休类别以及实际缴费情况等计算退休人员的基本养老金，在过渡期内，应按规定进行新老待遇计发办法对比，确定养老保险待遇水平，及时记录退休人员信息，打印《机关事业单位基本养老保险参保人员基本养老金计发表》，交参保单位。对资料不全或不符合规定的，应一次性告知参保单位需要补充和更正的资料或不予受理的理由。参保单位应当将核定结果告知参保人员。社保经办机构每月根据上月待遇支付记录、当月退休人员增减变化及待遇数据维护等信息，进行支付月结算。社保经办机构对银行每月反馈的发放明细核对无误后及时进行账务处理，编制支付台账，进行支付确认处理。对发放不成功的，及时会同银行查找原因，及时解决，并再次发放。

参保人员符合国家政策规定的病残津贴领取条件的，参保单位向社保经办机构申报办理病残津贴领取手续。参保人员因病或非因工死亡后，参保单位向社保经办机构申请办理领取丧葬补助金、抚恤金手续。办理参保人员终止登记手续后，参保单位向社保经办机构申请办理个人账户一次性支付手续。机关事业单位养老金支付流程如图2-4所示。

3. 个人账户管理业务

（1）个人账户建立。社保经办机构为机关事业单位员工建立个人账户，用于记录个人缴费及利息等社会保险权益。个人账户包括个人基本信息、缴费信息和支付信息、转移接续信息、终止注销信息等内容。

国发〔2015〕2号文件实施时在机关事业单位工作的人员，个人账户建立时间从该

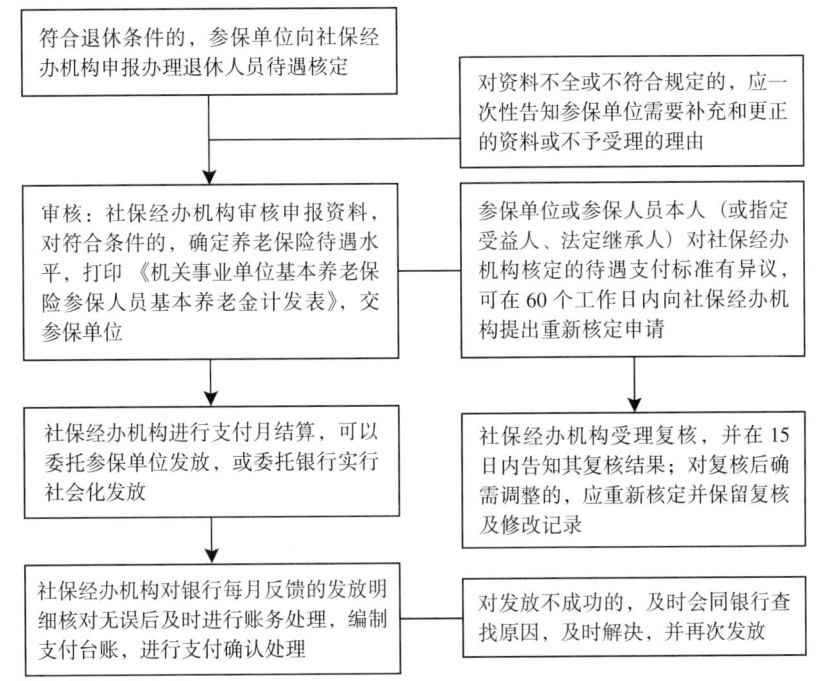

图 2-4 机关事业单位养老金支付流程

文件实施之月开始，之后参加工作的人员，从其参加工作之月起建立个人账户。

（2）个人账户记账。参保单位和参保人员按时足额缴费的，社保经办机构按月计入个人账户。每年的 1 月 1 日至 12 月 31 日为一个结息年度，社保经办机构应于一个结息年度结束后根据上年度个人账户记账额及个人账户储存额，计算个人账户利息，并计入个人账户。记账利率由国家确定并公布。

（3）个人账户封存与启封。社保经办机构对中断缴费的个人账户应进行封存，中断缴费期间按规定计息。社保经办机构对恢复缴费的参保人员个人账户记录进行恢复，中断缴费前后个人账户储存额合并计算。

（4）个人账户终止。办理参保人员终止登记手续后，参保单位可代参保人员或继承人向社保经办机构申领个人账户储存额（退休人员为个人账户余额）。社保经办机构完成支付手续后，终止参保人员基本养老保险关系。

（三）城乡居民基本养老保险业务办理

1. 参保登记业务

（1）申请参保、登记业务。符合参保范围的城乡居民均可申请参保。申请参保人员应提供居民身份证和户口簿原件及复印件，特殊参保群体另需提供相关证明材料原件及复印件，向所在地村（居）民委员会和乡镇（街道）事务所提出申请。协办员接收辖区居民提出的参保申请，并指导其填写参保表格。若其本人无法填写，可由受托亲属或协办员代填，但应有其本人签字、签章或留指纹确认。协办员检查参保人员相关材料后，按规定时限上报事务所。事务所应对相关材料进行初审，并将参保登记信息录入信息系统，按规定时限上报当地县（自治县、市、区、旗）级社保机构或直接经办业务的地市级社保机构。社保机构应在规定的时限内对申请参保人员相关信息进行复核，并及时将符合参保范围的申请参保人员的个人基本情况进行登记，建立个人账户并录入信息系统（见图2-5）。参保登记的内容包括：姓名、性别、民族、公民身份号码、出生年月、缴费档次、居住地址、联系电话、户籍性质、户籍所在地址、参保登记时间、邮政编码、是否特殊参保群体等。

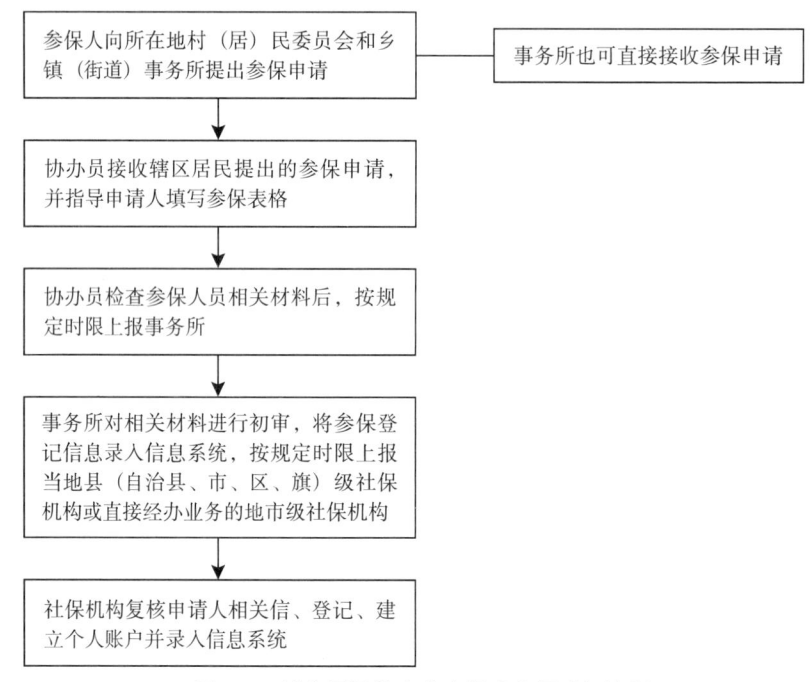

图 2-5　城乡居民基本养老保险参保登记流程

（2）信息变更业务。当参保人员参保登记事项发生变更时，参保人员可提出参保信息变更申请，协办员或事务所接收参保人员提出的参保信息变更申请。参保人需要提供本人的居民身份证以及与变更情况相对应的证明材料。参保人员本人不能到现场办理时，还应提供代办人员的居民身份证。

可变更的参保信息包括参保人员的姓名、性别、民族、公民身份号码、出生年月、缴费档次、银行账号、金融机构、居住地址、联系电话、户籍性质、户籍所在地址、特殊参保群体类型等。

协办员或事务所应检查参保人员相关证件及材料是否正确、齐全，指导参保人员正确填写参保信息变更登记表册，并按参保登记的基本流程，进行参保信息变更业务操作。社保机构复核后,在信息系统中进行相应的信息变更操作,并及时将相关材料归档备案。

2. 缴费业务

申请人参保登记后,社保机构委托金融机构制发城乡居民基本养老保险所用银行存折或社会保障卡,用于参保人员缴纳养老保险费。

城乡居民基本养老保险费按年度(自然年度)缴纳,实行金融机构代扣代缴方式。参保人员自主选择缴费档次,确定缴费金额。参保人于当地规定的缴费截止日前,将当年的养老保险费足额存入存折(卡)。至缴费截止日,仍未缴纳养老保险费的,社保机构按中断缴费处理。

对于暂不具备通过金融机构扣缴条件的地区,暂由社保机构、事务所会同金融机构进行收缴,并开具社会保险费专用缴费凭证。

符合养老保险费补缴条件的参保人员申请补缴时,协办员或事务所指导正确填写养老保险费补缴表格,并在信息系统中录入补缴信息。社保机构核定后,生成补缴扣款明细清单,传递至指定金融机构。金融机构按保费划扣流程进行扣款和信息反馈。城乡居民基本养老保险缴费流程如图2-6所示。

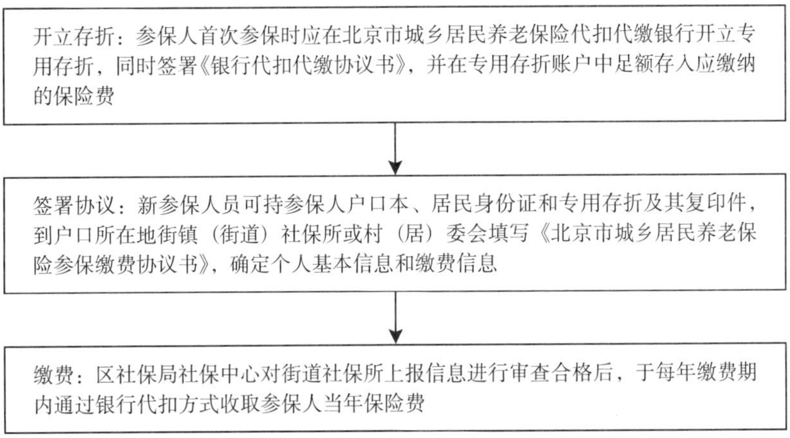

```
开立存折:参保人首次参保时应在北京市城乡居民养老保险代扣代缴银行开立专
用存折,同时签署《银行代扣代缴协议书》,并在专用存折账户中足额存入应缴纳
的保险费
              ↓
签署协议:新参保人员可持参保人户口本、居民身份证和专用存折及其复印件,
到户口所在地街镇(街道)社保所或村(居)委会填写《北京市城乡居民养老保
险参保缴费协议书》,确定个人基本信息和缴费信息
              ↓
缴费:区社保局社保中心对街道社保所上报信息进行审查合格后,于每年缴费期
内通过银行代扣方式收取参保人当年保险费
```

图2-6 城乡居民基本养老保险缴费流程

在参保人不申请变更的情况下,城乡居民养老保险参保缴费协议书长期有效,下年默认延续上年信息,如果参保人连续两年未缴费,协议自动终止。参保人员的姓名、居民身份证号码发生变更时,应该按规定重新签署协议。其他个人信息和缴费信息发生变更时,则应按规定向乡镇(街道)社保所提出书面变更申请。

3. 领取养老金业务

参保登记后,社保机构应委托金融机构制发城乡居民基本养老保险所用银行存折或社会保障卡,用于参保人员领取养老保险待遇。参保人达到法定退休年龄(年满60

周岁）且缴费满 15 年即可申请按月领取养老金。

（1）待遇核定业务。事务所在每月初将下月达到领取条件的人员名单，交协办员通知其办理领取养老金手续。有条件的地区宜通过电话、短信、网络、信函等方式告知。办理领取养老金手续时，参保人员应提供本人身份证和户口簿原件及复印件。协办员核对参保人员提供的材料是否齐全，并于每月规定时限内将相关材料上报事务所。事务所审核参保人员的待遇领取资格，并将符合条件人员的相关材料上报社保机构。社保机构对有关材料进行复核，对符合待遇领取条件的参保人员进行待遇领取资格认定，计算待遇领取人的养老金数额；对不符合待遇领取条件的参保人员，应告知其具体原因，做好解释工作；需要补缴或可以补缴的，应告知当事人，等补缴之后再进行待遇核定。参保人员对待遇领取标准有异议的，社保机构应接收其申请并进行审核，同时将审核结果书面反馈给参保人员；确需调整的，应经参保人员确认后重新核定。

以北京市为例，参保人在达到领取年龄前一个月携带身份证复印件、户口本复印件、专用存折复印件前往户口所在地村委会或社保所申请领取养老保险待遇。每月 10 日之前办理，每年 3 月不办理养老金领取手续。

（2）待遇支付业务。社保机构每月编制基金支付明细，并协调金融机构及时划入参保人员账户。社保机构对于终止城乡居民基本养老保险关系的参保人员，按规定办理注销登记手续，按规定将个人账户资金余额一次性支付给参保人员或其指定受益人和法定继承人。参保人员发生按规定应暂停享受养老待遇情况的，社保机构暂停为其发放养老保险待遇。待符合继续享受养老保险待遇规定条件后恢复发放。

4. 个人账户管理业务

（1）个人账户建立。社保机构对参保登记信息进行确认复核后，依托信息系统为参保人员建立个人账户。

个人账户的主要内容包括：个人基本信息 [包括参保人姓名、出生年月、民族、公民身份号码、社会保障号、户籍所在地、居住地址、联系电话、参保日期、存折（卡）号、参保状态等]、个人账户缴费信息（包括缴费时间、缴费类型、个人缴费金额、集体补助金额、政府补贴金额等）、养老金领取信息（包括领取时间、待遇领取标准、个人账户养老金金额、基础养老金金额等）、其他信息（包括个人账户储存额信息、转移接续信息、终止注销信息等）。

（2）个人账户记账。个人账户按月记账，免征利息税，不得提前支取。参保人员缴纳的养老保险费作为"个人缴费"计入；村（居民）集体和其他社会经济组织、公益慈善组织、个人对参保人员缴纳养老保险费的补助或资助作为"补助（资助）"计入；各级财政对参保人员的缴费补贴以及对重度残疾人等困难群体代缴的保费作为政府补贴名义计入。

个人账户储存额从缴费到账的次月起按照国家规定利率开始计息。每年的1月1日至12月31日为一个结息年度，每年12月31日为结息日。社保机构于一个结息年度结束时对当年度的个人账户储存额进行结息。

第二节　医疗保险实务

一、基本概念

社会医疗保险作为当今世界各国普遍推行的社会保险项目，在整个社会保障体系中占据着非常重要的地位。由于医疗保险在各国的运作模式不同，国内外对医疗保险的表述及内容界定存在着不同的认识，有的称为医疗保险，有的称为疾病保险，有的称为健康保险。

健康保险是广义的医疗保险，它不仅包括补偿由于疾病给人们带来的医疗费用等直接经济损失，还包括补偿由疾病导致的收入下降等间接经济损失。有的国家还包含预防保健、健康促进等方面的内容。简言之，健康保险包括了支出补偿、收入补偿以及卫生保健服务等内容。健康保险是经济发展到较高程度的产物。狭义的医疗保险单纯指对疾病和意外伤害发生后所导致的医疗费用的补偿。然而广义和狭义的医疗保险之间并无严格的界限，只是保险范围和程度的差异。从我国的现状来看，医疗保险主要是指狭义的概念，广义医疗保险中的疾病预防等内容在我国定位为国家和地方政府所提供的公共卫生服务。

本节所称医疗保险是将其作为社会保险制度中的一个项目来定位的，专指社会医疗保险，它是由国家立法规范并运用强制手段，向法定范围的劳动者及其他社会成员提供必要的疾病医疗服务和经济补偿的一种社会化保险机制。[1]

二、政策现状

目前，我国已经初步建立了覆盖城乡全体居民的基本医疗保障体系，主要包括城镇职工基本医疗保险制度、城乡居民基本医疗保险制度。

（一）城镇职工基本医疗保险

城镇职工基本医疗保险制度的政策依据：1998年12月国务院发布的《关于建立城

---

[1] 郑功成：《社会保障概论》，复旦大学出版社2006年版，第161页。

镇职工基本医疗保险制度的决定》、2009年3月国务院发布的《医药卫生体制改革近期重点实施方案（2009~2011）》、2010年10月全国人大常委会通过的《中华人民共和国社会保险法》以及2011年2月国务院办公厅发布的《医药卫生体制五项重点改革2011年度主要工作安排》等。

1. 覆盖范围

《中华人民共和国社会保险法》第二十三条规定，职工应当参加职工基本医疗保险，无雇工的个体工商户、未在用人单位参加职工基本医疗保险的非全日制从业人员、非公有制经济组织从业人员、灵活就业人员和农民工可以参加职工基本医疗保险。

2. 资金筹集

基本医疗保险基金由用人单位缴纳的基本医疗保险费、职工个人缴纳的基本医疗保险费、基本医疗保险费的利息、基本医疗保险费的滞纳金、依法纳入基本医疗保险基金的其他资金共同构成，由用人单位和职工共同缴纳的基本医疗保险费是基金主体。

用人单位缴费率应控制在职工工资总额的6%左右，职工缴费率一般为本人工资收入的2%。职工本人月工资低于上年度全省在岗职工月平均工资60%的，按60%核定个人缴费基数，超过300%的，按300%核定个人缴费基数，无法确定职工本人上一年月平均工资的，以上一年本市职工月平均工资为缴费工资基数，缴纳基本医疗保险费。无雇工的个体工商户、未在用人单位参加职工基本医疗保险的非全日制从业人员以及其他灵活就业人员，由个人按照国家规定缴纳基本医疗保险费。参加职工基本医疗保险的个人，达到法定退休年龄时累计缴费达到国家规定年限的，退休后不再缴纳基本医疗保险费，按照国家规定享受基本医疗保险待遇；未达到国家规定年限的，可以缴费至国家规定年限。

根据《北京市基本医疗保险规定》（2001年2月20日北京市人民政府第68号令公布，2005年6月6日北京市人民政府第158号令第二次修改），累计缴纳基本医疗保险费男满25年、女满20年的，按照国家规定办理了退休手续，按月领取基本养老金或者退休费的人员，享受退休人员的基本医疗保险待遇，不再缴纳基本医疗保险费。本规定施行前参加工作施行后退休，缴纳基本医疗保险费不满前款规定年限的，由本人一次性补足应当由用人单位和个人缴纳的基本医疗保险费后，享受退休人员的基本医疗保险待遇，不再缴纳基本医疗保险费。经劳动保障行政部门认定，职工的连续工龄或者工作年限符合国家规定的，视同基本医疗保险缴费年限。

基本医疗保险基金由统筹基金和个人账户构成。职工个人缴纳的基本医疗保险费，全部计入个人账户。用人单位缴纳的基本医疗保险费分为两部分，一部分用于建立统筹基金，另一部分划入个人账户。划入个人账户的比例一般为用人单位缴费的30%左右，具体比例由统筹地区根据个人账户的支付范围和职工年龄等因素确定。

3. 待遇给付

基本医疗保险待遇，是指参保人在定点医疗机构和定点药店就医或买药，按照基本医疗保险的有关规定由基本医疗保险基金支付的医疗费。我国城镇职工基本医疗保险实行社会统筹和个人账户相结合的原则，基本医疗保险统筹基金和个人账户划定各自支付范围，分别核算，不得互相挤占（见表2-2）。符合基本医疗保险基金支付范围的医疗费用，由基本医疗保险统筹基金和个人账户分别支付。

表2-2 北京市城镇职工基本医疗保险基金支付范围

个人账户支付范围	统筹基金支付范围	基本医疗保险金不予支付的范围
①门诊、急诊的医疗费用； ②到定点零售药店购药的费用； ③基本医疗保险统筹基金起付标准以下的医疗费用； ④超过基本医疗保险统筹基金起付标准，按照比例应当由个人负担的医疗费用； ⑤法律、行政法规另有规定的	①住院治疗的医疗费用； ②急诊抢救留观并收入住院治疗的，其住院前留观7日内的医疗费用； ③恶性肿瘤放射治疗和化学治疗、肾透析、肾移植后服抗排异药的门诊医疗费用	①在非本人定点医疗机构就诊的，但急诊除外； ②在非定点零售药店购药的； ③因交通事故、医疗事故或者其他责任事故造成伤害的； ④因本人吸毒、打架斗殴或者因其他违法行为造成伤害的； ⑤因自杀、自残、酗酒等原因进行治疗的； ⑥在国外或者中国香港、澳门特别行政区以及台湾地区治疗的； ⑦按照国家和本市规定应当由个人自付的

城镇职工基本医疗保险制度规定了基本医疗保险基金支付的起付标准、最高支付限额和分担比例。起付标准原则上控制在当地职工年平均工资的10%左右，最高支付限额为当地职工年平均工资的6倍以上，且不低于5万元。起付标准以下的医疗费用，从个人账户中支付或由个人自付。起付标准以上、最高支付限额以下的医疗费用，主要从统筹基金中支付，个人也要负担一定比例。超过最高支付限额的医疗费用，可以通过商业医疗保险等途径解决。

统筹基金的具体起付标准、最高支付限额以及在起付标准以上和最高支付限额以下医疗费用的个人负担比例，由统筹地区根据"以收定支、收支平衡"的原则确定。此外，报销比例受到被保项目和医院、医保类别影响，定点医疗机构医保类别不同，各项医保待遇水平不同，各地医疗保险的报销比例范围也不尽相同，具体以当地政策规定为准。北京市2016年城镇职工基本医疗保险门诊及住院报销比例及最高限额分别如表2-3和表2-4所示。

4. 享受资格

参保人员必须到基本医疗保险的定点医疗机构就医购药，或持定点医院的大夫开具的医药处方到社会保险机构确定的定点零售药店外购药品。需要办理住院的，参保人需出示身份证、医保卡，然后办理住院手续，登记住院。参保人员在看病就医过程中所发生的医疗费用，符合基本医疗保险药品目录、诊疗项目、医疗服务设施标准以

表2-3 2016年北京市城镇职工基本医疗保险门诊报销比例及最高限额

人员类别		起付线（元）	报销比例				最高支付限额（元）
			社区医院		定点医院		
			大额	补充	大额	补充	
在职		1800	90%	—	70%	—	2万
退休	70岁以下	1300	80%	10%	70%	15%	2万
	70岁以上		80%	10%	80%	10%	

注：①起付标准：一个医疗保险年度内（1月1日至12月31日），累计金额1800元为起付线；②支付限额：基本医疗保险统筹基金在一个年度内（1月1日至12月31日），累计最高支付限额为2万元。

表2-4 2016年北京市城镇职工基本医疗保险住院费用报销比例及最高限额

人员类别	报销级别	起付线	统筹支付			最高限额
			一级医院	二级医院	三级医院	
在职人员	起付标准为3万元	1300元	90%	87%	85%	10万元
	3万元以上至4万元		95%	92%	90%	
	4万元以上至10万元		97%	97%	95%	
	10万元至30万元	大额医疗费用互助资金支付85%				20万元
退休人员	起付标准为3万元	1300	94%	92.20%	91%	10万元
	3万元以上至4万元		97%	95.20%	94%	
	4万元以上至10万元		98.20%	98.20%	97%	
	10万元以上至30万元	大额医疗费用互助资金支付90%				20万元

注：①起付标准：一个医疗保险年度内，第一次住院的起付标准为1300元，第二次及以后均为650元；②报销比例：采取分段计算、累加支付的办法，支付比例按医院级别分别计算；支付限额：基本医疗保险统筹基金在一个年度内累计最高支付限额为10万元，大额互助资金累计最高支付限额为20万元，共30万元。

及急诊、抢救的医疗费用，由基本医疗保险基金按规定予以支付。在参保人员符合基本医疗保险支付范围的医疗费用中，在社会医疗统筹基金起付标准以上与最高支付限额以下的费用部分，由社会医疗统筹基金统一比例支付。参保人员医疗费用中应当由基本医疗保险基金支付的部分，由社会保险经办机构与医疗机构、药品经营单位直接结算。

（二）城乡居民基本医疗保险

城乡居民基本医疗保险制度的政策依据主要是2016年1月国务院发布的《关于整合城乡居民基本医疗保险制度的意见》（国发〔2016〕3号）。

目前，各地整合城乡居民基本医疗保险制度正在进行中。以北京市为例，2011年，北京市面向城镇老人、学生儿童、无业居民建立了统一的城镇居民基本医疗保险制度，目前参保人员达180.6万人，参保率为98%以上，政府每年平均为每人补助1000元。2014年，北京市启动新型农村合作医疗保险，农民自愿参加，个人、集体和政府多方

第二章 社会保险实务

筹资，目前参保人数为223.8万人，参保率达99%，政府每年人均补助1040元。2016年12月，北京市出台城乡居民医保制度整合具体实施方案，2018年1月，城镇居民医保和新农合两项制度将整合为统一的城乡居民医保制度。两项制度整合后，将实现"六统一"：统一覆盖范围，统一筹资政策，统一保障待遇，统一医保目录，统一定点管理，统一基金管理。在整合工作全部完成前，现有参保报销政策和报销流程不变，参合人员按现有标准和报销程序享受待遇。

1. 覆盖范围

城乡居民基本医疗保险制度覆盖范围包括现有城镇居民医保和新农合所有应参保（合）人员，即覆盖除职工基本医疗保险应参保人员以外的其他所有城乡居民。农民工和灵活就业人员依法参加职工基本医疗保险，有困难的可按照当地规定参加城乡居民基本医疗保险。

2. 资金筹集

城乡居民基本医疗保险采取多渠道筹资，实行个人缴费与政府补助相结合为主的筹资方式，鼓励集体、单位或其他社会经济组织给予扶持或资助。具体缴费标准与政府补贴标准各地差距较大。以北京市为例，2017年度城镇居民基本医疗保险缴费标准为：城镇老年人个人缴费金额为每人每年360元；学生儿童个人缴费金额为每人每年160元；城镇无业居民个人缴费金额为每人每年660元，其中残疾的无业居民个人缴费金额为每人每年360元。

3. 待遇给付

城乡居民基本医疗保险基金主要用于支付参保人员发生的住院和门诊医药费用。政策范围内住院费用支付比例保持在75%左右。比如北京市，在2018年初新制度实施前，现有的城镇居民医保和新农合制度仍"双轨制"并行（见表2-5）。

表2-5 北京市城镇居民基本医疗保险报销比例

报销类别	参保人员类别	起付线（元）	报销比例（%）	最高限额（元）
门诊费用	城镇老年人	650	50	2000
	城镇无业居民		50	2000
	学生儿童		50	2000
住院费用	城镇老年人	1300	70	17万
	城镇无业居民		70	18万
	学生儿童	650	70	19万

4. 享受资格

城乡居民基本医疗保险实行一年一次性预交费制，一年一个医疗待遇支付期。新迁入户籍的城乡居民，从缴费之日起享受医保待遇。新生儿参保登记并缴费后从出生之日起享受医保待遇。

符合基本医疗保险药品目录、诊疗项目、医疗服务设施标准以及急诊、抢救的医疗费用，按照国家规定从基本医疗保险基金中支付。参保人员医疗费用中应当由基本医疗保险基金支付的部分，由社会保险经办机构与医疗机构、药品经营单位直接结算。

应当从工伤保险基金中支付的、应当由第三人负担的、应当由公共卫生负担的及在境外就医的，不纳入基本医疗保险基金支付范围。医疗费用依法应当由第三人负担，第三人不支付或者无法确定第三人的，由基本医疗保险基金先行支付。基本医疗保险基金先行支付后，有权向第三人追偿。

三、业务办理

(一) 城镇职工基本医疗保险业务办理

职工基本医疗保险登记缴费、跨省流动医疗保险关系转移办理流程与职工基本养老保险登记缴费、跨省流动转移办理流程一致。

1. 个人账户管理业务

社会保险经办机构应当为职工和退休人员建立基本医疗保险个人账户，各地经办机构负责本地区医疗保险个人账户的使用管理工作，区、县经办机构负责经办本辖区基本医疗保险个人账户的具体业务工作。

（1）个人账户注资与记账。个人账户内资金主要由职工个人缴纳的基本医疗保险费、按照规定划入个人账户的用人单位缴纳的基本医疗保险费、个人账户存储额的利息和依法纳入个人账户的其他资金构成。

根据《北京市基本医疗保险规定》（2001年2月20日北京市人民政府第68号令公布，2005年6月6日北京市人民政府第158号令第二次修改），北京市用人单位缴纳的基本医疗保险费划入个人账户的比例：

1）不满35周岁的职工按本人月缴费工资基数的0.8%划入个人账户。

2）35周岁以上不满45周岁的职工按本人月缴费工资基数的1%划入个人账户。

3）45周岁以上的职工按本人月缴费工资基数的2%划入个人账户。

4）不满70周岁的退休人员按上一年本市职工月平均工资的4.3%划入个人账户。

5）70周岁以上的退休人员按上一年本市职工月平均工资的4.8%划入个人账户。

（2）个人账户的所有权。个人账户本金和利息为个人所有，只能用于基本医疗保险，但可以结转使用和继承。职工和退休人员死亡时，其个人账户存储额划入其继承人的个人账户；继承人未参加基本医疗保险的，个人账户存储额可一次性支付给继承人；没有继承人的，个人账户存储额纳入基本医疗保险统筹基金。

2. 报销业务

（1）购药报销业务。参保人员可持医疗保险卡在所有定点医疗机构、定点零售药店购药，其医药费用可用卡直接结算，购药时不计入社会统筹，全部由个人账户支付，如果个人账户金用完，可以用现金支付。

（2）门诊报销业务。一个自然年度内累计超过起付标准，职工携带普通门诊、急诊收据、医疗保险处方（处方双划价），检查治疗的费用明细于每月1~20日申报，当月费用次月申报，当年费用需在次年1月20日前申报。

（3）住院报销业务。职工携带住院期间各种收据、费用清单、结算单、医学诊断证明，出院时医院与个人结算清楚自费和自负部分金额，统筹基金报销金额由医院与区医保中心结算。

参保人员转诊转院后发生的医疗费用，由个人或单位先用现金垫付，医疗终结后，由参保人或其代理人持转诊转院审批表、病历证书、处方及有效单据，到医保经办机构报销属于统筹基金支付范围的住院费用。

（4）异地就医报销业务。2017年以前，异地就医费用需要手工报销，患者须在出院后复印病历，集齐各种发票单据，然后到参保地医保经办机构进行手工录入、审核和报销。2016年12月，人力资源和社会保障部、财政部联合印发《关于做好基本医疗保险跨省异地就医住院医疗费用直接结算工作的通知》（人社部发〔2016〕120号），参加基本医疗保险的异地安置退休人员、异地长期居住人员、常驻异地工作人员，以及符合参保地转诊规定的参保人员在异地就医时可以直接结算。

异地就医直接结算流程分为三步：

第一步，到参保地的经办机构备案。参保人员跨省就医之前需要在参保地的经办机构进行备案，经办机构采集必要的信息，备案成功后，备案信息上传至国家异地就医结算系统，形成全国异地就医备案人员库，供就医地经办机构和定点医疗机构获取异地就医参保人员信息。

第二步，选择跨省定点医疗机构。备案后，异地就医参保人登录人力资源和社会保障部"社会保险网上查询系统"（网址：http://si.12333.gov.cn）或拨打参保地"12333"电话查询，并选择可供直接结算的"全国异地定点医疗机构"。截止到2017年9月25日，全国已开通7226家跨省异地就医住院医疗费用直接结算定点医疗机构。① 人力资源和社会保障部将继续扩大定点医疗机构数量，争取实现县级、重点乡镇和社区全覆盖，方便参保人员异地就医。

---

① 《人社部回应跨省异地就医四问：谁受益？咋办理？》，中国新闻网，http://www.chinanews.com/gn/2017/09-27/8341052.shtml，2017年9月27日。

第三步，持卡就医。异地就医时需要携带全国统一标准的社会保障卡办理入院和结算。结算时原则上执行就医地规定的支付范围及有关规定（基本医疗保险药品目录、医疗服务设施和诊疗项目范围）。医保基金起付标准、支付比例、最高支付限额等执行参保地政策。参保人员异地就医出院结算时，就医地经办机构根据全国统一的大类费用清单，将异地就医人员住院医疗费用等信息经国家异地就医结算系统实时传送至参保地经办机构，参保地经办机构根据大类费用按照当地规定进行计算，区分参保人员个人与各项医保基金应支付的金额，并将计算结果回传至就医地定点医疗机构。异地就医流程如图2-7所示。

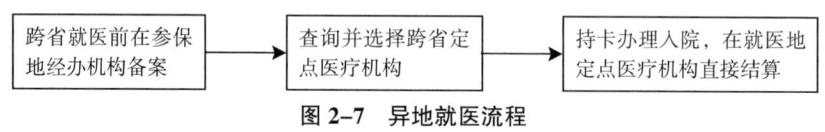

图2-7　异地就医流程

（二）城乡居民基本医疗保险业务办理

1. 缴费业务

城乡居民基本医疗保险参保人员按缴费标准一次性缴纳当年的医疗保险费，一般在每年的9月至12月集中办理。初次参保人员凭户口本、身份证（居住证）到所属的居委会或村委会办理参保登记。同一户口簿内符合参保条件的城乡居民，应以家庭为单位全部参保。在学校和托幼机构的参保人员，由学校和托幼机构负责办理参保缴费手续，其他参保人员到户籍所在地或居住地街道（乡、镇）社会保障事务所（简称社保所）办理参保缴费手续。新迁入户籍的城乡居民，一般需要在落户之日起3个月内办理参保登记及缴费，新生儿自出生之日起3个月内，由亲属到户籍所在地办理参保登记及缴费。北京市城乡居民基本医疗保险参保缴费办理流程如图2-8所示。

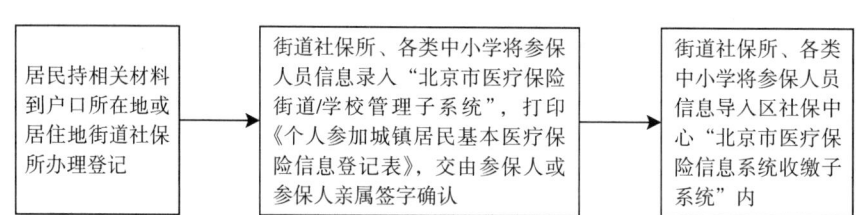

图2-8　北京市城乡居民基本医疗保险参保缴费办理流程

城乡居民首次办理医保登记及缴费后，以后年度个人信息发生变化的，应办理医保信息变更。

2. 报销业务

参保人需携带本人医保卡（农合本）、身份证（或户口簿）到定点医疗机构办理住院手续，发生的医疗费用应由个人支付的部分，由本人在出院时与定点医疗机构即时结算。

暂不具备即时结算条件的定点医疗机构,住院医疗费用由本人先行垫付,出院后携带住院发票原件、住院明细汇总清单、住院病历复印件(包括病历首页、长期医嘱及临时医嘱)等相关材料到县(区)医保经办机构按规定报销。

第三节 失业保险实务

一、基本概念

失业是指有劳动能力的劳动年龄人口愿意接受现行的工资水平和工作条件,但仍然没有工作的状态。按照国际劳工组织的定义,一定劳动年龄范围之内的劳动年龄人口,需要同时满足以下三个条件才能视为失业:①本人无工作,没有从事有报酬的职业或自营职业;②本人当前具有劳动能力,可以工作;③本人正在采取各种方式寻找工作。

失业保险对劳动者应对失业风险、促进劳动者再就业有着重要作用。失业保险指依据国家法规,通过国家、企事业单位和个人等渠道建立失业保险基金,对因失业而暂时中断收入来源的劳动者,在法定期限内给予物质帮助和就业服务的一种社会保险制度。

失业保险的对象是处于失业状态的劳动者,失业劳动者本身并没有丧失劳动能力。因此,失业保险在保障形式和内容上具有自身的特殊性,除了向受保者发放失业保险金来保障其基本生活需要外,还要通过就业培训、职业介绍等形式帮助失业者重新就业。

二、政策现状

失业保险制度始建于1986年,经过几次修正和完善,1999年出台了《失业保险条例》,这标志着我国失业保险制度走上了法制化的轨道。2011年7月1日,《中华人民共和国社会保险法》(简称《社会保险法》)开始实施,其中关于失业保险有一些新的规定。因此,我国现行失业保险制度是根据《失业保险条例》和《社会保险法》而构建的。2017年11月10日,人力资源和社会保障部研究起草了《失业保险条例》(修订草案征求意见稿)(简称《征求意见稿》),面向社会公开征求意见。《征求意见稿》中扩大了条例适用范围,降低了缴费费率,增加了基金支出项目,提高了失业保障水平。

(一) 覆盖范围

《中华人民共和国社会保险法》第四十四条规定，职工应当参加失业保险。职工包括所有的城镇企业、事业单位的职工。这里所指的城镇企业是指国有企业、城镇集体企业、外商投资企业、城镇私营企业以及其他城镇企业。

《征求意见稿》规定："中华人民共和国境内的企业、事业单位、社会团体、民办非企业单位、基金会、律师事务所、会计师事务所等组织（统称用人单位）及其职工应当依照本条例规定参加失业保险，缴纳失业保险费。"（第二条）"考虑到地区差异性，有雇工的个体工商户及其雇工是否参加失业保险仍由各省、自治区、直辖市人民政府根据本地实际情况确定。"（第三十三条）

(二) 资金筹集

失业保险基金的主体是由城镇企业、事业单位及其职工共同缴纳的失业保险费，也包括失业保险基金的利息、财政补贴和依法纳入失业保险基金的其他资金。其中，用人单位按照本单位工资总额的2%缴纳失业保险费，职工按照本人工资的1%缴纳失业保险费，城镇企业招用的农民合同制工人参加失业保险，由单位缴纳失业保险费，个人不缴费。

为了减轻企业负担，增强企业活力，促进就业稳定，经国务院同意，我国多次降低失业保险费率。例如，2015年2月，人力资源和社会保障部、财政部下发《关于调整失业保险费率有关问题的通知》，要求从2015年3月1日起，失业保险费率暂由现行条例规定的3%降至2%，单位和个人缴费的具体比例由各省、自治区、直辖市人民政府确定。2017年2月，人力资源和社会保障部、财政部下发《关于阶段性降低失业保险费率有关问题的通知》，要求从2017年1月1日起，失业保险总费率为1.5%的省（自治区、直辖市），可以将总费率降至1%，降低费率的期限执行至2018年4月30日。在省（自治区、直辖市）行政区域内，单位及个人的费率应当统一，个人费率不得超过单位费率。失业保险总费率已降至1%的省份仍按照《人力资源和社会保障部 财政部关于阶段性降低社会保险费率的通知》（人社部发〔2016〕36号）执行。

征求意见稿规定："失业保险费由用人单位和职工分别按照本单位工资总额和本人工资的一定比例缴纳，用人单位和职工的缴费比例之和不得超过2%，具体缴费比例由省、自治区、直辖市人民政府规定。在省、自治区、直辖市行政区域内，用人单位和职工的缴费比例应当统一。"（第六条）

(三) 待遇给付

1. 失业保险待遇

失业人员可享受的失业保险待遇包括：

（1）失业保险金。用于保障失业人员的基本生活。失业保险金是失业待遇的主要内容，关系到失业保险待遇水平的高低。根据《中华人民共和国社会保险法》，失业保险金的标准，按照低于当地最低工资标准、高于城市居民最低生活保障标准的原则确定，具体标准由省、自治区、直辖市人民政府确定。单位招用的农民合同工连续工作满1年、本单位已缴纳失业保险费、劳动合同期满未续订或者提前解除劳动合同的，由社会保障经办机构根据其工作时间的长短，对其支付一次性生活补助，补助的具体标准也由省、自治区、直辖市人民政府确定。例如，安徽省人力资源和社会保障厅会同财政厅印发《关于提高失业保险待遇有关问题的通知》（皖人社发〔2017〕61号），自2017年12月1日起将失业保险金计发比例由最低工资标准的75%提高至90%，提标后，该省失业保险金月标准由原来的1140元、1013元、938元提高至1368元、1215元和1125元，人均增长214元，增幅达20%。

（2）医疗待遇。继续参加职工基本医疗保险，享受基本医疗保险待遇。基本医疗保险费从失业保险基金中支付，个人无须缴纳基本医疗保险费。据统计，2016年失业保险基金支付基本医疗保险费月人均292元。失业人员在领取失业保险金期间，若患病的可以领取医疗补助金。例如，北京市规定，失业人员在领取失业保险金期间，患病（不含因打架斗殴或交通事故等行为致伤、致残的）到社会保险经办机构指定的医院就诊的，可以补助本人应领取失业保险金总额60%~80%的医疗补助金，失业人员在领取失业保险金期间患危重病，按前款规定给予补助后，个人及其家庭负担医疗费仍确有困难的，由本人申请，区（县）社会保险经办机构审查，报市社会保险经办机构批准，可给予一次性补助。但补助标准不得超过本人应领的失业保险金总额的200%。

（3）一次性丧葬补助金和其供养的配偶、直系亲属的抚恤金。领取失业保险金期间死亡的失业人员，其遗属可以根据规定领取一次性丧葬补助金和其供养的配偶、直系亲属的抚恤金。例如，北京市规定，失业人员在领取失业保险金期间死亡的，参照北京市在职职工社会保险有关规定发给丧葬补助金。有供养直系亲属的，发给一次性抚恤金，抚恤金标准按失业人员死亡当月领取失业保险金的数额和供养人数发给。供养一人的，给付6个月；供养两人的，给付9个月；供养三人或三人以上的，给付12个月。

（4）享受职业培训、职业介绍补贴。具体标准由各省级人民政府规定。

（5）国务院规定或者批准的与失业保险有关的其他费用。2012年人力资源和社会保障部在北京市、上海市、江苏省、浙江省、福建省、山东省、广东省东部7省（市）扩大失业保险基金支出范围试点，失业保险基金可以支出的项目包括职业培训补贴、职业介绍补贴、职业技能鉴定补贴、社会保险补贴、岗位补贴、小额贷款担保基金、小额贷款担保贴息。

征求意见稿规定："失业人员在领取失业保险金期间，以个人身份自愿参加基本养老保险。失业人员在领取失业保险金期间,参加职工基本医疗保险,享受基本医疗保险待遇。失业人员应当缴纳的基本养老保险费和基本医疗保险费从失业保险基金中支付,个人不缴纳基本养老保险费和基本医疗保险费。"(第十八条)

2. 享受失业保险待遇的期限

只要失业职工及其失业前所在单位依法参保缴费并达到申领条件,经办机构都应该为其发放失业保险金,而无须审核失业职工个人及其家庭经济状况。但鉴于职工参加失业保险时间不同,缴费不同,职工失业时所能领取失业保险金的期限也不同。根据失业人员失业前用人单位和本人累计缴费期限,我国失业保险规定了三档领取失业保险金的期限,分别是 12 个月、18 个月和 24 个月,具体如表 2-6 所示。这三档领取期限为最长领取期限,而不是实际领取期限,实际期限根据失业人员的重新就业情况确定,可以少于或等于最长领取期限。职工跨统筹地区就业的,其失业保险关系随本人转移,缴费年限累计计算。

表 2-6 失业保险金领取期限

累计缴费时间	最长领取期限
满 1 年不足 5 年	12 个月
满 5 年不足 10 年	18 个月
满 10 年以上	24 个月

再次失业的规定。失业者重新就业后再次失业的,缴费时间重新计算。领取失业保险金的期限可以与前次失业应领而尚未领的失业保险金的期限合并计算,但是最长不得超过 24 个月。重新就业时间不满 1 年再次失业,可继续申领前次失业应领而尚未领完的失业保险金。

(四)享受资格

失业人员凭失业登记证明和个人身份证明,到参保地社会保险经办机构办理领取失业保险金的手续。失业保险金由社会保险经办机构通过银行按月发放。根据规定,具备下列条件的失业人员,可以领取失业保险金:①按照规定参加失业保险,所在单位和本人已按照规定履行缴费义务满 1 年的;②非因本人意愿中断就业的;③已办理失业登记,并有求职要求的。

1. 非因本人意愿中断就业的界定

非因本人意愿中断就业也称非自愿失业,即在当前条件下,劳动者个人不愿意中断就业。目前,我国非因本人意愿中断就业的法律依据主要是《失业保险金申领发放办法》第四条规定的五种情形与《实施〈中华人民共和国社会保险法〉若干规定》(人社部令第 13 号)第十三条规定的六种情形(见表 2-7)。

表 2-7 非因本人意愿中断就业的情形

《失业保险金申领发放办法》第四条规定	《实施〈中华人民共和国社会保险法〉若干规定》(人社部令第 13 号) 第十三条规定
①终止劳动合同的； ②被用人单位解除劳动合同的； ③被用人单位开除、除名和辞退的； ④根据《中华人民共和国劳动法》第三十二条第二、三项与用人单位解除劳动合同的； ⑤法律、行政法规另有规定的	①依照劳动合同法第四十四条第一项、第四项、第五项规定终止劳动合同的； ②由用人单位依照劳动合同法第三十九条、第四十条、第四十一条规定解除劳动合同的； ③用人单位依照劳动合同法第三十六条规定向劳动者提出解除劳动合同并与劳动者协商一致解除劳动合同的； ④由用人单位提出解除聘用合同或者被用人单位辞退、除名、开除的； ⑤劳动者本人依照劳动合同法第三十八条规定解除劳动合同的； ⑥法律、法规、规章规定的其他情形

2.停止领取失业保险待遇的情形

根据《失业保险条例》第十五条，停止领取失业保险待遇的情形包括：①重新就业的；②应征服兵役的；③移居境外的；④享受基本养老保险待遇的；⑤被判刑收监执行或被劳动教养的（《中华人民共和国社会保险法》删除此条）；⑥无正当理由，拒不接受当地人民政府指定的部门或者机构介绍工作的；⑦法律、行政法规规定的其他情形。

三、业务办理

（一）失业登记业务

办理失业登记是领取失业保险金的重要条件，登记的主要内容包括个人基本情况、原就业情况、失业时间与原因等。因此，职工失业后应当持本单位为其出具的终止或者解除劳动关系的证明，及时到指定的公共就业服务机构办理失业登记。

根据规定，失业人员自与用人单位终止解除劳动关系（聘用关系）或个人委托存档人员与存档机构终止（中止）存档关系之日起 60 日内，持办理材料到户籍或常住所在地的社保所办理失业登记和申领失业保险金手续。用人单位应当及时为失业人员出具终止或者解除劳动关系的证明，并将失业人员的名单自终止或者解除劳动关系之日起 15 日内告知社会保险经办机构。

北京市规定，城镇失业人员与单位终止、解除劳动（聘用）或者工作关系之日起 60 日内，持身份证、户口簿和 3 张一寸免冠照片，本人失业前身份的有关证明（毕业证书、终止解除劳动关系证明、劳改劳教释放证明、退学证明等），有关专业技能人员应提供《中华人民共和国技术等级证书》《北京市就业训练结业证书》，到户口所在地的街道、镇劳动部门办理失业登记，申领《北京市城镇失业人员求职证》。相关流程如图 2-9 所示。

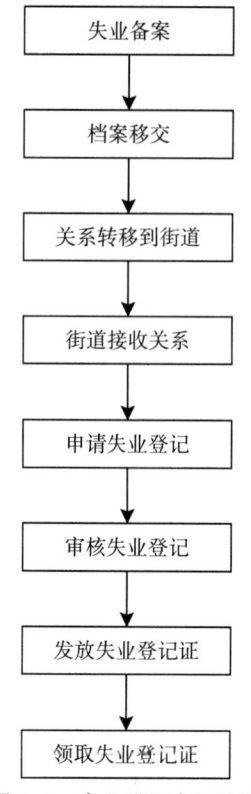

图 2-9 失业登记办理流程

（二）失业保险金领取业务

失业人员凭失业登记证明和个人身份证明，到社会保险经办机构办理领取失业保险金的手续。失业保险金领取期限自办理失业登记之日起计算。经失业保险经办机构办理领取失业保险金手续后，失业人员按月到同一个失业保险经办机构领取失业保险金或由失业保险经办机构开具单据，到指定的银行领取失业保险金。例如，北京市规定，符合领取失业保险金的，办理失业登记的同时办理申领失业保险金手续，并从办理失业登记的次月起，持身份证、失业保险金领取证及求职证，按月领取失业保险金。因病不能亲自领取的，可委托亲属持失业人员失业保险金领取证、求职证、身份证、医院诊断证明和代领人的身份证代为领取。

失业人员在失业期间死亡的，失业人员家属应当在失业人员死亡之日起 30 日内向街道（乡镇）提出书面申请，经审核符合条件的，失业经办机构于批准的次月委托经办银行向失业人员家属发放一次性丧葬补助金和抚恤金。失业保险金领取流程如图 2-10 所示。

（三）申领一次性失业保险待遇业务

用人单位与其招用的外埠城镇职工和农民合同制工人终止、解除劳动（聘用）或

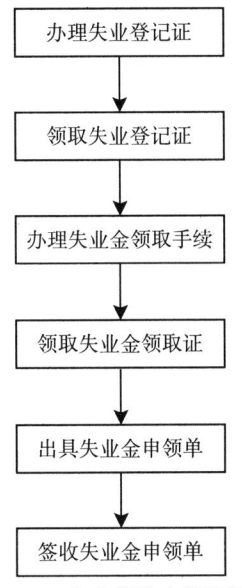

图 2-10　失业保险金领取流程

者工作关系时，参保职工可提出申请一次性失业保险金。例如，北京市规定，如果申请人在北京领取一次性失业保险待遇，需要用人单位依据参保职工的申请，携带《外埠城镇人员和农民合同制职工失业保险待遇申领登记表》一式两份、解除劳动（聘用）合同证明原件及复印件（内容包括：姓名、身份证号、解除时间精确到年月日、解除原因、本人签字、单位盖章）、申领人身份证及单位经办人身份证复印件到参保地社会保险经（代）办机构支付岗办理待遇申领的手续；如果申请人打算将一次性失业保险待遇转回原籍，需要用人单位依据参保职工的申请，携带"外埠城镇人员和农民合同制职工失业保险待遇申领登记表"一式两份、"外埠城镇人员失业保险待遇划转信息表"一式三份、解除劳动（聘用）合同证明原件及复印件（内容包括姓名、身份证号、解除时间精确到年月日、解除原因、本人签字、单位盖章）、申领人身份证及单位经办人身份证复印件到参保地社会保险经（代）办机构支付岗办理待遇转回原籍的手续。为了从制度上实现城乡统筹，进一步提升农民合同制工人的失业保障水平，征求意见稿删除了此项规定。

第四节　工伤保险实务

一、基本概念

工伤是指劳动者在从事职业活动或者与职业活动有关的活动时所遭受的意外事故伤害或职业病伤害。在 1921 年国际劳工大会通过的公约中对"工伤"的定义是：由于工作直接或间接引起的事故。在工伤的概念中包括伤、残、亡三种情况。"伤"是指劳动者在生产过程中因工伤事故或患职业病，致使身体器官或生理功能受到损伤，引起暂时的部分或全部丧失劳动能力。"残"是指劳动者在遭遇工伤事故或职业病后，经系统治疗和休养后仍不能完全复原，以致身体器官丧失或功能障碍，引起永久性的部分或完全丧失劳动能力。"亡"是指因工伤事故或职业病导致死亡。

工伤保险也叫工业伤害保险、工作伤害补偿保险或因工伤害保险，是指劳动者在生产经营活动中或在规定的某些特殊情况下所遭受的意外伤害、职业病，以及因这两种情况造成的死亡、劳动者暂时或永久丧失劳动能力时，劳动者及其遗属能够从国家、社会得到必要的物质补偿的制度。

工伤保险的实施范围是五大险种中最广泛的，也是保障项目最全面的。工伤保险不仅是一次性的经济补偿，更重要的是对伤残者、死亡者全过程的保障。因此，工伤保险项目众多，涵盖医疗、疾病、康复等各方面的费用，既要解决医疗期的工资、医疗费、伤残待遇，也要解决死亡职工的丧葬费、抚恤费和供养直系亲属的生活待遇给付等问题，还有康复费、工伤预防等。

现代意义上的工伤保险始于 19 世纪后期的德国。1881 年，德国在《社会保险宪章》中，规定了有关事故保险的条款；1884 年又颁布了《工伤保险法》，这是专门涉及工业事故和职业病及其预防与补偿问题的法规，也是世界上第一部工伤保险法。到 20 世纪末，世界上已有 180 多个国家建立了工伤保险制度，可以看出工伤保险的普遍性。

二、政策现状

我国的工伤保险制度源于中华人民共和国成立初期。1950 年，原内务部制定了《革命工作人员伤亡褒恤暂行条例》，建立了国家机关和事业单位职工的工伤保险制度。1951 年，政务院颁布了《劳动保险条例》，1953 年进行了修订，初步制定了企业职工工伤保险制度。2003 年 4 月，国务院颁布了《工伤保险条例》（国务院令 375 号，自 2004

年1月1日起实施），这是自1951年制定，1953年修订《劳动保险条例》之后，我国第一次制定专门的、具有法律效力的工伤保险法规，是对工伤保险制度改革的总结和提高，更好地保护了劳动者的合法权益。2010年，国务院又修订了《工伤保险条例》，并于2011年1月1日起施行。同时，2011年7月1日《中华人民共和国社会保险法》正式实施，这标志着我国工伤保险已经步入法制化、规范化的发展轨道，同时也意味着与市场经济相适应的新型工伤保险制度的确立。

(一) 覆盖范围

《中华人民共和国社会保险法》第三十三条规定，职工应当参加工伤保险。中华人民共和国境内的企业、事业单位、社会团体、民办非企业单位、基金会、律师事务所、会计师事务所等组织和有雇工的个体工商户应当依照《工伤保险条例》规定参加工伤保险，并为本单位全部职工或者雇工缴纳工伤保险费。公务员和参照公务员法管理的事业单位、社会团体的工作人员因工作遭受事故伤害或者患职业病的，由所在单位支付费用。具体办法由国务院社会保险行政部门会同国务院财政部门规定。

(二) 资金筹集

《中华人民共和国社会保险法》第三十三条规定，工伤保险由用人单位缴纳工伤保险费，职工不缴纳工伤保险费。国家根据不同行业的工伤风险程度确定行业的差别费率，并根据使用工伤保险基金、工伤发生率等情况在每个行业内确定费率档次。

根据2003年原劳动和社会保障部发布的《关于工伤保险费率问题的通知》，我国国民经济行业分为三类，分别确定不同的费率，平均缴费率原则上控制在职工工资总额的1%左右。

2015年7月，人力资源和社会保障部、财政部联合发出了《关于调整工伤保险费率的通知》（人社部发〔2015〕71号）（简称《通知》），自2015年10月1日起，调整现行工伤保险费率政策，明确了行业差别费率及其档次。《通知》明确将行业工伤风险类别划分为八类。按照《国民经济行业分类》（GB/T 4754—2011）对行业的划分，根据不同行业的工伤风险程度，由低到高，依次将行业工伤风险类别划分为一类至八类（见表2-8）。各行业一类至八类工伤风险类别对应的全国工伤保险行业基准费率分别控制在该行业用人单位职工工资总额的0.2%、0.4%、0.7%、0.9%、1.1%、1.3%、1.6%、1.9%左右。一类行业分为三个档次，即在基准费率的基础上，可向上浮动至120%、150%；二类至八类行业分为五个档次，即在基准费率的基础上，可分别向上浮动至120%、150%或向下浮动至80%、50%。

统筹地区社会保险经办机构根据用人单位工伤保险费使用、工伤发生率、职业病危害程度等因素，确定其工伤保险费率，每一至三年确定其在所属行业不同费率档次间是否浮动。对符合浮动条件的用人单位，每次可上下浮动一档或两档。统筹地区工

表 2-8 工伤保险行业风险分类

行业类别	行业名称
一	软件和信息技术服务业，货币金融服务，资本市场服务，保险业，其他金融业，科技推广和应用服务业，社会工作，广播、电视、电影和影视录音制作业，中国共产党机关，国家机构，人民政协、民主党派，社会保障，群众团体、社会团体和其他成员组织，基层群众自治组织，国际组织
二	批发业，零售业，仓储业，邮政业，住宿业，餐饮业，电信、广播电视和卫星传输服务，互联网和相关服务，房地产业，租赁业，商务服务业，研究和试验发展，专业技术服务业，居民服务业，其他服务业，教育，卫生、新闻和出版业，文化艺术业
三	农副食品加工业，食品制造业，酒、饮料和精制茶制造业，烟草制品业，纺织业，木材加工和木、竹、藤、棕、草制品业，文教、工美、体育和娱乐用品制造业，计算机、通信和其他电子设备制造业，仪器仪表制造业，其他制造业，水的生产和供应业，机动车、电子产品和日用产品修理业，水利管理业，生态保护和环境治理业，公共设施管理业，娱乐业
四	农业，畜牧业，农、林、牧、渔服务业，纺织服装、服饰业，皮革、毛皮、羽毛及其制品和制鞋业，印刷和记录媒介复制业，医药制造业，化学纤维制造业，橡胶和塑料制品业，金属制品业，通用设备制造业，专用设备制造业，汽车制造业，铁路、船舶、航空航天和其他运输设备制造业，电气机械和器材制造业，废弃资源综合利用业，金属制品、机械和设备修理业，电力、热力生产和供应业，燃气生产和供应业，铁路运输业，航空运输业，管道运输业，体育
五	林业，开采辅助活动，家具制造业，造纸和纸制品业，建筑安装业，建筑装饰和其他建筑业，道路运输业，水上运输业，装卸搬运和运输代理业
六	渔业，化学原料和化学制品制造业，非金属矿物制品业，黑色金属冶炼和压延加工业，有色金属冶炼和压延加工业，房屋建筑业，土木工程建筑业
七	石油和天然气开采业，其他采矿业，石油加工、炼焦和核燃料加工业
八	煤炭开采和洗选业，黑色金属矿采选业，有色金属矿采选业，非金属矿采选业

伤保险最低费率不低于本地区一类风险行业基准费率。费率浮动的具体办法由统筹地区人力资源和社会保障部门与财政部门制定，并征求工会组织、用人单位代表的意见。

职工所在用人单位未依法缴纳工伤保险费，发生工伤事故的，由用人单位支付工伤保险待遇。用人单位不支付的，从工伤保险基金中先行支付。从工伤保险基金中先行支付的工伤保险待遇应当由用人单位偿还。

（三）待遇给付

工伤保险待遇是指职工因直接的或间接工作原因遭受伤害或职业病的一种补救和补偿措施，使受伤害者的医疗、生活有所保障，使工亡者遗属的基本生活有所依靠。工伤保险的待遇包括医疗待遇、伤残待遇与死亡待遇三类。

工伤保险基金支付的范围包括：医疗费、住院伙食补助费、出外就医交通食宿费、康复费、安装配置辅助器具费、生活不能自理的护理费、一次性伤残补助金、一至四级伤残职工按月领取的伤残津贴、一次性医疗补助金，工亡由遗属领取的丧葬补助金、丧葬亲属抚恤金、一次性工亡补助金、劳动能力鉴定费。用人单位支付范围包括：治疗工伤期间的工资福利、五至六级伤残职工按月领取的伤残津贴、一次性伤残就业补助金、停工留薪期护理费、不及时申请工伤认定的费用。此外，用人单位未参加工伤保险期间发生工伤的,所有的工伤保险待遇项目费用均由用人单位自行承担。

伤残津贴等待遇多数地区一年一调,有的两年一调。结合各地情况,并考虑调整机制的稳定性和可持续性,2017 年,人力资源和社会保障部印发《关于工伤保险待遇调整和确定机制的指导意见》,规定原则上每两年至少调整一次。工伤待遇项目及计发标准如表 2-9 所示。

表 2-9 工伤待遇项目及计发标准

待遇项目			计发标准		
医疗待遇	工伤职工的医疗费用,住院伙食补助费,到统筹地区以外就医所需的交通、食宿费,工伤康复费用,安装假肢、矫形器、假眼、假牙和配置轮椅等辅助器具费用,停工留薪期待遇、护理待遇				
伤残待遇	生活护理费(按月支付)	统筹地区上年度职工月平均工资×百分比	生活完全不能自理	50%	
			生活大部分不能自理	40%	
			生活部分不能自理	30%	
	一次性伤残补助	本人工资②×月数	一级	27 个月	六级	16 个月
			二级	25 个月	七级	13 个月
			三级	23 个月	八级	11 个月
			四级	21 个月	九级	9 个月
			五级	18 个月	十级	7 个月
	伤残津贴①(按月支付)	本人工资×百分比	一级	90%	六级	60%
			二级	85%	七级	—
			三级	80%	八级	—
			四级	75%	九级	—
			五级	70%	十级	—
工亡待遇	丧葬补助金	6 个月的统筹地区上年度职工月平均工资			
	一次性工亡补助金	上年度全国城镇居民人均可支配收入的 20 倍			
	供养亲属抚恤金(按月发放)	本人工资×百分比	配偶	40%	其他亲属	30%
			孤寡老人和孤儿每人每月在上述标准基础上增加 10%;核定的各供养家属抚恤金之和不应高于职工生前工资			

注:①一至四级伤残补助实际金额低于当地最低工资标准的,由工伤保险基金补足差额;五、六级伤残补助伤残津贴实际金额低于当地最低工资标准的,由用人单位补足差额。②本人工资是指工伤职工因工作遭受事故伤害或者患职业病前 12 个月平均月缴费工资,本人工资高于统筹地区职工平均工资 300%的,按照统筹地区职工平均工资的 300%计算;本人工资低于统筹地区职工平均工资 60%的,按照统筹地区职工平均工资的 60%计算。

(四) 享受资格

职工因工作原因受到事故伤害或者患职业病,须经过工伤认定,造成伤残的,须经劳动能力鉴定。工伤认定是职工是否享受工伤保险待遇的前提条件。

1. 工伤认定

根据《中华人民共和国社会保险法》和《工伤保险条例》的规定,工伤认定分为

"认定为工伤""视同为工伤""不得认定为工伤"三类情形（见表2-10）。

表2-10 认定工伤的三类情形

认定为工伤	视同为工伤	不得认定为工伤
①工作时间和工作场所内，因工作原因受到事故伤害的； ②工作时间前后在工作场所内，从事与工作有关的预备性或者收尾性工作受到事故伤害的； ③在工作时间和工作场所内，因履行工作职责受到暴力等意外伤害的； ④患职业病的； ⑤因工外出期间，由于工作原因受到伤害或者发生事故下落不明的； ⑥在上下班途中，受到非本人主要责任的交通事故或者城市轨道交通、客运轮渡、火车事故伤害的	①工作时间和工作岗位，突发疾病死亡或者在48小时之内经抢救无效死亡的； ②在抢险救灾等维护国家利益、公共利益活动中受到伤害的； ③职工原在军队服役，因战、因公负伤致残，已取得革命伤残军人证，到用人单位后旧伤复发的	①故意犯罪的； ②醉酒或者吸毒的； ③自残或者自杀的。 其中，职工有第①项、第②项情形的，按照有关规定享受工伤保险待遇；职工有第③项情形的，享受除一次性伤残补助金之外的工伤保险待遇

《最高人民法院关于审理工伤保险行政案件若干问题的规定》（2014年6月18日，法释〔2014〕9号）第六条，对"上下班途中"进一步解释，包括以下四种情形：①在合理时间内往返于工作地与住所地、经常居住地、单位宿舍的合理路线的上下班途中；②在合理时间内往返于工作地与配偶、父母、子女居住地的合理路线的上下班途中；③从事属于日常工作生活所需要的活动，且在合理时间和合理路线的上下班途中；④在合理时间内其他合理路线的上下班途中。

2. 劳动能力鉴定

职工发生工伤，经治疗伤情相对稳定后存在残疾、影响劳动能力的，应当进行劳动能力鉴定。劳动能力鉴定是指劳动功能障碍程度和生活自理障碍程度的等级鉴定，是判断伤残情况的标准，是伤残待遇给付标准的重要依据。目前，我国劳动能力鉴定标准由国务院社会保险行政部门会同国务院卫生行政部门等部门制定，具体鉴定工作由各级劳动能力鉴定委员会负责。

根据我国《工伤保险条例》的相关规定，劳动功能障碍分为10个伤残等级，最重为一级，最轻为十级，如表2-11所示。生活自理障碍分为3个等级，即生活完全不能自理、生活大部分不能自理和生活部分不能自理。

表2-11 职工工伤与职业病致残程度分级

级别	级别综合判定依据
一级	器官缺失或功能完全丧失，其他器官不能代偿，需特殊医疗依赖，完全或大部分生活不能自理
二级	器官严重缺损或畸形，有严重功能障碍或并发症，存在特殊医疗依赖，或大部分生活不能自理
三级	器官严重缺损或畸形，有严重功能障碍或并发症，需特殊医疗依赖，或生活不能自理
四级	器官严重缺损或畸形，有严重功能障碍或并发症，需特殊医疗依赖，生活可以自理

续表

级别	级别综合判定依据
五级	器官大部分缺损或明显畸形，有较重功能障碍或并发症，需一般医疗依赖，生活能自理
六级	器官大部分缺损或明显畸形，有中等功能障碍或并发症，需一般医疗依赖，生活能自理
七级	器官大部分缺损或畸形，有轻度功能障碍或并发症，需一般医疗依赖，生活能自理
八级	器官部分缺损，形态异常，轻度功能障碍，有医疗依赖，生活能自理
九级	器官部分缺损，形态异常，轻度功能障碍，无医疗依赖，生活能自理
十级	器官部分缺损，形态异常，无功能障碍，无医疗依赖，生活能自理

3. 停止享受待遇的情形

享受工伤保险待遇的条件不成立或丧失后，职工的工伤保险待遇就会随之终止或丧失。《工伤保险条例》和《中华人民共和国社会保险法》规定了工伤保险待遇停止的情形：①丧失享受待遇条件的；②拒不接受劳动能力鉴定的；③拒绝治疗的。

三、业务办理

(一) 工伤认定业务

1. 工伤认定申请

职工所在单位应当自事故伤害发生之日或被诊断、鉴定为职业病之日起30日内，向统筹地区劳动保障行政部门提出工伤认定申请。遇特殊情况，报劳动保障行政部门同意，申请时限可适当延长。用人单位未在规定的期限内提出工伤认定申请的，受伤害职工或其直系亲属、工会组织，在事故伤害发生之日或者被诊断、鉴定为职业病之日起1年内，可以直接向统筹地区劳动保障行政部门提出工伤认定申请。

提出工伤认定申请应当提交以下材料：①《工伤认定申请表》；②劳动合同文本复印件或其他与用人单位存在劳动关系（包括事实劳动关系）的有效证明；③医疗机构出具的受伤后诊断证明书或者职业病诊断证明书（或者职业病诊断鉴定书）；④受伤害职工有效身份证明；⑤用人单位作为申请人申请工伤认定的，需提交企业法人营业执照（或事业单位法人证书、民间非营利组织登记证书、机关法人任免通知书或相关行政机关批复等资料）；组织机构代码证书；社会保险登记证；《用人单位申请工伤认定授权委托书》以及受委托人的居民身份证；近亲属作为申请人申请工伤认定的，需提交职工与其近亲属的关系材料、《申请工伤认定授权委托书》、受委托人的居民身份证。

工伤认定申请表的样式由劳动保障行政部门统一制定，主要包括事故发生的时间、地点、原因及职工伤害程度等基本情况。

2. 工伤认定审核

工伤认定申请人提供的申请材料完整，属于劳动保障行政部门管辖范围且在受理时效内的，劳动保障行政部门应当受理。劳动保障行政部门受理或者不予受理的，应当书面告知申请人并说明理由。受理申请后，根据审核需要，可以对事故伤害进行调查核实，对依法取得职业病诊断证明书或职业病诊断鉴定的，不再进行调查核实。

职工或者其直系亲属认为是工伤，用人单位不认为是工伤的，由该用人单位承担举证责任。用人单位拒不举证的，劳动保障行政部门可以根据受伤害职工提供的证据依法作出工伤认定结论。

3. 工伤认定

劳动保障行政部门应当自受理工伤认定申请之日起60日内做出工伤认定的决定，并书面通知申请工伤认定的职工或其近亲属和职工所在单位。职工或者其直系亲属、用人单位对不予受理决定不服或者对工伤认定决定不服的，可依法申请行政复议或者提起行政诉讼。工伤认定流程如图2-11所示。

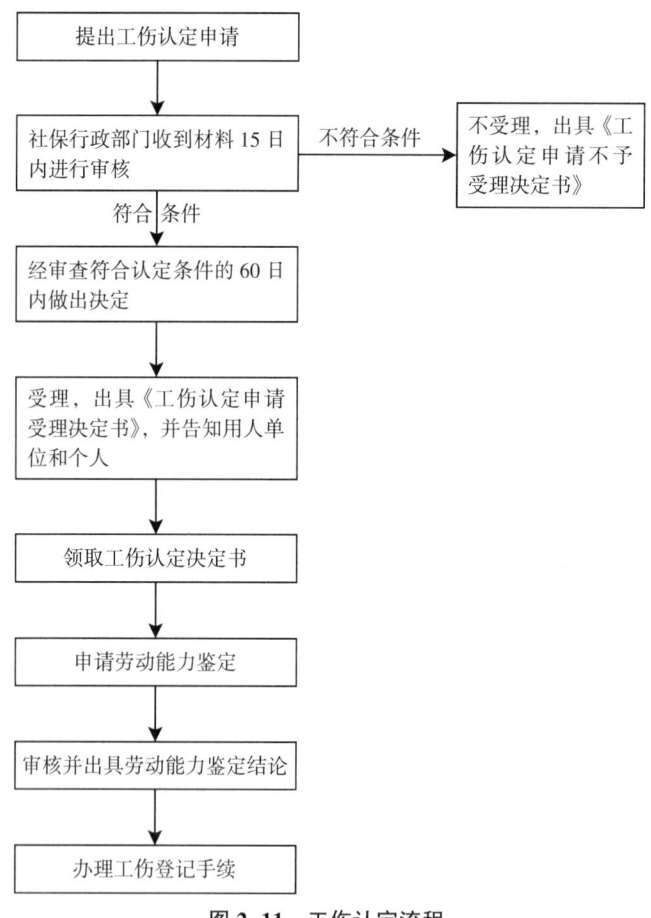

图 2-11 工伤认定流程

(二)劳动能力鉴定业务办理

1. 劳动能力鉴定的受理范围

劳动能力鉴定的受理范围包括工伤伤残等级鉴定、因病办理病退鉴定及委托鉴定三类。其中，委托鉴定又包括以下几种情形：①非法用工、童工及聘用退休人员发生工伤；②用人单位、工会组织委托超过公伤认定时限的；③因公负伤职工旧伤复发有争议的因果关系确认；④因公负伤与疾病界限不明的因果关系确认；⑤外省市劳动能力鉴定委员会委托进行劳动能力鉴定的；⑥法院、劳动仲裁、信访等部门委托按工伤鉴定标准鉴定处理的。

2. 劳动能力鉴定申请

劳动能力鉴定由用人单位、工伤职工或者直系亲属向劳动能力鉴定委员会提出申请，并提供工伤认定决定和职工工伤医疗的有关资料。根据《工伤职工劳动能力鉴定管理办法》（自2014年4月1日起施行），劳动能力鉴定委员会收到劳动能力鉴定申请后，应当从其建立的医疗卫生专家库中随机抽取3名或者5名与工伤职工伤情相关科别的专家组成专家组，由专家组提出鉴定意见。劳动能力鉴定委员会应当提前通知工伤职工进行鉴定的时间、地点以及应当携带的材料。工伤职工应当按照通知的时间、地点参加现场鉴定。对行动不便的工伤职工，劳动能力鉴定委员会可以组织专家上门进行劳动能力鉴定。组织劳动能力鉴定的工作人员应当对工伤职工的身份进行核实。市级劳动能力鉴定委员会根据专家组的鉴定意见做出工伤职工劳动能力鉴定结论。劳动能力鉴定委员会应当自作出鉴定结论之日起20日内将劳动能力鉴定结论及时送达工伤职工及其用人单位，并抄送社会保险经办机构。劳动能力鉴定流程如图2-12所示。

(三)工伤保险待遇业务办理

经办机构对享受待遇人员资格、工伤医疗待遇、伤残待遇、工亡待遇、待遇调整进行核定，根据核定的结果支付参保单位垫付的费用和协议医疗（康复）机构的医疗（康复）费等各项待遇。

伤残津贴、生活护理费从完成劳动能力鉴定次月开始计发，供养亲属抚恤金从工伤职工死亡次月开始计发。重新进行劳动能力鉴定的，经办机构暂缓工伤人员的待遇支付，待新的鉴定结论下达后，按新结论核定并支付待遇。工伤保险待遇申领流程如图2-13所示。

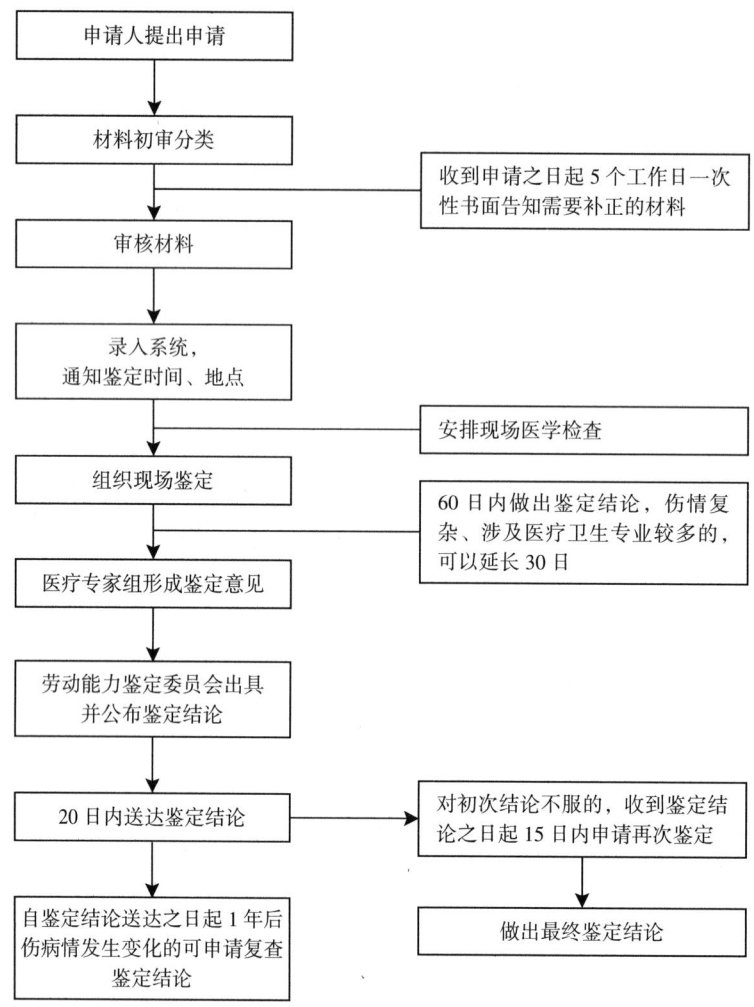

图 2-12 劳动能力鉴定流程

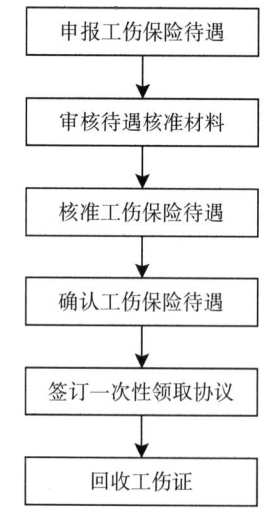

图 2-13 工伤保险待遇申领流程

第三章 社会保险实训*

[**学习目标**]

掌握社会保险业务办理的相关技能：社会保险登记、社会保险变更登记、社会保险注销登记；社会保险缴费申报、社会保险费缴费基数核定、社会保险费缴纳；基本养老保险个人账户；基本医疗保险个人账户、失业保险个人缴费记录；养老保险待遇给付、医疗保险待遇给付、失业保险待遇给付、工伤保险待遇给付；城镇企业职工基本养老保险关系跨统筹地区转移、城镇职工基本养老保险与城乡居民基本养老保险关系的转移接续、机关事业单位基本养老保险关系和职业年金转移接续、基本医疗保险关系转移接续、失业保险转移接续；社会保险查询、社会保险统计。

第一节 社会保险参保登记实训

社会保险登记制度是指依法应该参加社会保险，缴纳社会保险费的单位都必须在规定的期限内到所在地社会保险经办机构进行社会保险登记的一种国家强制性的规定。目前主要依据《中华人民共和国社会保险法》（中华人民共和国主席令第35号，2011）、《社会保险登记管理暂行办法》（中华人民共和国劳动和社会保障部令第1号，1999）、《社会保险费申报缴纳管理规定》（中华人民共和国人力资源和社会保障部令第20号，2013）、《人力资源和社会保障部办公厅关于做好企业"五证合一"社会保险登记工作的通知》（人社厅发〔2016〕130号）、《工商总局等六部门关于贯彻落实〈国务院办公厅关于加快推进"三证合一"登记制度改革的意见〉的通知》（工商企注字〔2015〕121号）（简称121号文）实施。

---

* 本书各章节中的"软件实训"案例所涉及人员及其相关身份信息、公司信息等均为虚构，特此说明。

一、社会保险登记

(一) 政策规定

1. 单位登记

从 2016 年 10 月 1 日起，在工商部门登记的企业和农民专业合作社（统称"企业"）按照"五证合一、一照一码"登记制度进行社会保险登记证管理。国家机关、事业单位、社会团体等未纳入"五证合一、一照一码"登记制度管理的单位仍按原办法，到社会保险经办机构办理社会保险登记，由社会保险经办机构核发社会保险登记证，并逐步采用统一社会信用代码进行登记证管理。2018 年 1 月 1 日后，企业一律使用新营业执照办理社会保险业务，原《社会保险登记证》不再有效。

（1）纳入"五证合一、一照一码"登记制度管理的企业。按照新老制度并行、设置过渡期限的办法，稳步推进落实"五证合一"社会保险登记制度改革工作。

新成立的企业在办理工商注册登记时，同步完成企业的社会保险登记，社会保险登记证纳入"五证合一"，企业《社会保险登记证》不再发放。实行"五证合一"制度改革前办理社会保险登记时要求企业提供的银行账号等指标项目，改革后由企业在为职工办理社会保险登记时提供。企业办理"五证合一"登记后，社会保险经办机构应及时接收工商部门交换的数据，生成企业的《社会保险登记表》，并按规定存档。社会保险经办机构对工商部门交换数据有疑义的，要及时反馈工商部门。同时做好社会保险登记与就业失业登记、劳动用工备案等其他人力资源和社会保障业务的信息共享和业务协同。

已按照"三证合一"登记模式领取加载统一社会信用代码营业执照的企业，不需要重新申请办理"五证合一"登记，由登记机关将相关登记信息发送至社会保险经办机构、统计机构等单位。企业原证照有效期满、申请变更登记或者申请换发营业执照的，登记机关换发加载统一社会信用代码的营业执照。取消《社会保险登记证》和统计登记证的定期验证和换证制度，改为企业按规定自行向工商部门报送年度报告并向社会公示，年度报告要通过全国企业信用信息公示系统向社会保险经办机构、统计机构等单位开放共享。

（2）未纳入"五证合一、一照一码"登记制度管理的单位。自成立之日起 30 日内，应当向当地社会保险经办机构申请办理社会保险登记。

办理社会保险登记时，应当填写社会保险登记表，并出示以下证件和资料：营业执照、批准成立证件或其他核准执业证件，国家质量技术监督部门颁发的组织机构统一代码证书，省、自治区、直辖市社会保险经办机构规定的其他有关证件、资料。

对缴费单位填报的社会保险登记表、提供的证件和资料，社会保险经办机构应当即时受理，并在自受理之日起 10 个工作日内审核完毕；符合规定的，予以登记，发给社会保险登记证。

社会保险经办机构对已核发的社会保险登记证件，实行定期验证和换证制度。缴费单位应当在规定的期限内到社会保险经办机构办理验证或换证手续。如有遗失，应及时申请补办《社会保险登记证》。

2. 个人登记

职工个人的社会保险登记由用人单位代为办理。未参加社会保险的职工，用人单位应在用工之日起 30 日内为职工办理社会保险信息登记。"五证合一"实施后，社会保险经办机构在接收到工商部门共享的企业社会保险登记信息后，要通过公开信、公告、短信等多种方式，提醒、督促已办理"五证合一"营业执照的企业在产生用工后 30 日内，依法及时到社会保险经办机构为职工办理参保登记手续。企业为职工办理参保登记手续时，社会保险经办机构应核对"五证合一"营业执照。对于已从工商部门获取数据信息的企业，社会保险经办机构可直接调取该单位基本信息，补充开户银行账号等有关资料，完成职工参保登记。

以个人名义自愿参加社会保险的无雇工的个体工商户、未在用人单位参加社会保险的非全日制从业人员以及其他灵活就业人员，应当自行向社会保险经办机构申请办理社会保险登记。由申请参保人填报参加社会保险申报表和基本信息登记表，并提供居民身份证、视同缴费年限认定证明以及社会保险经办机构规定的其他材料。

社会保险经办机构应当即时受理参保单位和个人的参保登记申请，审核参保材料，并及时告知审核结果。对于有问题的，应当一次性告知，并将申报材料退还申报单位和申报个人，提示其在规定时间内重新申报。审核通过的，经参保单位（以个人身份参保的，由参保人员本人）确认后办理参保登记手续。

（二）业务流程

相关业务办理流程如图 3-1 至图 3-5 所示。

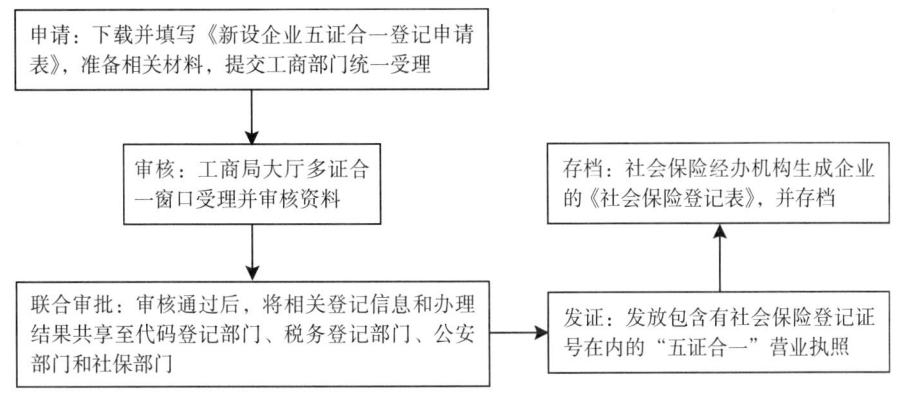

图 3-1　"五证合一"业务办理流程

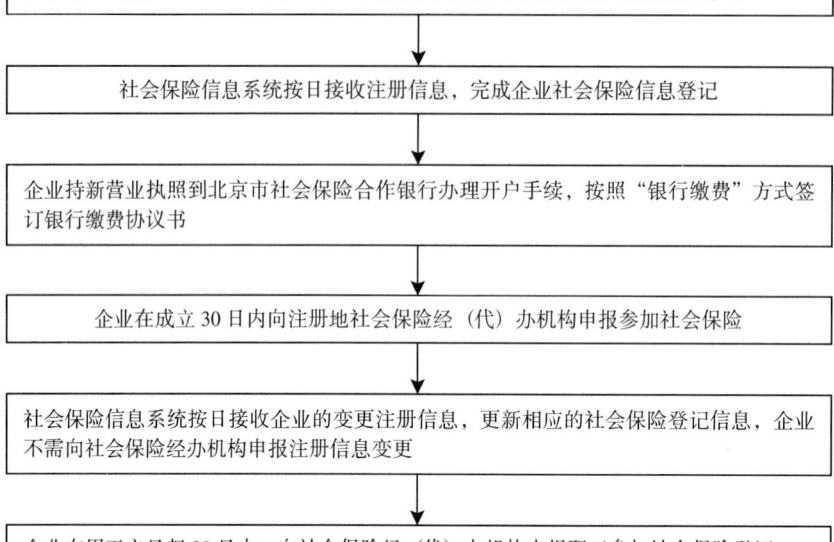

图 3-2 北京市"五证合一"后社会保险单位登记工作流程

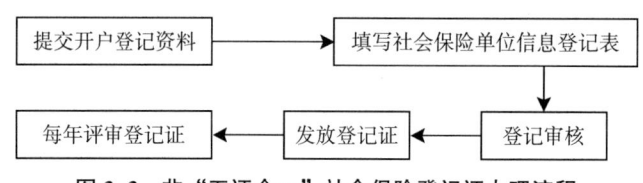

图 3-3 非"五证合一"社会保险登记证办理流程

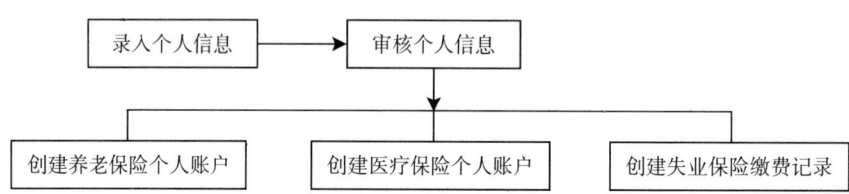

图 3-4 用人单位参保职工信息登记办理流程

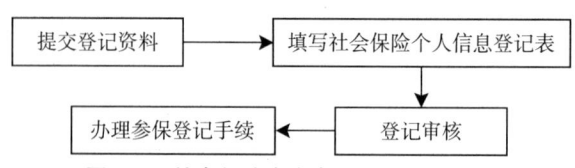

图 3-5 社会保险个人参保登记办理流程

(三) 所需材料

1. 北京市相关业务办理所需材料

以北京市为例,企业办理"五证合一"社会保险登记工作需要提交的材料包括:

（1）"五证合一"营业执照（原件、复印件一份）。参照《工商总局等六部门关于贯彻落实〈国务院办公厅关于加快推进"三证合一"登记制度改革的意见〉的通知》（工商企注字〔2015〕121号）（简称121号文）携带相关材料到工商行政管理部门办理，同时填写一张涵盖市场监管（工商、质监）、国税、地税、人力社保、统计五个部门相关内容的申请书。

（2）开户许可证（原件、复印件一份）。

（3）《北京市社会保险费银行缴费协议》（一式两份，加盖公章）如材料3-1所示。

（4）企业填写并打印《北京市社会保险单位信息登记表》（一式两份，加盖公章）如材料3-2所示。

材料3-1　北京市社会保险费银行缴费协议

甲方： 北京市社会保险基金管理中心
乙方：
第一条　为维护甲、乙双方的合法权益，明确双方的权利和义务，规范双方的业务行为，本着自愿的原则签订本协议。
第二条　符合甲方相关管理规范的乙方，自愿选择银行缴费途径缴纳社会保险费。乙方应与开户银行约定缴费方式后，与甲方签订本协议，并主动到开户银行按时足额缴纳社会保险费，逾期未缴纳造成的后果由乙方承担。
第三条　乙方与甲方签订本协议时，须向甲方提供缴纳养老保险、医疗保险、失业保险、工伤保险、生育保险五项社会保险费的统一的开户银行简称、账户名称和账号，并附开户银行的《开户许可证》或《开立单位银行结算账户申请书》复印件一份。乙方应确保提供的开户银行简称、账户名称和账号与《开户许可证》或《开立单位银行结算账户申请书》中的信息一致，否则造成的后果由乙方承担。
第四条　乙方"开户银行简称""账户名称"或"账号"发生变更的，应于变更之日起三十日内到所属区（县）社会保险经办机构办理变更开户银行账户信息手续，区（县）社会保险经办机构受理开户银行账户信息变更的时间为每月5号至25号，逾期未办造成的后果由乙方承担。乙方办理开户银行账户信息变更业务时，须重新提交一份变更后的《单位银行信息》（格式见附件）以及开户银行的《开户许可证》或《开立单位银行结算账户申请书》复印件一份。
第五条　本协议所附的《单位银行信息》是本协议不可分割的组成部分，与本协议具有同等法律效力。
第六条　本协议自最后一方签字盖章确认起生效，其中甲方应加盖乙方所属区（县）社会保险经办机构业务章以及经办人签字后方才具有法律效力。本协议一式两份，甲乙双方各执一份。
第七条　乙方如需停止使用银行缴费途径缴纳社会保险费时，应向所属区（县）社会保险经办机构提交书面申请，审核通过后，本协议自动终止。
附件： 单位银行信息

甲方：　　　　　　　　　　　　　　　　　　乙方（单位公章）：
区（县）社会保险经办机构：
经办人签字：　　　　　　　　　　　　　　　法定代表人签字：
联系电话：　　　　　　　　　　　　　　　　联系电话：
　　年　月　日　　　　　　　　　　　　　　　年　月　日

附件：

单位银行信息

填报单位（公章）：
　开户银行简称：_____
　　账户名称：_____
　　　　账号：_____

　　　　　　　　　　　　　　　　　　　　　经办人签字（章）：
　　　　　　　　　　　　　　　　　　　　　法定代表人签字（章）：
　　　　　　　　　　　　　　　　　　　　　联系电话：
　　　　　　　　　　　　　　　　　　　　　　　年　月　日

填报说明：开户银行简称可以填写北京银行、工商银行、建设银行、邮储银行、农业银行、农商银行、中信银行、光大银行、广发银行、交通银行、民生银行、招商银行、中国银行、浦发银行。

材料3-2　北京市社会保险单位信息登记表

填报单位（公章）：

项目		内容	项目		内容
*组织机构代码			*单位简称		
*单位名称			单位电话		
*单位办公地址			邮政编码		
工商登记执照信息	执照号码		执照种类		
	发照日期		有效期限		
	工商注册地址		主管部门或总机构		
			集中缴费单位组织机构代码		
			集中缴费单位社保险登记证编码		
批准成立信息	批准单位		集中缴费单位名称		
	批准日期		农转非类别		
	批准文号		依法批准征地日期		
单位法人或负责人	*姓名		施工期起始日期		施工期截止日期
	*证件类型		维修期起始日期		维修期截止日期
	*证件号码		竣工期日期		延长期日期
	联系电话		参加险种情况	*险种	养老
	手机				失业
单位经办人	姓名				工伤
	所在部门				生育
	联系电话				医疗
	手机		*社会保险登记机构名称		
*缴费业务			*社会保险登记机构代码		*社保登记发证日期
支付业务			单位电子邮件地址		
*单位类别					
*经济类型					
*行业代码			单位网址		
*行业性质					
参保性质					
结算周期					
所属行政区县名称			单位传真号码		*登记日期
*四险缴费所属经（代）办机构					
*医疗缴费地区					
*报销地区					

单位负责人：　　　　　　　　　单位经办人：　　　　　　　　社保经（代）办机构经办人员（签章）：
填表日期：　　年　月　日　　　　　　　　　　　　　　　　办理日期：　　年　月　日

备注：表格中带*号的项目为必录项，其他有前提条件的必录项请参考指标解释。

2. 过渡期间换领"五证合一"所需材料

主要包括：①企业营业执照更换申请书；②联络员信息；③财务负责人信息；④各类证明：营业执照正、副本，组织机构代码证正、副本，税务登记证正、副本，社会保险登记证正、副本，统计证正、副本。相关材料如材料 3-3 至材料 3-5 所示。

材料 3-3　企业换发"五证合一"新码营业执照申请书

企业名称				
原注册号		统一社会信用代码		
换发依据	《国务院办公厅关于加快推进"五证合一"登记制度改革的意见》（国办发〔2015〕50号）、《工商总局等六部门关于贯彻落实〈国务院办公厅关于加快推进"五证合一"登记制度改革的意见〉的通知》（工商企字〔2015〕121号）			
企业申请事项	□换发新码营业执照，其中领取副本一个； □备案本企业联络员、财务负责人、其他信息（见附表）。			
	交回原有证照情况			
	证照号码	收回数量		无法提交的原因
		正本	副本	丢失　　　未办理
营业执照				
组织机构代码				
国税登记证				
地税登记证				
申请人声明	本企业提交的所有申请材料均真实有效 　　　　　法定代表人（负责人）签字：　　　　企业公章 　　　　　　　　　　　　　　　　　　　　　　　年　月　日			
工商部门经办人		换发时间		

注：①此表仅限于企业申请换新码营业执照使用，原营业执照正、副本原件同时收回；②相关证照丢失的，应提交发布丢失公告的报纸原件；③未办理相关证件的，应提交相关说明材料，并加盖本企业公章；④涉及登记事项变更的，仍按企业变更登记程序办理。

材料 3-4　联络员信息

姓　　名		固定电话	
移动电话		电子邮箱	
身份证件类型		身份证件号码	
（身份证件复印件粘贴处）			

注：联络员主要负责本企业与企业登记机关的联系沟通，以本人个人信息登录企业信用信息公示系统依法向社会公示本企业有关信息等。联络员应了解企业登记相关法规和企业信息公示有关规定，熟悉操作企业信用信息公示系统。

材料 3-5　财务负责人信息

姓　　名		固定电话	
移动电话		电子邮箱	
身份证件类型		身份证件号码	
（身份证件复印件粘贴处）			

3. 非"五证合一"单位办理社会保险开户登记表

社会保险登记表（两类）请参见材料 3-6 和材料 3-7。

材料 3-6　社会保险登记表
（适用于非机关事业单位基本养老保险参保登记）

缴费单位名称：		电话：	
单位住所（地址）：		邮编：	
工商登记执照信息	执照种类：		
	执照号码：		
	发照日期：		
	有效期限：		
	注册资金：		
	经营范围：		
批准成立信息	批准单位：		
	批准日期：		
	批准文号：		
法定代表人或负责人	姓名：		
	身份证号：		
	电话：		
缴费单位专管员	姓名：		
	所在部门：		
	电话：		
单位类型：		隶属关系：	
主管部门或总机构：			
开户银行：		户名：	
银行基本账号：			

续表

参加险种及日期	参加险种		参加日期	
所属分支机构信息	负责人		名称	地址
备注				
社会保险经办机构审核意见	经办人（章）	复核人（章）	社保机构登记（章）	
				年　月　日
社会保险登记证编码				

社会保险登记表填表说明

①单位名称和住所（地址），需与工商登记或有关机关批准文件上的单位名称和住所（地址）一致。组织机构统一代码为质量技术监督部门颁发的组织机构统一代码。

②需经工商登记、领取工商执照的单位（如各类企业）填写"工商登记执照信息"栏；不经工商登记设立的单位（如机关、事业单位、社会团体等）填写"批准成立信息"栏。

③具有法人资格的单位，填写法定代表人有关信息；不具有法人资格的分支机构，填写单位负责人有关信息。

④单位类型分四大类：企业、机关、事业单位和社会团体。企业要填写详细的企业类型，并与工商营业执照上的填写内容一致；事业单位要填写事业单位类别（如企业化管理的事业单位、非企业化管理的事业单位等）。

⑤隶属关系制企业的所属关系，如中央企业、省属企业等。

⑥有上级主管部门或是分支机构的单位，应填写"主管部门或总机构"栏。

⑦登记证编码由社会保险经办机构填写。缴费单位的社会保险登记申请经审核同意后，由社会保险经办机构赋予登记证编码。

材料3-7　社会保险登记表
（适用于机关事业单位基本养老保险参保登记）

单位名称				
地址			邮编	
组织机构代码证信息	机构代码：			
	机构类型：			
	有效期限：			
	颁发单位：			
批准成立信息	批准单位：			
	批准日期：			
	批准文号：			

续表

法定代表人或负责人	姓名:				
	公民身份号码:				
	电话:				
经办部门及负责人	部门名称:				
	姓名:				
	电话:				
经办人员	姓名:				
	电话:				
单位性质		经费来源		隶属关系	
主管部门		编制人数		退休人数	
在编人数		其中	财政全额拨款		
			非财政全额拨款		
基本养老保险	开户银行			户名	
	银行账号				
职业年金	开户银行			户名	
	银行账号				
参加险种情况	参加险种		参加日期		参保地
备注					
社保经办机构审核意见	经办人（章）		复核人（章）		社保机构（章）
社会保险登记编号:					

填写说明

①本表由用人单位申请办理社会保险登记时填写。此表一式两份，分别由用人单位和社保经办机构留存。

②单位名称：与有关机关批准成立的文书或其他核准执业证件中的单位名称一致，不得填写简称。

③地址、邮编：按单位所在的详细地址填写，应写明所在区（县）、街（乡、镇）、路（道、胡同）和门牌号码及邮编。

④组织机构代码证信息：指国家质量技术监督部门颁发的《中华人民共和国机构代码证》中的相应信息。

⑤批准成立信息：指有关机关批准成立的文书或其他核准执业证件上的相应信息。

⑥法定代表人或负责人：具有法人资格的单位，填写法定代表人有关信息；不具有法人资格的分支机构，填写单位主要负责人有关信息。

⑦经办部门及负责人：填写参保单位负责本单位社会保险相关业务的部门及部门负责人信息。

⑧经办人员：填写参保单位办理社会保险相关业务工作人员有关信息。
⑨单位性质：按照机关、参照公务员法管理的事业单位、事业单位（公益一类、公益二类）、社会团体分类填写。
⑩经费来源：按照财政全额拨款、差额拨款、自收自支分类填写。
⑪隶属关系：按中央属、部属、省属、市属、县属、乡镇属和部队分类填写。
⑫主管部门：填写参保单位的上级主管部门。无上级主管部门的，本项可以不填写。
⑬编制人数：编制部门最后一次核准参保单位的人员编制总数。
⑭在编人数：在参保单位工作并领取工资的实有在职在编人数。
⑮退休人数：参保单位原在编人员中已办理退休的人数。
⑯开户银行、户名、银行账号：参保单位缴纳社会保险费、职业年金的开户银行、户名及银行账号。
⑰参加险种及时间、参保地：参保单位在社保经办机构参加的各类险种及参加时间、参保地，按照机关事业单位基本养老保险、城镇职工基本养老保险、职业年金、基本医疗保险、工伤保险、生育保险、失业保险、企业年金和补充医疗保险等分类填写。
⑱备注：需要说明的其他情况。
⑲社会保险登记编号：与颁发的社会保险登记证中编号一致，由信息系统依据编码规则自动生成，社保经办机构审核后填写。
⑳所属分支机构随单位一起参保的，请在本表后附页列明分支机构明细。

4. 北京市非"五证合一"单位办理社会保险开户登记所需材料

（1）有关职能部门批准单位成立的文件。

（2）《事业单位法人证》/《社会团体法人证》（副本）原件、复印件，参照《公务员法》管理的单位需提供参照《公务员法》管理相关文件。

（3）《中华人民共和国组织机构代码证》（副本）原件、复印件。

（4）开户银行的《开户许可证》原件和复印件（加盖公章）。

（5）用人单位法定代表人（负责人）的任职文件和身份证件复印件（加盖单位公章）。

（6）与开户银行签订的《北京市同城特约委托收款付款授权书》原件及复印件。

（7）北京市《社会保险单位信息登记表》（加盖公章）。

相关材料范本请见材料 3-8 和材料 3-9。

材料 3-8　北京市同城特约委托收款付款授权书

_____银行（被授权人）：

我单位（付款人）_____，根据《支付结算办法》和《北京市同城特约委托收款管理办法》的有关规定，现授权你行在见到收款人名称与此授权中所列相符的同城特约委托收款凭证时，从我单位在你行开立的存款账户（账号）_____中支付款项。

本授权书中的收、付款人名称可使用双方约定的规范化简称。

授权行为以本授权书授权签章之日的次日起生效，以我单位将书面撤销申请送达贵行之日的次日起终止。

收款人全称	收款人简称	付款人简称

授权人（付款人）公章　　　　　　　　　　　被授权人（银行）公章
　　年　月　日　　　　　　　　　　　　　　　年　月　日

本授权书一式两联，此联由授权人留存。

社会保障实务与实训

材料3-9 北京市社会保险单位信息登记表（机关事业单位）

填报单位（公章）：

组织机构代码				*单位名称		*缴费账户类型		
*单位经营（办公）地址						*邮政编码		
单位法人或单位负责人	*姓名					缴费户开户全称		
	*证件类型					缴费户开户银行		*行号
	*证件号码					账号		
批准成立信息	批准单位					支出户开户全称		
	批准日期					支出户开户银行		*行号
	批准文号					账号		*缴费户支付系统行号
单位办事人	姓名		手机			主管部门或总组织机构代码		*支出户支付系统行号
	联系电话					集中缴费单位组织机构代码		集中缴费单位社保险登记证编码
支付业务经办人						集中缴费单位名称		
*单位机关事业标识		编制人数				参加险种情况	*险种	*登记日期
*经费来源		*单位类别					养老	
*单位类型		*隶属关系					失业	
*经济类型		*行业性质					工伤	
*行业费率		参统方式					生育	
*行业系统		结算周期					医疗	
特殊标识		缴费形式				*社会保险登记机构名称		
事业单位办分类		行业代码				*社会保险登记证编码		*社保登记证发放日期
缴费所属经办机构		所属行政区县				单位电子邮件地址		
*医疗缴费地区		报销地区				单位网址		单位传真号码

单位负责人：　　　单位经办人：　　　社保经（代）办机构经办人员（鉴章）：

填表日期：　年　月　日　　　　　　　　　　　　办理日期：　年　月　日

备注：表格中带*号的项目为必录项，其他有前提条件的必录项请参考指标解释。

5. 以北京市为例，个人参保登记所需表格如下

(1)《北京市社会保险个人信息登记表》（用人单位填报）；

(2)《个人参加城镇居民基本医疗保险信息登记表》；

(3)《北京市个人缴费人员缴纳社会保险费协议》。

材料 3-10 北京市社会保险个人信息登记表

填报单位（公章）：
组织机构代码：
社会保险登记证编码：

*参加险种：			养老，失业，工伤，生育，医疗		
*姓名		*公民身份号码（社会保障号码）			照片
*性别		*出生日期			
*民族		*国家/地区			
*个人身份		*参加工作日期			
户口所在区县街乡				*户口性质	
*户口所在地地址				*户口所在地邮政编码	
*居住地（联系）地址				*居住地（联系）邮政编码	
选择邮寄社会保险对账单地址				邮政编码	
*获取对账单方式		电子邮件地址		*文化程度	
*参保人电话		参保人手机		*申报月均工资收入（元）	
*证件类型			*证件号码		
*缴费人员类别			*医疗参保人员类别		
离退休类别			离退休日期		
定点医疗机构1			定点医疗机构2		
定点医疗机构3			定点医疗机构4		
定点医疗机构5			*是否患有特殊病		
外籍人员信息					
护照号码			外国人居留证号码		
外国人证件类型			外国人证件号码		
本人目前确属社会保险参保对象，现申请参加社会保险，按照社会保险登记的要求本人已如实填写了上述相关信息，并对所填写的内容真实有效性负责。					

*参保人签字：
签字日期：　　年　月　日

单位负责人：　　　　单位经办人：　　　　社保经（代）办机构经办人员（签章）：
填报日期：　　年　月　日　　　　　　办理日期：　　年　月　日
注：表格中带*号的项目为必录项，其他有前提条件的必录项请参考指标解释。

材料 3-11　个人参加城镇居民基本医疗保险信息登记表
（非在校生、散居婴幼儿与城镇老年人专用）

社会保险登记证编码：
单　位　名　称：

姓名		公民身份号码		
性别		出生日期		
出生地		民族		照片
户口性质		户籍所在地		
缴费人员类别		医疗参保人员类别		
户口所在地区县				
户口所在街道名称				
户口所在地地址				
居住地地址				
居住地邮政编码		参保人电话		
享受医疗财政补助标识		参保人或亲属手机		
缴费对象				
扣款银行				
扣款银行卡号或存折号		扣款银行账户证件类型		
参保人亲属姓名		扣款银行账户证件号码		
参保人亲属性别		与参保人关系		
参保人亲属电话				
参保人亲属居住地址				
参保人亲属居住地邮政编码				
本市定点医疗机构 1				
本市定点医疗机构 2				
本市定点医疗机构 3				
本市定点医疗机构 4				

参 保 人 签 字：＿＿＿＿＿＿＿＿＿＿　　　　填报日期：
参保人亲属签字：＿＿＿＿＿＿＿＿＿＿

材料 3-12　北京市个人缴费人员缴纳社会保险费协议

协〔　　〕字　　号

甲方（个人缴费人员）：_____
甲方公民身份证号码（必须18位）：
☐☐☐☐☐☐☐☐☐☐☐☐☐☐☐☐☐☐
乙方（代办社会保险事务机构）：_____

根据《中华人民共和国社会保险法》《北京市基本养老保险规定》《北京市失业保险规定》《北京市基本医疗保险规定》《北京市个体劳动者、自由职业人员参加社会保险试行办法》及其他相关法律法规规定，甲、乙双方自愿签订本协议，双方应严格遵照本协议约定执行。

一、甲方权利与义务

（一）甲方于_____年_____月起自愿参加北京市社会保险，并按照国家规定缴纳社会保险费，选择参加险种如下（请勾选）：
☐基本养老保险　　　　☐失业保险　　　　☐基本医疗保险
只选择参加上述一项或两项险种的，甲方需同时提交书面申请。

（二）甲方自愿选择以下标准作为基本养老保险、失业保险费缴费基数（请勾选）：
☐本市上一年职工月社会平均工资的40%；　　　☐本市上一年职工月社会平均工资的60%；
☐本市上一年职工月社会平均工资。
甲方参加基本医疗保险的，其缴费基数为本市上一年职工月社会平均工资的70%。

依据现行社会保险相关规定，**社会保险缴费年度为当年7月1日至次年6月30日，次年7月1日开始为新的缴费年度**。甲方要求变更新缴费年度内缴费基数标准的，应当在当年缴费基数公布之日起至当年7月20日期间，到乙方办理新缴费年度缴费基数变更确认手续。甲方未办理确认手续的，新缴费年度默认沿用甲方上一缴费年度选定的基数标准核定。

（三）甲方已选择以下银行中的一家银行作为社会保险费的缴费银行，并已与该银行签订了社会保险费银行缴费相关协议，缴费银行（请勾选）、借记卡号或存折账号信息如下：
缴费银行：
☐招商银行　　　☐农商银行　　　☐中国银行　　　☐交通银行
☐中信银行　　　☐广发银行　　　☐邮储银行　　　☐工商银行
☐北京银行　　　☐兴业银行
借记卡号或存折账号：
_____

（四）甲方在办理社会保险相关手续时，应如实向乙方提供以下材料和信息，并按要求填写相关报表：
1. 第二代居民身份证复印件；
2. 与缴费银行签订的社会保险费银行缴费协议；
3. 用于缴纳社会保险费的借记卡或存折的复印件；
4. 电子照片（符合第二代居民身份证标准；jpg格式；宽度：358像素，高度：441像素；文件不小于9kb，不大于20kb）；
5. 其他个人信息。

甲方为新参保人员时，必须提供以上1~4项材料；甲方办理续保及信息变更手续时，应根据具体业务要求提供上述材料中的一项或几项。

（五）甲方应按照与银行约定的缴费方式，于每月5日至20日期间，按时、足额缴纳社会保险费。

按时、足额缴纳社会保险费后，可按法律法规及相关规定享受相应的社会保险待遇。

甲方未在每月缴费期内缴纳社会保险费的，视为未按时、足额缴纳社会保险费，其社会保险待遇核定将严格依照社会保险相关法律法规规章及规范性文件执行。

由于甲方原因连续3个月应缴纳的社会保险费未足额缴纳的，视为甲方缴费间断，同时本协议自行终止失效。甲方缴费间断后再次缴费的，需重新签订协议。

（六）遇有如下几种情形，甲方应与乙方重新签订《北京市个人缴费人员缴纳社会保险费协议》（简称《协议》），并同时办理相应的信息变更手续：
1. 甲方要求变更参加险种的；
2. 在同一缴费年度内，甲方要求变更缴费基数标准的；
3. 甲方的缴费银行、借记卡号或存折账号发生变更的；
4. 甲方的姓名、公民身份证号码发生变更的。

甲方应于每月20日前完成重签《协议》及相应信息变更手续，以免造成缴费中断、影响相关待遇享受。

甲、乙双方每月20日前重签《协议》的，当月生效。每月20日后签订《协议》的，视为次月签订，协议次月生效。

（七）甲方享有按法律法规及相关规定查询个人权益记录的权利。

二、乙方权利与义务

（一）在甲方申请办理新参保、续保、信息变更手续并提供相应材料后，乙方应及时、准确地到所在地社会保险经办机构为其办理新参保、续保、信息变更手续。因乙方未及时、准确地办理相关手续，给甲方造成的损失，由乙方承担。

（二）乙方应按相关法律法规规章及本协议的要求为甲方提供相应的社会保险服务。

（三）乙方在收到所在地社会保险经办机构发布的关于缴费基数及按月缴纳社会保险费金额的书面通知及其他相关的社会保险政策调整文件后，应及时执行并在办公场所电子屏、公告栏内予以公布。

（四）乙方应当依法为甲方的个人权益记录保密，不得违法向他人泄露。

三、其他

（一）本协议未尽事项，依照社会保险法律法规规章及其他规范性文件执行。

（二）今后新出台的社会保险法律法规规章及规范性文件与本协议有关条款内容不一致的，自实施之日起，本协议中与之相抵触的条款内容自然失效。

（三）由于自然灾害等不可抗力原因，造成甲方、乙方权利义务无法按时履行的，由双方共同协商解决，双方均不为此承担违约责任。

（四）本协议适用中华人民共和国的法律法规。本协议项下及有关本协议的一切争议均由乙方所在地的人民法院管辖。

（五）本协议一式二份，甲、乙双方各执一份，自双方签订之日起生效。

甲方：本人已充分了解本协议中甲乙双方的各项权利和义务，同意按上述约定缴纳社会保险费。

（请在此抄录:）_____

_____

甲方（签字）：　　　　　　　　被委托人（签字）：

____年__月__日

手机号码：□□□□□□□□□□□

联系地址：_____市_____区（县）_____街道（镇）_____

邮政编码：□□□□□□

座机号码：□□□□□□□□

乙方（章）：

____年__月__日

（四）软件实训

1. 案例描述

北京长城贸易有限公司（外资企业）于2010年12月20日完成了工商登记注册。2010年12月21日，公司社保专员马欣（化名，下同）到北京市东城区人保中心办理单位社会保险登记业务并认真填写了相关业务表格，同时提交了相关材料。人保中心登记人员王五受理了马欣登记申请并于当天发放了授权书。

2. 基本信息

相关信息如表3-1至表3-3所示。

表3-1 参保单位信息

简称	CCMY	公司电话	64578888
法人/负责人代表	刘二	法人代表身份证号	110105196502215553
组织机构代码	70011907-X	法人电话	62378435
单位地址	北京市东城区惠新东街5号	单位类型	企业
邮编	100029	财务部电话	64578888
经济类型	外资	单位类别	法人单位
隶属关系	其他	行业代码	864
行业性质	08	参统方式	新成立
缴费形式	独立	所属行政区县名称	北京市东城区
结算周期	按月	报销地区	北京市东城区
四险缴费所属经办机构	北京市东城区人保中心	医疗缴费地区	北京市东城区
参加保险情况	全选	参加保险情况登记日期	2010年12月21日

表3-2 缴费人员信息

缴费业务经办人姓名	夏之欣	缴费业务所在部门	财务部门
缴费业务联系电话	64578888	支付业务经办人姓名	夏之欣
支付业务所在部门	财务部门	支付业务联系电话	64578888

表3-3 工商登记执照信息

执照号码	11010522512
执照类型	企业法人营业执照
发照日期	2010年12月21日
有效期限	十年
工商注册地址	北京市东城区惠新东街5号

3. 所需材料

《企业法人营业执照》副件、《组织机构代码》副件、法人负责人身份证复印件。

4. 实训要求

请根据上述案例描述、基本信息和相关政策要求，在软件中模拟操作企业社会保险登记业务流程并填写相关业务表格。

5. 操作步骤

提交开户登记资料—填写单位信息登记表—登记审核—发放登记证—领取登记证。

（五）情境模拟

学生可分别扮演用人单位社保部门工作人员、个人参保申请人、社会保险经办机构登记人员,结合一定的案例背景和各自工作要求,模拟操作并掌握社会保险登记业务的办理流程。

角色一:用人单位社保部门工作人员。对用人单位基本情况进行假设,准备相关材料,办理社会保险登记业务,为职工办理社会保险参保登记。比如,"五证合一"制度实施后新成立的企业,办理社会保险登记所需资料及具体流程;机关事业单位办理社会保险登记所需资料及具体流程。

角色二:个人参保申请者。准备相关材料,到社会保险经办机构办理社会保险登记。

角色三:社会保险经办机构登记人员。对申请登记用人单位或个人参保申请者提交的材料进行审核,并做出是否发放登记证的决定;注意"五证合一"前后业务办理的差别。

要求:学生可以自行练习,一人扮演多重角色并切换操作;也可以分组模拟,并进行角色互换演练。练习结束后及时进行总结。

二、社会保险变更登记

(一)政策依据

1. 用人单位社会保险登记信息变更

纳入"五证合一、一照一码"登记制度管理的企业,企业登记信息发生变更,社会保险经办机构应依据工商部门的交换数据及时更新企业的社会保险登记信息,企业无须向社会保险经办机构申报注册信息变更。企业应确保登记信息准确、申报及时。要避免地址和联系方式信息不准确,导致无法告知相关事项;要避免银行账户信息申报错误或社会保险信息与银行信息不一致,导致缴费失败产生滞纳金或影响待遇按时支付。

未纳入"五证合一、一照一码"登记制度管理的单位,单位名称、住所或地址、法定代表人或负责人、单位类型、组织机构统一代码、主管部门、隶属关系、开户银行账号以及省、自治区、直辖市社会保险经办机构规定的其他事项发生变更时,应当自登记变更之日起30日内,持下列证件和资料到原社会保险登记机构办理变更社会保险登记:

(1)变更社会保险登记申请书。

(2)工商变更登记表和工商执照或有关机关批准或宣布变更证明。

(3)社会保险登记证。

(4)省、自治区、直辖市社会保险经办机构规定的其他资料。

申请变更登记单位提交材料齐全的,由社会保险经办机构发给社会保险变更登记表,并由申请变更登记单位依法如实填写,经社会保险经办机构审核后,归入缴费单位社会保险登记档案。社会保险变更登记的内容涉及社会保险登记证件的内容需作更改的,社会保险经办机构应当收回原社会保险登记证,并按更改后的内容,重新核发社会保险登记证。

2. 参保人员登记信息变更

参保人员登记信息发生变更时,如人员增加、减少、个人信息变更等,用人单位应及时向社会保险经(代)办机构申报变更,填报参保人员信息变更表,并根据社会保险经办机构的具体要求提供参保人员有效身份证件、姓名或身份证号等关键基础信息变更的相关证明等材料。社保经办机构负责审核并决定是否准予变更。办理"五证合一"营业执照的用人单位,社会保险经办职工参保登记时补充的相关信息发生变更的,由企业向社会保险经办机构办理变更手续。

以机关事业单位基本养老保险参保人员变更为例,根据《机关事业单位工作人员基本养老保险经办规程》,参保人员登记信息发生变化时,参保单位应当在 30 日内,向社保经办机构申请办理参保人员信息变更登记业务,填报《机关事业单位基本养老保险参保人员信息变更表》,并提供以下证件和资料:

(1)参保人员有效身份证件或社会保障卡。

(2)变更姓名、公民身份号码等关键基础信息的,需提供公安部门证明;变更出生日期、参加工作时间、视同缴费年限等特殊信息的,需提供本人档案及相关部门审批认定手续。

(3)省级社保经办机构规定的其他证件、资料。

社保经办机构审核参保单位报送的参保人员信息变更申请资料,对符合条件的,进行参保人员信息变更;对资料不全或不符合规定的,应一次性告知参保单位需要补充和更正的资料或不予受理的理由。

(二)业务流程

相关业务流程如图 3-6 和图 3-7 所示。

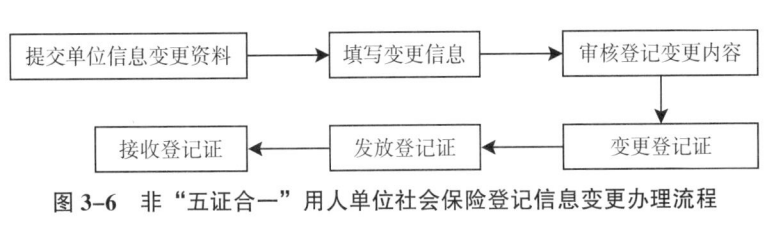

图 3-6 非"五证合一"用人单位社会保险登记信息变更办理流程

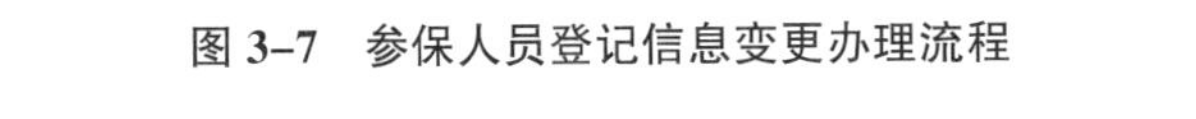

图 3-7 参保人员登记信息变更办理流程

(三)所需材料

以北京市为例,办理社会保险变更登记所需材料包括:《社会保险变更登记表》《北京市社会保险单位信息变更登记表》《北京市社会保险个人信息变更登记表》《北京市社会保险参保人员增加表》《北京市社会保险参保人员减少表》《机关事业单位基本养老保险参保单位信息变更申报表》《机关事业单位基本养老保险参保人员信息变更表》《机关事业单位基本养老保险参保人员业务申报表》(见材料 3-13 至材料 3-20)。

材料 3-13 社会保险变更登记表

单位名称(章):　　　　　　　　　单位负责人:
单位编号:　　　　　　　　　　　　单位经办人:　　　　　20　年　月　日

变更事项		变更前	变更后
单位名称			
单位地址			
邮政编码			
法定代表或负责人	姓名		
	证件类型		
	证件号码		
	联系电话		
参保单位专管员	姓名		
	电话		
单位类型			
组织机构统一代码			
主管部门或总机构			
经济类型			
事业单位经费来源			
隶属关系			
开户银行			
开户名			
银行账号			
缴费方式			
新增险种			
变更日期			
备注			

社保局审核人:　　　　　　　　社保机构(章)
社保局复核人:　　　　　　　　受理日期:20　年　月　日

填表说明
①此表由用人单位填报,在社会保险登记事项发生变更时使用。
②变更前:填写社会保险登记或上次变更登记时已登记的内容。

③变更后：填写社会保险登记事项变化后的内容。
④单位名称（章）：按工商登记执照、有关机关批准成立证件或其他核准执业证件上的单位全称填写，应与单位公章中的名称一致，并在此处加盖单位公章。
⑤单位类型：根据工商登记执照、有关机关批准成立证件或其他核准执业证件填写（企业、机关、事业、社会团体、民办非企业单位、城镇个体工商户、其他）。
⑥组织机构代码：按国家质量技术监督部门颁发的《中华人民共和国组织机构代码证》中的组织机构统一代码填写。
⑦主管部门名称：单位所属主管部门全称。
⑧事业单位经费来源：按全额拨款、差额拨款、自收自支填写。
⑨隶属关系：按中央、省、计划单列市、市、县、乡镇、部队、其他分类填写。
⑩缴费方式：缴费方式有托收和转账2种，一般要求单位选择托收方式缴费，有特殊情况才能选择转账，但要文字说明并经社保局同意。
⑪参保险种变化：变更前填写原参保险种，变更后填写新增险种。

注意事项

1. 变更单位名称、地址、法定代表人（负责人）需提供如下材料：
①社会保险登记证；②企业法人营业执照或工商营业执照，事业单位法人证书、社会团体法人证书或批准成立证件或其他核准执业证件（复印件）；③组织机构代码证（复印件）；④法定代表人或负责人身份证（复印件）。
以上材料复印件须注明"此件与原件相同"并加盖单位公章，同时提供原件审核（法人或负责人身份证可以不提供原件）。
2. 变更开户银行、开户名、银行账号，必须按标准内容作详细填写。缴费方式由转账变更为托收时，必须填写开户银行、开户名、银行账号栏。
3. 其他栏目的变更，在该栏目内如实填写变更前后的内容即可，有特殊情况请附加说明。
4. 不变更的栏目请不要填写。

材料3-14 北京市社会保险单位信息变更登记表

填报单位（公章）：
组织机构代码：
社会保险登记证编码：

变更时间	变更项目	变更后内容

备注：请参保单位提供相关的变更证明材料。
单位负责人：　　　　　　　　　　　　　社保经（代）办机构经办人员（签章）：
单位经办人：
填报日期：　　年　月　日　　　　　　　办理日期：　　年　月　日

材料 3-15　北京市社会保险个人信息变更登记表

填报单位（公章）：
组织机构代码：
社会保险登记证编码：

序号	姓名	性别	公民身份号码	变更项目	变更后内容

备注：请参保单位提供相关的变更证明材料。
单位负责人：　　　　　　　　　　　　　社保经（代）办机构经办人员（签章）：
单位经办人：
填报日期：　年　月　日　　　　　　　　办理日期：　年　月　日

材料 3-16　北京市社会保险参保人员增加表

填报单位（公章）：
组织机构代码：
社会保险登记证编码：

序号	*姓名	性别	*公民身份号码	缴费人员类别	*参加险种					*个人缴费/支付（恢复）原因		申报月工资收入/档次（元）	*增加日期
					养老	失业	工伤	生育	医疗	四险	医疗		

单位负责人：　　　　　　　　　　　　　社保经（代）办机构经办人员（签章）：
单位经办人：
填报日期：　年　月　日　　　　　　　　办理日期：　年　月　日
备注：①表格中带＊号的项目为必录项，其他有前提条件的必录项请参考指标解释。
　　　②四险按收缴业务、支付业务分别填报。

材料 3-17　北京市社会保险参保人员减少表

填报单位（公章）：
组织机构代码：
社会保险登记证编码：

序号	*姓名	性别	*公民身份号码	缴费人员类别	*停止缴费（支付）险种					*个人停止缴费(支付)原因		是否清算	*缴费（支付）减少日期	转移单位代码
					养老	失业	工伤	生育	医疗	四险	医疗			

单位负责人：　　　　　　　　　　　　　社保经（代）办机构经办人员（签章）：
单位经办人：
填报日期：　年　月　日　　　　　　　办理日期：　年　月　日
备注：①表格中带＊号的项目为必录项，其他有前提条件的必录项请参考指标解释。
　　　②四险按收缴业务、支付业务分别填报。

材料 3-18　机关事业单位基本养老保险参保单位信息变更申报表

单位名称		社会保险登记编号	
请在下列项目中选择需要办理的内容： □变更登记　　　　　　　□暂停结算　　　　　　　□恢复结算 □注销登记　　　　　　　□补换登记证　　　　　　□其他			
变更项目	变更前内容	变更后内容	备注
需说明的情况：			
单位负责人：　　　　　　　　　　经办人： 　年　月　日　　　　　　　　　　　年　月　日 　　（公章）			

续表

以下由社保经办机构填写		
初审人： 签　名： 　　年　月　日	复核人： 签　名： 　　年　月　日	部门负责人： 签　名： 　　年　月　日

填写说明

①本表是参保单位到社保经办机构办理社会保险变更登记、注销登记、补证等业务时填写。
②单位名称：与有关机关批准成立的文书或其他核准执业证件中的单位名称一致。
③社会保险登记编号：指社会保险登记证上记录的社会保险登记编号。
④变更项目：参保单位变更登记的事项。
⑤变更前内容：参保单位变更登记事项在现有社会保险登记证中的内容。
⑥变更后内容：参保单位申报变更的与调整前内容相对应的部分。
⑦备注：参保单位登记变更项目和内容时，需要注明的事项。
⑧需说明的情况：参保单位申报办理业务时，选择其他选项或需要说明情况的，填写本项目。
⑨单位负责人：具有法人资格的单位，填写法定代表人有关信息；不具有法人资格的分支机构，填写单位负责人有关信息。
⑩经办人：填写用人单位办理社会保险相关业务工作人员有关信息。

材料 3-19　机关事业单位基本养老保险参保人员信息变更表

单位名称：　　　　　　　　　社会保险登记编号：

个人编号		姓　名	
公民身份号码			
请在下列项目中选择人员参保状态： □在职人员　　　　　□退休人员			
变更项目	变更前内容	变更后内容	备注
需说明的情况：			
负责人（单位公章）： 　　　　年　月　日		经办人： 　　年　月　日	
以下由社保经办机构填写			
初审人： 签　名： 　年　月　日	复核人： 签　名： 　年　月　日	部门负责人： 签　名： 　年　月　日	

填写说明

①本表是参保单位到社保经办机构办理参保人员信息变更时填写。
②单位名称：与有关机关批准成立的文书或其他核准执业证件中的单位名称一致。
③社会保险登记编号：参保单位社会保险登记证记录的社会保险登记编号。
④姓名、公民身份号码：按照参保人员有效身份证件上的相关信息填写。
⑤个人编号：指参保人员在社保经办机构数据库中的编号。
⑥变更项目：参保人员变更登记的事项。
⑦变更前内容：参保人员变更登记事项在现有社会保险登记中的内容。
⑧变更后内容：参保单位申报变更的与调整前内容相对应的部分。
⑨备注：参保单位申报办理变更登记的项目和内容中，需要注明的事项。
⑩需说明的情况：有需要说明情况的，填写本项目。

材料 3-20　机关事业单位基本养老保险参保人员业务申报表

单位名称（盖章）：　　　　　　　社会保险登记编号：

序号	个人状态		个人编号	姓名	公民身份号码	申报项目									具体内容		备注
	在职	退休				新增	转入	转出	暂停	恢复	补缴	退费	终止	其他	起止年月	工资	
1																	
2																	
3																	
4																	
5																	
6																	
7																	

以上项目填写真实，若与实际情况不符，愿承担相关责任。

经办人：_____　　　　申报日期：____年____月____日　本页第___页，共___页

填写说明

①本表适用于参保单位到社保经办机构办理参保人员新增、转入、转出、暂停、恢复、补缴、退费、终止及其他业务时填写使用。

②单位名称：与有关机关批准成立的文件或其他核准执业证件中的单位名称一致。

③社会保险登记编号：参保单位社会保险登记证记录的社会保险登记编号。

④个人状态：申报办理业务的参保人员工作状态，分为"在职""退休"。参保人员为在职工作人员的，在个人状态中选择"在职"；参保人员为退休人员的，在个人状态中选择"退休"。

⑤个人编号：指参保人员在社保经办机构数据库中的编号。

⑥姓名、公民身份号码：申报办理业务的参保人员姓名和公民身份号码，与有效身份证件上内容一致。

⑦申报项目：选择办理具体社会保险业务的项目名称。办理养老保险关系转入业务的，选择"转入"；办理养老保险关系转出业务的，选择"转出"；办理养老保险关系中断业务的，选择"暂停"；办理养老保险关系恢复业务的，选择"恢复"；办理养老保险费补缴业务的，选择"补缴"；办理养老保险费退费业务的，选择"退费"；参保人员死亡、丧失中华人民共和国国籍时，办理一次性支付业务的，选择"终止"；办理上述所列事项之外的其他业务的，选择其他，并在"备注"栏中填写办理此项业务的具体情况。

⑧起止年月：办理"新增""恢复"业务的，填写对应的起始年月；办理"暂停""终止"业务的，填写对应的停止年月；办理转入、转出业务的，该项不填写；办理"补缴"业务的，填写需补缴期间的起止年月，如补缴期间有间断或补缴期间跨年度的，需分别填列。办理"退费"业务的，需填写退费期间的起止年月，如退费期间有间断的，需分别填列。

⑨工资：办理在职"新增"的，该栏目填写当年度起薪当月工资；办理"补缴""恢复"业务的，该栏目填写对应年度月平均工资收入；办理在职"转入""转出""暂停""终止""退费"等业务的，该栏不填写。

⑩经办人：申报业务的参保单位经办人姓名。

⑪申报日期：申报办理在职或退休人员各项业务的实际年月即为"申报日期"。

（四）软件实训

1. 案例描述

北京长城贸易有限公司，在 2018 年 1 月 10 日法定代表人发生了变更，公司社保专员马欣到北京市东城区人保中心办理单位社会保险变更业务并认真填写了相关业务表格，同时提交了相关材料。人保中心变更人员王五受理了马欣登记申请。

2. 基本信息

基本信息如表 3-4 和表 3-5 所示。

表 3-4　单位参保信息

单位名称	北京长城贸易有限公司	有效期限	十年
单位类型	企业	法人代表	刘二
组织机构代码	70011907-X		

表 3-5　变更资料

变更项目	变更前内容	变更后内容
地址	北京市东城区惠新东街 5 号	北京市东城区惠新东街 20 号

3. 所需材料

《企业法人执照》原件、《组织机构代码》原件、法人负责人身份证复印件。

4. 实训要求

请根据上述案例描述、基本信息和相关政策要求，在软件中模拟企业社会保险单位信息变更业务办理并填写相关业务表格。

5. 操作步骤

提交单位信息变更资料—填写变更信息—审核登记变更内容—变更登记证—发放登记证—接收登记证。

（五）情境模拟

请分别模拟企业社保部门工作人员和社会保险经办机构登记人员，掌握社会保险变更登记业务申请和办理的具体流程和要求。

角色一：用人单位社保部门工作人员。对用人单位基本情况进行假设，准备相关材料，并提交社会保险变更登记申请；根据用人单位职工变化情况，办理社会保险参保人员变更登记。比如，"五证合一"制度实施后新成立的企业，办理用人单位社会保险登记信息变更和参保人员信息变更所需资料及具体流程；机关事业单位办理社会保险登记变更所需资料及具体流程。

角色二：社会保险经办机构登记人员。对申请登记用人单位提交的材料进行审核，并做出是否予以变更登记的决定；注意"五证合一"前后业务办理的差别。

要求：学生可以自行练习，一人扮演多重角色并切换操作；也可以分组模拟，并进行角色互换演练。练习结束后及时进行总结。

三、社会保险注销登记

（一）政策依据

1. 需办理注销登记的情形

（1）缴费单位发生解散、破产、撤销、合并以及其他情形，依法终止社会保险缴费义务时。

（2）缴费单位因住所变动或生产、经营地址变动而涉及改变社会保险登记机构的。

2. 办理注销登记的时间

（1）缴费单位应当自工商行政管理机关办理注销登记之日起 30 日内，向原社会保险登记机构申请办理注销社会保险登记。

（2）按照规定不需要在工商行政管理机关办理注销登记的缴费单位，应当自有关机关批准或者宣布终止之日起 30 日内，向原社会保险登记机构申请办理注销社会保险登记。

（3）缴费单位被工商行政管理机关吊销营业执照的，应当自营业执照被吊销之日起 30 日内，向原社会保险登记机构申请办理注销登记。

（4）缴费单位因住所变动或生产、经营地址变动而涉及改变社会保险登记机构的，应当自上述变动发生之日起 30 日内，向原社会保险登记机构办理注销社会保险登记，并向迁达地社会保险经办机构办理社会保险登记。

（5）实行"五证合一"的企业，企业登记信息注销后，社会保险经办机构应依据工商部门的交换数据及时更新企业的社会保险登记信息。社会保险经办机构对工商部门交换数据有疑义的，要及时反馈给工商部门。

3. 办理注销登记的要求

（1）缴费单位在办理注销社会保险登记前，应当结清应缴纳的社会保险费、滞纳金、罚款。

（2）办理注销社会保险登记时，应当提交注销社会保险登记申请、法律文书或其他有关注销文件。

经社会保险经办机构核准，办理注销社会保险登记手续，注销社会保险登记证件。

（二）业务流程

相关业务流程如图 3-8 所示。

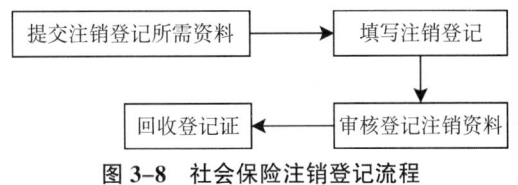

图 3-8 社会保险注销登记流程

（三）所需材料

所需材料如材料 3-21 所示。

材料 3-21　社会保险注销登记申请表

单位公章：　　　　　　　　　　　　　　　　　　单位编码：

单位名称			
社会保险登记证注销时状态	①未办证（　）　　　　②遗失（　） ③社保经办机构收回（　）		
注销原因	①破产（　）	②关闭（　）	③撤销（　）
	④解散（　）	⑤被兼（合）并（　）	⑥清算（　）
	⑦拍卖（　）	⑧出售（　）	⑨转往外埠（　）
	⑩自然消亡（　）	⑪其他：	
申请注销日期		停止缴费日期	
工作人员核查是否欠费			
社会保险审计稽核意见			
社会保险经办机构意见			

单位经办人：　　　　　　　　　　　　　　　　　社保经办人：
报送日期：　　年　月　日　　　　　　　　　　　受理时间：　　年　月　日
备注：①此表由用人单位填报一份；
　　　②填"注销原因"栏时，在相应原因括号内打勾，并附相关注销材料；
　　　③在"社会保险登记证注销时状态"一栏，如遗失，请附加盖单位公章的情况说明。

（四）软件实训

1. 案例描述

北京长城贸易有限公司由于经营不善，于 2016 年 12 月申请了破产。所以，该公司在 2016 年 12 月 10 日由该公司社保专员马欣到北京市东城区人保中心办理社保险注销登记，人保中心登记人员受理了马欣的社保注销登记。

2. 基本信息

基本信息如表 3-6 所示。

表 3-6　基本信息

社保机构审核人	王五	注销原因	破产
参保单位制表人	刘二	参保单位负责人	刘二
社保机构复核人	汤屈		

3. 所需材料

《工商局注销通知书证明》原件、《社会保险登记证》原件、《银行托收证明》原件。

4. 实训要求

请根据以上的案例描述、基本信息和相关政策要求，在软件中模拟企业社会保险登记注销业务办理。

5. 操作步骤

提交注销登记所需资料—填写注销登记表—审核登记注销资料—回收登记证。

(五) 情境模拟

请分别模拟企业社保部门工作人员和社会保险经办机构登记人员，掌握社会保险注销登记业务申请和办理的具体流程和要求。

角色一：用人单位社保部门工作人员。对用人单位基本情况进行假设，尝试几种不同情况下办理社会保险注销登记所需资料及具体流程。

角色二：社会保险经办机构登记人员。对申请注销社会保险登记用人单位提交的材料进行审核，并做出是否予以变更登记的决定；注意："五证合一"前后业务办理的差别。

要求：学生可以自行练习，一人扮演多重角色并切换操作；也可以分组模拟，并进行角色互换演练。练习结束后及时进行总结。

第二节 社会保险费征缴实训

社会保险费是指由用人单位及其职工依法参加社会保险并缴纳的职工基本养老保险费、职工基本医疗保险费、工伤保险费、失业保险费和生育保险费。社会保险经办机构负责社会保险缴费申报、核定等工作。社会保险费的申报和缴纳管理工作主要依据《中华人民共和国社会保险法》(中华人民共和国主席令第35号)、《社会保险费征缴暂行条例》(中华人民共和国国务院令第259号)、《关于规范社会保险缴费基数有关问题的通知》(劳社险中心函〔2006〕60号)、《社会保险费申报缴纳管理规定》(中华人民共和国国务院令第20号，2013)、《人力资源和社会保障部关于切实做好社会保险费申报缴纳管理规定贯彻实施工作的通知》(人社部发〔2013〕82号)实施。

一、社会保险缴费申报

(一) 政策依据

缴费单位和没有缴费单位的缴费个人，需要在规定的期限内，携带缴费申报规定的资料，到社会保险经办机构申报应缴纳的社会保险费数额，经社会保险经办机构核定后，在规定的期限内缴纳社会保险费。

1. 单位缴费申报

(1) 申报事项。用人单位应当按月在规定期限内到当地社会保险经办机构办理缴费申报，申报事项包括：用人单位名称、组织机构代码、地址及联系方式；用人单位开户银行、户名及账号；用人单位的缴费险种、缴费基数、费率、缴费数额；职工名册及职工缴费情况；社会保险经办机构规定的其他事项。

在一个缴费年度内，用人单位初次申报后，其余月份可以只申报前款规定事项的变动情况；无变动的，可以不申报。

职工应缴纳的社会保险费由用人单位代为申报。代职工申报的事项包括：职工姓名、社会保障号码、用工类型、联系地址、代扣代缴明细等。用人单位代职工申报的缴费明细以及变动情况应当经职工本人签字认可，由用人单位留存备查。

(2) 申报方式。直接申报，即到社会保险经办机构办理；邮寄申报，到社会保险经办机构办理社会保险缴费申报有困难的，经社会保险经办机构同意，可以邮寄申报，邮寄申报以寄出地的邮戳日期为实际申报日期；网上申报，有条件的地区，用人单位可以按照社会保险经办机构的规定进行网上申报。

(3) 申报时间。用人单位应当自用工之日起 30 日内为其职工申请办理社会保险登记并申报缴纳社会保险费。未办理社会保险登记的，由社会保险经办机构核定其应当缴纳的社会保险费。

用人单位未按照规定申报应缴纳的社会保险费数额的，社会保险经办机构暂按该单位上月缴费数额的 110% 确定应缴数额；没有上月缴费数额的，社会保险经办机构暂按该单位的经营状况、职工人数、当地上年度职工平均工资等有关情况确定应缴数额。用人单位补办申报手续后，由社会保险经办机构按照规定结算。

用人单位因不可抗力，不能按期办理缴费申报的，可以延期申报；不可抗力情形消除后，应当立即向社会保险经办机构报告。社会保险经办机构应当查明事实，予以核准。

(4) 申报审核。用人单位申报材料齐全、缴费基数和费率符合规定、填报数量关系一致的，社会保险经办机构核准后出具缴费通知单；用人单位申报材料不符合规定的，退用人单位补正。

社保经办机构在核定用人单位申报的社会保险费时，要规范缴费基数的核定程序，明确按月办理缴费申报的期限，指导用人单位完整、如实填报社会保险费申报表和其他申报材料。在一个缴费年度内的初始月份，社保经办机构应对用人单位及其职工的适用险种、费率、职工名册、缴费基数、缴费数额、缴费起止时间、用人单位信息等申报事项进行全面审核。在缴费年度内的其余月份，以上规定事项未发生变动的，社保经办机构可根据实际情况不再要求用人单位办理申报手续，并按初始月份申报事项内容核定其应缴社会保险费；以上规定事项发生变动的用人单位可只申报变动情况，由社保经办机构予以审核。

2. 个人缴费申报

以个人身份参加社会保险的，缴费申报规定根据参加险种和各地政策不同而有所差别，主要有按月申报和以年申报两种方式。

青岛市规定，参加职工基本养老保险和医疗保险的灵活就业人员应于每年12月25日至次年1月20日申报次年社会保险缴费基数，未在规定时间内申报次年社会保险缴费基数的，自动沿用其上年度选择的比例档次确认缴费基数。

苏州市规定，2017年度苏州市区居民养老保险年度个人缴费申报时间为9~11月。申报期内，参保人员携带户口簿、居民身份证原件至户籍所在社区，办理缴费申报手续。参保人员可自主选择缴费档次标准。符合居民养老保险参保条件的人员，可于当年申报缴费期内至户籍所在社区办理居民养老保险年度缴费申报。年度缴费前到达退休年龄的人员，应于到龄之月至社区办理申报手续。社会保险费申报表样式如材料3-22所示。

（二）案例实训

1. 案例描述

北京长城贸易有限公司，2011年度社会保险缴费基数于2010年12月21日通过北京市东城区人保中心核定完成，该公司于2010年12月21日提交了2011年1月缴费申报的相关表格，并交给人保中心申报人员王五审核。

2. 基本信息

相关基本信息如表3-7至表3-9所示。

3. 实训要求

请根据上述案例描述和相关政策，在软件中模拟企业社会保险缴费申报业务流程并填写相关业务表格。

4. 操作步骤

办理参保人员增加—审核参保人员增加—缴费申报—缴费审核。

（三）情境模拟

请分别模拟用人单位社保部门工作人员、社会保险个人参保者、社会保险经办机构登记人员，掌握社会保险缴费申报和办理的具体流程和要求。

角色一： 用人单位社保部门工作人员。对用人单位情况进行假设，明确办理社会保险缴费申报的事项、时间和方式。

角色二： 社会保险个人参保者。对个人身份和参加的险种进行假设，尝试在不同情境下进行社会保险缴费申报。

角色三： 社会保险经办机构征缴人员。对用人单位或个人参保者提交的社会保险缴费申报材料进行审核并做出相应答复。

材料 3-22 社会保险费申报表（样式）

单位类型：　　　　　　　　填表日期：　年　月　日　　　　　　征收机构：　　　　　　　　No:

用人单位	代　码			
	全　称			
	开户银行			
	账　号			

缴费方式：

费款所属日期	年　月　日至　年　月　日	费款限期日期	年　月　日	职工情况	总数	其中

缴费项目	单位缴费			个人缴费金额（元）	滞纳金（元）		缴费合计							
	缴费基数（元）	缴费费率（%）	金额（元）		单位缴纳	个人缴纳	万	千	百	十	元	角	分	
基本养老保险费														
基本医疗保险费														
工伤保险费														
失业保险费														
生育保险费														
补缴：其中：基本养老保险费														
基本医疗保险费														
工伤保险费														
失业保险费														
生育保险费														
小计														

金额合计（人民币）大写	仟	佰	拾	万	仟	佰	拾	元	角	分

缴费单位（盖章）	征收机构（盖章）	备注：
经办人（章）	经办人（章）	

申报的报表（社会保险经办机构留存）
用人单位向社会保险经办机构办理缴费

表 3-7 参保单位信息

填报单位盖章	北京长城贸易有限公司	组织机构代码	70011907-X
单位负责人	刘二	参加险种	全选
单位经办人	马欣	四险支付原因	新参加工作
医疗支付原因	新参统	增加日期	2010年12月21日
上月人数	0人	本月人数	4人

表 3-8 职工缴费基数

序号	公民身份证号	姓名	缴费人类别	性别	缴费基数（五险）	月申报工资
1	431102198705121262	夏欣	本市城镇职工	女	3120	3000
2	420115198704102266	唐糖	本市城镇职工	女	3120	2000
3	102101198209247738	李裴	本市城镇职工	男	6000	6000
4	110303197803042261	刘曲	本市城镇职工	女	15600	20000

表 3-9 北京市社会保险缴费比例标准

缴费年度		养老	医疗		失业		工伤	生育	
2012	单位	20%（全部划入统筹基金）	10%		1%		0.5%	0.8%	
	个人	8%	2%+3		0.2%		0	0	
2011	单位	20%	〔京建发〕183号	10%	〔京建发〕183号	1%	〔京建发〕183号	0.5%	0.8%	〔京建发〕183号
	个人	8%		2%+3		0.2%		0	0	

注：计算时中间的计算过程不要省略小数，但每个最后相加的总数和要保留两位小数（四舍五入）。如养老（单位）12.23+110+13.336+10.256=145.82。

要求：学生可以自行练习，一人扮演多重角色并切换操作；也可以分组模拟，并进行角色互换演练。练习结束后及时进行总结。

二、社会保险费缴费基数核定

（一）政策依据

1. 缴费基数采集

社保经办机构在核定应缴纳的社会保险费时，应要求用人单位提供本单位纳税申报表和经职工本人签字确认的为职工代扣代缴明细情况。每年年初各地将社会保险缴费采集核定表格下发给缴费单位，由缴费单位填写单位职工上年月平均工资，经职工签字确认后上报社会保险经办机构。

2. 缴费基数统计口径

社保经办机构严格按照国家统计局等有关文件规定的口径计算工资收入核定缴费

基数。根据规定,可以作为工资总额统计,在计算缴费基数时作为依据的项目包括:计时工资、计件工资、奖金、津贴、补贴、加班加点工资、其他工资以及特殊项目构成的工资;不计入工资总额,在计算缴费基数时应予以剔除的项目包括:各种奖励(如创造发明奖、科学技术进步奖等)、有关劳动保险和职工福利方面的费用以及劳动保护的各种支出。

3. 缴费基数核定

社会保险各险种缴费基数均按照"五险合一"原则核定。

参保人员个人以本人上年度月平均工资为下一年度月缴费工资基数,个人缴费工资基数超过统筹地区上年度在岗职工平均工资300%以上的部分,不计入个人缴费工资基数;低于统筹地区上年度在岗职工平均工资60%的,按60%计算个人缴费工资基数。

用人单位以上年度工资总额为下年度缴费基数,如单位工资总额低于全部参保职工个人缴费基数之和的,以全部参保职工个人缴费基数之和为基数。

城镇自雇人员和非全日制工作人员,要按规定时间到社会保险经办机构办理缴费基数申报手续。当年基数一旦确定,本年度的缴费基数将保持不变。

在岗职工的社会保险缴费基数一年一核定,一次核定一年不变。如果参保单位有职工调入调出等情形,需要办理职工增减手续,相应增减该单位的缴费基数。例如,2016年7月至2017年6月北京市社会保险基数及缴费明细如表3-10所示。

表3-10 2016年7月至2017年6月北京市社会保险基数及缴费明细

户口性质	险种	缴费基数(元)	企业缴费比例(%)	企业各险实际缴费(元)	企业总缴费(元)	个人缴费比例(%)	个人各险实际缴费(元)	个人总缴费(元)
城镇户口	养老	2834	19	538.46	1041.61	8%	226.72	320.43
	失业	2834	0.8	22.67		0.2%	5.67	
	工伤	4252	0.5	21.26		个人不缴费	0.00	
	生育	4252	0.8	34.02		个人不缴费	0.00	
	医疗	4252	10	425.20		2%+3元	88.04	
农村劳动力	养老	2834	19	538.46	1041.61	8%	226.72	314.76
	失业	2834	0.8	22.67		个人不缴费	0.00	
	工伤	4252	0.5	21.26		个人不缴费	0.00	
	生育	4252	0.8	34.02		个人不缴费	0.00	
	医疗	4252	10	425.20		2%+3元	88.04	

注:社会保险缴费基数上限为21258元,下限为2834元。2015年社会平均工资为85038元,月平均工资为7086元。上年社会月平均工资的40%为2834元,60%为4252元,70%为4960元,300%为21258元。2015年北京市最低工资标准由每小时不低于8.97元、每月不低于1560元,调整到每小时不低于9.89元、每月不低于1720元。自2016年5月起,养老、失业保险的企业缴费比例下调,个人缴费不变。

（二）业务流程

相关业务流程如图 3-9 所示。

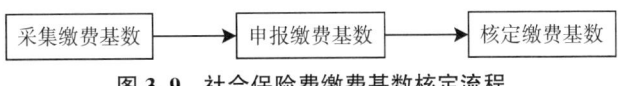

图 3-9 社会保险费缴费基数核定流程

（三）相关材料

《北京市职工上年月均工资收入申报表》《北京市社会保险缴费基数采集表》《北京市社会保险缴费基数采集汇总表》如材料 3-23 至材料 3-25 所示。

材料 3-23 北京市职工上年月均工资收入申报表

填报单位（公章）：
组织机构代码：□□□□□□□□
社会保险登记证编码：□□□□□□□□□□□□

序号	*姓名	性别	*公民身份号码	*缴费人员类别	*参加险种					*申报月均工资收入/档次（元）
					养老	失业	工伤	生育	医疗	
甲	乙	丙	丁	戊	1	2	3	4	5	6
合计										

补充资料：（仅限集中核定时填报）　　　上年职工年工资与生活费总额_____（万元）
上年在岗职工工资总额_____（万元）　在岗职工年平均工资_____（元）　上年不在岗职工生活费总额_____（万元）　不在岗职工年平均生活费_____（元）
单位负责人：　　　　　　　　　　　　社保经（代）办机构经办人员：
单位经办人：　　　　　　　　　　　　社保经（代）办机构（盖章）：
填报日期：　年　月　日　　　　　　　核定日期：　年　月　日
备注：表格中带＊号的项目为必录项。

材料 3-24　北京市＿＿＿＿年社会保险缴费基数采集表

组织机构代码：　　　　　单位名称（章）：　　　　　　　　单位：元

序号	电脑序号	公民身份号码	姓名	缴费人员类别	上年月均工资	缴费基数				职工签字	备注
						养老	失业	工伤	生育		
本页小计	—	—	—	—						—	—
合计	—	—	—	—						—	—

单位负责人：　　　　　　　　　　　　　经办人：
复核人：　　　　　　　　　　　　　　　填报人：
联系电话：
复核日期：　　年　月　日　　　　　　录入日期：　　年　月　日
　　　　　　　　　　　　　　　　　　　填报日期：　　年　月　日

说明：①序号按自然顺序进行编号，一式两份。
②职工上年月均工资由单位按实际数填写。
③职工上年月均工资需经职工本人签字确认。

材料 3-25　北京市社会保险缴费基数采集汇总表（　　　年度）

组织机构代码：　　　　　单位名称（盖章）：　　　　　　　　单位：元

险　种	参保人数		缴费工资总额		月人均基数	缴费基数合计
	合计	其中：农民工	合计	其中：农民工		
养老保险						
失业保险						
工伤保险						
生育保险						

单位负责人：　　　填报人：　　　联系电话：　　　填报日期：　年　月　日

（四）软件实训

1. 案例描述

北京长城贸易有限公司社保专员马欣于 2010 年 12 月 21 日到北京市东城区人保中心核定本公司 2011 年职工社会保险缴费基数（五险），并认真填写相关资料和表格，同时提交相关资料。人保中心申报员受理了马欣的申请。

2. 基本信息

基本信息如表 3-11 和表 3-12 所示。

表 3-11 参保职工工资

序号	公民身份号码	姓名	缴费人类别	性别	月工资
1	431102198705121262	夏欣	本市城镇职工	女	3000
2	420115198704102266	唐糖	本市城镇职工	女	2000
3	102101198209247738	李裴	本市城镇职工	男	6000
4	110303197803042261	刘曲	本市城镇职工	女	20000

表 3-12 参保单位信息

单位名称	北京长城贸易有限公司	单位负责人	刘二
经办人	马欣	复核人	李鱼
填报人	马欣	录入日期	2010 年 12 月 21 日
复核日期	2010 年 12 月 21 日	填报日期	2010 年 12 月 21 日
填报人联系电话	63578433	组织机构代码	70011907-X

注：职工缴费基数按照本人上一年平均工资计算；低于上一年本市职工月均工资 60%的，按照上一年本市职工月平均工资的 60%计算；高于上一年本市职工平均工资 300%以上的，按照上一年本市职工月平均工资的 300%计算；不符合前两种情况的按本职工的月工资计算；已知 2010 年北京市的职工月平均工资是 5200 元。

3. 实训要求

请根据上述案例描述、基本信息和相关政策，在软件中练习缴费基数的申报与核定业务操作。

4. 操作步骤

申报缴费基数—审核缴费基数。

（五）情境模拟

请分别模拟用人单位社保部门工作人员、社会保险个人参保者和社会保险经办机构征缴人员，掌握社会保险缴费基数核定的具体要求和方法。

角色一：用人单位社保部门工作人员。对用人单位情况进行假设，填写并申报职工缴费工资、用人单位社会保险缴费基数。

角色二：社会保险个人参保者。对个人身份和参加的险种进行假设，尝试在不同情境下进行社会保险缴费基础申报。

角色三：社会保险经办机构征缴人员。对用人单位或个人参保者申报的社会保险缴费申报基数进行核定。

要求：学生可以自行练习，一人扮演多重角色并切换操作；也可以分组模拟，并进行角色互换演练。练习结束后及时进行总结。

三、社会保险费缴纳

(一) 政策依据

1. 缴纳方式

用人单位应当持社会保险经办机构出具的缴费通知单在规定的期限内采取下列方式之一缴纳社会保险费：①到其开户银行或者其他金融机构缴纳；②与社会保险经办机构约定的其他方式。社会保险经办机构、用人单位可以与银行或者其他金融机构签订协议，委托银行或者其他金融机构根据社会保险经办机构开出的托收凭证划缴用人单位和为其职工代扣的社会保险费。

缴费单位和缴费个人应当以货币形式全额缴纳社会保险费。职工应当缴纳的社会保险费由用人单位代扣代缴。用人单位依法履行代扣代缴义务时，任何单位或者个人不得干预或者拒绝。

2. 缴费保存与记账

征收的社会保险费，应当存入社会保险经办机构按照规定开设的社会保险基金收入户。社会保险经办机构应当按照有关规定定期将收到的基金存入依法开设的社会保险基金财政专户。社会保险基金不计征税、费。

社会保险经办机构对已征收的社会保险费，根据用人单位实际缴纳额（包括代扣代缴额）和代扣代缴明细，按照国家有关规定进行记账。

3. 查询与监督

用人单位应当按月将缴纳社会保险费的明细情况告知职工本人。用人单位应当每年向本单位职工代表大会通报或者在本单位住所的显著位置公布本单位全年社会保险费缴纳情况，接受职工监督。

社会保险经办机构应当及时、完整、准确地记录用人单位及其职工的缴费情况，并将缴费情况定期告知用人单位和职工。用人单位和职工有权按照《社会保险个人权益记录管理办法》等规定查询缴费情况。社会保险经办机构应当至少每年一次向社会公布社会保险费征收情况，接受社会监督。

(二) 业务流程

相关业务流程如图 3-10 所示。

(三) 相关材料

相关材料包括：《社会保险费限期补缴通知》《商请查询用人单位存款账户的函》《划拨欠缴社会保险费申请书》《缴纳社会保险费催告书》《划拨欠缴社会保险费决定书》《协助划拨欠缴社会保险费通知书》《延期缴纳社会保险费协议》《北京市社会保险费补缴明细表》《北京市基本医疗保险基金补缴情况表》，如材料 3-26 至材料 3-34 所示。

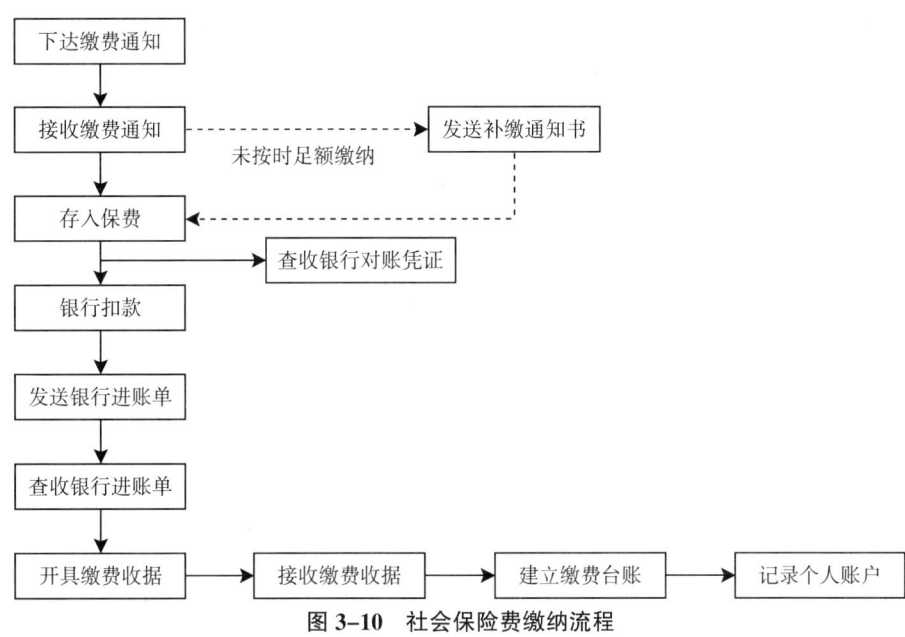

图 3-10 社会保险费缴纳流程

编号：

材料 3-26 社会保险费限期补缴通知（存根）

送达单位：
送达地址：_____   邮政编码：_____
送达方式：□直送   □邮寄   送达时间：____年___月___日
送达单位收件人：_____   经办人：_____

✂--

编号：

社会保险费限期补缴通知

_____：（用人单位名称）

　　截至____年___月___日，你单位因（□未按时申报且未缴纳社会保险费　□未按时足额缴纳社会保险费　□瞒报漏报社会保险费），欠缴社会保险费_____元（大写）。现根据《中华人民共和国社会保险法》第六十三条、第八十六条规定，责令你单位于____年___月___日前补缴社会保险费_____元以及滞纳金（标准为自欠缴之日起按日加收万分之五）。

　　逾期未缴纳、又无正当理由的，我们将依法提请社会保险行政部门直接划拨欠缴的社会保险费。

　　联系人：_____   联系电话：_____

社会保险经办机构名称（公章）
年　月　日

编号：

材料 3-27　商请查询用人单位存款账户的函（存根）

送达单位：_____
送达地址：_____　　邮政编码：_____
送达方式：□直送　　□邮寄　　　　送达时间：____年___月___日
送达单位收件人：_____　　　　　经办人：_____

✂--

编号：

商请查询用人单位存款账户的函

_____：（银行或者金融机构名称）

　　经查，_____（用人单位）未按规定足额缴纳社会保险费，且未在规定期限内补缴社会保险费。现根据《中华人民共和国社会保险法》第六十三条规定，请协助查询其开立的存款账户情况，并请于___年__月__日前将其开户银行、开户名称、银行账号、存款余额等信息函复我们。

联系人：_____　　　联系电话：_____
通信地址及邮政编码：

社会保险经办机构名称（公章）
年　月　日

材料 3-28　划拨欠缴社会保险费申请书

_____：（所属的社会保险行政部门）

　　经查，_____（用人单位）未按规定足额缴纳社会保险费，且未按照《社会保险费限期补缴通知》（编号_____）补缴社会保险费。我局（中心）依法查询了其开户银行（或其他金融机构）存款账户，现根据《中华人民共和国社会保险法》第六十三条规定，申请你局（厅）作出划拨欠缴社会保险费决定，并通知欠费单位开户银行（或其他金融机构）划拨欠缴社会保险费_____元（大写）。

联系人：_____　　　联系电话：_____

附件：①用人单位欠缴社会保险费情况
　　　②责令用人单位限期补缴情况
　　　③用人单位存款账户查询情况
　　　④接收划拨欠缴社会保险费的账户情况

社会保险经办机构名称（公章）
年　月　日

材料 3-29　缴纳社会保险费催告书

××人社催字〔　〕号

_____：

　　经查，你单位未在_____（经办机构）规定期限内履行缴纳（补足）社会保险费义务。现责令你单位自收到本催告书之日起_____日内履行缴费义务，依法缴纳（补足）社会保险费_____元（大写）；逾期不缴的，本机关将依法强制执行。

缴费方式：_____

如有异议，可在收到本催告书后_____日内进行陈述和申辩；逾期不提出的，视为放弃陈述和申辩的权利。

联系电话：_____

社会保险行政部门名称（公章）
年　月　日

备注：本文书一式两份，一份送达当事人，一份留存社保行政部门。

材料 3-30　划拨欠缴社会保险费决定书

××人社划决字〔　　〕号

_____：（用人单位名称）

单位地址：_____　　法定代表人：_____。

经查，你单位未按规定足额缴纳社会保险费，且未按照《社会保险费限期补缴通知》（编号_____）补缴社会保险费。根据《中华人民共和国行政强制法》第三十五条规定，本机关向你单位下达了《缴纳社会保险费催告书》（编号_____），要求你单位于____年__月__日前缴纳（补缴）社会保险费____元（大写），你单位逾期仍未履行缴费义务。现根据《中华人民共和国社会保险法》第六十三条规定，决定自你单位如下账户划拨欠缴社会保险费____元（大写）。

①划拨账户　　　　　　②接收账户
开户银行：　　　　　　开户银行：
开户名称：　　　　　　开户名称：
银行账号：　　　　　　银行账号：

如不服本决定，可自收到本决定之日起 60 日内依法申请行政复议，或者自收到本决定之日起 3 个月内依法向人民法院提起行政诉讼。

社会保险行政部门名称（公章）
年　月　日

备注：本文书一式四份，一份送达当事人，一份抄送银行或者金融机构，一份抄送社会保险经办机构，一份留存社保行政部门。

材料 3-31　协助划拨欠缴社会保险费通知书

××人社划通字〔　　〕号

_____：（银行或者金融机构名称）

根据《中华人民共和国社会保险法》第六十三条规定，本机关决定划拨_____（用人单位名称）欠缴社会保险费____元（大写），请予以协助，并于____年__月__日前将划拨情况反馈我们。划拨账户、接收账户具体信息如下：

①划拨账户　　　　　　②接收账户
开户银行：　　　　　　开户银行：
开户名称：　　　　　　开户名称：
银行账号：　　　　　　银行账号：
联系人：_____；　执法证件号码：_____。
附件：社会保险行政部门划拨欠缴社会保险费决定书

社会保险行政部门名称（公章）
年　月　日

备注：本文书一式两联，一联送达银行或者金融机构，一联留存社会保险行政部门。

材料3-32　延期缴纳社会保险费协议

社会保险经办机构（以下称甲方）：
法定代表人：
用人单位（以下称乙方）：
法定代表人：

根据《中华人民共和国社会保险法》第六十三条规定，鉴于乙方暂时无力按时足额缴纳社会保险费，且已按甲方要求提供担保，双方就延期缴纳社会保险费达成如下协议：

一、甲方同意乙方自____年__月__日至____年__月__日，暂时延期缴纳社会保险费，共____个月，延期缴纳社会保险费总金额_____元（大写）。

二、为确保延缴期满后足额补缴社会保险费，乙方以（□质押　□抵押）方式提供价值_____元（大写）的担保。

三、乙方应当于____年__月__日前，足额补缴本协议第一条约定的社会保险费。

四、乙方按期足额补缴社会保险费后，甲方应积极配合乙方撤销担保。

五、乙方如未能按本协议第三条的约定足额补缴社会保险费，甲方可以参照协议期满时的市场价格，以抵押财产、质押财产折价或者以拍卖、变卖所得抵缴社会保险费。

六、乙方提供担保并与甲方签订延期缴费协议的，乙方职工在延期缴纳社会保险费期间按照规定享受社会保险待遇。

七、本协议一式两份，具同等法律效力，甲方、乙方各执一份。

甲方（公章）　　　　　　　　　　　　　　乙方（公章）
法定代表人（负责人）：　　　　　　　　　法定代表人（负责人）：
　　年　月　日　　　　　　　　　　　　　　年　月　日

第三章 社会保险实训

材料3-33　北京市社会保险费补缴明细表

报表日期：　　年　　月

单位名称（章）：　　　　　　　　　　　　组织机构代码：

补缴原因（一）：A.自查补缴　B.稽核补缴　C.审计补缴　D.监察补缴　E.其他　（按表下说明1中要求画"√"）

补缴原因（二）：1.新参保单位补缴　2.个人补缴　3.补基数差额　4.月报补缴　5.个体工商户　6.自由职业者　7.农转居补缴　8.其他

单位：元（保留两位小数）

序号	电脑序号	公民身份号码	姓名	年度	单位缴费基数	职工月缴费基数	补缴起止时间	月数	养老保险						失业保险				工伤保险			生育保险			合计
									小计	单位缴费		个人缴费	利息		滞纳金	小计	单位缴费	个人缴费	滞纳金	小计	单位缴费	滞纳金	小计	单位缴费	滞纳金	
										统筹基金	单位划转		单位划转	个人缴费												
1	2	3	4	5	6	7	8	9	10	11	12	13	14	15	16	17	18	19	20	21	22	23	24	25	26	27=10+17+21+24
本页合计			—	—																						
累　计			—	—																						

单位负责人：　　　　　　　填报人：　　　　　　　联系电话：　　　　　　　填报日期：　　年　　月　　日

说明：
① 此表应按补缴原因分类填写。两类原因必须选择，同类原因只允许选择一项，一式两份。
② 养老保险1998年1-6月和7-12月分行填写。
③ 同一缴费年度月缴费基数、缴费比例不一致的，分行填写。
④ 此表中的利息与滞纳金栏目，单位不填写。由社保经办机构代办计算机系统自动生成后由单位确认。
⑤ 10栏=11栏+12栏+13栏+14栏+15栏+16栏；17栏=18栏+19栏+20栏；21栏=22栏+23栏；24栏=25栏+26栏。
⑥ 此表按险种分行填写。

材料 3-34 北京市基本医疗保险基金补缴情况表

单位名称（公章）：
社会保险登记证编号：
经济（单位）类型：
隶属关系：

填表日期： 年 月 日

单位：人、元、角、分

序号	姓名	公民身份证号码	性别	缴费人员类别	享受公务员医疗补助待遇标识	补缴原因	补缴起止时间	月数	职工缴费工资基数	应缴金额合计 1=2+5	个人应缴金额合计 2=3+4	其中 基本医疗基金应缴 3	其中 大额互助资金应缴 4	单位应缴金额合计 5=6+7	其中 基本医疗基金应缴 6	其中 大额互助资金应缴 7	公务员补助资金应缴 8
甲	乙	丙	丁	戊	己	庚	辛	壬	癸								
累计							—	—	—								

单位经办人：
单位负责人：
填表日期： 年 月 日

社保经办机构申报岗：
社保经办机构（盖章）：
核审日期： 年 月 日

填表说明：① 此表由用人单位填报两份，经社保经办机构审核后，用人单位与社保经办机构申报岗各留存一份。
② 在"补缴原因"栏内，请按照以下分类填写代码。
101. 一般补缴金   103. 劳动监察补缴金   105. 法院裁决补缴金   201. 一般补缴   203. 劳动监察补缴   205. 法院裁决补缴
301. 工龄年限补缴   303. 账户回收补缴   106. 劳动仲裁补缴金   202. 社保稽核补缴   204. 专项审计补缴   206. 劳动仲裁补缴
102. 社保稽核补缴金   104. 其他基金补缴   201. 专项审计补缴基数   203. 劳动监察补基数   205. 法院裁决补基数
302. 调转延时补缴   304. 其他延时补缴
③ 如果某一参保人员在进行补缴时涉及两个（含两个）以上缴费工资基数的所分栏目填写其补缴情况。

（四）软件实训

1. 案例描述

2011年1月1日北京市东城区人保中心根据1月缴费月报表向北京长城贸易有限公司发送1月社会保险缴费通知单。2011年1月2日公司财务专员夏之欣到中国建设银行存款存入11844元，2011年1月7日银行扣款后当天给参保单位财务专员发送对账单，并同时给人保中心发送银行进账单。人保中心工作人员查收银行进账单后于2011年1月8日开具缴费收据并向参保单位财务专员邮寄缴费收据。

2. 基本信息

相关基本信息如表3-13和表3-14所示。

表3-13 缴费明细

	养老保险	医疗保险	失业保险	工伤保险	生育
单位应缴纳	5568	2784	278.4	139.2	222.72
个人应缴纳	2227.2	568.80	55.68	0	0

表3-14 缴费账户信息

银行名称	中国建设银行	缴费卡	借记卡
开户人	刘二	社保中心收款银行	中国建设银行
社保中心开户名称	北京市东城区人保中心	经办人	王五

3. 实训要求

请根据上述案例描述、基本信息和相关政策要求，在软件中模拟社会保险费缴纳业务流程。

4. 操作步骤

通知缴费—接收缴费通知—存入保费—银行扣款—发送银行进账单—查收银行对账凭证—查收银行进账单—开具缴费收据—接收缴费收据。

（五）情境模拟

请分别模拟用人单位社保部门工作人员和社会保险经办机构登记人员，掌握社会保险缴费基数核定的具体要求和方法。

角色一：用人单位社保部门工作人员。对用人单位情况进行假设，模拟社会保险费缴纳、补缴的流程。

角色二：社会保险经办机构征缴人员。办理用人单位缴费业务；模拟对于未按时足额缴纳社会保险费用人单位的处理流程。

要求：学生可以自行练习，一人扮演多重角色并切换操作；也可以分组模拟，并进行角色互换演练。练习结束后及时进行总结。

第三节 个人账户管理实训

社会保险个人账户主要是指基本养老保险个人账户、基本医疗保险个人账户以及失业保险个人缴费记录,个人账户是计发待遇的重要依据。社会保险个人账户管理是指对个人账户和个人缴费记录进行建账、记账和算账的业务活动过程。

一、基本养老保险个人账户

基本养老保险个人账户用于记录参加基本养老保险社会统筹的职工缴纳的基本养老保险费和从企业缴费中划转记入的基本养老保险费,以及上述两部分的利息金额。个人账户是职工在符合国家规定的退休条件办理了退休手续后,领取基本养老金的主要依据。

(一)政策依据

《中华人民共和国社会保险法》(主席令第35号,2010年10月28日)、《职工基本养老保险个人账户管理暂行办法》(劳办发〔1997〕116号,1998年1月7日)、《国务院关于完善企业职工基本养老保险制度的决定》(国发〔2005〕38号,2008年3月18日)。

1. 建账

个人账户由职工劳动关系所在单位到当地社会保险经办机构办理,由工资发放单位向该社会保险经办机构提供个人的工资收入等基础数据。

个人账户建立时间从各地按社会统筹与个人账户相结合的原则,建立个人账户时开始;之后新参加工作的人员,从参加工作当月起建立个人账户。职工由未进行养老保险制度改革的机关事业单位流动到参保单位,以及由部队转业、复员、退伍安排到参保单位工作的参保人员,从参保单位为其起薪的当月起建立个人账户。

职工本人一般以上一年度本人月平均工资为个人缴费工资基数(具体参照本章第二节"社会保险费征缴实训"部分)。新招职工(包括研究生、大学生、大中专毕业生等)以起薪当月工资收入作为缴费工资基数;从第二年起,按上一年实发工资的月平均工资作为缴费工资基数;单位派出的长期脱产学习人员、经批准请长假的职工,保留工资关系的,以脱产或请假的上年月平均工资作为缴费工资基数。单位派出境外、国外工作的职工,按本人出境(国)上年在本单位领取的月平均工资作为缴费工资基数;次年的缴费工资基数按上年本单位平均工资增长率进行调整。失业后再就业的职工，以再就业起薪当月的工资收入作为缴费工资基数；从第二年起，按上一年实发工资的月平均工资作为缴费工资基数。

根据上海市养老保险相关政策，上海单位从业人员新建养老保险个人账户办理需要携带如下材料：

（1）身份证：有效身份证正、反面复印件；

（2）单位材料：①企业单位携带《上海市单位招用从业人员名册》，外来从业人员需携带《外来从业人员用工备案登记表》；②机关单位携带《公务员登记表》《公务员录用表》或由公务员管理局出具的相关批文；③参照公务员法管理的单位携带《参照公务员法管理的机关（单位）工作人员登记表》《参照公务员法管理人员录用表》或由公务员管理局（军转办）出具的相关批文；④事业单位携带《上海市事业单位聘用人员名册》第二联原件。

（3）员工材料：①本市农村户籍人员需携带《就业失业登记证》或《劳动手册》原件及首页复印件；②博士后人员需携带国家人事部批准设立博士后流动站、工作站的文件复印件；材料复印件需加盖公章。

（4）其他：《个人社会保险登记表》（上海人力资源和社会保障网下载，或在办理机构免费领取）。

2. 记账

缴费单位完成当月缴费申报时，社会保险经办机构应按照既定的缴费工资基数、个人缴费比例等，生成缴费人员个人账户的应记账额，待接到基金财务部门足额到账通知并核对无误后，进行实际记账处理，登录记账日期。

目前，我国养老保险个人账户完全由个人缴费形成，单位缴费不划入个人账户，规模为本人缴费工资的8%。

对于因某种原因单位或个人不按时足额缴纳基本养老保险费的，视为欠缴。欠缴月份无论全额欠缴还是部分欠缴的均暂不带计入个人账户，待单位或个人按规定补齐欠缴金额后方可补计入个人账户。职工所在企业欠缴养老保险费用期间，职工个人可以继续缴纳养老保险费用，所足额缴纳的费用计入个人账户，并计算为职工实际缴费年限。出现欠缴情况后，以后缴费采用滚动分配法记账，即缴费先补缴以前欠缴费用及利息后，剩余部分作为当月缴费。

社会保险经办机构在缴费年度结束后，应对职工个人账户进行结算，包括当年缴费额、实际缴费月数、当年利息额、历年缴费累计结转本息储存额等。利息按每年公布的记账利率计算。

3. 对账

对账是为了方便参保人员了解缴费和个人账户结存情况。社会保险经办机构在缴费年度结束后，应根据参保职工基本养老保险个人账户中的记录，为每个参保职工打印《职工基本养老保险个人账户对账单》，发给参保单位或个人。参保单位或个人经核对后无异议的应签字确认，并予以保存；如提出异议，应对个人账户管理环节予以复核，并与征缴环节核对。确需调整的，按程序报批后予以修改，并保存调整前的记录，将复核结果通知单位或个人。

4. 封存

当发生以下几种情况时，需办理个人账户封存：一是办理离退休（职）的，个人账户养老金金额计算完成传送待遇给付环节并复核无误后，封存其个人账户；二是参保人员因失业、参军、不带薪上学、调入财政供款的机关事业单位、享受城市低保期间无力缴费以及被判刑、劳教而收监执行等原因而中断缴费时，封存个人账户；三是参保人员在建立临时基本养老保险缴费账户期间再次跨省流动就业的，封存原临时基本养老保险缴费账户，待达到待遇领取条件时，由待遇领取地社会保险经办机构统一归集原临时养老保险关系。个人账户封存期间，不间断计息。

根据上海养老保险个人账户封存指南，满足以下两个条件可办理个人账户封存：

①按照规定参加上海养老保险。②因各种原因暂停社保缴费，例如失踪。

申请人在办理养老保险个人账户封存业务时需携带如下材料：①公安、司法等部门证明材料（被羁押、拘役审查等人员）；②法院宣告失踪的文本（失踪人员）；③公安部门证明或经直系亲属签名确认书面申请（下落不明人员）；④劳动合同中止执行证明材料（劳动合同终止人员）；⑤《社会保险业务变更项目申请表（用人单位汇总填写专用）》（单位、有雇工个体工商户、非正规就业劳动组织从业人员）；⑥《社会保险业务变更项目申报表（灵活就业人员填写专用）》（灵活就业人员、本市户籍人员外省市配偶）。

5. 启封

参保人员缴费中断后如需恢复缴纳社会保险费用，确认原个人账户记载信息，可解除个人账户封存，恢复其个人账户记录。

以上海市为例，根据上海养老保险政策规定，养老保险个人账户的启封对象是：①从事有合法经济收入的自雇人员；②无雇工的个体工商户；③未在用人单位参加基本养老、医疗保险的非全日制从业人员等灵活就业人员；④本市户籍人员的外省市配偶、医院外来护工医院养老保险个人。

申请人可携带下述材料前往参保所在的街道、镇/乡社区事务受理服务中心办理启封手续：①身份证；②就业失业登记证/劳动手册；③《社会保险业务变更项目申报表（灵活就业人员填写专用）》；④其他所需资料。

6. 终止

当参保人员达到按规定领取基本养老金年龄而缴费年限（含视同缴费年限）不满15年、在职死亡、出国定居及退休人员死亡等情况，核定个人账户一次性支付额，并由待遇给付环节支付无误后，注销其个人账户。

(二) 业务流程

相关业务流程如图3-11所示。

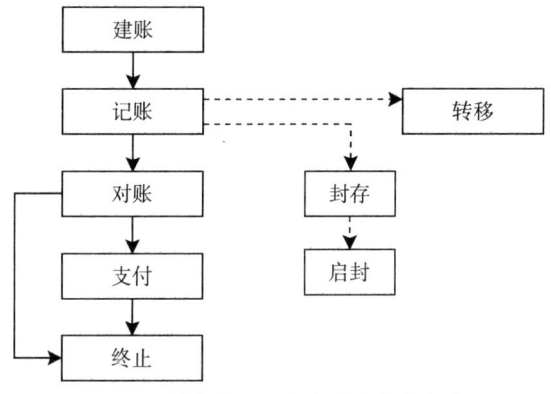

图3-11 基本养老保险个人账户业务流程

(三) 相关材料

相关材料包括《基本养老保险个人账户表》《基本养老保险个人账户对账单》《上海市社会保险业务变更项目申报表》（用人单位汇总填写专用）、《上海市社会保险业务变更项目申报表》（灵活就业人员填写专用）、《上海市终止养老保险关系申报表》《上海市终止养老保险关系申报表》（外籍人员、获得境外永久（长期）居留权人员、台港澳人员专用）（见材料3-35至材料3-40）。

材料3-35 基本养老保险个人账户表

填报时间： 年 月 日

单位编号：
单位名称（章）： 单位：月，元

个人编号		姓名		公民身份号码			性别		出生日期		参加工作时间		参保日期

个人首次缴费日期		建立个人账户日期		视同缴费年限		实际缴费年限		截止缴费日期		中断或终止缴费原因

个人账户记载情况

缴费年度	上年职工平均工资	当月缴费基数	当年缴费月数	上年记账利率	记账比例(%)		当年记账金额			当年个人账户利息			累计储存额			当年欠缴			累计欠缴		
					个人缴费	单位划转	合计	其中		合计	其中		合计	其中		合计金额	其中		合计金额	其中	
								个人缴费	单位划转		个人缴费	单位划转		个人缴费	单位划转	月数	单位	个人	月数	单位	个人

经办人：　　　　　　　　　审核人：　　　　　　　　　复核人：

社保机构（章）

第三章 社会保险实训

材料3-36 基本养老保险个人账户对账单

单位名称：自由职业者（20%）　　填报时间：　　　　　　　　　　　单位：　　年　月　日

单位编号：								
个人编号		姓名	性别	公民身份证号码		首次参保年月	建账年月	

个人账户记载情况

缴费年度	缴费月数	缴费基数	至上年度末累计储存额		当年个人账户记载情况							至本年底累计储存额			欠费情况
			合计	其中：个人缴费本息	记账比例(%)		记账金额			计账利率		合计	其中：个人缴费	累计欠费	
					个人缴费	单位划转	小计	其中						月数	合计
								个人缴费	单位划转	个人账户额	单位划 人账户额				
当年															
累计															

历年缴费明细

缴费起年月	缴费止年月	月缴费基数	缴费月数	个人账户额	单位划人账户额

历年缴费明细

缴费起年月	缴费止年月	月缴费基数	缴费月数	个人账户额	单位划人账户额

个人确认签字：

如有疑问，请与当地社会保险经办机构联系。联系电话：

备注：以下年度的缴费明细中存在以补缴日期时的缴费基数补缴以前年度的养老保险费，不计算利息和滞纳金。转入地社保机构可通过补缴日期时的缴费指数折算缴费基数，记录补缴年月的个人账户。

注意事项：①若某月有若干条缴费记录，先将这若干条缴费记录合并为一条再显示（合并后缴费基数、个人记账、单位划人、缴费月数相加，且合并后的缴费月数一定为1）；

②如果存在以当前的缴费基数补缴以前养老保险则出现备注，否则不出现备注（此注意事项不在软件中显示）。

社会机构（章）

材料 3-37　上海市社会保险业务变更项目申报表

申字 4 表

（用人单位汇总填写专用）

单位名称（盖章）：

单位社会保险登记码：□□□□□□□□

顺序号	个人状态		序号或编号	姓名	身份证件号码	办事项目							办事具体内容		备注
	在职	养老				转入	补缴	转出	封存	启封	成批转移	其他	起止年月	月平均工资性收入	
A	B		C	D	E	F	G	H	I	J	K	L	M	N	O
1															
2															
3															
4															
5															
6															
7															
8															
9															
10															

以上项目真实填写，若与实际情况不符，愿承担相关责任。

申报人：　　　　　　　　　　　申报日期：20　年　月　日

本页第　页，共　页　　　上海市社会保险事业管理中心制

材料 3-38 上海市社会保险业务变更项目申报表
（灵活就业人员填写专用）

姓名	
身份证件号码	
本次申报办理业务项目	☐ 接续缴费　　☐ 停止缴费 ☐ 恢复缴费　　☐ 暂停缴费 ☐ 其他（缴纳形式变更）：
缴纳形式	☐ 自雇人员　　　　　　☐ 无雇工个体工商户 ☐ 非全日制从业人员　　☐ 本市户籍人员的外省市配偶 ☐ 其他
缴费卡银行选择 （个人提供）	☐ 中国工商银行　　☐ 中国农业银行　　☐ 上海农商银行 ☐ 上海银行　　　　☐ 中国建设银行　　☐ 中国银行 ☐ 招商银行　　　　☐ 民生银行　　　　☐ 光大银行 ☐ 中国邮政储蓄银行　☐ 交通银行　　　　☐ 华夏银行 ☐ 上海浦东发展银行　☐ 中信银行　　　　☐ 兴业银行
月平均工资性收入	元
以上项目真实填写，若与实际情况不符，愿承担相关责任。	
申报人：	申报日期：　　年　　月　　日

上海市社会保险事业管理中心制

申字2表

材料 3-39 上海市终止养老保险关系申报表

单位名称（盖章）：　　　　　　　　　　单位社会保险登记码：

姓名		身份证号	
参保种类	☐ 城镇社会保险	☐ 小城镇社会保险	
个人社会保险状态	☐ 在职　　　　　　　　☐ 养老　　　　　　☐ 养老人员供养直系亲属 ☐ 非因工死亡职工遗属		
在职序号		养老编号	
民族		实际终止年月	年　　月
终止原因	☐ 出国、出境定居　　　☐ 不符合按月领取养老金条件 ☐ 因病或非因工死亡　　☐ 因工死亡 ☐ 其他		
养老人员供养 直系亲属信息	姓名	与养老人员关系	身份证号

支付到个人实名制结算账户的，请填写下列内容：
开户银行名称：＿＿＿＿＿＿＿＿＿＿＿＿　　户名：＿＿＿＿＿＿＿＿＿＿
账号：＿＿＿＿＿＿＿＿＿＿＿＿＿＿＿＿＿＿＿

续表

以上项目真实填写,若与实际情况不符,愿承担相关责任。			
单位经办人或申领人签名(或盖章):	填表日期:	年 月 日	

上海市社会保险事业基金结算管理中心制

材料 3-40　上海市终止养老保险关系单位申报表
（外籍人员、获得境外永久（长期）居留权人员、台港澳人员专用）

单位名称（盖章）：　　　　　　　　　单位社会保险登记码：

中文姓名		个人序号	
性别		出生年月	年　月
实际终止年月		年　月	
终止原因	□离境　　□死亡　　□不符合按月领取养老金条件		
本人或继承人签名			
以上项目真实填写,若与实际情况不符,愿承担相关责任。 （单位公章）			
单位经办人签名(或盖章):	填表日期:	年　月　日	

上海市社会保险事业基金结算管理中心制

（四）软件实训

1. 案例描述

2013年10月1日，北京中软科技有限公司员工吕布在女同事貂蝉的故意挑拨下与部门经理董卓发生冲突，动手争执之际失手打死了董卓，2014年1月1日，法院依法判处吕布有期徒刑20年。北京市东城区人保中心经办人员王五于2014年1月2日对吕布的养老保险个人账户进行清理并封存处理。2034年1月1日，吕布刑满释放，并重新进入北京中软科技有限公司工作，北京市东城区人保中心经办人员王五于2034年1月6日对吕布的养老保险个人账户进行启封处理。

2. 基本信息

基本信息如表3-15所示。

表3-15　吕布参保信息

个人编号	200008	累计缴费年限	2年9月
视同缴费年限	×年×月	性别	男
身份证号	132101198809241318	月均工资	8000
参加工作时间	2011年1月1日	累计额度个人缴费	23120

续表

个人编号	200008	累计缴费年限	2年9月
累计额度合计	23120元	操作原因	假释期满
封存操作原因	判刑劳教		

3. 实训要求

请根据上述案例描述、基本信息和相关政策要求,在软件中模拟参保职工被判刑后养老保险个人账户的处理。

4. 操作步骤

封存养老保险个人账户—启封养老保险个人账户。

(五) 情境模拟

请分别模拟用人单位社保部门工作人员和社会保险经办机构工作人员,掌握养老保险个人账户业务办理的内容和程序。

角色一: 用人单位社保部门工作人员。对单位背景和职工情况进行假设,模拟为职工申报办理养老保险个人账户建立、记账、封存、启封以及注销等业务时所需准备的资料及流程。

角色二: 社会保险经办机构个人账户管理人员。模拟受理参保单位关于养老保险个人账户的业务申报,正确办理个人账户的建立、记录、对账、封存、启封、注销等具体业务。

要求: 学生可以自行练习,一人扮演多重角色并切换操作;也可以分组模拟,并进行角色互换演练。练习结束后及时进行总结。

二、基本医疗保险个人账户

医疗保险个人账户是用于记录城镇职工基本医疗保险参保人员个人缴纳的基本医疗保险费,按照规定从单位缴费中划转计入的医疗保险费以及上述两部分存储额利息的记名账户。个人账户中的资金可按规定用来支付日常门诊等医疗费用,超支不补,结余滚存,不得提取现金。

(一) 政策依据

主要依据《中华人民共和国社会保险法》(中华人民共和国主席令第35号,2010年)、《国务院关于建立城镇职工基本医疗保险制度的决定》(国务院,1998年12月14日)、《关于印发城镇职工基本医疗保险业务管理规定的通知》(劳社部函〔2000〕4号)实施。

1. 建账

社保经办机构根据缴费单位和个人的基础档案资料，及时建立城镇职工基本医疗保险基础档案库及个人账户。基本医疗保险个人账户的建账内容主要包括：姓名、性别、社会保障号码、参加工作时间、人员分类（退休或在职）、个人首次缴费时间、所在地设区市上一年度在岗职工月平均工资、个人当年缴费工资基数、医疗费用支出情况、个人账户支付额、当年记账利率及个人账户累计余额情况等。

2. 记账

社保经办机构根据费用征集环节提供的数据，对单位和个人的缴费情况进行记录，及时建立并记录个人账户。个人缴纳的保险费计入个人账户；单位缴纳的保险费按规定分别计入个人账户和统筹基金，划入个人账户的比例一般为用人单位缴费的30%左右，具体比例由统筹地区根据个人账户的支付范围和职工年龄等因素确定。如北京市规定，用人单位缴纳的基本医疗保险费的一部分按照下列标准划入个人账户：①不满35周岁的职工按本人月缴费工资基数的0.8%划入个人账户；②35周岁以上不满45周岁的职工按本人月缴费工资基数的1%划入个人账户；③45周岁以上的职工按本人月缴费工资基数的2%划入个人账户；④不满70周岁的退休人员按上一年本市职工月平均工资的4.3%划入个人账户；⑤70周岁以上的退休人员按上一年本市职工月平均工资的4.8%划入个人账户。失业人员不缴纳基本医疗保险费，个人账户停止计入，余额可继续使用。

社会保险经办机构根据待遇支付环节提供的数据，对个人账户及统筹基金的支出情况进行记录，以反映个人账户和统筹基金的动态变更情况。按有关规定计算并登记缴费个人的个人账户本息和缴费年限。由税务机关征收基本医疗保险费的地区，社会保险经办机构要根据税务机关提供的缴费单位（或个人）的缴费情况对个人账户进行记录，同时将有关情况汇总，报劳动保障行政部门。

3. 对账

社会经办机构负责向缴费单位和个人提供缴费情况及个人账户记录情况的查询服务。对缴费记录中出现的差错，要及时向相关业务管理环节核实后予以纠正。缴费年度初应向社会公布上一年度参保单位的缴费情况；每年至少向缴费单位或个人发送一次个人账户通知单，内容包括个人账户的划入、支出及结存等情况；每半年应向社会公布一次保险费征收情况和统筹基金支出情况，以接受社会监督。

4. 封存与启封

参保人员因各种原因暂时停止缴纳医疗保险费的，可办理医疗保险个人账户封存，有存储额的继续计息；恢复缴纳医疗保险费的，可办理个人账户启封。

如北京市规定，职工在参保期间被征为义务兵的，个人账户予以封存，退伍回京安置后,其个人账户启封;义务兵、军官、文职干部和士官退出现役由用人单位接收安置、恢复或新参加本市基本医疗保险的,可办理启封或建立个人账户;职工在参保期间考入中等以上院校并与用人单位终止、解除劳动关系或工作关系的,其个人账户予以封存,毕业后在本市重新就业的,其个人账户启封。广东省规定,在参保期间被判刑、劳动教养的,参保期间下落不明的,医疗保险关系予以冻结,个人账户予以封存,参保人刑满释放或解除劳动教养后,有用人单位接收安置的,由该用人单位到医疗保险经办机构办理恢复其基本医疗保险关系和个人账户启封手续;参保人在参保期间下落不明的,其个人账户予以封存。

5. 注销

参保人员在参保期间死亡,医疗保险个人账户予以注销。个人账户中有存储额的,应依法继承。

6. 关联

目前,我国有部分地市如深圳、重庆,实行了将家庭成员医保个人账户资金进行关联的做法,即参加城镇职工医疗保险的参保人员个人账户资金不足或无余额支付其应自付的门诊或住院医疗费用时,申请使用其他参保人员医疗保险个人账户资金余额的业务。深圳市自2012年2月13日启用个人账户家庭成员关联程序,规定医保个人账户积累额超过市上年度在岗职工月平均工资的参保人,可以将其社会保障卡关联其已参加该市医保的父母、配偶及子女的社会保障卡,关联后,其市上年度在岗职工月均工资以上的积累额可以给关联的家庭成员使用,用于支付他们在定点医药机构就诊时自付的普通门诊的基本医疗费用、地方补充医疗费用。

(二) 业务流程

相关业务流程如图3-12所示。

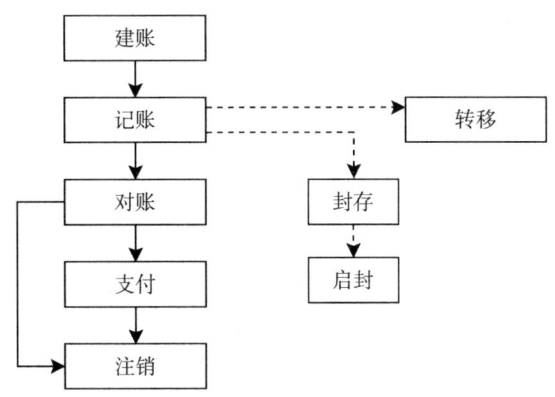

图3-12 基本医疗保险个人账户业务流程

(三) 软件实训

1. 案例描述

北京长城贸易有限公司员工李裴 2012 年及 2013 年缴费工资基数分别为 7000 元、8000 元，并在这两个年度内正常缴费。同时，李裴 2011 年的医疗保险个人账户对账单、2011~2013 年单位与个人的缴费比例以及 2012 年和 2013 年的个人账户记账利率分别如表 3-16 至表 3-18 所示。已知 2011 年李裴年龄为 29 岁，人保中心是北京市东城区人保中心。

2. 基本信息

表 3-16 2011 年医疗保险个人账户对账单

单位名称：北京长城贸易有限公司　　　　　　姓名：李裴　　　　　　单位：元

月份		缴费基数	合计	单位划转	个人缴费
01		6000	288	168	120
02		6000	288	168	120
03		6000	288	168	120
04		6000	288	168	120
05		6000	288	168	120
06		6000	288	168	120
07		6000	288	168	120
08		6000	288	168	120
09		6000	288	168	120
10		6000	288	168	120
11		6000	288	168	120
12		6000	288	168	120
当年	账户	72000	3456	2016	1440
	补历年	—	0	0	0
	利息	—	6.55	3.82	2.73
历年账户		—	0	0	0
历年利息		—	0	0	0
账户累计		—	3462.55	2019.82	1442.73

视同缴费：0 年 0 月　　　　　　　　　　　　当年缴费：1 年 0 月
累计缴费：1 年 0 月　　　　　　　　　　　　个人确认签字：李裴

表 3-17 2011~2013 年单位与个人的缴费比例（183 号令相关内容）

年份	年龄段	企业划转（%）	个人缴费（%）
2011	35 岁以下	2.8	2
	35~45 岁（包含 35 岁）	3	
	45 岁以上	4	
2012	35 岁以下	2.8	2
	35~45 岁（包含 35 岁）	3	
	45 岁以上	4	
2013	35 岁以下	2.8	2
	35~45 岁（包含 35 岁）	3	
	45 岁以上	4	

表 3-18 2012 年和 2013 年个人账户记账利率

调整日期	计息项目	年利率（%）
2012-01-01	活期	0.35
	定期	3.25
2013-01-01	活期	0.35
	定期	3.25

注：①当年存入个人账户金额利息=当年存入个人账户金额月积数×当年存入个人账户记账利率×1/12，其中：当年存入个人账户金额月积数=$\sum [n$ 月份存入金额×$(12-n+1)]$（n 为本年度存入个人账户金额的月份，且 $1 \leqslant n \leqslant 12$）。
②历年账户金额=上年的历年账户金额+上年的当年账户金额+上年的当年补历年金额。
③历年利息=上年的历年利息金额+上年的当年利息金额+上年"账户累计"所产生的利息，其中：上年"账户累计"所产生的利息=上年"账户累计"金额×当年定期记账利率。
④账户累计=当年账户金额+当年补历年账户金额+当年利息金额+历年账户金额+历年利息金额。
⑤合计=单位划转+个人缴费。
备注：按年份先后顺序依次编制记账表。所有金额保留两位小数。当年利息按"月积数法"计算。历年"账户累计"所产生的利息用定期利率计算，当年利息用活期年利率计算。

3. 实训要求

请根据上述案例描述、基本信息和相关政策要求，在软件中练习医疗保险个人账户的业务办理。假如你是北京市东城区人保中心工作人员，请以 2011 年的对账单为基础，编制李斐 2012 年和 2013 年的医疗保险个人账户对账单。

4. 操作步骤

编制个人账户对账单—核对个人账户对账单—编制个人账户对账单—核对个人账户对账单。

（四）情境模拟

请分别模拟用人单位社保部门工作人员和社会保险经办机构经办人员，掌握医疗保险个人账户业务办理的内容和程序。

角色一：用人单位社保部门工作人员。对单位背景和职工情况进行假设，模拟为职工申报办理医疗保险个人账户建立、记账、封存、启封、注销及关联等业务时所需准备的资料及流程。

角色二：社会保险经办机构个人账户经办人员。模拟受理参保单位关于医疗保险个人账户的业务申报，正确办理个人账户的建立、记录、对账、封存、启封、注销、关联等具体业务。

要求：学生可以自行练习，一人扮演多重角色并切换操作；也可以分组模拟，并进行角色互换演练。练习结束后及时进行总结。

三、失业保险个人缴费记录

为规范城镇企业事业单位及其职工参加失业保险和履行缴费义务的行为及经办机构的管理服务程序，准确审定失业人员申领失业保险金资格、确定待遇期限，应当在认真做好失业保险单位缴费记录的同时，普遍建立失业保险个人缴费记录。

（一）政策依据

根据《社会保险费征缴暂行条例》（国务院令第259号）及《社会保险费申报缴纳管理暂行办法》（劳动保障部令第2号）、《劳动和社会保障部〈关于建立失业保险个人缴费记录的通知〉》（劳社部函〔2002〕69号）实施。

1. 建立记录

个人缴费记录的对象为依法参加失业保险的缴费单位职工。个人缴费记录由劳动保障行政部门设立的经办失业保险业务的社会保险经办机构负责建立。失业保险费由税务机关征收的地区，经办机构应积极向税务机关索取缴费凭证等相关资料。建立个人缴费记录的主要依据是缴费单位提供的经审核的社会保险费申报表、代扣代缴明细表、缴费凭证、单位职工名册及经办机构规定的其他资料。

个人缴费记录的基本内容包括职工个人基本信息和缴费信息两部分。职工个人基本信息包括：单位编号、单位名称、单位类型、姓名、性别、出生年月、社会保障号码（或公民身份证号码）、户口所在地、用工形式、参加失业保险时间等。缴费信息的内容包括：职工个人缴费起始时间、职工个人与单位缴费情况等，是否记载个人缴费金额，各地可根据实际需要和技术条件自行决定。缴费情况每年度汇总一次。根据2017年11月10日颁布的《失业保险条例》（征求意见稿）规定，失业保险费由用人单位和职工分别按照本单位工资总额和本人工资的一定比例缴纳，用人单位和职工的缴费比例之和不得超过2%，具体缴费比例由省、自治区、直辖市人民政府规定。

2. 变更及转移

缴费单位及其职工情况发生变化时，经办机构应根据经审核的社会保险费申报表、代扣代缴明细表和其他资料，对个人缴费记录及时作出调整。缴费单位成建制跨统筹地区转移、缴费个人跨统筹地区流动时，个人缴费记录随同转移。转出地经办机构应为其办理相应的转迁手续，转入地经办机构应及时为其接续失业保险关系。

3. 管理和封存

规范和加强个人缴费记录管理，确保个人缴费记录内容清楚、准确，保存完整、安全。经办机构应做好个人缴费记录与申领失业保险金审核发放的衔接工作，以个人缴费记录为重要依据，确定失业人员领取失业保险金资格及待遇期限。缴费单位职工失业后按规定享受失业保险待遇的情况，可在个人缴费记录中予以反映。失业人员在领取失业金期间，又重新就业的，对其未享受的失业保险金予以封存，并停止享受其他失业保险待遇。被封存的失业保险金，只有在本人再次失业且符合享受失业保险条件时，封存的失业保险金和再次就业时缴纳的失业保险缴费年限予以合并计算，但领取失业保险金的时间最长不超过 24 个月。

4. 续保和注销

参保人员中断缴费后又续缴的，经办机构应根据所在单位提供的参保人员增加信息，并在确认以前个人缴费记录信息后，继续进行个人缴费记录。

缴费单位职工办理退休手续、出国定居或在职期间死亡的，经办机构将个人缴费记录保留两年后予以注销。

（二）业务流程

相关业务流程如图 3-13 所示。

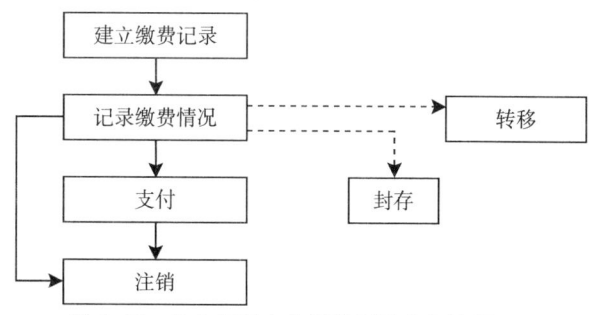

图 3-13　失业保险个人缴费记录业务流程

（三）相关材料

相关材料包括《单位及其职工缴纳失业保险费明细表》《失业保险个人缴费记录情况表》（见材料 3-41 和材料 3-42）。

材料 3-41　单位及其职工缴纳失业保险费明细表

缴费单位名称（公章）　　　　　　　　　　　　　　　　　经办机构（公章）

单位编号：　　　　　　　参保人数　人　　费款所属日期　年　月　日至　年　月　日

序号	姓名	身份证号码	月缴费基数	缴费月数	缴费基数合计	单位缴纳金额	个人缴纳金额	备注
合计								

材料 3-42　失业保险个人缴费记录情况表

单位：元

单位编号	53010311859	单位名称			
姓名		性别		出生年月	
身份证号			计算享受待遇的起始时间		
参保时间		视为缴费年限		用工形式	
户口所在地					
起止时间		工资总额	个人缴费	单位缴费	备注

说明：①表中"个人缴费"和"单位缴费"填写"足额缴费"或"欠费"。
②表中"起止时间"按每一年度填写。
③加盖公章。

（四）情境模拟

请分别模拟用人单位社保部门工作人员和社会保险经办机构管理人员，掌握失业保险个人缴费记录的内容和相关业务办理程序。

角色一：用人单位社保部门工作人员。对单位背景和职工情况进行假设，模拟为职工申报缴纳失业保险，建立缴费记录、转移、续保以及注销等业务时所需准备的资料及流程。

角色二：社会保险经办机构失业保险经办人员。模拟受理参保单位关于失业保险缴费业务申报，正确办理失业保险个人缴费记录建立、记录、转移、封存、注销等具体业务。

要求：学生可以自行练习，一人扮演多重角色并切换操作；也可以分组模拟，并进行角色互换演练。练习结束后及时进行总结。

第四节 社会保险待遇给付实训

一、养老保险待遇给付

养老保险待遇给付主要依据《中华人民共和国社会保险法》（中华人民共和国主席令第 35 号，2011 年）、《国务院关于建立统一的企业职工基本养老保险制度的决定》（国发〔1997〕26 号）、《国务院关于印发完善城镇社会保障体系试点方案的通知》（国发〔2000〕42 号）、《国务院关于建立统一的城乡居民基本养老保险制度的意见》（国发〔2014〕8 号）等实施。

（一）政策依据

1. 待遇构成

城镇职工基本养老金由统筹养老金和个人账户养老金组成。基本养老保险基金用于支付如下待遇：①参保人达到法定退休年龄时累计缴费满十五年，按月领取的基本养老金；②参保人因病或非因工死亡时的遗属丧葬补助金和抚恤金；③参保人在未达到法定退休年龄时因病或者非因工致残完全丧失劳动能力的，领取的病残津贴。

国家建立基本养老金正常调整机制。根据职工平均工资增长、物价上涨情况，适时提高基本养老保险待遇水平。

城乡居民养老保险待遇由基础养老金和个人账户养老金组成。参保居民符合国家规定条件的，按月领取居民基本养老保险待遇。有条件的地方人民政府可以结合本地实际探索建立丧葬补助金制度。

2. 待遇计算

当单位离退休人员发生变动时，单位应填写《离退休人员增减变化情况表》，报社会保险经办机构审核，社会保险经办机构对待遇给付情况应及时进行相应调整。

按统一的基本养老保险办法办理退休的职工，其基本养老金中的基础养老金、过渡性养老金等由社会统筹基金支付；个人账户养老金由个人账户中支付。

职工退休以后年度调整增加的养老金,按职工退休时个人账户养老金和基础养老金各占基本养老金的比例,分别从个人账户储存余额和社会统筹基金中列支。

职工退休后,其个人账户缴费情况终止记录,个人账户在按月支付离退休金(含以后年度调整增加的部分)后的余额部分继续计息。利息计算有两种方法:

方法一:年度计算法。即离退休人员个人账户余额生成的利息在每个支付年度结束后按年度计算(支付年度内各月支付的养老金数额相同时适用此方法)。年利息计算公式如下:

年利息 = (个人账户年初余额 – 当年支付养老金总额) × 本年记账利率 + 当年支付养老金总额 × 本年记账利率 × 1.083 × 1/2

个人账户年终余额 = 个人账户年初余额 – 当年支付养老金总额 + 年利息

方法二:月积数法。即离退休人员个人账户余额生成的利息在每个支付年度内按月计算(支付年度内各月支付的养老金数额不同时适用此方法)。年利息计算公式如下:

年利率 = 个人账户年初余额 × 本年记账利率 – 本年度支付月积数 × 本年记账利率 × 1/12

本年度支付月积数 = ∑ [n月记账额 × (12 – n + 1)] (n 为本年各记账月份,且 1 ≤ n ≤ 12)

参加基本养老保险的个人,达到法定退休年龄时累计缴费不足十五年的,可以缴费至满十五年,按月领取基本养老金;也可以转入新型农村社会养老保险或者城镇居民社会养老保险,按照国务院规定享受相应的养老保险待遇。个人死亡的,个人账户余额可以继承。

3. 北京市基本养老保险支付业务办理

政策依据:《北京市基本养老保险规定》(北京市人民政府令第183号,2006)。

(1)退休人员增加:(每月5~20日办理)。

①正常退休:银行信息采集完成以后,参保单位办理完在职职工减少后,持行政部门(职工养老保险科)核准的《北京市基本养老保险待遇核准表》原件、《北京市社会保险参保人员增加表》到社保支付科办理退休人员增加手续。支付岗核对无误后,接收数据,并从批准退休的起始支付日期开始支付其基本养老金。

②外区转入:参保单位于每月5~20日填报《北京市社会保险参保人员增加表》《北京市养老保险退休人员转移单》,办理退休人员基本养老金支付的增加手续。

退休人员基本养老金因特殊原因被中断发放后恢复支付(如被判刑劳教):由参保单位填报《北京市社会保险参保人员增加表》,并附相关材料(监狱的释放证明等)为其恢复基本养老金发放。

③破产企业:破产企业依据北京市社保中心签发的转接破产企业退休人员关系的

相关文件将退休人员的《北京市养老保险退休人员转移单》报送社保支付部门；社会化服务部门将相关资料转至其户籍所在街道，由街道社保所填写《北京市社会保险参保人员增加表》；支付部门做退休人员基本养老金支付的增加。

人力资源管理中心存档人员、外商投资企业中方职工、公益性组织人员等达到退休条件的人员，经行政部门批准退休后，其基本养老金支付关系转往街道，由转出单位填写《北京市____转往街道管理退休人员养老金转移单》（一式三份），并附《北京市基本养老保险待遇核准表》（一式两份），报所属社保支付部门确认。由社会化管理部门将转移的相关资料（档案材料等）转至街道社保所。由户籍所在街道社保所填写《北京市社会保险参保人员增加表》报送转入社保支付部门。转入社保支付部门依据《北京市社会保险参保人员增加表》做退休人员基本养老金支付的增加。

（2）退休人员减少（每月5~28日办理）。

填写表格：《北京市社会保险参保人员减少表》。

①离退休人员死亡：参保单位需携带《死亡证明书》（或火化证明）复印件，支付部门从其死亡时间的次月停止支付基本养老金。如因个人或单位原因，未及时办理退休人员死亡减少造成基本养老金多支付的，应由参保单位负责追回，并填报《北京市养老保险月报外支付明细表》办理退还手续。

②退休人员基本养老保险关系转出：需附相关材料报送社保支付部门，支付部门打印《北京市养老保险退休人员转移单》，并于次月停止支付基本养老金。

③破产企业办理退休人员转出：企业须持有关部门批准破产的文件到企业所在区（县）社保支付部门核对、补充退休人员的基本信息（居住地址、户籍所在街道办事处等），打印《北京市养老保险退休人员转移单》并办理相关转移手续。

④退休人员因特殊原因（判刑劳教等）需暂时中断基本养老金发放：参保单位附相关证明材料报送所属社保支付部门，社保支付部门暂停其基本养老金发放。

（3）退休人员信息变更（每月5~20日办理）。

填写表格：《北京市社会保险个人信息登记变更表》。

①需要提供变更人员身份证复印件的情况：姓名、身份证号、出生日期、性别、民族、发放地点（变更为邮政汇款需要提供银行账号或者具体地址及邮政编码）。

②需要养老保险科审批的情况：档案出生日期、护理费、参加工作时间、缴费年限（包括视同年限）、历年养老金调整、职工身份、专业技术职务、退休待遇。

（4）月报外支付项目（每月5~28日办理）。

填报表格：《北京市养老保险月报外支付表》（可从网上查询下载）《北京市养老保险月报外支付明细表》。

①个人账户清算：a. 职工到达退休年龄，不符合按月领取基本养老保险待遇条件

的，个人提出申请将养老保险关系转入城乡居民养老保险或进行个人账户清算，由参保人员所在单位提供《北京市基本养老保险待遇一次性领取审批表》《北京市社会保险一次性领取清算单》（社保登记科打印）并填写《北京市养老保险月报外支付表》，填写一次性支付个人账户金额；b. 退休人员死亡后如果个人账户仍有余额，为其办理退休账户清算，社保支付部门打印《北京市退休人员养老保险个人账户清算单》，由单位携带账户清算单到养老保险行政部门进行审批，审批完成后，单位持北京市基本养老保险待遇一次性领取审批表到社保支付部门办理一次性领取手续，填报《北京市养老保险月报外支付明细表》，一次性返还其个人账户中个人缴费本息余额；c. 在职职工死亡的，单位须持《北京市社会保险一次性领取清算单》（社保登记科打印）、《北京市基本养老保险待遇一次性领取审批表》到支付业务部门填写《北京市养老保险月报外支付明细表》进行个人账户清算。

②城保转农保：参保人员所在单位提供养老保险行政部门核准一次性支付的《北京市基本养老保险待遇核准表》《企业基本养老保险关系转入城乡居民养老保险申请表》、接收基本养老保险关系接收函（农保中心出具）等材料报到支付部门，并填写《北京市养老保险月报外支付表》，并填写一次性支付个人账户、一次性支付补偿金和合计金额。

③新退休的职工未及时办理退休人员增加手续，需补发养老金：单位须填写《北京市养老保险月报外支付表》，在基础养老金、过渡养老金、个人账户分别填入补支金额。支付部门根据《北京市基本养老保险待遇核准表》中的批准支付日期，办理补支养老金业务。

④丧葬费支付：参保单位携带死亡证明复印件并在《北京市养老保险月报外支付表》的"丧葬抚恤补助"一栏中填写规定的抚恤金金额。

（二）业务流程

相关业务流程如图 3-14 所示。

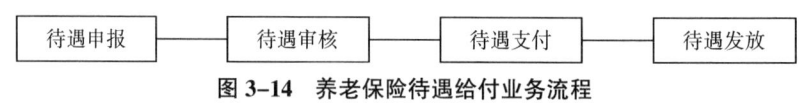

图 3-14 养老保险待遇给付业务流程

（三）相关材料

相关材料包括《北京市养老保险金月报外支付明细表》《北京市养老保险金月报外支付汇总表》《北京市按月领取养老金人员登记表》《北京市领取丧葬、抚恤、救济费通知单》《北京市＿＿＿转往街道管理退休人员养老金转移单》《北京市基本养老保险待遇核准表》《养老保险个人账户储存额一次性领取申请单》《北京市社会保险参保人员增加表》《北京市社会保险参保人员减少表》（见材料 3-43 至材料 3-49）（部分表格未展示，请从网上查询下载）。

材料 3-43　北京市养老保险金月报外支付明细表（附表）

支付原因：①新参统补支　②其他支付　③调整补支
组织机构代码：　　　　　　　　　　　报表日期：　年　月
　　　　　　　　　　　　　　　　　　单位名称（章）：
　　　　　　　　　　　　　　　　　　　　　　　　　　单位：元（保留两位小数）

序号	电脑序号	公民身份号码	姓名	退休类别	离、退休金	各项补贴	一次性支付个人账户	一次性支付积偿金	补支金额 基础养老金	补支金额 过渡养老金	补支金额 个人账户	医疗费	丧葬抚恤补助	取暖补贴	护理费	异地安置费	破产企业统筹外负担	合计	备注
					1	2	3	4	5	6	7	8	9	10	11	12	13	14	
甲	乙	丙	丁	戊															
总计	—	—	—	—															

单位负责人：　　　　　财务负责人：　　　　　填报人：　　　　　填报日期：　年　月　日

说明：
①14栏＝1栏＋2栏＋……＋13栏；
②本表由参保单位每月1日前随《北京市基本养老金支付月报增减变动表》（表十三）（未附在本书中）一并上报所属社保经（代）办机构，一式两份；
③1、2栏填写新参统补支或未按"2号令"办法计算的调整补支；
④3、4栏填写"存档""自由职业者""个体""农民工""在职死亡""在职转外国籍""中人缴费不满十年"等人员按政策规定的一次性支付金额；
⑤5、6、7栏指"机关事业退休""自由职业者"办法按月领取的增加额和按"2号令"办法按月领取人员的补发金额，按审批项分别填入；
⑥8-13栏指按政策规定须在统筹内支付的单位填报。

材料3-44 北京市养老保险金月报支付汇总表

组织机构代码：　　　　　　　　　　　　　　　　　　　　单位名称（章）：　　　　　　　　　　　　　　单位：元（保留两位小数）

支付原因：①新参统补支　②其他支付　③调整补支

离休金	退休金	退职、退养金	补贴	一次性支付个人账户	一次性支付补偿金	补支金额			小计	医疗费	丧葬抚恤补助	取暖补贴	护理费	异地安置费	破产企业统筹外负担	合计
						基础养老金	过渡养老金	个人账户								
1	2	3	4	5	6	7	8	9	10	11	12	13	14	15	16	17

单位负责人：　　　　　　填报人：　　　　　　联系电话：　　　　　　填报日期：　年　月　日

说明：

①10栏=1栏+……+9栏；17栏=10栏+……+16栏；

②本表由缴费单位每月1日前随《北京市基本养老金支付月报增减变动表》（表十三）（未附在本书中）一并上报社保经办机构；

③1~4栏填写新参统补支或按"2号令"办法文件规定补支金额（注：按38号文件规定新参统补支养老金额，大于部分不予补支）；

④5、6栏填写按政策规定需一次性支付的金额；

⑤7、8、9栏，填写当年1~4月因上年社会平均工资调整和按"2号令"办法按月领取人员补发金额；

⑥填写1~9项应附相关证明；

⑦11~16栏只由街道填写，11~15栏填写当年1~4月因工资调整而需补发的增加额和按审批项分别填入，16栏填写由街道管理的破产企业统筹外负担金额，填写此表时须附《北京市破产企业离退休人员统筹外支付费用汇总表》。

第三章 社会保险实训

材料3-45 北京市按月领取养老金人员登记表

□社会化发放代发机构   □破产企业 □纺织压锭企业 □转制企业

组织机构代码：		单位名称（章）：					
电脑序号	公民身份号码	姓名	性别	民族	出生年月	（本市/外埠）	户口所在地地址	街道编码	邮政编码
用工形式	职工身份	专业技术职务	工人技术等级	行政职务	参加工作年月日	缴费年限合计	视同缴费年限	实际缴费年限	二号令前缴费年限	累计中断时间（年）	个人缴费账户金额	个人缴费分类	鉴定表号
批准退休（职、养）时间	增加日期		按国发（78）104号文计发养老金		按京合总字（83）008	按机关事业办法计发养老金	按278（103）计发养老金		
			退休前档案工资		计发比例	计发养老金额	退休前工资	比例（%）	个人月平均工资总额	个人月平均工资总额	起点内比例	起点数额

按1号令（2号令）或按[2002]117号（60号）文件计发养老金：

基础性养老金：		过渡性养老金：			117号（60号）文件过渡性养老金	个人账户金额的1/120	个人账户补贴	基本养老金额			
本市上年职工月平均工资	比例（%）	本人指数化月平均缴费工资	比例（%）	比值C0/C1							

各项补贴

		基本养老金补贴	生活补贴	困难补贴	价格补贴	退休前工资	统筹内其他补贴	中华人民共和国成立前补贴	正常调整	统筹负担合计	企业负担	统筹外金额合计

养老金补贴明细表

代码	名称	金额
01	628号文件	
02	477号文件	
03	83号文件	
04	278号文件	
05	29号文件	
06	其他	
07	待遇补差	
08	最低保障补差	

正常调整明细表

代码	年度	金额
01		
02		
03		
04		
05		
06		
07		

统筹内其他补贴明细表

代码	名称	金额
01	护理费	
02	临时工医疗补贴	
03	取暖费	—
04	[99]专家生活补贴	
05	书报费	
06	洗理费	—
07	京国工改[1994]10号	
08	用车包干费	

续表

统筹外金额明细表

代码	名称	金额
01		
02		
03		
04		
05		
06		
07		

补充资料：

退休时所在单位组织机构代码： 经济类型：
单位名称： 单位类型：
隶属关系：

第三章 社会保险实训

材料 3-46 北京市领取丧葬、抚恤、救济费通知单

街道名称（章）：　　　　　　　　　街道编码：

电脑序号		姓名		公民身份号码	
退休时间		死亡时间		死亡原因	①因病　②因工
生前工资		丧葬补助费		抚恤费	有无供养　有（　）无（　）

供养人员情况

姓名	性别	出生日期	供养关系	开始供养日期	供养标准	终止供养日期

单位负责人：　　　　填报人：　　　　联系电话：　　　　填报日期：　　年　月　日

说明：本表由街道劳动部门填写，报社保经办机构。

材料 3-47 北京市　　　转往街道管理退休人员养老金转移单

单位名称：　　　　　　　　　　　　　　　　　　编号：

组织机构代码：

姓　名		性　别		出生年月		民　族	
退休前职务（称）		参加工作时间		视同缴费年限		缴费年限	
批准退休时间		是否因工致残		享受优异待遇（%）			
	户口所在地地址					邮政编码	
	户口所属街道					街道编码	
	基本养老金计发办法				基本养老金额		
转出单位	单位所在区县社保机构		（公章） 年　月　日		转入区县社保机构		（公章） 年　月　日
	劳资负责人： 经办人：				经办人：		

自　　年　　月起由转入单位发放基本养老金

填报说明：职介中心、外商企业、乡镇企业和破产企业清算组将退休人员转到街道时，需填写本表（一式三份），并报区、县社保经办机构。

材料 3-48　北京市基本养老保险待遇核准表

单位名称：　　　　　　　　　　　　编号：

姓名		社会保障号			
年龄		参保月份	1992年10月	退休类别	
性别		参保原因		工作性质	
民族		参加工作时间			
出生年月		退休时间		完全丧失劳动能力	
户口性质	城镇（非农业户口）	应缴费年度		劳动能力鉴定号	
职工身份	工人	视同缴费年月		N实98值	
专业技术职务		实际缴费年月		Z实指数	
是否高级技师	否	趸缴年月	0.00	N值（至1998年6月缴费年限）	
个人账户储存额		全部缴费年月			
上年职工平均工资					
183号办法			原2号令办法		
基础养老金	计发基数		基础养老金	计发基数	—
	计发比例（%）			计发比例（%）	—
	计发金额			计发金额	
个人账户养老金	计发月数		个人账户养老金	计发金额	
	计发金额		过渡性养老金	$G=(S \times N \times 1\%) \times 2.98$	
过渡性养老金	G视同		综合补贴	计发金额	
	G实际		因病退休	减发比例	
	计发金额			减发金额	
养老金合计			养老金合计		—
计发金额			计发金额		
过渡比例（%）		—	统筹支付金额		
参统单位申报意见		主管部门意见		退休核准部门意见	
签字（章）：　　年　月　日		签字（章）：　　年　月　日		起始支付年月 签字（章）：　　年　月　日	
备注					

填表说明：

①本表一式六份，分别交由人力资源和社会保障退休核准部门、社保经代办机构、医保经办机构、申办单位（两份）和退休职工本人留存。

②退休职工对退休核准结果不服的，可在60天内向本级人民政府或上一级人力资源和社会保障部门申请行政复议，或在六个月之内向人民法院提起行政诉讼。

材料 3-49　养老保险个人账户储存额一次性领取申请单

_____单位职工_____，身份证号码_____，现已达到国家法定退休年龄，基本养老保险缴费未满十五年，本人不再延长缴费，且不再转入户籍所在地新型农村社会养老保险或城镇居民社会养老保险，自愿终止职工基本养老保险关系，申请一次性领取个人账户储存额。

申请人：　　　　　　　　　　　　申请日期：

单位盖章（公章）：

养老保险个人账户储存额一次性领取告知

按照《实施〈中华人民共和国社会保险法〉若干规定》（中华人民共和国人力资源和社会保障部令第 13 号）相关规定，参加职工基本养老保险的个人达到法定退休年龄后，累计缴费不足十五年，可以申请转入户籍所在地新型农村社会养老保险或者城镇居民社会养老保险，享受相应的养老保险待遇。

当您自愿选择了一次性领取个人账户储存额时，职工基本养老保险关系即终止，不再享受按月领取职工基本养老保险待遇，也不得再申请转入户籍所在地新型农村社会养老保险或者城镇居民社会养老保险，享受相应的养老保险待遇。

特此告知！

申请人：　　　　　　　　　　　　申请日期：

（四）软件实训一

1. 案例描述

2014 年 5 月 1 日，北京市东城区人保中心支付部门支付人员韩刚对自己管辖的参保企业的支付月报汇总生成了"基本养老金支付月报汇总核对表"，并转同级财务张霞。各企业养老金支付月报数据见下文"基本信息"。财务确认完成后由业务部石峰将"基本养老金支付月报汇总表"上报市社保经办机构业务卢小飞。卢小飞审核后转市社保机构财务张天进行核对并支付。

2. 基本信息

相关基本信息如表 3-19 所示。

表 3-19　各参保企业养老金支付数据

单位：元

单位代码	110123	110124	110125	110126
单位简称	北京李斯特	北京长城	北京中软科技	北京华泰
结算日期	2014/5/1	2014/5/1	2014/5/1	2014/5/1
经济类型	内资	外资	内资	内资
隶属关系	其他	其他	其他	其他
应支养老金合计	5000	15000	50000	40000
基础性养老金	1800	8000	20000	10000
个人账户养老金	2000	4000	15000	20000
过渡性养老金	1200	3000	15000	10000
离休金	0	0	0	0
退休金	0	0	0	0
退职金	0	0	0	0
退养金	0	0	0	0
各项补贴	0	0	0	0

3. 实训要求

请根据上述案例描述、基本信息和相关政策要求,在软件中模拟养老金支付月报上报流程。

4. 操作步骤

汇总养老金支付月报—核对养老金支付月报—上报养老金支付月报—审核养老金支付月报—核对养老金支付数据。

(五) 软件实训二

1. 案例描述

北京中软科技有限公司职工王天来,男,1947年10月1日出生,1970年9月1日参加工作,2007年10月1日退休,退休当年月缴费基数5000元,该职工截止到1992年9月视同缴费年限为22年;自1992年10月1日至1998年6月30日,实际缴费年限为5年9个月,退休时其个人账户累计额达到268811元。请计算此退休人员的退休金。个人账户以139个月为计算标准。用183号令的标准为其计算退休后月退休金。北京中软科技有限公司经办人汪云2007年10月5日到北京市东城区人保中心为王天来办理退休金手续。人保中心经办人王五于当日受理了其业务申请。

2. 基本信息

相关基本信息如表3-20至表3-24所示。

表3-20 王天来1992~2007年的缴费工资情况

项目	1991年	1992年	1993年	1994年	1995年	1996年
市平工资	2877	2880	3408	4524	6540	8148
缴费工资		1438.5(3个月)	6624	9000	11232	16152
项目	1997年	1998年	1999年	2000年	2001年	2002年
市平工资	9576	11016	12288	13776	15732	20724
缴费工资	24432	22113	24800	28307	32566	37310
项目	2003年	2004年	2005年	2006年	2007年	
市平工资	24048	28344	32808	36096		
缴费工资	43281	51026	59054	60480	67500(9个月)	

表3-21 王天来基本参保信息

身份证号	110101194710011311	电脑序号	602314589
四险停止缴费原因	办理退休	缴费类别	城镇职工
清算原因	退休	视同缴费年限	22
清算日期	2007年10月5日	应缴年限	15
职工身份	工人	实缴年限	15

续表

缴费截止日期	2007年9月8日	退休类别	正常
趸交年限	0	四险支付原因	新退休
民族	汉	用工形式	固定工
过渡比例	40%	参保原因	新参统
户口性质	城镇	险种	退休

表3-22 北京中软科技有限公司信息

组织机构代码	52200287-9	单位编号	1000112
负责人	严贤刚	单位联系电话	010-98989897
单位经办人	汪云		

表3-23 个人账户存储情况

至上年末个人账户存储额				
合计	个人缴费	累计个人利息	单位划转	累计划转利息
263411	177100	7000	75900	3411

表3-24 当年个人账户

合计	个人缴费	个人利息	单位划转	划转利息
5400	5400	0	0	0

Z实指数=2.4748　　G同=661.76　　G实=428.04

第一，计算过渡性养老金公式

G=G同+G实

G同=C平×Z同指数×N同×1%

G实=C平×Z实指数×N98×1%

Z实指数=（Xn/Cn-1+…+X1993/C1992+X1992/C1991）/N应缴

第二，计算基础性养老金公式

J=（C平+C平×Z实指数）/2×N实+同×1%

第三，计算个人账户养老金

个人账户养老金=个人账户总金额/139

在以上式子中，G——过渡性养老金；

G同——按视同缴费年限计算的过渡性养老金；

Z同指数——视同缴费年限的缴费工资指数；

N同——视同缴费年限；

N实——实际缴费年限；

N98——该职工1992年10月1日至1998年6月30日期间符合国家规定的连续工龄（含实际缴费年限）为5.75年，即N98＝5.75（年）；

G实——按实际缴费年限计算的过渡性养老金；

Z实指数——缴费平均指数；

X——缴费工资；

C——市平工资；

J——基础养老金；

C平——被保险人退休上一年本市职工月平均工资。

说明：计算Z实指数时保留4位小数，其余计算结果均保留2位小数。

3. 所需材料

所需材料为职工档案原件、《社会保险个人缴费结算单》原件、身份证原件、劳动合同原件、《职工劳动能力鉴定表》原件。

4. 实训要求

请根据上述案例描述、基本信息和相关政策要求，在软件中模拟职工退休手续的办理。

5. 操作步骤

申请减少参保人员（退休）—受理减少参保人员（退休）—提交退休申报材料—退休清算—申请退休—审批退休申请—申请养老待遇核准—核准养老待遇—申请退休人员增加—申请退休人员增加—受理退休人员增加—受理退休人员增加。

二、医疗保险待遇给付

根据《中华人民共和国社会保险法》（中华人民共和国主席令第35号，2010年）、《国务院关于建立城镇职工基本医疗保险制度的决定》（1998）、《人力资源和社会保障部财政部关于做好基本医疗保险跨省异地就医住院医疗费用直接结算工作的通知》（人社部发〔2016〕120号）、《国务院办公厅关于印发生育保险和职工基本医疗保险合并实施试点方案的通知》（国办发〔2017〕6号）等施行。

（一）政策依据

1. 住院待遇审核与给付

（1）住院登记。参保人员因病需要在定点医疗机构住院治疗的，应在规定时间内（一般为24小时）出示社会保障卡、身份证等有效证件，由医疗机构审核并办理入院登记手续。

参保人员因病情需要在统筹区内定点医疗机构之间转诊转院的，需由转出医院开具转诊转院证明，转入医院对转诊转院证明、社会保障卡、身份证等进行审核，并办理入院登记手续。

参加基本医疗保险的异地安置退休人员、异地长期居住人员、常驻异地工作人员，及符合参保地转诊规定的参保人员在异地定点医疗机构就医时，需向参保地经办机构提交跨省异地就医申请，经办人员即时审核确认并填写生成《_____省（自治区、直辖市）跨省异地就医登记备案表》（一式两联，盖章后一联留存参保地经办机构，一联交与申请人签收）。就医备案人员发生异地居住地、定点医疗机构、联系电话等信息变更，或转诊人员在异地医疗期间如需再次转院或入院，直接向参保地经办机构申请变更；异地就医人员待遇享受状况变更，如暂停、恢复、终止等，参保地经办机构必须及时办理；参保地经办机构应将跨省异地就医参保人员备案信息实时上报至部级经办机构。

因特殊情况由定点医疗机构转往统筹地区外非指定医疗机构就医的，需办理相应批准手续。

（2）住院期间医疗费用审核与支付。参保人员在定点医疗机构住院期间发生的医疗费用，出院时由医疗机构直接结算个人应付部分。医保统筹基金支付的部分，由社会保险经办机构与定点医疗机构按协议结算。

参保人员在非定点医疗机构住院期间发生的医疗费用，可由个人先行垫付费用，然后凭医疗保险凭证、身份证、病历（复印件）、医疗费用专用收据、住院明细清单等有关资料，到参保地社会保险经办机构申请报销。

社会保险经办机构对医疗机构或参保人员申报的医疗费用，根据基本医疗保险药品目录、诊疗项目目录、医疗服务设施目录（简称"三目"）以及与定点医疗机构签订的医疗服务协议进行审核，以确保医疗收费的真实性、合法性、合理性和医疗服务质量。

参保人员患病发生的医疗费用分为三类：第一类是直接纳入报销范围的费用；第二类是个人自负一定比例后再纳入报销范围的费用；第三类是医疗保险不予报销而是由个人全部自负的费用。住院期间使用的药品费用，根据《基本医疗保险药品目录》分为甲类和乙类药品，甲类药品可享受全额报销，乙类药品的报销比例和自付标准由各统筹地区自行确定。

2. 门诊费用审核与给付

职工基本医疗保险参保人员可持社会保障卡到定点医疗机构门诊或定点零售药点就医、购药，使用医疗保险个人账户余额结算，不足部分由个人自行支付。

实行门诊统筹的地区，医疗保险参保人员在基层定点医疗机构门诊就医和购药时，可享受部分报销待遇。目前门诊统筹主要有三种方式：

一是门诊大病、慢病病种统筹，即将少部分门诊病种纳入统筹基金报销费用，每个病种实行按病种定额费用管理。例如广州市将阿尔茨海默氏病、癫痫、肝硬化、高血压病等 20 种疾病确定为职工门诊指定慢性病,符合规定的参保病人可携带规定资料到指定定点医疗机构申请门诊指定慢性病,经指定定点医疗机构审核确认的参保病人到指定定点医疗机构门诊就医即可以享受门诊指定慢性病医疗保险待遇。

二是门诊大额费用统筹。是指职工和退休人员在一个年度内累计超过一定数额的门诊、急诊医疗费用以及恶性肿瘤放射治疗和化学治疗、肾透析、肾移植后服抗排异药等特殊病种的门诊医疗费用,可以享受一定比例的报销。例如北京市规定,对基本医疗保险参保人员中的在职职工在一个年度内发生的符合基本医疗保险规定的门(急)诊医疗费用,超过 1800 元的纳入门诊大额医疗费用互助资金报销范围。

三是普通门诊统筹,也是按照费用划分,但起付线比较低,居民医保通常采用这种方式。

定点医疗机构在核对参保人员身份、确认其医疗和购药行为符合医保政策规定的情况下,方可按医保费用结算程序处理。社会保险经办机构按照医疗保险相关政策和规定对门诊费用使用的真实性和合理性等进行审核。

3. 生育保险待遇审核与支付

根据《国务院办公厅关于印发生育保险和职工基本医疗保险合并实施试点方案的通知》(国办发〔2017〕6 号),生育保险与职工基本医疗保险实现统一参保登记、统一基金征缴和管理、统一医疗服务管理、统一经办和信息服务。统一执行职工基本医疗保险、工伤保险、生育保险药品目录以及基本医疗保险诊疗项目和医疗服务设施范围,生育医疗费用原则上实行医疗保险经办机构与定点医疗机构直接结算。职工生育期间的生育保险待遇不变。生育保险待遇包括生育医疗费用和生育津贴,所需资金从职工基本医疗保险基金中支付。

(二)业务流程

相关业务流程如图 3-15 所示。

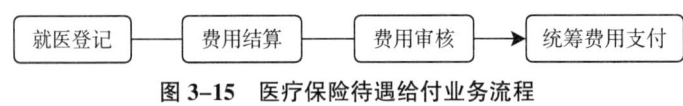

图 3-15　医疗保险待遇给付业务流程

(三)相关材料

相关材料包括《城镇居民医疗保险转诊转院审批表》《_____省(自治区、直辖市)跨省异地就医登记备案表》《_____省(自治区、直辖市)跨省异地就医住院结算单》和《北京市申领生育津贴人员信息登记表》(见材料 3-50 至材料 3-53)。

材料 3-50　城镇居民医疗保险转诊转院审批表

姓名		性别		出生年月	
所辖社区		身份证号码			
社保卡号		人员类别			
转出医院		拟转入医院			

病历摘要及转诊理由、目的：
主治医师签名：

科主任意见：
科主任签名：

院医保办审核意见：	其他会签意见：
（公章） 审核人签名：　　　　　年　月　日	年　月　日

医疗保险经办机构审批意见：
（公章） 年　月　日

注：①本表用于参保居民转诊转院审批。
②本表一式三份，医疗保险经办机构、转出医院、参保患者各保存一份。

备案编号：

材料 3-51　　　　　省（自治区、直辖市）跨省异地就医登记备案表

姓名		性别		险种	①职工医保 ②城乡居民医保 ③城镇居民医保 ④新农合
人员类别	①异地安置退休人员 ②异地长期居住人员 ③常驻异地工作人员 ④异地转诊人员	登记类别		①新增 ②变更	
社会保障号码		社会保障卡卡号（可选）			
参保地家庭住址		异地联系地址			
联系电话1		联系电话2			
转往省（市、区）		地区（市、州）		县（区）	

续表

医疗机构	医疗机构名称	医疗机构级别
本人（被委托人）签名		填表日期	

经办机构：　　　　　经办人：　　　　　经办日期：

材料 3-52　　＿＿＿省（自治区、直辖市）跨省异地就医住院结算单

单位：元（保留两位小数）

患者姓名：	性别：	年龄：	社会保障号码：	社会保障卡卡号：（可选）
参保地：		险种类型：		
就医地：		医院名称：		医院等级：
入院方式：			住院号：	出院科室：
主要诊断：			次要诊断：	
入院日期：	出院日期：		共　　天	
总费用：	统筹内费用：		自费费用：	本次起付标准：
基金支付合计	基金支付金额		个人现金支付	
#参保地基金1				
#参保地基金2				
#参保地基金3				
#参保地基金4				
#参保地基金5				
#参保地基金6				
#参保地基金7				
#参保地基金8				
……				

注：参保地基金按照参保地返回的基金款项名称打印。

材料 3-53　北京市申领生育津贴人员信息登记表

申领生育津贴次序号：
组织机构代码：　　　　　　　　　　　　　单位名称（章）：

申领人公民身份号码		姓名		性别	
配偶证件类别	（　）公民身份证　（　）港澳台证　（　）护照				
配偶证件号码		配偶姓名			
配偶出生日期		生育/引、流产日期		终止妊娠前的怀孕周数	
本次生育胎儿数		生育类别	（　）正常产　（　）难产　（　）引、流产		
产假终止原因	（　）正常到期　（　）退休　（　）死亡　（　）其他				
是否为晚育	（　）是　（　）否		产假终止日期		
申领晚育津贴人公民身份号码		申领晚育津贴人员姓名			
申领人开户姓名	—	申领人开户账号	—		
申领人开户银行名称	—	行号			
女方签字		男方签字			
女方所在单位（盖章）　年　月　日		男方所在单位（盖章）　年　月　日			
申请单位联系电话		申请单位邮编			
申请单位地址					

单位负责人：　　　　填报人：　　　　填报日期：年　月　日

填表说明：
① 在（　）中划√进行选择。
② 在生育时采用产钳助产、胎吸、剖宫生育的，在生育类别中选难产。
③ 申领晚育奖励津贴的，应夫妻双方签字确认，并加盖所在单位的公章。如果一方无单位，应在所在单位（盖章）处注明本人无单位。
④ 产假非正常到期的，应填写具体日期。
⑤ 女性生育时超过 24 周岁且为初育的属于晚育。
⑥ 申领生育津贴次序号由经（代）办机构填写。
⑦ 军人配偶应填写身份号码。
⑧ 此表一式两份，单位、社保经（代）办机构各一份。

（四）软件实训

1. 案例描述

张无忌是北京中软科技有限公司的职工，2007 年 9 月进入单位上班后一直正常缴纳社会保险费。2013 年 1 月 8 日，张无忌在家中突然晕倒，家人紧急送往北京市第一人民医院，办理入院手续时向医院出示了医保卡并交了 3000 元押金，医院收费员张霞收取了押金并出具了押金单。张无忌在医院一共住了三个月，共花费 93000 元。住院费用 89000 元，其中自费药有 3500 元，分类半自费药费为 2500 元（个人占 10%）；门诊费 4000 元，其中自费药 500 元。

在出院时张无忌家人与医院进行了自付医疗费用的结算，应由统筹支付的医疗费用医院直接与医保中心进行结算。

2. 基本信息

相关基本信息如表3-25至表3-28所示。

表3-25 住院情况

病案号	100600100	医保号	110101198008181315
科别	内科	住院次数	第1次住院
入院时间	2013年1月8日	入院诊断	突发性脑溢血
出院时间	2013年4月8日	住院号	1100001
床位号	202	主任医师	张天师
性别	男	年龄	33
单位电话	010-98989897	账号	622596789809890980
定点医疗机构名称	北京市第一人民医院	连续参保时间	5

表3-26 收费项目分类

收费项目	总金额（元）
化验费	5000
治疗费	70000
诊查费	500
西药费	10000
卫生材料	500
护理费	3000
其他费	1000
床位费	1000
中草药费	2000
合计	93000

表3-27 门诊与住院费用的起付线标准

	起付线	
	门诊急诊（元）	住院费用（元）
在职职工	1800	1300
退休人员	1300	1300

表 3-28 在职职工三级住院费用报销比例

	三级医院	
	统筹支付（%）	个人负担（%）
起付标准~3 万元	85	15
3 万~4 万元	90	10
4 万~7 万元	95	5

在上述表格中，门诊费用：大额医疗费用互助资金支付报销金额 70%；住院费用：大额医疗费用互助资金支付报销金额 70%。

注：超过报销范围的用大额补助计算。计算时保留两位小数。

3. 实训要求

请根据上述案例描述、基本信息和相关政策，在软件中模拟职工生病住院后，医疗费用的实时报销业务流程。

4. 操作步骤

出示医保卡并交押金—确认医保卡并收押金—出具押金单—接收押金单并看病—计算个人承担费用—结算个人承担费用—上报统筹承担费用—支付统筹承担费用。

（五）情境模拟

请分别模拟基本医疗保险参保人、医疗机构收费员、社会保险经办机构工作人员，掌握办理医疗保险待遇审核与支付所需材料和办理流程。

角色一： 基本医疗保险参保人。对个人情况进行假设，模拟到定点医疗机构和非定点医疗机构就医时，办理住院登记、医疗费用结算的流程。

角色二： 医疗机构收费员。根据基本医疗保险参保人的具体情况，模拟为其办理住院登记、住院医疗费用结算或门诊医疗费用结算。

角色三： 社会保险经办机构工作人员。模拟对定点医疗机构和参保患者申报的医疗费用情况进行审核并支付统筹费用的过程。

要求： 学生可以自行练习，一人扮演多重角色并切换操作；也可以分组模拟，并进行角色互换演练。练习结束后及时进行总结。

三、失业保险待遇给付

目前主要依据《中华人民共和国社会保险法》（中华人民共和国主席令第 35 号，2010 年）、《失业保险条例》（国务院令第 258 号，1999 年）（以下简称《条例》）、《失业保险金申领发放办法》（中华人民共和国劳动和社会保障部令第 8 号，2000 年）实施；2017 年人力资源和社会保障部就《失业保险条例》（修订草案征求意见稿）向社会公开征求意见。

(一) 政策依据

1. 待遇申报

(1) 失业备案。失业人员失业前所在单位,应将失业人员的名单自终止或者解除劳动合同之日起 15 日内报受理其失业保险业务的经办机构备案,并按要求提供终止或解除劳动合同证明、参加失业保险及缴费情况证明等有关材料。

(2) 失业登记。职工失业后,应当持本单位为其出具的终止或者解除劳动关系的证明,及时到指定的公共就业服务机构办理失业登记;失业人员凭失业登记证明和个人身份证明,到参保地社会保险经办机构办理领取失业保险金的手续。失业人员申领失业保险金需填写《失业保险金申领表》。

2. 待遇核定

(1) 资格认定。经办机构自受理失业人员领取失业保险金申请之日起 10 日内,对申领者的资格进行审核认定,并将结果及有关事项告知本人。审核内容包括申报凭证、资料是否齐全、真实,失业原因、缴费状态、缴费期限等是否符合享受失业保险待遇资格。经审核合格者,从其办理失业登记之日起计发失业保险金。

经办机构根据失业人员累计缴费时间核定其领取失业保险金的期限。失业人员累计缴费时间按照下列原则确定:实行个人缴纳失业保险费前,按国家规定计算的工龄视同缴费时间,与《条例》发布后缴纳失业保险费的时间合并计算。失业人员在领取失业保险金期间重新就业后再次失业的,缴费时间重新计算,其领取失业保险金的期限可以与前次失业应领取而尚未领取的失业保险金的期限合并计算,但是最长不得超过 24 个月。失业人员在领取失业保险金期间重新就业后不满一年再次失业的,可以继续申领其前次失业应领取而尚未领取的失业保险金。

(2) 待遇核定。经办机构对失业人员或家属的失业保险待遇进行核定,包括:审核失业人员缴费时间以及上次失业剩余期限等情况,核定失业保险金、门诊医疗补助金享受期限、享受标准;核定失业人员家属丧葬补助金和其供养的配偶、直系亲属的抚恤金享受标准;发放职业培训和职业介绍补贴等,具体待遇标准按照各省、自治区、直辖市人民政府的有关规定执行。

3. 待遇发放

失业保险金应按月发放,由经办机构开具单证,失业人员凭单证到指定银行领取。对领取失业保险金期限即将届满的失业人员,经办机构应提前一个月告知本人。

失业保险基金的支出项目即失业保险待遇包括以下几项:失业保险金,领取失业保险金期间的医疗补助金,丧葬补助金和供养配偶、直系亲属的抚恤金,领取失业保险金期间接受职业培训、职业介绍的补贴,国务院规定或者批准的与失业保险有关的其他费用。《失业保险条例》(修订草案征求意见稿)中还增加了"领取失业保险金期间的基本养老保险费""技能提升补贴""职业技能鉴定补贴""创业补贴"和"稳定岗位补贴"。

失业人员在领取失业保险金期间，发生《条例》第十五条规定情形之一的，经办机构有权立即停止其失业保险金发放，并同时停止其享受其他失业保险待遇。

（二）业务流程

相关业务流程如图 3-16 所示。

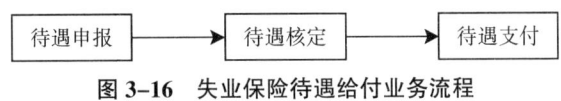

图 3-16 失业保险待遇给付业务流程

（三）相关材料

相关材料包括《终止、解除劳动合同（关系）证明书》和《广州市失业保险待遇申领表》（见材料 3-54 和材料 3-55）。

材料 3-54 解除、终止劳动合同（关系）证明书

编号：

我单位于 ____ 年 ___ 月 ___ 日与 _____（身份证号： ）在本单位工作岗位为 _____，订立了合同编号为 _____，合同期限为□固定期限/□无固定期限/□以完成一定的工作任务为期限的劳动合同。兹根据《劳动法》及《劳动合同法》等有关法律、法规的规定，现按下列第 ____ 条规定予以 _____（解除/终止）与本单位的劳动合同。

一、符合《劳动合同法》第三十六条规定：经双方当事人协商一致，解除劳动合同（关系）；
二、符合《劳动合同法》第三十八条第 ___ 款规定，解除劳动合同（关系）；
三、符合《劳动合同法》第三十九条第 ___ 款规定，解除劳动合同（关系）；
四、符合《劳动合同法》第四十条第 ___ 款规定，解除劳动合同（关系）；
五、符合《劳动合同法》第四十一条第 ___ 款规定，解除劳动合同（关系）；
六、符合《劳动合同法》第四十四条第 ___ 款规定，终止劳动合同（关系）；
七、因其他原因解除/终止劳动合同（关系）：_____
_____。

解除/终止劳动合同日期：____ 年 ___ 月 ___ 日

用人单位（章）：_____　　员工（签名）：_____
送达时间：____ 年 ___ 月 ___ 日　　签收时间：____ 年 ___ 月 ___ 日
注：此证明书壹式贰份，用人单位和员工各执壹份，附《劳动合同法》相关法律条款。

材料 3-55　广州市失业保险待遇申请表

<table>
<tr><td rowspan="10">个人填写部分</td><td colspan="2">姓名</td><td></td><td>身份证件号</td><td colspan="2"></td></tr>
<tr><td colspan="2">人社保编号</td><td></td><td>联系电话</td><td></td><td>性别</td></tr>
<tr><td colspan="2">户籍地</td><td colspan="4">____省（级）____市（级）____区（县级）
____镇（街级）____（所属村居____）</td></tr>
<tr><td colspan="2">失业登记日期</td><td>年　月　日</td><td>《就业创业证》编号</td><td colspan="2"></td></tr>
<tr><td colspan="2">支付银行名称</td><td></td><td>账户名称</td><td colspan="2"></td></tr>
<tr><td colspan="2">支付账号</td><td colspan="4"></td></tr>
<tr><td colspan="2">支付方式</td><td colspan="4">□在本市按月享受　　□转回户籍地　　□一次性领取</td></tr>
<tr><td colspan="3"></td><td>是否参加补充医疗保险</td><td>□是</td><td>□否</td></tr>
<tr><td colspan="6">本人承诺：
①有求职要求；
②已按规定办理省内外地失业保险关系转移手续或未曾在省内外地参加失业保险；
③在本市申领失业待遇的同时在本市或异地未有重新就业、参加社会保险、按月享受养老待遇、重复领取失业待遇等不符合领取失业待遇的情况；
④按月领取失业金期间，如本人在本市或异地有重新就业、参加社会保险、按月享受养老待遇等不符合继续按月领取失业金的情况，本人应及时告知社会保险经办机构，并停止领取失业金。
本人授权：本人同意授权广州市社会保险经办机构向税务部门获取本人领取失业待遇期间的工资薪金所得个人所得税申报、缴纳情况。
若违反上述承诺，本人愿意承担相应法律责任。</td></tr>
<tr><td colspan="6" style="text-align:right">申请人（授权人）签名：____　__年__月__日</td></tr>
<tr><td rowspan="5">单位填写部分</td><td colspan="2">单位名称</td><td colspan="4"></td></tr>
<tr><td colspan="2">单位社保编号</td><td colspan="2"></td><td>停保日期</td><td></td></tr>
<tr><td colspan="2">停保当月失业人员是否有缴纳社会保险费</td><td colspan="2"></td><td>□是</td><td>□否</td></tr>
<tr><td colspan="2">停保原因
（在右侧序号上画圈，不得涂改）</td><td colspan="4">①劳动合同终止（合同期满、用人单位破产或解散等）
②解除劳动合同（非自愿）　　③解除劳动合同（自愿）
④协商解除劳动合同（非自愿）　⑤协商解除劳动合同（自愿）
⑥解除聘用合同（非自愿）　　⑦解除聘用合同（自愿）
⑧单位辞退、除名、开除　　　⑨其他（非自愿）
⑩其他（自愿）</td></tr>
<tr><td colspan="6">我单位承诺以上由本单位填写内容（单位填写部分）均属实，否则，我单位愿意承担相应法律责任。
　　　　　　　　　　　　　　　　　　　单位经办人签名：_____（单位公章）</td></tr>
</table>

社会保险经办部门盖章　　　　　　　　　　　　　　　　日期：

（广州市社会保险基金管理中心　2017 年 10 月版本）

（四）软件实训

1. 案例描述

苏酥自 2010 年 1 月起在北京中软科技有限公司工作，2013 年 1 月苏酥因严重失职被辞退。北京中软为苏酥缴纳了失业保险。苏酥在北京市东城区人保中心领取了 6 个月的失业保险金后于 2013 年 8 月重新就业。

2. 基本信息

相关基本信息如表 3-29 至表 3-32 所示。

表 3-29 苏酥基本信息

姓名	苏酥	性别	男
身份证号码	110101199212151132	参加工作时间	2010年1月1日
缴费起止时间	2010年2月至2013年8月	实际缴费年限	3年
核定享受待遇期限	6个月	户口所在街道	东城区杨家桥街道
户口所在地	北京市东城区杨家桥街道	户口所在地址	北京市东城区杨家桥33号
失业岗名称	北京市西城区天钥桥路社保所	失业岗人员	陈超

表 3-30 失业信息

失业原因	被辞退	失业次数	1
辞退时间	2013年1月31日	应领取失业保险金月数	6个月
就诊指定医院	北京市第十人民医院	发放失业证单位	北京市劳动局
正式缴费年限（月）	36	累计缴费时间（年）	3
领取失业保险金期限	2013年2月20日至2013年8月20日	失业登记时间	2013年2月15日
街道劳动部门和社会保障部门	东城区杨家桥街道劳动局	发放失业登记证日期	2013年2月17日

表 3-31 城镇职工失业保险金与医疗补助金的标准

缴费年限（年）	领取期限（月）	前12个月失业保险金	医疗补助金	缴费年限（年）	领取期限（月）	前12个月失业保险金	医疗补助金
1~2年	3月	A元/月	失业保险金总额的65%	10年	18月	C元/月	失业保险金总额的75%
2~3年	6月			11年	19月		
3~4年	9月			12年	20月		
4~5年	12月			13年	21月		
5年	13月	B元/月	失业保险金总额的70%	14年	22月	D元/月	失业保险金总额的80%
6年	14月			15年	23月		
7年	15月			16年	24月		
8年	16月			17年	24月		
9年	17月			17~20年	24月		
				20年以上	24月	E元/月	失业保险金总额的85%

表 3-32 城镇职工失业保险金发放明细

档次	编号	金额
A	一档	450
B	二档	500
C	三档	550
D	四档	600
E	五档	650

3. 所需材料

办理职工档案转移需要提交的资料：《职工档案》原件、《档案转移人员情况表》原件、《档案材料清单》原件、《社会保险人员转移情况表》原件、《解除劳动关系证明》原件。

办理失业登记需要提交的资料：《解除劳动关系证明》原件、居民身份证原件、户口簿原件。

4. 实训要求

请根据上述案例描述、基本信息和相关政策要求，在软件中模拟失业保险金待遇申领手续的办理。

5. 操作步骤

失业备案—档案移交—转关系到街道—街道接收关系—申请失业登记—审核失业登记—发放失业登记证—领取失业登记证—办理失业金领取手续—领取失业保险金领取证—出具失业金申领单—签收失业金申领单。

（五）情境模拟

请分别模拟失业保险参保人、用人单位社保部门工作人员、社会保险经办机构工作人员，掌握办理失业保险待遇给付所需材料和办理流程。

角色一：失业保险参保人或家属。对参保人情况进行假设，模拟办理失业登记、申领失业保险金、医疗补助金、丧葬补助金以及抚恤金等相关失业保险待遇的过程。

角色二：用人单位社保部门工作人员。根据参保职工的具体情况，模拟为其办理失业保险的过程。

角色三：社会保险经办机构工作人员。对用人单位及个人提出的失业保险申请进行审核并给付相应待遇。

要求：学生可以自行练习，一人扮演多重角色并切换操作；也可以分组模拟，并进行角色互换演练。练习结束后及时进行总结。

四、工伤保险待遇给付

（一）政策依据

《中华人民共和国社会保险法》《工伤保险条例》（中华人民共和国国务院令第375号，2003年颁布，2010年修订）、《人力资源和社会保障部关于印发工伤保险经办规程的通知》（人社部发〔2012〕11号）、《工伤职工劳动能力鉴定管理办法》（2014年4月1日起施行）、《社会保险基金先行支付暂行办法》（人力资源和社会保障部令第15号，2011年）。

1. 工伤登记

（1）工伤备案。职工发生事故伤害，用人单位可通过电话、传真、网络等方式及时向业务部门进行工伤事故备案,并根据事故发生经过和医疗救治情况,填写《工伤事故备案表》。

（2）工伤职工登记。职工发生事故伤害或按照职业病防治法规定被诊断、鉴定为职业病,经社会保险行政部门认定工伤后,用人单位应及时到业务部门办理工伤职工登记,填写《工伤职工登记表》,并提供以下证件和资料：居民身份证原件及复印件；认定工伤决定书；工伤职工停工留薪期确认通知；省、自治区、直辖市经办机构规定的其他证件和资料。停工留薪期内因工伤导致死亡的,还需提供居民死亡医学证明书或其他死亡证明材料。

（3）劳动能力鉴定登记。工伤职工经劳动能力鉴定委员会鉴定伤残等级或护理等级后,用人单位应办理劳动能力鉴定登记,提供以下证件和资料：劳动能力鉴定结论书；省、自治区、直辖市经办机构规定的其他证件和资料。

（4）工伤登记。业务部门核查工伤职工的参保缴费情况,审核用人单位提供的证件与资料,核对工伤认定事实与事故备案是否相符,对符合相关条件的职工确认领取工伤待遇资格,进行工伤登记。

职工被借调期间发生工伤事故的,或职工与用人单位解除或终止劳动关系后被确诊为职业病的,由原用人单位为其办理工伤登记。

工伤职工因转移、解除或终止劳动关系,因工伤保险关系发生变动而变更工伤登记,相关用人单位填写《工伤保险关系变动表》并提供相关证明资料。

（5）一次性申领长期待遇的情况。进城务工的农村居民申请一次性领取工伤保险长期待遇的,需本人和用人单位书面申请,业务部门应向其说明丧失按月领取长期待遇资格,并与待遇申请人签订一次性领取长期待遇协议,终止工伤保险关系。

2. 待遇审核

（1）医疗（康复）待遇。用人单位申报医疗（康复）费,填写《工伤医疗（康复）待遇申请表》并提供以下材料：①医疗机构出具的伤害部位和程度的诊断证明。②工伤职工的医疗（康复）票据、病历、清单、处方及检查报告；居住在统筹地区以外的工伤职工在居住地就医的,还需提供《工伤职工异地居住就医申请表》；工伤职工因旧伤复发就医的,还需提供《工伤职工旧伤复发申请表》；批准到统筹地区以外就医的工伤职工,还需提供《工伤职工转诊转院申请表》。③省、自治区、直辖市经办机构规定的其他证件和资料。

业务部门审核医疗（康复）费的内容包括：各项检查治疗是否与工伤部位、职业病病情相符；是否符合工伤保险"三目录"的规定；是否符合工伤康复诊疗规范和工伤康复服务项目的规定；省、自治区、直辖市经办机构规定的其他需要审核的内容。

经办机构应推行与工伤保险协议机构的直接联网结算。已登记的工伤职工持社会保障卡到工伤保险协议机构就诊，工伤保险协议机构按照服务协议传送就诊医疗（康复）费用明细，业务部门根据规定应对药品明细、治疗（康复）项目、检查项目、病程记录及医疗（康复）票据等进行网上审核。

工伤职工住院治疗的，业务部门根据统筹地区人民政府规定的伙食补助费标准及工伤职工的住院天数，核定住院伙食补助费。业务部门批准到统筹地区以外就医的，根据统筹地区人民政府规定的交通、食宿费标准，核定交通、食宿费用。业务部门根据核定的工伤（康复）待遇，汇总生成《工伤医疗（康复）待遇审核表》，转经办机构财务部门。

（2）辅助器具配置费用审核。工伤职工配置（更换）辅助器具，用人单位申报工伤职工的辅助器具配置费用时，提供以下资料：工伤职工配置（更换）辅助器具申请表；配置辅助器具确认书；辅助器具配置票据；省、自治区、直辖市经办机构规定的其他证件和资料。

业务部门根据辅助器具配置项目、标准，核定工伤职工的辅助器具安装、配置（更换）费用，生成《辅助器具配置费用核定表》，转财务部门。

（3）伤残待遇审核。业务部门根据劳动能力鉴定结论、工伤职工本人工资或统筹地区上年度职工月平均工资，核定一次性伤残补助金、伤残津贴和生活护理费。工伤职工与用人单位解除或终止劳动关系时，业务部门根据解除或终止劳动关系的时间和伤残等级，按照省、自治区、直辖市人民政府制定的标准核定一次性工伤医疗补助金。

伤残等级为一至四级的工伤职工退休后，基本养老保险待遇低于伤残津贴的，业务部门根据其基本养老待遇核定与伤残津贴的差额。业务部门根据核定的伤残待遇生成《伤残待遇核定表》，转财务部门。

（4）工亡待遇审核。职工因工死亡或停工留薪期内因工伤导致死亡的，业务部门根据工亡时间上年度全国城镇居民人均可支配收入和统筹地区上年度职工月平均工资，核定一次性工亡补助金和丧葬补助金。

伤残等级为一至四级的工伤职工，停工留薪期满死亡的，业务部门根据统筹地区上年度职工月平均工资，核定丧葬补助金。业务部门根据核定的工亡待遇生成《一次性工亡、丧葬补助金核定表》，转财务部门。

申请领取供养亲属抚恤金的，应提供以下资料：居民身份证原件及复印件；与工亡职工关系证明；依靠工亡职工生前提供主要生活来源的证明；完全丧失劳动能力的提供劳动能力鉴定结论书；孤儿、孤寡老人提供民政部门相关证明；在校学生提供学校就读证明；省、自治区、直辖市经办机构规定的其他证件和资料。供养亲属范围和条件根据《因工死亡职工供养亲属范围规定》（劳动和社会保障部令第18号，2003年）确定。

职工因工外出期间发生事故或在抢险救灾中造成下落不明被认定为工亡的,业务部门应在第 4 个月审核用人单位的证明和近亲属的申请资料,核定供养亲属抚恤金。职工被人民法院宣告死亡的,业务部门核定其一次性工亡补助金和丧葬补助金。生活有困难的,经近亲属申请,可按照一次性工亡补助金的 50%先进行核定,宣告死亡后核定其剩余的一次性工亡补助金和丧葬补助金。业务部门审核供养亲属申请资料,根据本人工资,核定每个供养亲属享受的抚恤金金额。核定的各供养亲属抚恤金之和不应高于因工死亡职工生前的本人工资。业务部门根据核定的供养亲属抚恤金生成《供养亲属抚恤金核定表》,转财务部门。

(5) 涉及第三人的工伤待遇审核。涉及第三人责任的,业务部门审核工伤待遇时,还应审核以下民事伤害赔偿法律文书:属于交通事故或者城市轨道交通、客运轮渡、火车事故的,需提供相关的事故责任认定书、事故民事赔偿调解书;属于遭受暴力伤害的,需提供公安机关出具的遭受暴力伤害证明和赔偿证明资料;经人民法院判决或调解的,需提供民事判决书或民事调解书等证明资料;省、自治区、直辖市经办机构规定的其他证件和资料。

业务部门根据民事伤害赔偿法律文书确定的医疗费与工伤待遇中的医疗费比较,不足部分予以补足,其工伤医疗待遇不得重复享受;业务部门根据统筹地区社会保险行政部门制定的相关政策核定其他工伤待遇。

(6) 先行支付审核。未依法缴纳工伤保险费的用人单位申请先行支付,需提供以下资料:社会保险登记证、工伤保险实缴清单或还欠协议;认定工伤决定书;先行支付书面申请资料;省、自治区、直辖市经办机构规定的其他资料。

用人单位拒不支付工伤待遇,工伤职工或近亲属申请先行支付的,需提供以下资料:工伤职工与用人单位的劳动关系证明;社会保险行政部门出具的用人单位拒不支付证明材料;认定工伤决定书;工伤职工或近亲属先行支付书面申请资料;省、自治区、直辖市经办机构规定的其他资料。

涉及第三人责任申请先行支付的,第三人不支付工伤医疗费用或者无法确定第三人的,业务部门审核以下资料:认定工伤决定书;工伤职工或近亲属先行支付书面申请资料;人民法院出具的民事判决书等材料;对肇事逃逸、暴力伤害等无法确定第三人的,需提供公安机关出具的证明材料;由社会保险行政部门提供的第三人不予支付的证明材料;由职工基本医疗保险先行支付的情况材料;省、自治区、直辖市经办机构规定的其他资料。

业务部门核定先行支付的工伤保险待遇后,根据具备情况由工伤保险基金先行支付各项工伤保险待遇或工伤医疗费。业务部门应建立先行支付工伤保险待遇台账,通知稽核部门追偿。

职工申请工伤保险先行支付必须经过工伤认定，并按规定由用人单位、工伤职工或近亲属申请进行工伤登记。

3. 工伤待遇支付

工伤待遇和专项费用支付包括工伤待遇支付、劳动能力鉴定费用支付、工伤待遇调整等内容。

（1）工伤待遇支付。业务部门应将工伤待遇核定结果通知申请工伤待遇的用人单位或工伤职工、供养亲属，履行告知义务。业务部门每月根据工伤待遇、待遇调整、待遇重核等相关信息，建立当月工伤职工待遇支付台账，生成《工伤保险基金支出核定汇总表》，转财务部门。

伤残津贴、生活护理费从做出劳动能力鉴定的结论次月起计发；供养亲属抚恤金从死亡的次月起计发，下落不明的从事故发生的第4个月起计发。用人单位或工伤职工垫付的工伤医疗费可通过签订代发协议的商业银行进行支付；在工伤保险协议机构发生的费用可通过与工伤协议机构网上审核后进行直接结算并支付。

工伤职工在享受工伤待遇期间被判刑收监的，其工伤待遇仍按照原渠道支付。业务部门应建立工伤待遇支付数据库，为工伤保险经办管理的宏观决策提供支持。有条件的地区，对部分病种的工伤医疗（康复）费可实行按病种付费、治疗周期限额控制等付费方式，对工伤职工在统筹地区外发生的工伤医疗（康复）费用可实行异地结算。向医疗保险基金拨付应由工伤保险先行支付的费用、向工伤职工先行支付工伤保险待遇、涉及第三人的先行支付的医疗费可参照以上程序执行。

（2）劳动能力鉴定费用支付。工伤职工进行劳动能力鉴定后，经办机构与劳动能力鉴定委员会应直接结算劳动能力鉴定费。用人单位或工伤职工垫付劳动能力鉴定费用的，可支付给用人单位或工伤职工。

（3）工伤待遇调整。根据工伤待遇调整政策，业务部门对工伤职工或供养亲属的工伤待遇进行统一调整，并建立待遇调整台账。业务部门可通过民政、卫生、公安等政府部门的证明，对工伤职工或供养亲属享受待遇资格定期验证，确定其继续享受待遇资格。工伤职工或供养亲属不再具备享受工伤待遇的条件，工伤职工拒不接受劳动能力鉴定或拒绝治疗的，业务部门停止支付工伤待遇。对待遇享受资格停止后又具备享受资格的，业务部门审核用人单位、工伤职工或供养亲属提供的相关资料，符合条件的恢复支付其工伤待遇。用人单位、工伤职工或近亲属、工伤保险协议机构对工伤待遇核定金额有异议提出复核的，业务部门应进行复核，确需调整的，予以调整。

（二）业务流程

相关业务流程如图3-17所示。

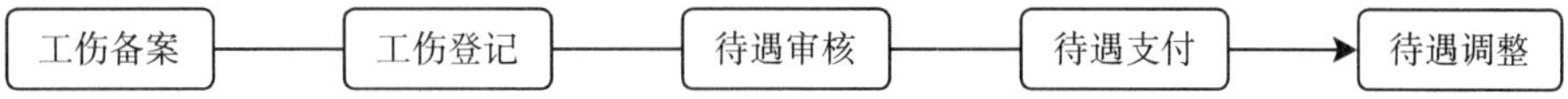

第三章 社会保险实训

```
工伤备案 —— 工伤登记 —— 待遇审核 —— 待遇支付 → 待遇调整
```

图 3-17　工伤保险待遇给付业务流程

（三）相关材料

相关材料包括《工伤事故备案表》《工伤职工登记表》《工伤保险关系变动表》《工伤医疗（康复）待遇申请表》《工伤医疗（康复）待遇审核表》《辅助器具配置费用核定表》《伤残待遇核定表》《一次性工亡、丧葬补助金核定表》（可从网上自行下载）、《供养亲属抚恤金核定表》《工伤保险基金支出核定汇总表》《工伤职工异地居住就医申请表》《工伤职工旧伤复发申请表》、《工伤职工转诊转院申请表》（见材料 3-56 至材料 3-67）。

材料 3-56　工伤事故备案表

年　月　日

单位代码：　　　　　　　　　　　　　　　　　　　　受伤害职工近照
单位名称：　　（章）

事故发生时间		事故发生地点		死亡人数	
受伤人数		急救医院		急救科室	
转诊医院			治疗科室		
事故经过：					
伤亡职工基本情况					
公民身份号码	姓名	性别	年龄	工种	伤亡情况	受伤部位

一式两联　①经办机构留存　②用人单位留存

用人单位制表人：　　　　　经办机构审核人：　　　　　经办机构（章）
用人单位法定代表人：　　　经办机构复核人：
电话号码：

材料 3-57　工伤职工登记表

年　月　日

单位代码：
单位名称：（章）

工伤职工基本情况	公民身份号码		姓名		性别		年龄	
	户籍类型		工种		劳动关系类型			
	联系电话		联系地址					
工伤情况	工伤时间		工亡时间		申请工伤认定时间			
	伤害部位							
	职业病分类				职业病病种			
	工伤认定依据				工伤类别			
	工伤认定机构		工伤认定时间		工伤认定书编号			
	停工留薪期限		起始时间		终止时间			
就医情况	就医类别		急救医院					
	门诊医院		住院医院					
	科别		床位号					
参保缴费情况	参保情况		缴费情况					

一式两联　①经办机构留存　②用人单位留存

用人单位制表人：　　　　经办机构审核人：　　　　　　经办机构（章）
用人单位法定代表人：　　经办机构复核人：

材料 3-58 工伤保险关系变动表

年 月 日

单位代码：
单位名称（章）

序号	公民身份号码	姓名	性别	年龄	伤残等级	护理等级	变动原因	变动时间	备注
甲	1	2	3	4	5	6	7	8	9

一式两联 ①经办机构留存 ②用人单位留存

用人单位制表人：　　　　　经办机构审核人：　　　　　经办机构（章）
用人单位负责人：　　　　　经办机构复核人：

材料 3-59 工伤医疗（康复）待遇申请表

单位代码：

单位名称：（章）		个人编号：			单位：元	
序号	公民身份号码	姓名	申报待遇项目	票据金额	票据数量	备注
甲	1	2	3	4	5	6
1						
2						
3						
4						
5						
6						
	合计		—	—	—	—

一式两联 ①经办机构留存 ②用人单位留存

用人单位申报人：　　　　　经办机构审核人：　　　　　经办机构（章）
申报日期：　　　　　　　　受理日期：

材料 3-60　工伤医疗（康复）待遇审核表

年　月　日

单位代码：
单位名称：　　　　　　　　　　　　　　　　　　　　　　　　　　单位：元

公民身份号码				姓名		性别		年龄	
医疗机构名称				医院级别		住院号			
住院日期			出院日期			住院天数			
伤害部位									
门诊诊断									
入院诊断									
出院诊断									
	项目	序号	申报金额		不支付金额		支付金额		
医疗（康复）费	药品费	01							
	检查费	02							
	治疗费	03							
	手术费	04							
	材料费	05							
	康复费	06							
	其他	07							
	合计	08							
补助费	住院伙食补助	09	—						
	交通、食宿费	10	—		—				
支付金额合计（小写）		11	—		—				
支付金额合计（大写）		12							

一式两联①经办机构留存②用人单位留存

审核人：　　　　　复核人：　　　　　经办机构（章）

填表说明：08 = 01 + 02 + 03 + 04 + 05 + 06 + 07
　　　　　11 = 08 + 09 + 10

材料 3-61　辅助器具配置费用核定表

辅助器具配置机构名称：（章）

姓名			性别		
年龄			身份证号		
单位名称			单位编号		
伤残部位			配置器具名称		
使用年限		□初次安装　　□更换			
辅助器具配置明细	产品名称	产品型号	数量	报价金额	自费金额

第三章 社会保险实训

续表

辅助器具配置明细						
	限额		记账金额		自费金额	
辅助器具机构经办人： 　　　　　　　年　月　日			辅助器具机构负责人： 　　　　　　　年　月　日			
工伤职工意见： 　　　　　　　　　　　　　　　　　　　　　　　签名：　年　月　日						
备注						

注：此表一式两份，工伤保险经办机构一份，辅助器具协议服务机构一份。

材料 3-62　伤残待遇核定表

年　月　日

单位代码：
单位名称：　　　　　　　　　　　　　　　　　　　　　　　　单位：元

公民身份号码		姓名		性别		年龄	
工伤时间		劳动能力鉴定时间		伤残等级			
护理等级		上年度职工月平均工资		当地最低工资标准			
伤残津贴计发比例		生活护理费计发比例					
一次性伤残补助金计发月数		一次性工伤医疗补助金计发月数					
本人工资		解除（终止）劳动关系时间					
退休时间		基本养老金					
伤残待遇							
伤残津贴	生活护理费	一次性伤残补助金		一次性工伤医疗补助金		劳动能力鉴定费	
	初审： 复核： 财务： 签批： 经办机构（章） 　　　　　　　年　月　日						

一式三联 ①经办机构留存；②用人单位留存；③工伤职工留存

材料3-63 供养亲属抚恤金核定表

年 月 日

单位代码：
单位名称：

工亡职工公民身份号码				工亡职工姓名			工亡职工性别	
工亡时间				本人工资				
序号	供养亲属姓名	性别	公民身份证号码	孤寡老人或孤儿	年龄	与工亡职工关系	支付比例	支付金额
甲	1	2	3	4	5	6	7	8
合计	人数							
	金额							
支付金额合计（大写）								
经办机构意见				初审： 复审： 财务： 签批： 经办机构（章） 　　　　　　年 月 日				

一式三联①经办机构留存②用人单位留存③供养亲属留存

第三章 社会保险实训

材料 3-64 工伤保险基金支出核定汇总表

年 月 日

单位：元

序号	单位编号	单位名称	工伤保险基金支出合计	工伤保险待遇支出										劳动能力鉴定费	其他支出
				小计	医疗费	康复费	辅助器具费	伤残待遇			工亡待遇				
								一次性伤残补助金	伤残津贴	生活护理费	一次性工亡补助金	丧葬补助金	供养亲属抚恤金		
甲	1	2	3	4	5	6	7	8	9	10	11	12	13	14	15
本页小计															
合计															

填表说明：3=4+14+15，4=5+6+7+8+9+10+11+12+13

制表人： 业务负责人： 财务复核人： 社保机构（章）

材料 3-65　工伤职工异地居住就医申请表

单位名称：

姓名		性别		年龄		公民身份号码	
联系人		联系电话		联系地址			
工伤时间			工伤认定时间			工伤认定编号	
伤残部位				诊断内容			
异地医疗机构情况	异地医疗机构名称			级别	地址		电话
	医疗机构（章） 　　年　月　日				居住地工伤保险经办机构（章） 　　年　月　日		
用人单位意见	用人单位（章） 　经办人：　　年　月　日						
劳动能力鉴定委员会意见	劳动能力鉴定委员会（章） 　经办人：　　年　月　日						
经办机构意见	经办机构（章） 　经办人：　　年　月　日						

一式二联　①经办机构留存　②用人单位留存

材料 3-66　工伤职工旧伤复发治疗申请表

单位名称：

姓名		性别		年龄		身份证号	
联系人		联系电话		联系地址			
工伤发生时间		工伤认定时间		工伤认定编号		医疗终结时间	
劳动能力鉴定时间		伤残部位及程度					

续表

协议医疗机构意见（详细填写病史、诊断依据）	主治医师：　　　　　科主任： （医保科章）　　　　　　年　月　日
用人单位意见	经办人：　　　　　审批人： （单位公章）　　　　　　年　月　日
工伤保险经办机构意见	经办人：　　　　　审批人： （工伤保险专用章）　　　　年　月　日

注：此表一式两份，用人单位和经办机构各一份。

材料 3-67　工伤职工转诊转院申请表

单位名称：

姓　名		公民身份号码		性别		年龄		社会保障号	
工伤时间		伤残部位				工伤认定书编号			
联系电话		联系地址							
工伤职工本人申请	①工伤医疗诊断结论（工伤认定书中医疗诊断结论）： ②申请原因： 　　　　　　　　　　　　　　　本人签字：　　　　年　月　日								
用人单位意见	用人单位（章） 　　　　　　　　　　　　　　　经办人：　　　　　　年　月　日								
协议医疗机械意见	①诊断： ②转诊转院原因：　　　　医保办（章） ③建议转往何院： 　　　　　　　　　　　　　　　医师：　　　　　　　年　月　日								

经办机构意见	该工伤职工工伤医疗诊断结论为_____，同意转往_____医院工伤部位，对症_____治疗。 经办机构（章） 经办人：　　　　　　　　　　　　　　　　　年　月　日
备　注	

注：一式两联①经办机构留存，②用人单位留存。

（四）软件实训

1. 案例描述

王大锤是北京中软科技有限公司的员工，在上海为公司跑业务时出了车祸，脚骨多处骨折，经鉴定为十级工伤。无医疗依赖，生活能自理。中软科技的社保经办人汪云携带《工伤职工劳动能力鉴定结论通知书》《工伤证》及《工伤职工受伤前十二个月的平均工资证明》等相关证明材料原件到社保中心申请工伤人员工伤保险待遇核准。北京市东城区人保中心经办人王五接受了汪云的申请。

2. 基本信息

相关基本信息如表 3-33 和表 3-34 所示。

表 3-33　王大锤基本信息

性别	男	民族	汉
身份证号码	110101198009091515	本人受伤前十二个月平均月缴费工资	4000
工作单位	北京中软科技有限公司	本市上一年职工月平均工资	3726
联系电话	15618889021	住址	北京市东城区江湾路 48 号
工伤核准日期	2010 年 2 月 20 日	给付起始时间	2010 年 2 月 21 日

表 3-34　工伤情况

发生工伤时间	2010 年 2 月 1 日	工伤类型	因工致残
工伤认定时间	2010 年 2 月 12 日	工伤证号	50112
伤残部位	脚骨骨折	伤残程度鉴定时间	2010 年 2 月 15 日
伤残程度鉴定等级	十级	工伤协议医疗机构	北京市第二人民医院
变更工伤证时间	2010 年 2 月 20 日	发证机关	北京市东城区人保中心

职工因工致残被鉴定为七级至十级伤残的享受以下待遇：从工伤保险基金按伤残等级支付一次性伤残补助金，标准为：七级伤残为十二个月的本人工资，八级伤残为

十个月的本人工资，九级伤残为八个月的本人工资，十级伤残为六个月的本人工资（赔偿基数是指单位所在地工伤保险统筹地区上年度职工年平均工资，2009 年北京市平均工资为 3726 元）。

3. 实训要求

请根据上述案例描述、基本信息和相关政策要求，在软件中模拟职工工伤保险待遇申领手续的办理流程。

4. 操作步骤

申报工伤保险待遇—审查待遇核准材料—核准工伤保险待遇—确认工伤保险待遇—变更工伤证。

（五）情境模拟

请分别模拟工伤职工或工亡职工家属、参保单位社保部门工作人员、社会保险经办机构工作人员，掌握办理工伤保险待遇给付所需材料和办理流程。

角色一：工伤职工或工亡职工家属。对职工情况进行假设，模拟申请并办理申领工伤保险待遇的过程。

角色二：参保单位社保部门工作人员。根据工伤职工的具体情况，模拟办理工伤登记、待遇申请和支付等各类业务。

角色三：社会保险经办机构工作人员。模拟审核个人及用人单位提出的工伤保险待遇申请、核准工伤保险待遇并给付相应待遇的过程。

要求：学生可以自行练习，一人扮演多重角色并切换操作；也可以分组模拟，并进行角色互换演练。练习结束后及时进行总结。

第五节 社会保险转移接续实训

一、城镇企业职工基本养老保险关系跨统筹地区转移

2016 年人力资源和社会保障部发布《关于城镇企业职工基本养老保险关系转移接续若干问题的通知》（人社部规〔2016〕5 号）。以往颁发的《城镇企业职工基本养老保险关系转移接续暂行办法》（国办发〔2009〕66 号）、《关于印发城镇企业职工基本养老保险关系转移接续若干具体问题意见的通知》（人社部发〔2010〕70 号）、《关于职工基本养老保险关系转移接续有关问题的函》（人社厅函〔2013〕250 号）与人社部规〔2016〕5 号有不一致的以人社部规〔2016〕5 号为准，参保人员已经按照原有规定办理退休手

续的，不再予以调整。

(一) 政策依据

1. 适用对象

参加城镇企业职工基本养老保险的所有人员，包括农民工。已经按国家规定领取基本养老保险待遇的人员，不再转移基本养老保险关系。参保人员跨省流动就业的，由原参保所在地社会保险经办机构（以下简称社保经办机构）开具参保缴费凭证，其基本养老保险关系应随同转移到新参保地。

2. 转移资金计算办法

（1）个人账户储存额：1998年1月1日之前按个人缴费累计本息计算转移，1998年1月1日后按计入个人账户的全部储存额计算转移。由于各地政策或建立个人账户时间不一致等客观原因，参保人员在跨省转移接续养老保险关系时，转出地无法按月提供1998年1月1日之前缴费信息或者提供的1998年1月1日之前缴费信息无法在转入地计发待遇的，转入地应根据转出地提供的缴费时间记录，结合档案记载将相应年度计为视同缴费年限。

（2）统筹基金（单位缴费）：以本人1998年1月1日后各年度实际缴费工资为基数，按12%的总和转移，参保缴费不足1年的，按实际缴费月数计算转移。

3. 转移接续办理规定

（1）参保人员返回户籍所在地（指省、自治区、直辖市，下同）就业参保的，户籍所在地的相关社保经办机构应为其及时办理转移接续手续。

（2）参保人员未返回户籍所在地就业参保的，由新参保地的社保经办机构为其及时办理转移接续手续。但对男性年满50周岁和女性年满40周岁的，应在原参保地继续保留基本养老保险关系，同时在新参保地建立临时基本养老保险缴费账户，记录单位和个人全部缴费。参保人员再次跨省流动就业或在新参保地达到待遇领取条件时，将临时基本养老保险缴费账户中的全部缴费本息，转移归集到原参保地或待遇领取地。

（3）参保人员经县级以上党委组织部门、人力资源和社会保障行政部门批准调动，且与调入单位建立劳动关系并缴纳基本养老保险费的，不受以上年龄规定限制，应在调入地及时办理基本养老保险关系转移接续手续。

4. 转移接续办理手续

（1）参保人员在新就业地按规定建立基本养老保险关系和缴费后，由用人单位或参保人员向新参保地社保经办机构提出基本养老保险关系转移接续的书面申请。

（2）新参保地社保经办机构在15个工作日内，审核转移接续申请，对符合本办法规定条件的，向参保人员原基本养老保险关系所在地的社保经办机构发出同意接收函，并提供相关信息；对不符合转移接续条件的，向申请单位或参保人员作出书面说明。

（3）原基本养老保险关系所在地社保经办机构在接到同意接收函的15个工作日内，办理好转移接续的各项手续。

（4）新参保地社保经办机构在收到参保人员原基本养老保险关系所在地社保经办机构转移的基本养老保险关系和资金后，应在15个工作日内办结有关手续，并将确认情况及时通知用人单位或参保人员。

5. 待遇领取

跨省流动就业的参保人员达到待遇领取条件时，按下列规定确定其待遇领取地：

（1）基本养老保险关系在户籍所在地的，由户籍所在地负责办理待遇领取手续，享受基本养老保险待遇。

（2）基本养老保险关系不在户籍所在地，而在其基本养老保险关系所在地累计缴费年限满10年的，在该地办理待遇领取手续，享受当地基本养老保险待遇。

（3）基本养老保险关系不在户籍所在地，且在其基本养老保险关系所在地累计缴费年限不满10年的，将其基本养老保险关系转回上一个缴费年限满10年的原参保地办理待遇领取手续，享受基本养老保险待遇。

（4）基本养老保险关系不在户籍所在地，且在每个参保地的累计缴费年限均不满10年的，将其基本养老保险关系及相应资金归集到户籍所在地，由户籍所在地按规定办理待遇领取手续，享受基本养老保险待遇。

（5）跨省流动就业人员未在户籍地参保，但按国家规定达到待遇领取条件时待遇领取地为户籍地的，户籍地社会保险经办机构应为参保人员办理登记手续并办理养老保险关系转移接续手续，将各地的养老保险关系归集至户籍地，并核发相应的养老保险待遇。

参保人员转移接续基本养老保险关系后，符合待遇领取条件的，按照《国务院关于完善企业职工基本养老保险制度的决定》（国发〔2005〕38号）的规定，以本人各年度缴费工资、缴费年限和待遇领取地对应的各年度在岗职工平均工资计算其基本养老金。

6. 特殊情况处理

（1）关于城镇企业成建制跨省转移养老保险关系的处理。城镇企业成建制跨省转移，按照前述规定转移接续养老保险关系。在省级政府主导下的规模以上企业成建制转移，可根据两省协商，妥善转移接续养老保险关系。

（2）关于退役军人养老保险关系转移接续。军人退役基本养老保险关系转移至安置地后，安置地应为其办理登记手续并接续养老保险关系，退役养老保险补助年限计算为安置地的实际参保缴费年限。退役军人跨省流动就业的，其在1998年1月1日至2005年12月31日间的退役养老保险补助，转出地应按11%计算转移资金，并相应调整个人账户记录，所需资金从统筹基金中列支。

（3）关于临时基本养老保险缴费账户的管理。参保人员在建立临时基本养老保险缴费账户地按照社会保险法规定，缴纳建立临时基本养老保险缴费账户前应缴未缴的养老保险费的，其临时基本养老保险缴费账户性质不予改变，转移接续养老保险关系时按照临时基本养老保险缴费账户的规定全额转移。

（4）关于一次性缴纳养老保险费的转移。跨省流动就业人员转移接续养老保险关系时，对于符合国家规定一次性缴纳养老保险费超过3年（含）的，转出地应向转入地提供人民法院、审计部门、实施劳动保障监察的行政部门或劳动争议仲裁委员会出具的具有法律效力证明一次性缴费期间存在劳动关系的相应文书。

（二）业务流程

相关业务流程如图3-18和图3-19所示。

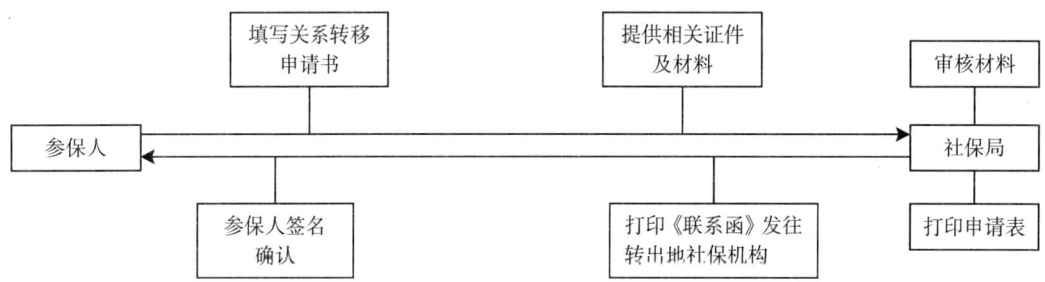

图3-18 基本养老保险关系跨统筹地区转入流程

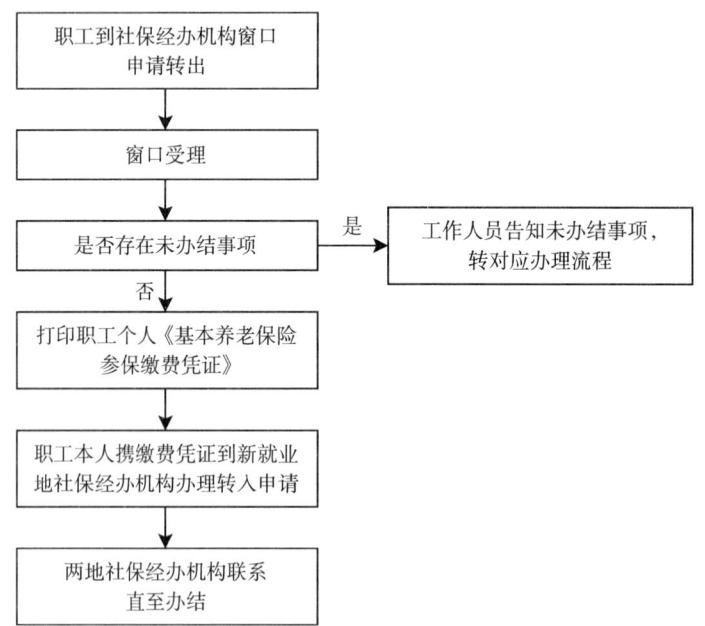

图3-19 基本养老保险关系跨统筹地区转出流程

(三) 相关材料

相关材料包括《基本养老保险参保缴费凭证》《基本养老保险关系转移接续申请表》《基本养老保险关系转移接续联系函》《基本养老保险关系转移接续信息表》《建立临时基本养老保险缴费账户通知书》《临时基本养老保险缴费账记转移申请表》《临时基本养老保险缴费账户转移联系函》(见材料 3-68 至材料 3-74)。

编号：

材料 3-68　基本养老保险参保缴费凭证

参保人员基本信息			
姓名		性别		个人编号	
公民身份号码		户籍地地址	
在本地参保起止时间		本地实际缴费月数		本地参保期间个人账户储存额	
社会保险经办机构信息			
行政区划代码		单位名称	
电话		地址		邮政编码	

经办人 (签章)：　　　　　　　　社会保险经办机构 (章)：
　　　　　　　　　　　　　　　　　　　年　月　日

(本凭证一式两联，填发此凭证的社保机构和参保人员本人各一联)

重要提示

①本凭证是您参加基本养老保险的权益记录，是申请办理基本养老保险关系转移接续手续的重要凭证，请妥善保管。

②当您跨省 (自治区、直辖市) 流动就业时，基本养老保险关系在原参保地社会保险经办机构保留，个人账户储存额按规定继续计算利息。到新就业地参保时，请向当地社会保险经办机构出示本凭证，办理基本养老保险关系转移接续手续。

③本凭证如不慎遗失，请与填发此凭证的社会保险经办机构联系，申请补办。联系方式可到任何一个社会保险经办机构查询。

编号：

材料 3-69　基本养老保险关系转移接续申请表

姓名		性别		公民身份号码	
原个人编号		户籍所在地			
原参保所在地区名称		—		原参保地社保机构行政区划代码	
原参保地社保机构名称				原参保地社保机构联系电话	
原参保地社保机构地址				原参保地社保机构邮政编码	

参保单位（章）：　　　　　　　　　　　　申请人（签字）：
联系电话：　　　　　　　　　　　　　　　联系电话：
　　　　　年　月　日　　　　　　　　　　　　　年　月　日
（落款中的参保单位和申请人，二选一即可）

材料 3-70　基本养老保险关系转移接续联系函

（原参保地社保机构名称）：
　　　　原在你处的参保人员_____，现申请将其基本养老保险关系转至我处，如无不妥请按相关规定办理转移手续。

原个人编号		姓名		性别	
公民身份号码		新就业地社保机构开户全称			
新就业地社保机构开户银行		新就业地社保机构银行账号			
新就业地社保机构地址		新就业地社保机构邮政编码			
经办人（签章）：		新就业地社保机构（章）：			
电话：		年　月　日			

（本函一式两联，一联发给原参保地社保机构，一联留存）

编号：

材料 3-71 基本养老保险关系转移接续信息表

账户类别：一般账户 [ ]   临时缴费账户 [ ]   单位：元、月

参保人员基本信息							
个人编号		姓名		性别		出生日期	
公民身份号码		户籍地地址				转出单位名称	
参加工作时间		首次参保地实行个人缴费时间		本人首次缴费时间		本人建立个人账户时间	
在本地缴费起始时间		在本地缴费终止时间		在本地实际缴费月数		转移日期	
养老保险基金转移信息							
1998年1月1日前账户中个人缴费累计储存额		1998年1月1日至调转上年末个人账户累计储存额		调转当年记入个人账户本金金额	个人账户基金转移额	统筹基金转移额	转移基金总额
1		2		3	4	5	6

历年缴费及个人账户记账信息												
参保地区		年份	缴费起止时间	缴费月数	月缴费基数	缴费比例		当年记账金额		当年记账利息		至本年末账户累计储存额		备注
行政区划代码	名称					单位		小计	#个人缴费	小计	#个人缴费	小计	#个人缴费	
						单位	#划入个人账户比例	个人						
7	8	9	10	11	12	13	14	15	16	17	18	19	20	21	22

填表说明：6=4+5；4=1+2+3。

经办人（签章）：   联系电话：   原参保地社保机构（章）：
                                                年 月 日

（本表一式两联，一联发给对方社保机构，一联留存）

材料 3-72　建立临时基本养老保险缴费账户通知书

兹有_____，原在你处参保，并建立了基本养老保险关系。根据《城镇企业职工基本养老保险关系转移接续暂行办法》规定，我们已在本地为其建立了临时基本养老保险缴费账户，特此通知。

姓名		性别		公民身份号码	
户籍所在地				原工作单位名称	
原个人编号				新就业地社保机构名称	
新就业地社保机构联系人				新就业地社保机构联系电话	

新就业地社保机构（章）
年　月　日

（本通知书一式两联，一联发给原参保地社保机构，一联留存）

编号：

材料 3-73　临时基本养老保险缴费账户转移申请表

姓名		性别		出生年月	
公民身份号码				户籍所在地	
申请转移至	（ ）原参保地　（ ）待遇领取地			原参保地个人编号	
原参保地（待遇领取地）社保机构行政区划代码				原参保地（待遇领取地）社保机构名称	
原参保地（待遇领取地）社保机构地址				原参保地（待遇领取地）社保机构邮政编码	
原参保地（待遇领取地）社保机构联系电话				备注	

参保单位（章）：　　　　　　　　　　申请人（签字）：
联系电话：　　　　　　　　　　　　　联系电话：
　　年　月　日　　　　　　　　　　　　年　月　日

注：①落款中的参保单位和申请人，二选一即可。
②请在"申请转移至"所选项的"（ ）"中打"√"。

编号：

材料 3-74 临时基本养老保险缴费账户转移联系函

(原参保地或待遇领取地社保机构名称)：

兹有_____，性别：_____，公民身份号码：_____，已在本地建立临时缴费账户，临时缴费账户个人编号：_____。现按照《城镇企业职工基本养老保险关系转移接续暂行办法》有关规定，根据本人申请，将临时缴费账户转移你处，请将转移所需信息函告我处。

经办人（签章）： 　　联系电话： 　　临时建账地社保机构（章）：
　　　　　　　　　　　　　　　　　　　　年　月　日

(本函一式两联，一联发给对方社保机构，一联留存)

编号：

回 执

姓名		性别		公民身份号码	
原参保地（待遇领取地）社保机构行政区划代码					
原参保地（待遇领取地）社保机构开户全称					
原参保地（待遇领取地）社保机构开户银行					
原参保地（待遇领取地）社保机构银行账号					

经办人（签章）： 　　原参保地（待遇领取地）社保机构（章）：
联系电话：　　　　　　　　　　　　　年　月　日

(本回执一式两联，一联发给临时建账地社保机构，一联留存)

（四）软件实训

软件功能正在研发中，待修订版时补充。

（五）情境模拟

请分别模拟城镇企业职工基本养老保险参保人、用人单位社保部门工作人员和社会保险经办机构工作人员，掌握城镇企业职工基本养老保险关系跨统筹地区转移业务办理所需资料及流程。

角色一：城镇企业职工基本养老保险参保人。对个人工作情况进行假设，模拟养老保险关系转移申请和办理过程，申领养老保险待遇的基本流程。

角色二：用人单位社保部门工作人员。根据申请养老保险关系转移参保职工的基本情况，为职工办理养老保险关系转移业务所需要提供的材料及办理过程。

角色三：社会保险经办机构工作人员。分别模拟转出地和转入地经办机构，对参保个人或单位提出的养老保险跨统筹地区转移业务申请进行审核和办理。

要求：学生可以自行练习，一人扮演多重角色并切换操作；也可以分组模拟，并进行角色互换演练。练习结束后及时进行总结。

二、城镇职工基本养老保险与城乡居民基本养老保险关系的转移接续

这部分工作主要依据《人力资源和社会保障部 财政部关于印发同〈城乡养老保险

制度衔接暂行办法〉的通知》(人社部发〔2014〕17号)、《城乡养老保险制度衔接经办规程(试行)》执行。

(一)政策依据

参保人员达到城镇职工养老保险法定退休年龄,如有分别参加城镇职工养老保险、城乡居民养老保险情形,在申请领取养老保险待遇前,可以向待遇领取地社保机构(县级以上社会保险经办机构)申请办理城乡养老保险制度衔接手续,相关规定如表3-35所示。

表3-35 城乡养老保险制度衔接规定

	城乡居民养老保险转入城镇职工养老保险	城镇职工养老保险转入城乡居民养老保险
年龄和缴费条件	达到城镇职工养老保险法定退休年龄,城镇职工养老保险缴费年限满15年(含延长缴费至15年)	达到城镇职工养老保险法定退休年龄,城镇职工养老保险缴费年限不足15年
衔接办理申请	在城镇职工养老保险待遇领取地提出申请办理	在转入城乡居民养老保险待遇领取地提出申请办理
个人账户转移	城乡居民养老保险个人账户全部储存额并入城镇职工养老保险个人账户	城镇职工养老保险个人账户全部储存额并入城乡居民养老保险个人账户
缴费年限计算	城乡居民养老保险缴费年限不合并计算或折算为城镇职工养老保险缴费年限 参保人员若在同一年度内同时参加城镇职工养老保险和城乡居民养老保险的,其重复缴费时段(按月计算)只计算城镇职工养老保险缴费年限,并将城乡居民养老保险重复缴费时段相应个人缴费和集体补助退还本人	参加城镇职工养老保险的缴费年限合并计算为城乡居民养老保险的缴费年限
待遇领取	按照城镇职工养老保险办法计发相应待遇 参保人员不得同时领取城镇职工养老保险和城乡居民养老保险待遇。对于同时领取城镇职工养老保险和城乡居民养老保险待遇的,终止并解除城乡居民养老保险关系,除政府补贴外的个人账户余额退还本人,已领取的城乡居民养老保险基础养老金应予以退还;本人不予退还的,由社会保险经办机构负责从城乡居民养老保险个人账户余额或者城镇职工养老保险基本养老金中抵扣	待达到城乡居民养老保险规定的领取条件时,按照城乡居民养老保险办法计发相应待遇

(二)业务流程

社保机构首先按照《国务院办公厅关于转发人力资源和社会保障部财政部城镇企业职工基本养老保险关系跨省转移接续暂行办法的通知》(国办发〔2009〕66号)等有关规定,确定城镇职工养老保险待遇领取地,由城镇职工养老保险待遇领取地(即城镇职工养老保险关系归集地)负责归集参保人员城镇职工养老保险关系,告知参保人员办理相关手续,并为其开具包含各参保地缴费年限的《城镇职工基本养老保险参保缴费凭证》。参保人员按下列程序办理(见图3-20)。

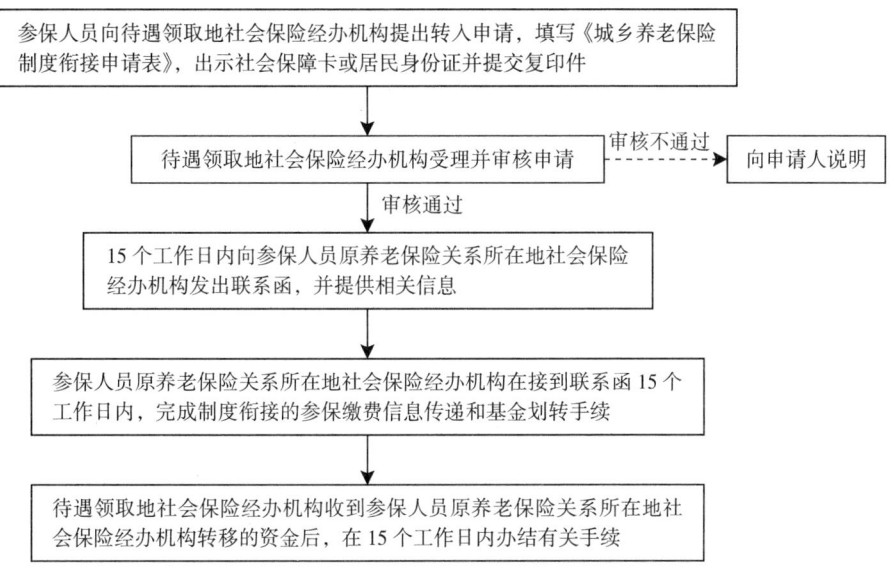

图 3-20 参保人员办理城乡养老保险制度衔接手续流程

(三) 相关材料

相关材料包括《城镇职工基本养老保险参保缴费凭证》《城乡养老保险制度衔接申请表》《城乡养老保险制度衔接联系函》《城乡居民基本养老保险信息表》《城镇职工基本养老保险信息表》《城乡养老保险重复缴费清退表》《重复领取养老保险待遇协助抵扣通知单》(见材料 3-75 至材料 3-81)。

材料 3-75　城镇职工基本养老保险参保缴费凭证

参保人员基本信息					
姓名		性别		个人编号	
公民身份号码			户籍地地址		
参保起止时间		累计缴费月数		个人账户累计储存额	
社会保险经办机构信息					
行政区划代码		社会保险经办机构名称			
联系电话		地址		邮政编码	

备注：
经办人(签章)：　　　　　社会保险经办机构(章)：
　　　　　　　　　　　　　　　　　　　　年　月　日
(本凭证一式两联，填发此凭证的社会保险经办机构和参保人员本人各一联)

编号：

材料 3-76 城乡养老保险制度衔接申请表

(转入地社会保险经办机构)：

　　根据《城乡养老保险制度衔接暂行办法》有关规定，本人申请将原在省（区、市）_____市（区）_____县（市）建立的养老保险关系（[ ] 城镇职工基本养老保险 [ ] 城乡居民基本养老保险）转移至你处，特此申请。

参保人员基本信息			
姓名		性别		公民身份号码	
原个人编号			户籍地地址	
申请转移至	[ ] 城镇职工基本养老保险　　[ ] 城乡居民基本养老保险		
转出地社会保险经办机构信息			
行政区划代码		公民身份号码	
地址		联系电话		邮政编码	

　　　　　　　　　　　　　　　　　　　申请人（签字）：
　　　　　　　　　　　　　　　　　　　联系电话：
　　　　　　　　　　　　　　　　　　　　　年　月　日

注：参保人员办理城乡居民基本养老保险转入城镇职工基本养老保险的，如就近向其户籍地负责城乡居民养老保险的社会保险经办机构申请的，户籍地负责城乡居民基本养老保险的社会保险经办机构可在"申请人"字样左侧盖章。

编号：

材料 3-77 城乡养老保险制度衔接联系函

(转出地社会保险经办机构)：

　　根据《城乡养老保险制度衔接暂行办法》有关规定，原在你处的参保人员_____申请将其养老保险关系（[ ] 城镇职工基本养老保险 [ ] 城乡居民基本养老保险）转至我处，如无不妥，请按相关规定办理转移手续。

参保人员信息			
个人编号		姓名		性别	
公民身份号码		户籍地地址	
申请转移至	[ ] 城镇职工基本养老保险　　[ ] 城乡居民基本养老保险		
转入地社会保险经办机构信息			
行政区划代码		社会保险经办机构名称	
开户全称		开户银行全称	
开户银行行号		银行账号	
地址		邮政编码	

经办人（签章）：　　　　　　　　转入地社会保险经办机构（章）：
电话：　　　　　　　　　　　　　　　　　年　月　日
(本函一式两联，一联发给转出地社会保险经办机构，一联留存)

材料 3-78 城乡居民基本养老保险信息表

单位：元

参保人员基本信息						
个人编号		姓名		性别	出生日期	
公民身份号码				户籍地地址		
缴费起至时间		缴费截止时间		累计缴费月数	个人账户基金转移额	
历年缴费和个人账户信息						
年份	个人缴费	集体补助	政府补贴	利息	至本年末个人账户累计储存额	备注
1	2	3	4	5	6	7

经办人（签章）：　　联系电话：　　转出地社会保险经办机构（章）：

年　月　日

（本表一式两联，一联发给转入地负责城镇职工养老保险的社会保险经办机构，一联留存）

材料 3-79 城镇职工基本养老保险信息表

单位：元

参保人员基本信息				
个人编号		姓名	性别	出生日期
公民身份号码			户籍地地址	
参保起止时间		缴费截止时间	累计缴费月数	个人账户基金转移额
历年缴费明细信息				
年份	缴费起始时间	缴费截止时间	月数	备注
1	2	3	4	5

经办人（签章）：　　联系电话：　　转出地社保机构（章）：

年　月　日

（本表一式两联，一联发给转入地负责城乡居民基本养老保险的社会保险经办机构，一联留存）

材料 3-80　城乡养老保险重复缴费清退表

单位：元

参保人员基本信息									
个人编号			姓名		性别		出生日期		
公民身份号码							户籍地地址		
重复缴费和个人账户清退明细									
重复年份	当年缴费金额			重复月份	退还本人金额			备注	
	个人缴费	集体补助	小计		个人缴费	集体补助	小计		
1	2	3	4	5	6	7	8	9	
合计									

退还本人金额合计（大写）：

经办人（签章）：　　　　　　　　　社会保险经办机构（章）：
　　　　　　　　　　　　　　　　　　　　年　月　日

注：①栏目关系：4=2+3；8=6+7。
②本表于办理城镇职工基本养老保险和城乡居民基本养老保险重复缴费清退时使用，一式两联，一联留存，一联给参保人员一人。

编号：

材料 3-81　重复领取养老保险待遇协助抵扣通知单

（社会保险经办机构）：

经查，你处领取城镇职工基本养老保险待遇人员＿＿＿＿＿＿＿＿＿＿，曾在我处重复领取城乡居民基本养老保险待遇。按照《城乡养老保险制度衔接暂行办法》规定，我单位已追回部分金额。其余部分，请你单位予以协助抵扣，并将协助抵扣金额划转我处。

参保人员基本信息				
个人编号		姓名		公民身份号码
重复领取起止时间		重复领取月数		重复领取基础养老金金额
委托协助抵扣金额	小写：¥＿＿＿＿＿＿元　大写：＿＿＿＿＿＿				已退回金额
社会保险经办机构信息				
行政区划代码		社会保险经办机构名称		
开户全称		开户银行全称		
开户银行行号		银行账号		
地址		邮政编码		备注

经办人（签章）：　　　联系电话：　　　社会保险经办机构（章）：
　　　　　　　　　　　　　　　　　　　　　　　　年　月　日

注：本通知单一式两联，一联发给委托其协助抵扣重复领取城乡居民基本养老保险待遇的负责城镇职工基本养老保险的社会保险经办机构，一联留存。

编号：

原个人编号		姓名		公民身份号码	
协助抵扣金额	小写：¥_____元 大写：_____				
付款社会保险经办机构名称			付款银行名称		
收款社会保险经办机构名称			收款银行全称		
备注					

经办人（签章）：　　　联系电话：　　　社会保险经办机构（章）：

年　月　日

注：本回执由负责城镇职工基本养老保险的社会保险经办机构发给负责城乡居民基本养老保险的社会保险经办机构。

（四）软件实训

软件功能正在开发过程中，待修订版时补充。

（五）情境模拟

请分别模拟基本养老保险参保人和社会保险经办机构工作人员，掌握城镇职工基本养老保险与城乡居民基本养老保险关系的转移接续业务所需资料及办理流程。

角色一： 城镇职工基本养老保险参保人。对个人养老保险参保和缴费情况进行假设，模拟申请并办理转移至城乡居民基本养老保险。

角色二： 城乡居民基本养老保险参保人。对个人养老保险参保和缴费情况进行假设，模拟申请并办理转移至城镇职工基本养老保险。

角色三： 社会保险经办机构工作人员。分别模拟转出地和转入地经办机构，对城镇职工基本养老保险或城乡居民基本养老保险参保人提出的养老保险转移申请进行审核和办理。

要求： 学生可以自行练习，一人扮演多重角色并切换操作；也可以分组模拟，并进行角色互换演练。练习结束后及时进行总结。

三、机关事业单位基本养老保险关系和职业年金转移接续

该工作主要依据《国务院关于机关事业单位工作人员养老保险制度改革的决定》（国发〔2015〕2号）、《国务院办公厅关于印发机关事业单位职业年金办法的通知》（国办发〔2015〕18号）、《人力资源和社会保障部　财政部关于机关事业单位基本养老保险关系和职业年金转移接续有关问题的通知》（人社部规〔2017〕1号）、《关于印发职业年金基金管理暂行办法的通知》（人社部发〔2016〕92号）、《机关事业单位基本养老保险关系和职业年金转移接续经办规程（暂行）》（2017）、《城镇企业职工基本养老保险关系转移接续暂行办法》（国办发〔2009〕66号）实施。

(一) 政策依据

参保人员符合以下条件的,应办理基本养老保险关系和职业年金的转移接续:①在机关事业单位之间流动的;②在机关事业单位和企业(含个体工商户和灵活就业人员)之间流动的;③因辞职辞退等原因离开机关事业单位的。

1. 基本养老保险关系转移接续

参保人员同时存续多重基本养老保险关系或重复缴纳基本养老保险费的,应按照"先转后清"的原则,由转入地社保经办机构负责按规定清理(见表3-36)。

表3-36 机关事业单位基本养老保险关系转移接续办法

	机关事业单位之间跨统筹范围流动	从机关事业单位流动到企业	从企业流动到机关事业单位
个人缴费部分	按计入本人基本养老保险个人账户的全部储存额计算转移	按计入本人基本养老保险个人账户的全部储存额计算转移	1998年1月1日之前按个人缴费累计本息计算转移,1998年1月1日后按计入个人账户的全部储存额计算转移
单位缴费部分	以本人改革后各年度实际缴费工资为基数,按12%的总和转移,参保缴费不足1年的,按实际缴费月数计算转移	单位缴费部分以本人改革后各年度实际缴费工资为基数,按12%的总和转移,参保缴费不足1年的,按实际缴费月数计算转移	以本人1998年1月1日后各年度实际缴费工资为基数,按12%的总和转移,参保缴费不足1年的,按实际缴费月数计算转移
待遇计发	视同缴费指数根据本人退休时的职务职级(技术职称)所对应的待遇领取地的视同缴费指数标准确定;过渡期内老办法待遇标准中的退休补贴标准,根据2014年9月本人的职务职级(技术职称)对应的待遇领取地退休补贴标准确定;在其他统筹地区参保缴费时段的实际缴费指数,可以按照本人相应年度缴费工资基数和待遇领取地对应的上年度在岗职工平均工资计算,也可以按照本人相应年度缴费工资基数和其他统筹地区对应的上年度在岗职工平均工资计算,就高不就低	视同缴费指数按企业职工基本养老保险有关政策确定	改革后,参保人员从企业流动到机关事业单位,过渡期内达到退休年龄的,可参照待遇领取地同等条件(如职务、技术职称等)人员的标准,确定其老办法待遇标准,实行新老办法对比计发养老待遇,具体办法由各地根据实际制定。过渡期之后达到退休年龄的,直接按照新办法计发养老待遇
待遇领取地	退休时的基本养老保险关系所在地为待遇领取地	按照国办发〔2009〕66号文件等规定确定待遇领取地	退休时的基本养老保险关系所在地为待遇领取地

注:①参保人员在机关事业单位与企业之间流动的,养老保险关系转移接续后的基本养老保险缴费年限(含视同缴费年限)、个人账户储存额累计计算。

②改革前曾参加企业职工基本养老保险、改革后参加机关事业单位基本养老保险的参保人员,也按企业流动到机关事业单位办法转移接续在企业参保期间的基本养老保险关系。

③改革前参加地方原有机关事业单位养老保险试点、改革后纳入机关事业单位基本养老保险的人员,在转移接续基本养老保险关系时,不转移参加试点期间的单位缴费和个人缴费,改革前的个人缴费本息按照《人力资源和社会保障部、财政部关于贯彻落实〈国务院关于机关事业单位工作人员养老保险制度改革的决定〉的通知》(人社部发〔2015〕28号)有关规定执行。

2. 职业年金转移接续

职业年金个人账户实账部分按照国办发〔2015〕18号文件的规定转移接续，职业年金单位缴费采取记账方式管理的部分，按以下办法转移接续：①参保人员在由相应的同级财政全额供款的单位之间流动时，可转移本人的职业年金单位缴费部分的累计记账额，继续由转入单位采取记账方式管理。②参保人员由机关事业单位流动到企业、在非同级财政全额供款的单位之间流动，或者由财政全额供款单位流动到非财政全额供款单位的，应当由转出单位相应的同级财政保障拨付资金记实后转移接续。③参保人员由非财政全额供款单位流动到财政全额供款单位后，原实账积累的个人账户资金按规定转移接续，同时其到新就业单位后的职业年金单位缴费部分可采取记账方式管理。

参保人员在机关事业单位与企业之间流动时，本人职业年金或者企业年金个人账户包含的按照规定正常缴费形成的职业年金（简称正常缴费）、参加本地机关事业单位养老保险试点的个人缴费本息划转的资金（简称划转缴费）、补记的职业年金（简称补记缴费）和企业年金分别管理并计算收益。具体规定如表3-37所示。

表3-37 转移接续中的职业年金、企业年金个人账户管理和待遇计发

从机关事业单位流动到企业		
第一种情况	满足条件	在企业职工养老保险制度内达到退休年龄
		参加所在企业建立企业年金计划
	个人账户管理和待遇计发	正常缴费、补记缴费和企业年金累计储存额合并计算，按照企业年金制度相关规定领取企业年金待遇，同时将划转缴费累计储存额一次性支付给本人
第二种情况	满足条件	在企业职工养老保险制度内达到退休年龄
		所在企业没有建立企业年金计划并由原管理机构管理运营正常缴费、划转缴费和补记缴费的
	个人账户管理和待遇计发	正常缴费和补记缴费累计储存额合并计算，按照国办发〔2015〕18号文件规定领取职业年金待遇，同时将划转缴费累计储存额一次性支付给本人
从企业流动到机关事业单位		
满足条件		原在企业建立的企业年金按规定转移并投资运营
		机关事业单位养老保险制度内达到退休年龄
个人账户管理和待遇计发		过渡期内，企业年金累计储存额不计入新老办法标准对比范围，按照企业年金制度相关规定领取企业年金待遇，同时按照国办发〔2015〕18号文件规定领取职业年金待遇
		过渡期之后，将职业年金、企业年金累计储存额合并计算，按照国办发〔2015〕18号文件规定领取职业年金待遇
参保人员在职期间或退休后死亡的，其正常缴费、划转缴费、补记缴费和企业年金累计储存余额可以继承		

参保人员升学、参军、失业期间的,或参保人员的新就业单位没有实行职业年金或企业年金制度的,参保人员的职业年金基金不转移,原参保地社会保险经办机构在业务系统中标识保留账户,继续管理运营其职业年金个人账户。社会保险经办机构在参保单位办理上述人员相关业务时,应告知参保单位按规定申请资金补记职业年金或记实职业年金记账部分,在记实或补记资金账实相符后,将记实或补记金额记入参保人员的职业年金个人账户。参保人员退休时,负责管理运营职业年金保留账户的社会保险经办机构依本人申请按照国办发〔2015〕18号文件规定计发职业年金待遇。同时,将原参加本地试点的个人缴费本息划转资金的累计储存额一次性支付给本人。

(二)业务流程

职业年金转移接续业务流程如图 3-21 至图 3-23 所示。

情形一:参保人员从机关事业单位流动到本省(自治区、直辖市)以外机关事业单位的,按照以下流程办理手续。

出具参保缴费凭证:参保单位或参保人员到基本养老保险关系所在地(简称转出地)社会保险经办机构申请开具《养老保险参保缴费凭证》。转出地社会保险经办机构核对相关信息后,出具《参保缴费凭证》,并告知转移接续条件

发年金联系函:新参保单位向转入地社会保险经办机构申请职业年金转入,转入地社会保险经办机构受理并审核相关资料,符合转移接续条件的,在受理之日起 15 个工作日内向转出地社会保险经办机构发出《职业年金(企业年金)关系转移接续联系函》(简称《年金联系函》)

转出年金信息表、基金:转出地社会保险经办机构收到《年金联系函》后,在确认补记年金、记实资金足额到账之日起 45 个工作日内完成以下手续:
①办理职业年金个人账户的记实、补记和个人账户资产的赎回等业务;
②核对有关信息并生成《职业年金(企业年金)关系转移接续信息表》(简称《年金信息表》);
③向转入地社会保险经办机构发送《年金信息表》,同时将转移资金划转至转入地社会保险经办机构职业年金归集账户;
④终止参保人员在本地的职业年金关系

职业年金关系转入:转入地社会保险经办机构在收到《年金信息表》和确认转移基金账实相符后,15 个工作日内办结以下接续手续:
①核对《年金信息表》及转移基金,进行资金到账处理;
②将转移金额按项目分别计入参保人员的职业年金个人账户;
③根据《年金信息表》及参保单位或参保人员提供的材料,补充完善相关信息;
④将办结情况通知新参保单位或参保人员

图 3-21 机关事业单位流动到本省(自治区、直辖市)以外机关事业单位的转移接续流程

情形二:参保人员从机关事业单位流动到已建立企业年金制度的企业,原参保单位或参保人员申请办理职业年金转移接续。参保人员存在职业年金补记、职业年金个人账户记实等情形的,转出地社会保险经办机构完成上述业务后,45 个工作日内办结

以下转出手续。

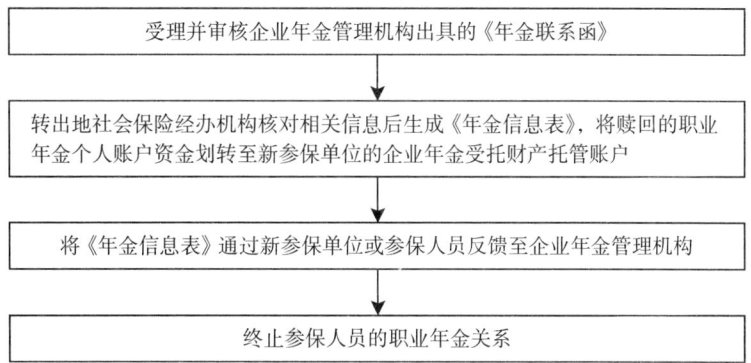

图 3-22　机关事业单位流动到已建立企业年金制度企业的转移接续流程

情形三：参保人员从已建立企业年金制度的企业流动到机关事业单位的，转入地社会保险经办机构按以下流程办理转入手续。

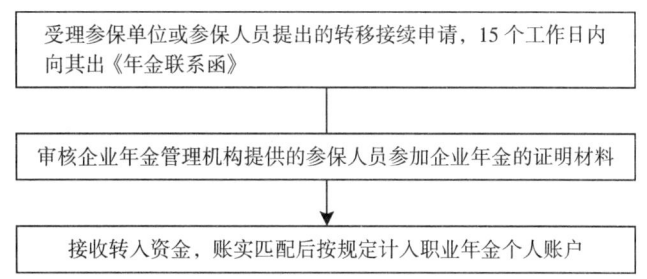

图 3-23　已建立企业年金制度企业流动到机关事业单位的转移接续流程

（三）相关材料

相关材料包括《养老保险参保缴费凭证》《基本养老保险关系转移接续申请表》《基本养老保险关系转移接续联系函》《基本养老保险关系转移接续信息表》《基本养老保险信息表附表》《机关事业单位辞职辞退等人员基本养老保险关系转移申请表》《职业年金补记申请表》《职业年金个人账户记实/补记通知》和《职业年金（企业年金）关系转移接续联系函》《职业年金（企业年金）关系转移接续信息表》（见材料 3-82 至材料 3-91）。

编号：

材料 3-82　养老保险参保缴费凭证

险种类别：机关事业单位基本养老保险+职业年金　[　]　企业职工养老保险　[　]

参保人员基本信息			
姓名		性别		个人编号	
公民身份号码			户籍地地址	
在本地参保起止时间		本地实际缴费月数		本地参保期间个人账户储存额	
				职业年金个人账户份额或个人账户储存额	
社会保险经办机构信息			
行政区划代码		单位名称	
电话		地址		邮政编码	

经办人（签章）：　　　　　　　　　　　　社会保险经办机构（章）：
　　　　　　　　　　　　　　　　　　　　　　　　　　年　月　日

（本凭证一式两联，填发此凭证的社保机构和参保人员本人各一联）

重要提示

①本凭证是您参加养老保险的权益记录，是申请办理养老保险关系转移接续手续的重要凭证，请妥善保管。

②当您跨省（自治区、直辖市）、跨制度流动就业时，养老保险关系在原参保地社会保险经办机构保留，个人账户储存额按规定继续计算利息或投资运营。到新就业地参保时，请向当地社会保险经办机构出示本凭证，办理养老保险关系转移接续手续。

③本凭证如不慎遗失，请与填发此凭证的社会保险经办机构联系，申请补办。联系方式可到任何一个社会保险经办机构查询。

④职业年金个人账户储存额是根据上一个定价日的单位净值计算，仅供参考。

编号：

材料 3-83　养老保险关系转移接续申请表

姓名		性别		公民身份号码															
原个人编号		户籍所在地																	
原参保所在地区名称		—		原参保地社保机构行政区划代码															
原参保地社保机构名称				原参保地社保机构联系电话															
原参保险种类型	机关事业单位养老保险 [ ]　　企业职工养老保险 [ ]																		
原参保地社保机构地址				原参保地社保机构邮政编码															

参保单位（章）：　　　　　　　　　　　申请人（签字）：
联系电话：　　　　　　　　　　　　　　联系电话：
　　　年　月　日　　　　　　　　　　　　　年　月　日
（落款中的参保单位和申请人，二选一即可）

（原参保地社保机构名称）：　　　　　　　　　　　　　　　　　　　　　编号：

材料 3-84　基本养老保险关系转移接续联系函

　　原在你处的参保人员＿＿＿＿＿＿＿＿＿＿＿，现申请将其基本养老保险关系转至我处，如无不妥请按相关规定办理转移手续。

原个人编号		姓名		性别	
公民身份号码		新就业地社保机构开户全称			
新就业地社保机构开户银行		新就业地社保机构银行账号			
新参保险种类型	机关事业单位养老保险 [ ]　　企业职工养老保险 [ ]				
新就业地社保机构地址		新就业地社保机构邮政编码			

经办人（签章）：　　　　　　　　　　　新就业地社保机构（章）：
电话：　　　　　　　　　　　　　　　　　　　年　月　日
（本函一式两联，一联发给原参保地社保机构，一联留存）

编号：

材料 3-85　基本养老保险关系转移接续信息表

账户类别：一般账户 [ ]　临时缴费账户 [ ]　　　　　　　　　　　　　单位：元、月

参保人员基本信息							
个人编号		姓名		性别		出生日期	
公民身份号码		户籍地地址				转出单位名称	
参加工作时间		首次参保地实行个人缴费时间		本人首次缴费时间		本人建立个人账户时间	
在本地缴费起始时间		在本地缴费终止时间		在本地实际缴费月数		转移日期	

养老保险基金转移信息					
1998年1月1日前账户中个人缴费累计储存额	1998年1月1日至调转上年末个人账户累计储存额	调转当年计入个人账户本金金额	个人账户基金转移额	统筹基金转移额	转移基金总额
1	2	3	4	5	6

历年缴费及个人账户记账信息															
参保地区		年份	缴费起止时间	缴费月数	月缴费基数	缴费比例		个人	当年记账金额		当年记账利息		至本年末账户累计储存额		备注
						单位			小计	#个人缴费	小计	#个人缴费	小计	#个人缴费	
行政区划代码	名称						#划入个人账户比例								
7	8	9	10	11	12	13	14	15	16	17	18	19	20	21	22

注：栏目关系：6=4+5；4=1+2+3。

经办人（签章）：　　　　　　联系电话：　　　　　　原参保地社保机构（章）：
　　　　　　　　　　　　　　　　　　　　　　　　　　年　月　日

（本表一式两联，一联发给对方社保机构，一联留存）

材料 3-86 基本养老保险信息表附表

参保人员：

年份	上年度在岗职工月平均工资	月缴费基数

经办人（签章）：　　　　联系电话：　　　　原参保地社保机构（章）：
　　　　　　　　　　　　　　　　　　　　　　　　　　　　年　月　日

编号：

材料 3-87 机关事业单位辞职辞退等人员基本养老保险关系转移申请表

姓名		性别		公民身份号码	
原个人编号		户籍所在地			
户籍所在地区名称			户籍所在地企业职工社保机构行政区划代码		
户籍所在地企业职工社保机构开户全称			户籍所在地企业职工社保机构联系电话		
户籍所在地企业职工社保机构开户银行			户籍所在地企业职工社保机构银行账号		
户籍所在地企业职工社保机构地址			户籍所在地企业职工社保机构邮政编码		

参保单位（章）：　　　　　　　　　　经办人（签字）：
联系电话：　　　　　　　　　　　　联系电话：
　　年　月　日　　　　　　　　　　　　年　月　日

材料 3-88 职业年金补记申请表

单位名称： 单位：元

个人编号	姓名	性别	身份证号码	2014年9月本人月工资收入纳入个人缴费基数金额	补记总月数
单位（公章）				主管部门（公章）	

单位经办人： 单位负责人：
日期： 日期：

材料 3-89 职业年金个人账户记实/补记通知

单位名称		社会保险登记码	
通知流水号		应记实/补记总人数	
应记实/补记总金额（大写）		应记实/补记总金额（小写）	
主动上缴记实/补记资金时应划入以下账户：			
职业年金归集户户名			
职业年金归集户账号			
职业年金归集户开户行			

社保机构（章）
年 月 日

编号：

材料 3-90 职业年金（企业年金）关系转移接续联系函

<u>（原参保地年金管理机构名称）</u>：
　　原在你处的参保人员_____，现申请将其职业年金（企业年金）关系转至我处，如无不妥请按相关规定办理转移手续。

原个人编号		姓名		性别	
公民身份号码			新就业地职业（企业）年金管理机构全称		
新就业地职业（企业）年金管理机构地址			新就业地职业（企业）年金管理机构邮政编码		
新就业地职业（企业）年金管理机构联系人			新就业地职业（企业）年金管理机构联系电话		
职业年金	新就业地社保机构职业年金开户全称		新就业地社保机构职业年金银行及账号		
企业年金	新就业地单位企业年金开户全称		新就业地单位企业年金银行及账号		

经办人（签章）： 新就业地年金管理机构（章）：
电话： 年 月 日
（本函一式两联，一联发给原参保地社保机构，一联留存）

材料3-91 职业年金（企业年金）关系转移接续信息表

办理转移日期： 　　　　编号： 　　　　　　　　　　　　　　单位：元

参保人员基本信息					
个人编号		姓名	性别	出生日期	
身份证号		户籍地址		转出单位名称	
职业年金（企业年金）基金转移信息					
职业年金（企业年金）个人账户					
职业年金总额	正常缴费形成的职业年金金额		补记的职业年金金额	改革前试点划转金额	企业年金金额
	记账金额	实账金额			
1	2	3	4	5	6

注：栏目关系 1 = 2 + 3 + 4 + 5 + 6。

经办人（签章）：　　　　联系电话：　　　　原参保地社保机构（章）：

重要提示

①记账金额：从同级财政保障拨付资金单位之间流动的，采取记账方式记录的金额。

②实账金额：改革后单位和个人实际缴纳的职业年金及收益的总额。

③补记的职业年金金额：由机关事业单位流动到企业参保的人员，补记原单位工作期间视同缴费年限的职业年金金额。

④改革前试点划转金额：改革前参加机关事业单位养老保险试点个人缴费本息划转至职业年金个人账户金额。

⑤企业年金金额：企业年金个人账户累计储存额。

（四）软件实训

软件功能正在开发过程中，待修订出版时补充。

（五）情境模拟

请分别模拟基本养老保险参保人、参保单位社保部门工作人员、社会保险经办机构工作人员、职/企业年金参保人和企业年金管理机构工作人员，掌握机关事业单位基本养老保险和企业年金业务转移接续业务所需材料和办理流程。

角色一：基本养老保险参保人。对个人工作变动情况进行假设，模拟申请并办理机关事业单位跨统筹地区流动、机关事业单位与企业之间流动时的基本养老保险转移接续。

角色二：参保单位社保部门工作人员。根据参保人的具体情况，分别模拟原参保单位和新参保单位，为参保人办理基本养老保险关系转移业务。

角色三：社会保险经办机构工作人员。分别模拟转出地和转入地经办机构，对参保人或参保单位提出的养老保险转移申请进行审核并予以办理。注意个人账户资金的处理及不同转移接续情况下相应的待遇计发办法。

角色四: 职/企业年金参保人。对个人工作变动和职/企业年金参保情况进行假设,模拟申请并办理年金转移业务。

角色五: 企业年金管理机构工作人员。根据参保人的具体情况,分别模拟原参保地和新参保地的企业年金管理部门,为参保人办理企业年金转移业务。

要求: 学生可以自行练习,一人扮演多重角色并切换操作;也可以分组模拟,并进行角色互换演练。练习结束后及时进行总结。

四、基本医疗保险关系转移接续

该工作主要依据《关于印发流动就业人员基本医疗保险关系转移接续暂行办法的通知》(人社部发〔2009〕191号)、《关于做好进城落户农民参加基本医疗保险和关系转移接续工作的办法》(人社部发〔2015〕80号)、《人力资源和社会保障部办公厅关于印发流动就业人员基本医疗保险关系转移接续业务经办规程的通知》(人社厅发〔2016〕94号)实施。

(一)政策依据

1. 适用对象

职工基本医疗保险和城镇(城乡)居民基本医疗保险参保人员(简称参保人员)流动就业时跨制度、跨统筹地区转移接续基本医疗保险关系。

参保人员包括进城落户农民,即按照户籍管理制度规定,已将户口由农村迁入城镇的农业转移人口。进城落户农民根据自身实际参加相应的城镇基本医疗保险。在城镇单位就业并有稳定劳动关系的,按规定随所在单位参加职工基本医疗保险(简称职工医保);以非全日制、临时性工作等灵活形式就业的,可以灵活就业人员身份按规定参加就业地职工医保,也可以选择参加户籍所在地城镇(城乡)居民基本医疗保险(简称居民医保)。其他进城落户农民可按规定在落户地参加居民医保,执行当地统一政策。对参加居民医保的进城落户农民按规定给予参保补助,个人按规定缴费。已参加新型农村合作医疗(简称新农合)或居民医保的进城落户农民,实现就业并参加职工医保的,不再享受原参保地新农合或居民医保待遇。引导进城落户农民及时参保,同时避免重复参保。

2. 参保人员跨统筹地区流动就业前

参保人员或其所在用人单位到基本医疗保险关系所在地(简称转出地)经办机构办理中止参保手续,并按规定提供居民身份证等相关证明材料,申请开具参保(合)凭证。

转出地经办机构应核实参保人在本地的缴费年限和缴费情况,核算个人账户资金,生成并出具参保(合)凭证;对有欠费的参保人员,告知欠费情况并提醒其及时补缴。

转出地经办机构应保留其参保信息，以备核查。参保人遗失参保（合）凭证，转出地经办机构应予补办。

3. 参保人员跨统筹地区流动就业后

参保人员跨统筹地区流动就业后，按规定参加转入地基本医疗保险。参保人员或其新就业的用人单位向转入地经办机构提出转移申请并提供参保（合）凭证，填写《基本医疗保险关系转移接续申请表》（简称《申请表》），并按规定提供居民身份证等相关证明材料。

转入地经办机构受理申请后，对符合当地转移接续条件的，应在受理之日起15个工作日内与转出地经办机构联系，生成并发出《基本医疗保险关系转移接续联系函》（简称《联系函》）。

4. 转出地转移手续办理

转出地经办机构在收到《联系函》之日起的15个工作日内完成以下转移手续：

（1）终止参保人员在本地的基本医疗保险关系。

（2）按规定处理个人账户，需办理个人账户余额划转手续的，划转时需标明转移人员姓名和社会保障号。

（3）生成并核对《参保人员基本医疗保险类型变更信息表》（简称《信息表》），并提供给转入地经办机构。

（4）转出地经办机构将参保人员有关信息转出后，仍需将该信息保留备份。

《联系函》信息不全或有误的，应及时联系转入地经办机构，转入地经办机构应予以配合更正或说明情况。不符合转移条件的，转出地经办机构应通知转入地经办机构。

5. 转入地转移手续办理

转入地经办机构在收到《信息表》和个人账户余额后的15个工作日内办结以下接续手续：

（1）核对《信息表》列具的信息及转移的个人账户金额。

（2）将转移的个人账户金额计入参保人员的个人账户。

（3）根据《信息表》及用人单位或参保人员提供的材料，补充完善相关信息。

（4）将办结情况通知用人单位或参保人员。

（5）《信息表》按照社保档案管理规定存档备案。

参保（合）凭证、《信息表》或个人账户金额有误的，转入地经办机构应及时联系转出地经办机构，转出地经办机构应予以配合更正或说明情况。

6. 材料传送与信息记录

关系转移接续函、表等材料应以纸质方式通过信函邮寄。为便于及时办理手续，经办机构间尚未实现信息系统互联的，可先通过传真方式传送相关材料；已经实现信息系统互联的,可先通过信息系统交换参保人员基本医疗保险关系转移接续的有关信息。

进城落户农民和流动就业人员参加新农合或城镇(城乡)居民等基本医疗保险的信息应连续记入新参保地业务档案,保证参保记录的完整性和连续性。

(二)业务流程

相关业务流程如图 3-24 所示。

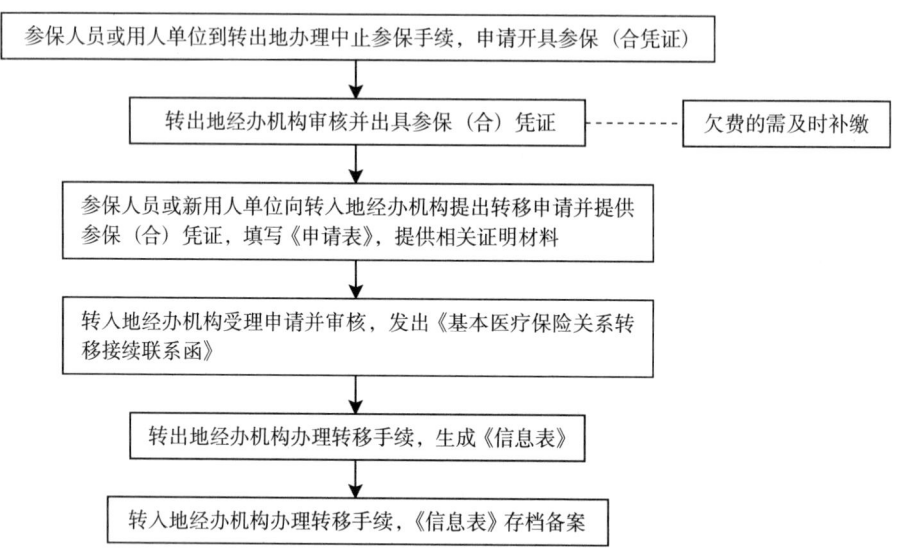

图 3-24 参保人员跨地区流动就业医疗保险关系转移接续流程

(三)相关材料

相关材料包括《基本医疗保障参保(保)凭证》《基本医疗保险关系转移接续申请表》《基本医疗保险关系转移接续联系函》和《参保人员基本医疗保险类型变更信息表》(见材料 3-92 至材料 3-95)。

第三章 社会保险实训

材料 3-92 基本医疗保障参保（合）凭证

凭证号：（省简称）（统筹区名）年份（第××××××××号）　　　　　　生成日期：　年　月　日

基本信息			
参保人	姓名	公民身份号码（社会保障号）	医疗保障编号
	户籍所在地		户籍类型
参保信息			
基本医疗保险类型		转出地	
参保（合）时间	起：　年　月 止：　年　月	其中累计实际缴费月数	月
个人账户余额	（大写）　　　　（小写）¥		
转出地社会保险经办机构信息			
机构名称		（盖章）	
地址		邮政编码	
行政区划代码		联系电话	
联系人			

填表说明：
① 本凭证是根据国家有关规定制发，是参保的权益记录以及申请办理基本医疗保险参保人，城镇居民基本医疗保险、识别码的统筹地区填写医疗保险编号。② 此表由参保人转出地社会保险经办机构提供。
② 跨统筹地区流动就业人员，有接收单位的，将此凭证交申请办理参保手续。
③ 其他跨统筹地区流动就业人员，应携带此凭证及有效证件在3个月内到指定办理机构办理相关登记手续。
④ 本凭证如不慎遗失，请与出具此凭证的社会保险经办机构联系，申请补办。

注意事项

人力资源和社会保障部、国家卫生和计划生育委员会监制

材料 3-93 基本医疗保险关系转移接续申请表

（此表由申请人或代办人填写）

编号：（省份简称）（统筹区名）（年份）（第××××××号）

参保人员信息

姓名		性别		年龄	
社会保障号			联系电话		
户籍地址				户籍类型①	□居民 □农业　□非农业 □台港澳　□外籍
联系地址				邮政编码	
现参加的基本医疗保险类型	□职工医保　□城镇居民医保　□新型农村合作医疗 □城乡居民基本医保　□其他（请说明）				

转出地社保险经办机构信息

机构名称			联系电话	
机构地址			行政区划代码②	
			邮政编码	

申请人信息（若参保人办理，则不需填写）

姓名		与参保人关系	
公民身份号码		联系电话	
		邮政编码	

申请人（签字）：　　　　　　　　　　　　　　申请时间：　年　月　日

注：①已进行户籍改革的地区，选填居民；尚未进行户籍改革的地区，选填农业或非农业。
②根据人力资源和社会保障部制定的各地行政区划代码表填写。

·190·

第三章 社会保险实训

材料 3-94 基本医疗保险关系转移接续联系函

(此表由转入地社会保险经办机构填写手提供给转出地社会保险经办机构)

编号：(省份简称)(统筹区名)(年份)(第×××××号)

转出地经办机构名称：

原在你处的参保人员，因流动就业等原因，现申请将其基本医疗保险关系转移至我处。若无不妥，请按相关规定办理转移手续。

参保人员信息				
姓名		性别		
社会保障号 (公民身份号码)		年龄		
		户籍类型①	□居民 □农业 □非农业 □台港澳 □外籍	联系电话
现参加的基本医疗保险类型	□职工医保 □城镇居民医保 □新型农村合作医疗 □城乡居民基本医保 □其他（请说明）			
是否需要转移个人账户	□是 □否			
转入地社会保险经办机构信息				
开户全称		开户银行行号		
开户银行		银行账号		
机构地址		邮政编码		

经办人(签章)：
联系电话：

转入地社会保险经办机构名称（章）：
行政区划代码：
日期： 年 月 日

注：①已进行户籍改革的地区，选填居民；尚未进行户籍改革的地区，选填农业或非农业。
②本函一式两联，一联发给转出地经办机构，一联转入地经办机构留存。

材料 3-95 参保人员基本医疗保险类型变更信息表

(此表由转出地社会保险经办机构提供转入地社会保险经办机构)

社会保障号(公民身份号码)：　　　　　　　　　　参保人员姓名：　　　　　　性别：

序号	时间 自 年 月 至 年 月	基本医疗保险类型	参保缴费月数小计	统筹地区经办机构名称	统筹地区经办机构行政区划代码	备注
	1	2	3	4	5	6
1						
2						
3						
4						
⋮						
基本医疗保险个人账户实际转出资金		大写			小写¥	

经办人(签章)：　　　　　　联系电话：　　　　　　社会保险经办机构(章)：　　　　　　日期：　　年　月　日

注：①时间：按发生变更的时间段先后顺序依次排列，如实填写，如有中断，要分开记录，确保参保人员参保记录的完整和连续。
②医疗保障类型：从以下五项中选择填写一项：①职工医保；②城镇居民医保；③新农合；④城乡居民基本医保；⑤其他。若填写其他，需在备注说明。
③基本医疗保险个人账户实际转出资金是指基本医疗保险关系转移时由转出地经办机构划转到转入地经办机构银行账户的参保人员个人账户实际资金。如因转续过程中计息等原因导致个人账户资金与原参保(合)凭证上记录不一致的，以信息表中数据为准。
④此表一式两联，转入地、转出地社会保险经办机构分别留存。

（四）案例实训

软件功能正在开发过程中，待修订版时补充。

（五）情境模拟

请分别模拟基本医疗保险参保人、参保单位社保部门工作人员、社会保险经办机构工作人员，掌握基本医疗保险转移接续业务办理所需材料和办理流程。

角色一：基本医疗保险参保人。对个人就业和户籍变动情况进行假设，模拟申请并办理参保人跨制度、跨统筹地区流动时基本医疗保险关系转移业务。

角色二：参保单位社保部门工作人员。根据参保人的具体情况，分别模拟原参保单位和新参保单位，为参保人办理基本医疗保险关系转移业务。

角色三：社会保险经办机构工作人员。分别模拟转出地和转入地经办机构，对参保人或参保单位提出的医疗保险关系转移申请进行审核并予以办理。

要求：学生可以自行练习，一人扮演多重角色并切换操作；也可以分组模拟，并进行角色互换演练。练习结束后及时进行总结。

五、失业保险关系转移接续

该项工作根据《中华人民共和国社会保险法》（中华人民共和国主席令第 35 号，2011 年）、《失业保险条例》（中华人民共和国国务院令第 258 号，1999 年）、《失业保险金申领发放办法》（中华人民共和国劳动和社会保障部令第 8 号，2000 年）、《失业保险条例》（修订草案征求意见稿，2017）实施。

（一）政策依据

1. 适用情况

职工跨统筹地区就业的，其失业保险关系随本人转移，缴费年限累计计算。其中，跨省、自治区、直辖市就业的，失业保险基金随本人转移；在省、自治区范围内跨统筹地区就业的，失业保险基金的处理办法，由省、自治区人民政府人力资源和社会保障行政部门规定。

跨统筹地区就业，是指职工到当前的统筹地区以外的其他地区就业。从跨统筹地区就业前职工状况看，可以分为三种情况：一是跨统筹地区就业前，职工已经失业，并按照规定申请领取失业保险金，享受相应的失业保险待遇；二是跨统筹地区就业前，职工已经失业，但是因各种原因并没有申请领取失业保险金，并到统筹地区以外的其他地区就业；三是跨统筹地区就业前没有处于失业状态，离开原工作单位后马上到其他统筹地区就业的，也不存在申请领取失业保险金的情况。

职工跨统筹地区就业后，原来失业保险关系所在地的社会保险经办机构应当按照规定将其失业保险关系转至迁入地，迁入地的社会保险经办机构应当接受，并办理接续手续。

2. 失业保险费用转移

失业人员失业保险关系跨省、自治区、直辖市转迁的，失业保险费用应随失业保险关系相应划转。需划转的失业保险费用包括失业保险金、医疗补助金和职业培训、职业介绍补贴。其中，医疗补助金和职业培训、职业介绍补贴按失业人员应享受的失业保险金总额的一半计算。失业人员失业保险关系在省、自治区范围内跨统筹地区转迁，失业保险费用的处理由省级劳动保障行政部门规定。

3. 失业保险待遇领取

对失业人员失业前所在单位与本人户籍不在同一统筹地区的，其失业保险金的发放和其他失业保险待遇的提供由两地劳动保障行政部门进行协商，明确具体办法。协商未能取得一致的，由上一级劳动保障行政部门确定。

失业人员跨统筹地区转移的，凭失业保险关系迁出地经办机构出具的证明材料到迁入地经办机构领取失业保险金。

4. 办理手续

（1）失业保险关系转出。申请将失业保险关系从该地转移到其他地区的人员，携带由社会保险经办机构为申请人出具的失业保险关系转迁证明、失业保险缴费对账单到社会保险经办机构办理失业保险关系转移手续。

（2）失业保险关系转入。申请将失业保险关系从其他地方转入的人员，需要携带本人居民户口簿首页及本人页原件、本人身份证原件及复印件、转出地社会保险经办机构出具的失业保险待遇关系转迁证明等材料到转入地社会保险经办机构办理失业保险关系转入业务。

（二）业务流程

相关业务流程如图3-25所示。

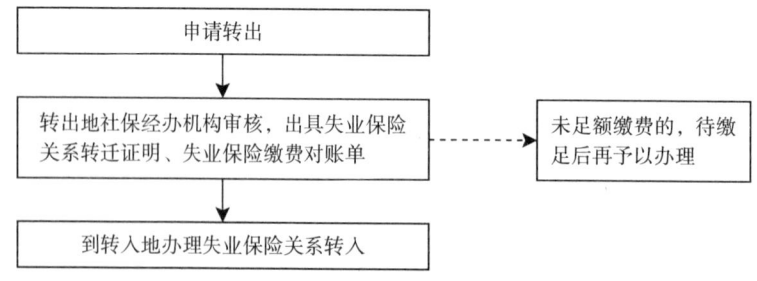

图 3-25　失业保险关系转移接续流程

（三）相关材料

相关材料包括《在职职工失业保险关系转迁证明》和《失业人员失业保险关系转迁

证明》（见材料 3-96 和材料 3-97）。

材料 3-96　××省在职职工失业保险关系转迁证明

存　　根　　　　　　　　　　　　　　　编号：

职工_____同志因工作变动，调往_____。
已将该同志失业保险关系迁出。
承办人：　　　　　　　　　　　　　　　　　年　月　日

编号：

××省在职职工失业保险关系转迁证明

_____失业保险经办机构：
　　兹证明_____单位_____同志按规定于　年　月至　年　月在本地参加了失业保险，个人缴费基数为_____元/月，已足额缴费至　年　月止，视同缴费　年。现因工作变动调往_____工作，失业保险关系随之迁往，请予接续。
　　　　　　　　　　　　　　　　　　失业保险经办机构（章）
　　　　　　　　　　　　　　　　　　　　　年　月　日

材料 3-97　失业人员失业保险关系转迁证明

编号：

存　　根

失业人员_____（身份证号_____原系_____职工）失业保险关系已经本人申请，
迁往_____失业保险经办机构。
经办人：　　　　复核人：　　　审核人：
　　　　　　　　　　　　　　　　　　年　月　日

经办机构承办人：　　　　　转迁人：年　月　日

失业人员失业保险关系转迁证明

编号：

_____失业保险经办机构：
　　兹证明失业人员_____（身份证号_____原）失业前按规定于____年____月至____年____月在本地参加了失业保险，已按规定缴费至____年____月止。因_____中断就业，经审核，符合享受失业保险待遇条件，应享受失业保险待遇____个月。现根据本人申请，将失业保险关系迁往贵地，请予接续。
　　按照失业保险有关规定，失业保险关系转迁需划转的失业保险费用为_____元。
　　　　　　　　　　　　　　　　　　失业保险经办机构（章）
　　　　　　　　　　　　　　　　　　　　　年　月　日

（四）案例实训

软件功能正在开发过程中，待修订出版时补充。

（五）情境模拟

请分别模拟失业保险参保人、参保单位社保部门工作人员、社会保险经办机构工作人员，掌握失业保险转移接续业务办理所需材料和办理流程。

角色一：失业保险参保人。对个人就业变动情况进行假设，模拟申请并办理跨统筹地区流动时失业保险关系转移业务。

角色二：参保单位社保部门工作人员。根据参保人的具体情况，分别模拟原参保单位和新参保单位，为参保人办理失业保险关系转移业务。

角色三：社会保险经办机构工作人员。分别模拟转出地和转入地经办机构，对参保人或参保单位提出的失业保险关系转移申请进行审核并予以办理。注意失业保险费用转移情况。

要求：学生可以自行练习，一人扮演多重角色并切换操作；也可以分组模拟，并进行角色互换演练。练习结束后及时进行总结。

第六节　社会保险查询统计实训

一、社会保险查询

《中华人民共和国社会保险法》规定，中华人民共和国境内的用人单位和个人依法缴纳社会保险费，有权查询缴费记录、个人权益记录，要求社会保险经办机构提供社会保险咨询等相关服务。这里主要讲述个人权益记录查询的主要内容和流程。

（一）政策依据

社会保险查询主要依据《社会保险个人权益记录管理办法》（中华人民共和国人力资源和社会保障部令第 14 号，2011 年）、《北京市社会保险个人权益记录查询使用管理办法》（京人社保发〔2013〕210 号）、《关于统一规范社会保险个人权益记录查询使用经办业务的通知》（京社保发〔2013〕45 号）实施。

1. 查询内容

社会保险个人权益记录，是指以纸质材料和电子数据等载体记录的反映参保人员及其用人单位履行社会保险义务、享受社会保险权益状况的信息，包括下列内容：①参保人员及其用人单位社会保险登记信息；②参保人员及其用人单位缴纳社会保险费、获得相关补贴的信息；③参保人员享受社会保险待遇资格及领取待遇的信息；④参保人员缴费年限和个人账户信息；⑤其他反映社会保险个人权益的信息。社会保险经办机构负责社会保险个人权益记录管理，提供与社会保险个人权益记录相关的服务。

北京市规定，查询的内容一律以制式表格予以体现，查询的内容一律以制式表格予以体现，其中分为电子制式表格与纸介制式表格及制式语音三种形式。①电子制式表格暂定四种：《单位登记信息》《职工登记信息》《灵活就业人员登记信息》和《单位职工缴费信息》；②纸介制式表格暂定三种：《单位缴费信息》《参保人员缴费信息》和《参保人员补缴信息》；③制式语音：鉴于社会保险个人权益记录数据繁杂，加之电信资源有限，为此，特将参保的个人最为关心的社会保险个人权益记录进行了集合，制式语音查询内容暂定六种。

2. 查询方式

社会保险经办机构应当向参保人员及其用人单位开放社会保险个人权益记录查询程序，界定可供查询的内容，通过社会保险经办机构网点、自助终端或者电话、网站等方式提供查询服务。社会保险经办机构网点设立专门窗口向参保人员及其用人单位提供免费查询服务。

例如，北京市规定，参保的用人单位和个人，查询社会保险个人权益记录渠道有如下几种：①社保经（代）办机构；②自行操作使用安装在社保经（代）办机构服务区的自助终端；③登录北京市社会保险网上服务平台；④拨打"12333"热线服务电话。

3. 查询类型

（1）参保人员查询。参保人员向社会保险经办机构查询本人社会保险个人权益记录的，需持本人有效身份证件；参保人员委托他人向社会保险经办机构查询本人社会保险个人权益记录的，被委托人需持书面委托材料和本人有效身份证件。需要书面查询结果或者出具本人参保缴费、待遇享受等书面证明的，社会保险经办机构应当按照规定提供。北京市规定，到社保经（代）办机构办理查询的参保个人需提供本人的身份证原件，《北京市社会保险个人权益记录查询申请表》、被委托人本人的有效身份证件原件及复印件。

（2）参保用人单位查询。参保用人单位凭有效证明文件可以向社会保险经办机构免费查询本单位缴费情况，以及职工在本单位工作期间的社会保险登记、缴纳社会保险费、获得相关补贴的信息。根据北京市规定，参保用人单位到社保经办机构办理查询业务时，需提供如下材料：《社会保险登记证》、经办人的有效身份证件原件、《北京市社会保险个人权益记录查询申请表》等。

（3）行政部门、信息机构或司法机关查询。人力资源和社会保障行政部门、信息机构基于宏观管理、决策以及信息系统开发等目的，需要使用社会保险个人权益记录的，社会保险经办机构应当依据业务需求规定范围提供。非因依法履行工作职责需要的，所提供的内容不得包含可以直接识别个人身份的信息。有关行政部门、司法机关等因履行工作职责，依法需要查询社会保险个人权益记录的，社会保险经办机构依法按照规定的查询对象和记录项目提供查询。北京市规定，这类单位办理查询业务时需提供：单位介绍信、《北京市社会保险个人权益记录公务查询申请表》、工作人员的有效工作证件原件和复印件。

（4）其他单位查询。申请查询社会保险个人权益记录的单位，应当向社会保险经办机构提出书面申请。申请应当包括下列内容：①申请单位的有效证明文件、单位名称、联系方式；②查询目的和法律依据；③查询的内容。

社会保险经办机构收到查询申请后，应当进行审核，并按照下列情形分别作出处理：①对依法应当予以提供的，按照规定程序提供；②对无法律依据的，应当向申请人做出说明。

4. 查询登记

社会保险经办机构应当对除参保人员本人及其用人单位以外的其他单位查询社会保险个人权益记录的情况进行登记。社会保险经办机构不得向任何单位和个人提供数据库全库交换或者提供超出规定查询范围的信息。

5. 异议处理

参保人员或者用人单位对社会保险个人权益记录存在异议时，可以向社会保险经办机构提出书面核查申请，并提供相关证明材料。社会保险经办机构应当进行复核，确实存在错误的，应当改正。

（二）业务流程

相关业务流程如图3-26所示。

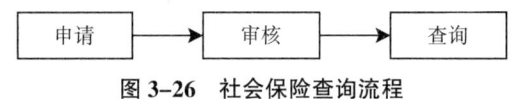

图3-26　社会保险查询流程

（三）相关材料

相关材料包括《北京市社会保险个人权益记录查询申请表》和《北京市社会保险个人权益记录公务查询申请表》（见材料3-98和材料3-99）。

材料3-98　北京市社会保险个人权益记录查询申请表

	□ 参保的用人单位		□ 参保的个人	
基本信息	单位名称： 社会保险登记证编码： 单位经办人： 社会保障号码：		申请（委托）人： 社会保障号码： 被委托人： 被委托人社会保障号码：	
查询内容	□ 单位登记信息 □ 单位缴费信息	□ 单位职工缴费信息	□ 职工登记信息 □ 参保人员缴费信息	□ 灵活就业人员登记信息 □ 参保人员补缴信息
	申请查询年月：　　　年　　月至　　　年　　月			
	提示：登记信息满90日可申请一次			

续表

查询用途	□自留　　　□购买保障性住房　　　□资质认定　　　□工作调动 □其他（注明原因）：_____		
被委托人承诺	此表所填内容真实有效。本人受申请人委托查询信息，对于从北京市社会保险经办机构获取的社会保险个人权益记录，按照《社会保险法》和《社会保险个人权益记录管理办法》及相关规定，不用作查询目的之外的其他用途，也不违法向他人泄露。 被委托人：　　　　　　　　　　　　　　　　　　　　　　年　　月　　日		
单位承诺	此表所填内容真实有效。对于从北京市社会保险经办机构获取的社会保险个人权益记录，按照《社会保险法》和《社会保险个人权益记录管理办法》及相关规定，不用作查询目的之外的其他用途，也不违法向他人泄露。 单位经办人： 联系电话：　　　　　　　　　　　　　　　　单位（公章） 　　　　　　　　　　　　　　　　　　　　　　年　　月　　日		
审核意见	社保经办人（签章）： 　　　　　　　　　　　　　　　　　　　　　　年　　月　　日		

备注：①参保的用人单位到社保经（代）办机构查询时，应填写此表并持《社会保险登记证》、经办人的有效身份证件原件。如查询单位部分职工，应附具体人员明细信息（电子版和盖单位公章纸介），信息内容包括序号、姓名、社会保障号码。

②参保的个人到社保经（代）办机构查询时，应填写此表并持本人的有效身份证件原件。如委托他人代为查询时，本人应事先在上述表中委托人的名下用钢笔或签字笔签署本人的名字，他人不得代签，被委托人还须提供本人的有效身份证件原件及复印件。

材料 3-99　北京市社会保险个人权益记录公务查询申请表

单位名称			
查询内容			
查询用途			
联系人姓名		联系电话	
电子邮件			
本单位承诺： 　　此表所填内容真实有效。对于从北京市社会保险经办机构获取的社会保险个人权益记录，按照《社会保险法》和《社会保险个人权益记录管理办法》及相关规定，不用作查询目的之外的其他用途，也不违法向他人泄露。 申请单位经办人： 　　　　　　　　　　　　　　　　　　单位公章 　　　　　　　　　　　　　　　　　　日期：　　年　　月　　日			
社保经办机构经办人： 　　日期：　　年　　月　　日		社保经办机构负责人： 　　日期：　　年　　月　　日	

（四）软件实训

软件功能正在开发过程中，待修订出版时补充。

(五) 情境模拟

请分别模拟参保人员、用人单位社保部门工作人员、其他查询部门或单位、社会保险经办机构工作人员，掌握社会保险查询的内容和办理程序。

角色一：社会保险参保人员。模拟申请社会保险缴费记录、个人权益查询的具体过程。

角色二：用人单位社保部门工作人员。对单位背景进行假设，模拟在不同情况下申请社会保险查询的流程。

角色三：行政部门、信息机构或司法机关以及其他单位。对背景进行假设，模拟申请社会保险查询的流程。

角色四：社会保险经办机构工作人员。模拟受理个人和单位关于社会保险查询的申请，为其提供所需服务。

要求：学生可以自行练习，一人扮演多重角色并切换操作；也可以分组模拟，并进行角色互换演练。练习结束后及时进行总结。

二、社会保险统计

社会保险统计是通过收集、整理和分析社会保险业务数字资料，从而对社会保险业务数量和变化情况进行统计、描述和分析的活动。

（一）政策依据

社会保险统计依据《中华人民共和国统计法》《社会保险业务档案管理规定》（人力资源和社会保障部和国家档案局令，2009年7月23日）、《社会保险业务档案统计工作管理办法》（2010年）、《社会保险业务档案管理规范》实施。社会保险统计业务主要包括建立社会保险业务档案和统计台账、编制统计报表、撰写统计分析报告、编制社会保险计划等环节。

1. 建立社会保险业务档案和统计台账

建立统计台账和统计档案是对统计工作的基本要求。社会保险业务档案，是指社会保险经办机构在办理社会保险业务过程中，直接形成的具有保存和利用价值的专业性文字材料、电子文档、图表、声像等不同载体的历史记录。业务档案由县级以上（含县级）社会保险经办机构集中保存。档案的登记是档案统计的基础，要结合实际，做好各项原始材料的登记，主要包括下述内容：卷内目录、案卷目录、档案收进、移出登记、档案利用与利用效益登记。建立健全统计台账，掌握档案的收进、整理、利用、移出、销毁和部门内部各种情况数据，按上级部门的要求及时报送各种报表。

2. 编制统计报表

对统计台账进行汇总整理，或通过从社会保险信息系统数据库提取数据，编制统计报表。上级经办机构对基层经办机构报表进行汇总,形成汇总统计报表,在编制统计报表时应注意要按照统计报表的填表说明中的指标解释、平衡公式和注意事项等填写齐全,并按统计报表制度要求进行报送;统计报表逐级汇总上报,最终形成上报部级统计报表。统计报表按报送的时间周期可分为快报、月报、季报、半年报、年报等。

3. 撰写统计分析报告

在统计报表和相关台账的基础上,抽取关键指标,对社会保险经办机构业务及相关内容进行专业分析,形成统计分析报告。统计分析报告发挥着信息统计、咨询和监督等多种功能。

4. 编制社会保险计划

根据社会保险业务统计资料,运用统计预测方法进行业务预测,并对预测结果进行敏感性分析,为政策制定和业务开展提供服务。社会保险计划可根据远期发展规划、政策变化情况、上年度计划执行情况和业务统计预测结果进行编制。其内容可分为征收和支出两大类,重点包括参保缴费人数、人均缴费基数、支付人数和人次、人均费用、次均费用、其他费用和相关业务计划等。业务计划一般可分为月度计划、季度计划和年度计划。年度计划是主要形式。

(二) 业务流程

社会保险统计流程如图 3-27 所示。

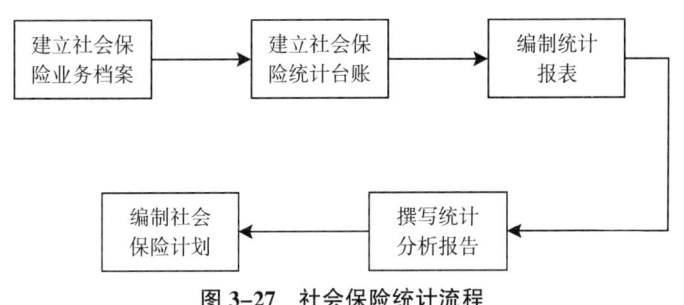

图 3-27 社会保险统计流程

(三) 相关材料

相关材料包括《某省企业职工基本养老保险基金收支情况统计表》(见材料 3-100)。

材料 3-100 某省企业职工基本养老保险基金收支情况统计表

地区:_____省(区、市)_____市(地)_____县(区) 单位:万元

名称	2009 年	2010 年	2011 年	2012 年	2013 年	合计	备注
一、基本养老保险基金收入							
基本养老保险费收入							
利息收入							
财政补贴收入							

续表

名称	2009年	2010年	2011年	2012年	2013年	合计	备注
其他收入							
转移收入							
上级补助收入							
下级上解收入							
二、基本养老保险基金支出							
基本养老金支出							
医疗补助金支出							
丧葬抚恤补助支出							
转移支出							
补助下级支出							
上解上级支出							
其他支出							
三、基本养老保险基金收支结余							
四、基本养老保险基金滚存结余							

填表说明：①此表填写被检查县（区）的汇总数；②请按社会保险基金决算数填列。

（四）软件实训

软件功能正在开发过程中，待修订版时补充。

（五）情境模拟

请模拟社会保险经办机构工作人员，对所处地区社会保险情况进行假设，并进行下列操作。

（1）选取一个险种，对其中一项业务进行统计分析，如基本养老保险基金征缴情况、支出情况、结余情况统计分析，制作统计分析表，撰写统计分析报告。

（2）选取一个险种，模拟从建立社会保险业务档案和统计台账，到编制统计报表、撰写统计分析报告、编制社会保险计划的整个过程。

要求：可以多人共同完成，相互配合，并及时进行交流总结。

第四章 社会福利实务与实训

[学习目标]

掌握社会福利管理与服务的相关技能,具体包括:养老机构的设立与审批、养老服务的提供、老龄津贴的资格审查与待遇发放、老年优待的办理;残疾人福利机构的设立与管理、残疾人康复、残疾人就业、残疾人津贴、残疾人无障碍设施建设;儿童寄养、儿童福利机构建设、残疾儿童康复、儿童营养与健康、流浪儿童救助等业务。

第一节 老年人福利实务与实训

一、基本概念

老年社会福利是社会福利体系中的一项重要内容,与残疾人社会福利、儿童社会福利、妇女社会福利并列。陈银娥认为,广义的老年福利是指国家和社会通过社会化的福利设施和相关福利津贴,以满足老年人的社会服务需求并促使其生活质量不断得到改善的一种社会政策,其内容包括老年人社会救助、养老保险和狭义的老年福利。狭义的老年福利是指根据老年人的特殊需求和老年人自身特点,由社会提供给老年人的特殊的照顾性的物质帮助和社会服务[①]。钟仁耀认为,老年人社会福利(Old Age Welfare)主要有两层含义:第一层含义从政府功能角度出发,认为老年人社会福利是政府为了发扬敬老爱老美德、安定老年人生活、维护老人健康、充实老人精神文化生活为目的而采取的政策措施和提供的设施和服务。第二层含义从老年人的特殊需求出发,认为老年人社会福利是根据老年人特殊需要和老年人自身的特点,由社会提供给老年人的物质帮助和社会服务。具体来说,老年人由于身体原因,在经济、生活、心

---
① 陈银娥:《社会福利(21世纪社会工作系列教材)》,中国人民大学出版社2006年版。

理方面都存在一些单靠自身和家庭无法解决的特殊问题，需要社会和政府在这方面有所作为①。

老年人社会福利是根据老年人的特殊需求和老年人自身特点，以改善老年人物质生活和精神生活为目的，由政府和其他各种社会力量所提供的福利项目、设施和服务的总称。通常认为，中国的老年社会福利是指在政府的领导下，在多方面社会力量的参与下对处在特殊困境下的欠缺劳动能力、生活来源匮乏、无法定赡养人和抚养人的孤寡老人以及部分生活不能自理、家庭无力照顾的老年人所提供的供养、医疗、康复、娱乐和教育等多方面的服务。

随着社会福利理念的不断更新和发展，以及老年群体的服务需求的多层次性，当前老年人社会福利的内容已经不再只是局限于物质保障，总体而言，现阶段老年人社会福利包括经济福利、服务福利、医疗福利、精神福利等方面。

二、政策现状

（一）养老机构设立的相关政策

1. 养老机构设立的行政许可管理

《中华人民共和国老年人权益保障法》第四十四条规定："设立养老机构应当向县级以上人民政府民政部门申请行政许可；经许可的，依法办理相应的登记。设立经营性养老机构应当在工商行政管理部门办理登记后，向县级以上人民政府民政部门申请行政许可。县级以上人民政府民政部门负责养老机构的指导、监督和管理，其他有关部门依照职责分工对养老机构实施监督。"《养老机构设立许可办法》第四条规定：国务院民政部门负责全国养老机构设立许可工作。县级以上地方人民政府民政部门负责本行政区域内养老机构设立许可工作。许可机关应当自受理设立申请之日起20个工作日内，对申请人提交的文件、材料进行书面审查并实地查验。符合条件的，颁发养老机构设立许可证；不符合条件的，应当书面通知申请人并说明理由。

2. 养老机构设立的条件

《养老机构设立许可办法》规定，设立养老机构应当符合下列条件：

（1）有名称、住所、机构章程和管理制度。

（2）有符合养老机构相关规范和技术标准，符合国家环境保护、消防安全、卫生防疫等要求的基本生活用房、设施设备和活动场地。

（3）有与开展服务相适应的管理人员、专业技术人员和服务人员。

（4）有与服务内容和规模相适应的资金。

---

① 钟仁耀：《社会救助与社会福利》，上海财经大学出版社2013年版。

(5) 床位数在 10 张以上。

(6) 法律、法规规定的其他条件。

3. 设立养老机构需要提交的材料

申请设立养老机构，应当向许可机关提交下列文件、资料：

(1) 设立申请书。

(2) 申请人、拟任法定代表人或者主要负责人的资格证明文件。

(3) 符合登记规定的机构名称、章程和管理制度。

(4) 建设单位的竣工验收合格证明，卫生防疫、环境保护部门的验收报告或者审查意见，以及公安消防部门出具的建设工程消防设计审核、消防验收合格意见，或者消防备案凭证。

(5) 服务场所的自有产权证明或者房屋租赁合同。

(6) 管理人员、专业技术人员、服务人员的名单、身份证明文件和健康状况证明。

(7) 资金来源证明文件、验资证明和资产评估报告。

(8) 依照法律、法规、规章规定，需要提供的其他材料。

向民政部门提供的申请文件、材料应为原件；不能提供原件的，应提供与原件核对一致的复印件。向民政部门提供的申请文件、材料应为一式三份。

4. 养老机构许可的类型

(1) 设立许可。许可机关应当自受理设立申请之日起 20 个工作日内，对申请人提交的文件、材料进行书面审查并实地查验。符合条件的，颁发养老机构设立许可证；不符合条件的，应当书面通知申请人并说明理由。

(2) 变更许可。养老机构变更名称、法定代表人或者主要负责人、服务范围的，应当到原许可机关办理变更手续。

(3) 注销许可。养老机构有下列情形之一的，许可机关应当注销许可，并予以公告：设立许可证有效期届满未延续的；养老机构依法终止的；许可被依法撤销、撤回的；被登记管理机关依法吊销登记证书的；因不可抗力导致许可事项无法实施的；法律、法规规定的应当注销许可的其他情形；许可机关依法注销许可后，应当告知相关登记管理机关。

(二) 养老机构运营资助的相关政策

以北京市相关政策与业务为例。政策依据：《社会力量兴办非营利性社会福利机构运营资助办法》（京民福发〔2014〕274 号）。

1. 资助范围

在北京市行政区域内，经市、区（县）民政局依法设立许可或设置批准，由公民、法人（非政府行政机关及事业单位）及其他组织兴办的，为老年人、残疾人开展集中养护、托管、康复服务的非营利性社会福利机构；社会力量采取承包、租赁、合营等方式经营的政府建非营利性社会福利机构（即"公办民营"机构），以下简称非营利性社会福利机构。

2. 资助标准

该办法所称运营资助，是指对于非营利性社会福利机构收住老年人、残疾人的实际运行床位，按月给予资助支持。

老年人。是指本市户籍老年人和投靠具有本市户籍子女的外省市老年人。生活不能完全自理的老年人须经评估认定，入院内评估，按身体状况给予不同等级资助，按照市民政局制定并公布的标准和程序执行。对非营利性社会福利机构（不含会员制养老机构）收住生活不能完全自理老年人的，按照每人每月500元予以资助；收住生活自理老年人的，按照每人每月300元予以资助。对会员制的社会办养老机构收住老年人的，均按照每人每月300元予以资助。

3. 申请条件

非营利性社会福利机构申请运营资助，必须同时具备以下基本条件：

（1）2013年7月1日前开业的非营利性社会福利机构应取得《养老服务机构执业许可证》或《社会福利机构设置批准证书》，2013年7月1日后开业的非营利性社会福利机构应取得《养老机构设立许可证》或《社会福利机构设置批准证书》，并取得《民办非企业单位（法人、合伙、个体）登记证书》或《事业单位法人证书》(《事业单位登记证》)。

（2）非营利性社会福利机构应于每年3月31日之前向实施许可的民政部门提交上一年度的工作报告。

（3）除特殊情形由市、区（县）民政局备案确认外，非营利性社会福利机构须向服务对象开具税务发票，发票须注明"床位费""护理服务（生活照料）费""餐费"等常规服务收费项目名称及金额。

（4）受助机构在申请年度内无重大责任事故、社会负面影响、服务纠纷，未出现三次及以上被核定的服务质量投诉。

（三）高龄津贴（北京市）

《北京市高龄老年人津贴发放办法》《北京市高龄老年人津贴发放办法实施细则》对高龄老人津贴制度做了明确规定。

1. 覆盖范围

具有本市户籍，年满90周岁及以上的老年人，享受高龄老年人津贴待遇。

2. 保障标准

90周岁至99周岁的老年人，每人每月享受100元高龄老年人津贴；100周岁及以上的老年人，每人每月享受200元高龄老年人津贴。高龄老年人津贴待遇水平根据本市经济发展水平和财政承受能力适时调整。

3. 待遇给付

享受高龄老年人津贴待遇的人员因死亡、音讯全无、户口迁出本市等原因丧失享受条件的，自丧失享受条件的次月起停止高龄老年人津贴待遇。享受高龄津贴人员的近亲属应当及时将其死亡、音讯全无、户口迁出本市等情况告知居（村）或街道（乡、镇）。建立高龄老年人津贴待遇领取资格认证制度，区（县）老龄办会同区（县）民政、公安部门对申请享受高龄老年人津贴待遇进行资格认证。

4. 资金来源与管理

高龄老年人津贴所需资金由区（县）财政负担，列入年度预算。高龄老年人津贴资金应专款专用，并建立健全财务、会计管理制度。财政部门、审计部门依法监督高龄老年人津贴保障金的使用情况。

（四）老年优待（北京市）

政策依据：《关于进一步加强老年人优待工作的意见》（全国老龄办发〔2013〕97号）。

优待的基本对象为60周岁以上的老年人。各地可因地制宜，在本意见基础上合理确定优待对象和优待标准，率先在卫生保健、交通出行、商业服务、文体休闲等方面，对常住本行政区域内的老年人给予同等优待，并根据本地实际情况，逐步拓展同等优待范围。

1. 政务服务优待

（1）各地在落实和完善社会保障制度和公共服务政策时，应对老年人予以适度倾斜。

（2）鼓励地方建立80周岁以上低收入老年人高龄津贴制度。

（3）政府投资兴办的养老机构，要在保障"三无"老年人、"五保"老年人服务需求的基础上，优先照顾经济困难的孤寡、失能、高龄老年人。

（4）各地对经济困难的老年人要逐步给予养老服务补贴。对生活长期不能自理、经济困难的老年人，要根据其失能程度等情况给予护理补贴。

（5）各地在实施廉租住房、公共租赁住房等住房保障制度时，要照顾符合条件的老年人，优先配租配售保障性住房；进行危旧房屋改造时，优先帮助符合条件的老年人进行危房改造。

（6）政府有关部门要为老年人及时、便利地领取养老金、结算医疗费和享受其他物质帮助，创造条件，提供便利。鼓励和引导公共服务机构、社会志愿服务组织优先为老年人提供服务。

（7）政府有关部门在办理房屋权属关系变更等涉及老年人权益的重大事项时，应依法优先办理,并就办理事项是否为老年人的真实意愿进行询问,有代理人的要严格审查代理资格。

(8) 免除农村老年人兴办公益事业的筹劳任务。经农村集体经济组织全体成员同意,将未承包的集体所有的部分土地、山林、水面、滩涂等作为养老基地,收益供老年人养老,纳入国家和地方湿地保护体系及其自然保护区的重要湿地除外。

(9) 政府有关部门要完善老年人社会参与方面的支持政策,充分发挥老年人参与社会发展的积极性和创造性。

(10) 对有老年人去世的城乡生活困难家庭,减免其基本殡葬服务费用,或者为其提供基本殡葬服务补贴。对有老年人去世的家庭,选择生态安葬方式的,或者在土葬改革区自愿实行火葬的,要给予补贴或奖励。

2. 卫生保健优待

(1) 医疗卫生机构要优先为辖区内 65 周岁以上常住老年人免费建立健康档案,每年至少提供 1 次免费体格检查和健康指导,开展健康管理服务。定期对老年人进行健康状况评估,及时发现健康风险因素,促进老年疾病早发现、早诊断、早治疗。积极开展老年疾病防控的知识宣传,开展老年慢性病和老年期精神障碍的预防控制工作。为行动不便的老年人提供上门服务。

(2) 鼓励设立老年病医院,加强老年护理院、老年康复医院建设,有条件的二级以上综合医院应设立老年病科。

(3) 医疗卫生机构应为老年人就医提供方便和优先优惠服务。通过完善挂号、诊疗系统管理,开设专用窗口或快速通道、提供导医服务等方式,为老年人特别是高龄、重病、失能老年人挂号(退换号)、就诊、转诊、综合诊疗提供便利条件。

(4) 鼓励各地医疗机构减免老年人普通门诊挂号费和贫困老年人诊疗费。提倡为老年人义诊。

(5) 倡导医疗卫生机构与养老机构之间建立业务协作机制,开通预约就诊绿色通道,协同做好老年人慢性病管理和康复护理,加快推进面向养老机构的远程医疗服务试点,为老年人提供便捷、优先、优惠的医疗服务。

(6) 支持符合条件的养老机构内设医疗机构,申请纳入城镇职工(居民)基本医疗保险和新型农村合作医疗定点范围。

3. 交通出行优待

(1) 城市公共交通、公路、铁路、水路和航空客运,要为老年人提供便利服务。

(2) 交通场所和站点应设置老年人优先标志,设立等候专区,根据需要配备升降电梯、无障碍通道、无障碍洗手间等设施。对于无人陪同、行动不便的老年人给予特别关照。

（3）城市公共交通工具应为老年人提供票价优惠，鼓励对65周岁以上老年人实行免费，有条件的地方可逐步覆盖全体老年人。各地可根据实际情况制定具体的优惠办法，对落实老年优待任务的公交企业要给予相应经济补偿。

（4）倡导老年人投保意外伤害保险，保险公司对参保老年人应给予保险费、保险金额等方面的优惠。

（5）公共交通工具要设立不低于座席数10%的"老幼病残孕"专座。铁路部门要为列车配备无障碍车厢和座位，对有特殊需要的老年人订票和选座位提供便利服务。

（6）严格执行《无障碍环境建设条例》《社区老年人日间照料中心建设标准》和《养老设施建筑设计规范》等建设标准，重点做好居住区、城市道路、商业网点、文化体育场馆、旅游景点等场所的无障碍设施建设，优先推进坡道、电梯等与老年人日常生活密切相关的公共设施改造，适当配备老年人出行辅助器具，为老年人提供安全、便利、舒适的生活和出行环境。

（7）公厕应配备便于老年人使用的无障碍设施，并对老年人实行免费。

4. 商业服务优待

（1）各地要根据老年人口规模和消费需求，合理布局商业网点，有条件的商场、超市设立老年用品专柜。

（2）商业饮食服务网点、日常生活用品经销单位，以及水、电、暖气、燃气、通信、电信、邮政等服务行业和网点，要为老年人提供优先、便利和优惠服务。

（3）金融机构应为老年人办理业务提供便捷服务，设置老年人取款优先窗口，并提供导银服务，对有特殊困难、行动不便的老年人提供特需服务或上门服务。鼓励对养老金客户实施减费让利，对异地领取养老金的客户减免手续费。对办理转账、汇款业务或购买金融产品的老年人，应提示相应风险。

5. 文体休闲优待

（1）各级各类博物馆、美术馆、科技馆、纪念馆、公共图书馆、文化馆等公共文化服务设施，向老年人免费开放。减免老年人参观文物建筑及遗址类博物馆的门票。

（2）公共文化体育部门应对老年人优惠开放，免费为老年人提供影视放映、文艺演出、体育赛事、图片展览、科技宣传等公益性流动文化体育服务。关注农村老年人文化体育需求，适当安排面向农村老年人的专题专场公益性文化体育服务。

（3）公共文化体育场所应为老年人健身活动提供方便和优惠服务，安排一定时段向老年人减免费用开放，有条件的可适当增加面向老年人的特色文化体育服务项目。提倡体育机构每年为老年人进行体质测定，为老年人体育健身提供咨询、服务和指导，提高老年人科学健身水平。

（4）提倡经营性文化体育单位对老年人提供优待。鼓励影剧院、体育场馆为老年人提供优惠票价，为老年文艺体育团体优惠提供场地。

（5）公园、旅游景点应对老年人实行门票减免，鼓励景区内的观光车、缆车等代步工具对老年人给予优惠。

（6）老年活动场所、老年教育资源要对城乡老年人公平开放，公共教育资源应为老年人学习提供指导和帮助。贫困老年人进入老年大学（学校）学习的，给予学费减免。

6. 维权服务优待

（1）各级人民法院对侵犯老年人合法权益的案件，要依法及时立案受理、及时审判和执行。

（2）司法机关应开通电话和网络服务、上门服务等形式，为高龄、失能等行动不便的老年人报案、参与诉讼等提供便利。

（3）老年人因其合法权益受到侵害提起诉讼，需要律师帮助但无力支付律师费用的，可依法获得法律援助。对老年人提出的法律援助申请，要简化程序，优先受理、优先审查和指派。各地可根据经济社会发展水平，适度放宽老年人经济困难标准，将更多与老年人权益保护密切相关的事项纳入法律援助补充事项范围，扩大老年人法律援助覆盖面。

（4）要健全完善老年人法律援助体系，不断拓展老年人申请法律援助的渠道，科学设置基层法律援助站点，简化程序和手续，为老年人就近申请和获得法律援助提供便利条件。

（5）老年人因追索赡养费、扶养费、养老金、退休金、抚恤金、医疗费、劳动报酬、人身伤害事故赔偿金等提起诉讼，交纳诉讼费确有困难的，可以申请司法救助，缓交、减交或者免交诉讼费。因情况紧急需要先予执行的，可依法裁定先予执行。

（6）鼓励律师事务所、公证处、司法鉴定机构、基层法律服务所等法律服务机构，为经济困难的老年人提供免费或优惠服务。

三、业务办理

（一）养老机构的设立

1. 养老机构设立许可服务规范

主要依据：《民政部养老机构设立许可服务规范》。

（1）基本要求。实现"优质服务，限时办结"。严格落实首问负责、一次性告知、预约服务、全程代办等服务制度，根据服务对象现实需求，持续优化服务方式和服务行为，促进阳光审批和服务水平提升。

（2）接受咨询。要做到咨询一次说清、表格一次发清。对于承办事项，承办人应按照有关规定对服务对象做出清晰明确答复，并提供相关事项的服务网址、服务单等，告知服务对象需要提交哪些材料以及材料的出处、份数和要求。对不属于本部门承办的事项,应向服务对象做好解释说明;对不具备申请条件或不符合要求的办件,要出具书面凭证说明不予办理的理由,提供相关查询信息,做好记录和报告。

(3)受理申请。要做到材料一次收清、内容一次审清。服务对象提出办理申请,承办人及时接收,网上接受的要进行确认,必要时提供相应的示范文本。对申请材料齐全且符合法定形式的,出具受理单;对申请材料不齐全或不符合法定形式的,应当予以指正,服务对象更正后予以登记受理;对不能当场更正的申请事项,应出具补正材料通知书,一次性书面告知需要补正的全部内容。绝不允许擅自增加申报材料和办理环节。

(4)审查办理。要做到权责一致,审查办理准确、规范、及时。①逐级审核。各级审查人依职责对服务对象提交材料的真实性、合法性和规范性进行审核,提出是否准予许可建议,并出具审核意见。②审查决定。经审查符合批准条件的,在法定期限内颁发养老机构设立许可证。经审查不具备批准条件的,出具不予许可通知书,详细说明理由,并告知服务对象享有依法申请行政复议或提起行政诉讼的权利。③满意度评价。发放申请人满意度评价表,请申请人对服务质量进行评价。④资料归档。承办人将相关材料按照规定要求整理归档,并保证服务对象的信息安全。⑤注意事项。所有办件都要及时、准确、规范、详细地录入网上审批服务系统。不能出现不输件、不及时输件以及输件不正确、不规范、重复输件、同一个证书编号的办件分成多个办件录入以及超期办结等现象。

2. 养老机构设立许可程序

(1)许可申请的受理。①申请事项依法不需要取得设立许可的,应当即时告之申请人不受理,并向其出具《行政许可申请不予受理决定书》。②申请事项不属于本部门职权范围的,应当即时作出不予受理的决定,向申请人出具《行政许可申请不予受理决定书》,并告知其向有关行政机关申请。③申请材料存在文字、计算等可以当场更正的错误的,应当告知申请人当场更正,并让其在更正处确认。④申请材料不齐全或者不符合法定形式的,应当场或者在5个工作日内作出《行政许可申请材料补正通知书》,一次告知申请人需要补正的全部内容。逾期不告知,自收到申请材料之日起即为受理。⑤申请事项属于本部门职权范围,申请材料齐全、符合法定形式或者申请人依照本部门要求提交补正材料的,应当受理许可申请,向申请人出具《行政许可申请受理决定书》,同时填写《行政许可申请材料登记表》,将收到许可申请时间、申请人、申请事项、提交材料情况等记录在案。《行政许可申请材料登记表》一式两份,在申请人和受理人签字后,一份交申请人,一份留民政部门存档备查。

(2)审查和决定。民政部门应当自受理设立申请之日起20个工作日内,对申请人提交的文件、材料进行书面审查并实地查验。符合条件的,颁发养老机构设立许可证;不符合条件的,应当书面通知申请人并说明理由。

(3)文书送达。①准予行政许可的,10个工作日内送达申请人准予行政许可的书面决定和《养老机构设立许可证》。②不予行政许可的,10个工作日内送达申请人不予行政许可的书面决定,说明理由,同时告知申请人享有的依法申请行政复议或者行政诉讼的权利,并依申请人意愿,退还申请人申请材料。

3. 养老机构设立的相关材料

养老机构设立的相关材料如材料4–1至材料4–15所示。

材料4–1 民政部养老机构设立许可申请人满意度评价表

尊敬的申请人您好:

欢迎您参加这次问卷调查。问卷调查全部为单选题,请对卷中所列问题依据您的理解和实际体验选择。您的个人信息和所填写资料我们将严格保密。我们将根据您的意见和建议改进我们的工作,感谢您的支持合作!

填写日期:　　年　　月　　日

办理事项		
办理部门		
办理时间		
申请人信息	姓名	
	联系地址	
	联系电话	
	电子邮箱	
评价内容	1. 您对该单位在办事流程方面是否满意?	A. 非常满意　B. 满意 C. 不满意　　D. 不了解
	2. 您对该单位在履行服务承诺(在承诺的时限内办结业务、履行一次性告知等)方面是否满意?	A. 非常满意　B. 满意 C. 不满意　　D. 不了解
	3. 您对该单位办事方便程度、有效指引群众方面是否满意?	A. 非常满意　B. 满意 C. 不满意　　D. 不了解
	4. 您对该单位在配套服务和办事效率(等候时间等)方面是否满意?	A. 非常满意　B. 满意 C. 不满意　　D. 不了解
	5. 您对该单位在落实首问责任制方面是否满意?	A. 非常满意　B. 满意 C. 不满意　　D. 不了解
	6. 您对该单位政务公开的方式(网站、热线电话、纸质服务指引、流程上墙等)是否满意?	A. 非常满意　B. 满意 C. 不满意　　D. 不了解
	7. 您对该单位政务公开的内容是否满意?	A. 非常满意　B. 满意 C. 不满意　　D. 不了解

续表

评价内容	8. 您对该单位在解决"门难进、脸难看、话难听、事难办"等现象方面是否满意?	A. 非常满意 C. 不满意	B. 满意 D. 不了解
	9. 您对该单位投诉处理情况方面是否满意?	A. 非常满意 C. 不满意	B. 满意 D. 不了解
	10. 您通过拨打咨询热线向该单位提出疑问或诉求时,对该单位的答复情况方面是否满意?	A. 非常满意 C. 不满意	B. 满意 D. 不了解
	11. 您对该单位在主动向群众推荐使用网上办理业务功能方面是否满意?	A. 非常满意 C. 不满意	B. 满意 D. 不了解
	12. 您对该单位网上办事办理审批服务事项从减少到现场次数,缩短办事时间方面考虑是否满意?	A. 非常满意 C. 不满意	B. 满意 D. 不了解
	13. 您对该单位网上办事服务大厅界面风格和内容规范方面是否满意?	A. 非常满意 C. 不满意	B. 满意 D. 不了解
	14. 您对该单位在网上办事服务提供便民服务功能(表格下载、邮政速度、自助终端等)是否满意?	A. 非常满意 C. 不满意	B. 满意 D. 不了解
	15. 您对该单位网上办事的办事流程,提高网上办事深度方面是否满意?	A. 非常满意 C. 不满意	B. 满意 D. 不了解
	16. 您对该单位工作人员的业务水平(对经办业务的熟悉程度)是否满意?	A. 非常满意 C. 不满意	B. 满意 D. 不了解
	17. 您对该单位工作人员仪容仪表、用语规范、礼貌、亲切方面是否满意?	A. 非常满意 C. 不满意	B. 满意 D. 不了解
	18. 您对该单位工作人员在主动沟通、热情耐心、不厌其烦方面是否满意?	A. 非常满意 C. 不满意	B. 满意 D. 不了解
	19. 您对该单位工作人员履行岗位职责方面是否满意?	A. 非常满意 C. 不满意	B. 满意 D. 不了解
其他意见或建议			
抽查回访记录	抽查回访时间		
	抽查回访人		
	抽查回访方式		
	抽查回访结果		

材料 4-2 养老机构设立申请书

民政部:

根据《民政部门实施行政许可办法》(民政部令第 25 号)、《养老机构设立许可办法》(民政部令第 48 号)规定,_____(机构名称)已建设完毕,具备开业条件,特申请设立许可,请予批准。申请人保证所填内容和提交材料真实、合法,并承担相应法律责任。

申请人:

年　月　日

材料 4-3　养老机构申请人（自然人）履历表

拟办机构名称：　　　　　　　　　　　　　　　填写时间：　　年　月　日

姓　名		性　别		照片
学　历		联系电话		
年　龄		籍　贯		
身份证件类型		号　码		
家庭住址				
工作单位				
主要学习及工作经历：				

申请人签字：

材料 4-4　养老机构申请人（法人）登记表

法人代表姓名		电　话	
年　龄		籍　贯	
身份证件类型		证件号码	
居住地址			
单位名称			
单位地址			
注册资金			
开户银行及账号			
经营范围			
单位盖章			

拟办机构名称：　　　　　　　　　　　　　　　填写时间：　　年　月　日

第四章 社会福利实务与实训

材料4-5 养老机构拟任法定代表人（主要负责人）履历表

姓 名	×××	拟任法人或主要负责人	×××	照片
学 历	×××	性 别	×××	
年 龄	×××	联系电话	×××	
身份证件类型		号 码	×××	
家庭住址	××省（区、市）××区××街道××号			
工作单位	××（区、市）×××公司			
主要学习及工作经历 ××年×月～××年×月××省（区、市）×××学院×××专业学习 ××年×月～××年×月××省（区、市）×公司 历任办事员、秘书等 ××年×月～至今　××××××公司 担任总经理				

拟办机构名称：　　　　　　　　　　　　　　　填写时间：　年　月　日

材料4-6 养老机构规章制度及执行部门登记表

拟办机构名称：　　　　　　　　　　　　　　　填写时间：　年　月　日

	规章制度		执行部门
编号	制度名称	主要内容	
1	财务制度	按照政府及行业的有关规定，制定本院财务管理的各项具体要求	财务部
2	护理制度	按照政府及行业的有关规定，制定本院各项具体护理服务与管理要求	护理部
3	行政制度	按照政府及行业的有关要求，制定本院行政管理的各项具体要求	行政部
4	后勤制度	按照政府及行业的有关要求，制定本院后勤保障的各项具体要求	后勤部
5	医疗服务制度	按照政府及行业的有关要求，制定本院医疗服务的各项具体要求	医务室
6	……	……	……
7	……	……	……
8	……	……	……
9	……	……	……
10	……	……	……

申办者盖章（签字）：

材料4-7 养老机构主要工作人员登记表

拟办机构名称：××××　　　　　　　　　　　填写时间：××××年×月×日

姓名	性别	出生年月	证件及号码	拟任职务
×××	男	×××	……	财务部部长
×××	女	×××	……	护理部部长
×××	男	×××	……	行政部部长
×××	男	×××	……	医务室主任

续表

姓名	性别	出生年月	证件及号码	拟任职务
×××	男	×××	……	后勤部部长
×××	女	×××	……	外联部部长
×××	男	×××	……	法定代表人兼院长
……	……	……	……	……
……	……	……	……	……
人数总计	××			

申办者盖章（签字）：

材料 4-8　行政许可申请不予受理决定书

××××：

　　你（单位）关于养老机构设立的行政许可申请，我司于＿＿＿年＿＿月＿＿日收悉。经审查，（此处写明属于哪种不应受理的情形）

　　根据《中华人民共和国行政许可法》和《养老机构设立许可办法》的规定，我司决定不予受理。

　　你（单位）对本决定不服，可以自知道我司作出不予受理行政许可决定之日起六十日内向我司申请行政复议，也可以自知道我司作出不予受理行政许可决定之日起三个月内向人民法院起诉。

民政部社会福利和慈善事业促进司
年　月　日

材料 4-9　行政许可申请材料补正告知书

＿＿＿＿＿＿：

　　你单位于＿＿＿＿年＿＿月＿＿日提出的＿＿＿＿＿＿＿行政许可申请收悉，经审查，需要补正下列材料：

序号	材料名称	数量	备注
1			
2			
3			
4			
5			
6			
7			
8			
9			
10			

请你（单位）于＿＿＿＿年＿＿月＿＿日前补正上述材料。

民政部社会福利和慈善事业促进司
年　月　日

材料4-10 民政部养老机构设立许可受理通知书

流水号：

事项名称		
申请人信息	名称	
	地址	
联系人信息	姓名	
	电话	
	电子邮箱	
	传真	
	地址	
受理机构		
受理依据		
接受材料时间	年 月 日	
受理时间	年 月 日	在受理之日起20个工作日办结（办理过程中需实地查验）
审批编号	许可证发放方式	
受理工作人员	联系电话	

（申请人凭本受理通知书及有效身份证件领取审批结果）

（受理机构）盖章

年 月 日

材料4-11 行政许可申请材料登记表

申请人	名　称			
	地　址			
	法定代表人姓名		身份证号	
	法定代表人住址			
	电　话		邮　编	
委托代理人	姓　名		身份证号	
	单　位			
	住　址			
	电　话		邮　编	
拟设养老机构	名　称			
	地　址			
	法定代表人姓名		电话	
	机构负责人姓名		电话	
	建筑面积（m²）		使用面积（m²）	

续表

	建筑形式 (楼房或平房)		设置床位≥10 (张)	
	房产权单位		房产租赁期限	
拟设养老机构	投资总额（万元）		资产性质	
	主要服务项目	□ 1. 个人生活照料服务 □ 3. 心理/精神支持服务 □ 5. 环境卫生服务 □ 7. 协助医疗护理服务 □ 9. 功能训练服务 □ 11. 听力语言训练服务 □ 13. 智力训练服务 □ 15. 居家生活照料服务 □ 17. 洗衣服务 □ 19. 陪同就医服务 □ 21. 通信服务 □ 23. 教育服务 □ 25. 委托服务 □ 27. 安宁服务		□ 2. 护理服务 □ 4. 安全保护服务 □ 6. 休闲娱乐服务 □ 8. 医疗保健服务 □ 10. 步态训练服务 □ 12. 肢体训练服务 □ 14. 技能训练服务 □ 16. 膳食服务 □ 18. 物业管理维修服务 □ 20. 咨询服务 □ 22. 送餐服务 □ 24. 购物服务 □ 26. 交通服务

申请人（法人）签名（盖章）：

年　月　日

处理意见：

材料 4-12　送达回证
(送达单位专用印章)

受送达人		事由	养老机构设立许可
送达单位			
送达地点			

送达文书	送达人	收到日期	收件人签字
行政许可申请受理通知书（流水号）			

备注	

材料 4-13 现场检查笔录

第　页　共　页

检查时间：____年___月___日___时至____年___月___日___时

检查地点：_____

检查人：_____ 执法证号码：_____

检查人：_____ 执法证号码：_____

被检查人（单位）：_____

检查项目：_____

检查情况：

_____
_____
_____
_____
_____
_____
_____

（可续页）

（被检查人每页注明"以上阅过无误"并签字）

材料 4-14 不予行政许可决定书

××××：

你（单位）于20××年×月××日向本机关提出养老机构设立的许可申请。经审查，（此处写明属于哪种不予许可的具体事由）。根据《养老机构设立许可办法》(民政部第48号令）第十三条的规定，决定不予行政许可。

如不服本决定，可以自收到本决定之日起六十日内，依法向××××（复议机关名称）申请行政复议，也可以在三个月内直接向××人民法院提起行政诉讼。

民政部社会福利和慈善事业促进司

20××年××月××日

材料 4-15 行政许可决定书

××××：

你（单位）于20××年×月××日向我司提出了养老机构设立的许可申请。经审查，符合法定条件。根据《养老机构设立许可办法》(民政部第48号令）有关规定，决定准予行政许可。

民政部社会福利和慈善事业促进司

20××年××月××日

（二）养老机构的运营资助

1. 申请

每半年度后的第一个月（即每年1月10日、7月10日）前，向其所属区（县）民政局提出运营资助申请，同时提交以下材料：《非营利性社会福利机构服务月统计表》；《非营利性社会福利机构运营资助申请书》；《养老机构设立许可证》或《社会福利机构设置批准证书》副本复印件一份；《民办非企业单位登记证书》或《事业单位法人证书》副本复印件一份；上一年度《非营利性社会福利机构资助金使用决算表》(首次申请资助的非营利性社会福利机构除外)。其中应区分老年人（按照自理能力分类）、残疾人（按照残疾类别和等级分类）情况。

2. 审核

区（县）民政局应当按照规定对资助范围、资助标准、申报条件和申报服务量进行审核并填报区（县）年度上、下半年非营利性社会福利机构服务量审核汇总表和非营利性社会福利机构运营资助审批表，在每半年度终了后的第二个月20日（即每年2月20日、8月20日）前，向市民政局申请其上、下半年所需市级资助资金。

3. 拨付

市民政局核定全市各区（县）所需为老年人提供服务的市级补助资金，商市财政局通过对区（县）专项转移支付方式落实资金拨付。

4. 养老机构运营资助的相关材料

养老机构运营资助的相关材料如材料4-16至材料4-18所示。

材料4-16　非营利性社会福利机构服务月统计表＿＿＿＿年＿＿月
（非营利性社会福利机构和"公办民营"类福利机构及残疾人福利机构适用）
第　页

机构现有床位数			本月在院人数		服务人数			
序号	服务对象姓名	身份证号	家庭联系电话	入住时间	入住房间号	当月交费发票号	备注
				自＿＿日至＿＿日			
				自＿＿日至＿＿日			
				自＿＿日至＿＿日			
				自＿＿日至＿＿日			
				自＿＿日至＿＿日			
				自＿＿日至＿＿日			
				自＿＿日至＿＿日			
				自＿＿日至＿＿日			
				自＿＿日至＿＿日			
				自＿＿日至＿＿日			

填表人＿＿＿＿＿　　联系电话＿＿＿＿＿　　填表时间＿＿＿＿＿　　机构盖章＿＿＿＿＿

注：①本表一式两份，市、区（县）民政局各留存一份。②备注栏填写"三无""五保"老人等服务对象类别或者对发票解释等需要单独说明的事项。③非营利性社会福利机构应当按季度将本表报送区（县）民政局，区（县）民政局分别于7月31日、次年1月31日前将上、下半年月统计表报送市民政局。

材料 4-17 非营利性社会福利机构服务月统计表

（会员制福利机构适用）

_____年 1 月 　　　　　　　　　　　　　　　　　　　　第　　页

序号	服务对象姓名	性别	年龄（身份证号码）	收住时间（合同有效期）	备注
				自___年___月___日至___年___月___日	
				自___年___月___日至___年___月___日	
				自___年___月___日至___年___月___日	

2 月增减情况统计

	序号	服务对象姓名	性别	年龄（身份证号码）	入住（出院）或合同生效（终止）日期	备注
月内增加					自___年___月___日至___年___月___日	
					自___年___月___日至___年___月___日	
月内减少					自___年___月___日至___年___月___日	
					自___年___月___日至___年___月___日	

3 月增减情况统计

	序号	服务对象姓名	性别	年龄（身份证号码）	入住（出院）或合同生效（终止）日期	备注
月内增加					自___年___月___日至___年___月___日	
					自___年___月___日至___年___月___日	
月内减少					自___年___月___日至___年___月___日	
					自___年___月___日至___年___月___日	

填表人_____　　联系电话_____　　填表时间_____　　机构盖章_____

注：①本表一式两份，市、区（县）民政局各留存一份。②儿童福利机构填写孤残儿童年龄和收住时间，会员制老年人福利机构填写服务对象身份证号码和合同有效期。③非营利性社会福利机构应当按季度将本表报送区（县）民政局，区（县）民政局分别于 7 月 31 日、次年 1 月 31 日前将上、下半年月统计表报送市民政局。

材料 4-18　非营利性社会福利机构运营资助申请书（北京）

×××民政局：

××××年度上（下）半年，本机构恪守非营利性社会福利机构管理法规规章及行业管理制度，诚信经营，服务为本。根据市民政局、市财政局、市残疾人联合会《社会力量兴办非营利性社会福利机构运营资助办法》，现申请运营资助，并声明如下：

一、我单位保证所有申报材料的真实性和完整性，所提交服务统计月报表能够真实、完整反映××××年度上（下）半年我单位提供社会福利服务的状况。

二、我单位确信所开票据为正式税务发票（孤儿弃婴、"三无""五保"对象以及免交床位费的会员制老年人除外），且已全部提交，并保证其真实性和有效性，符合相关规定，并自愿承担由此产生的一切后果。

三、我单位保证按照规定时限、地点接受票据核查，并自愿承担此产生的一切后果。

×××年上（下）半年，我机构符合资助条件的 6 个月服务总量为×××人次，其中经评估为生活不能完全自理老年人提供的服务量为×××人次，其他类型服务量为×××人次。各月份服务记录如下：

续表

月　份	1月	2月	3月	4月	5月	6月
为已评估认定生活不能完全自理老年人开展的服务量						
其他类型服务量						

月　份	7月	8月	9月	10月	11月	12月
为已评估认定生活不能完全自理老年人开展的服务量						
其他类型服务量						

为已评估认定生活不能完全自理老年人提供的福利服务资助标准为×××元/人/月，申请资助×××元；其他类型服务资助标准为×××元/人/月，申请资助×××元，拟申请资助总额×××元。

申请提交材料目录：

1. ×××

2. ×××

注：①非营利性社会福利机构（社会办会员制社会福利机构除外）内入住的生活不能完全自理老年人需经专门机构评估，未经评估认定的，计入"其他类型服务量"；②社会办会员制福利机构在"其他类型服务量"内填报。

申请机构（盖章）：
申请机构法人（签名）：

（三）高龄津贴

1. 办理依据

《北京市人民政府办公厅关于转发市老龄工作委员会办公室〈北京市老年人社会保障和社会优待办法〉的通知》（京政办发〔2013〕30号）。

2. 所需材料

申请时携带：①本人身份证和户口簿（含集体户口）原件及复印件两份；②三张近期二寸照片；③填写《北京市高龄老年人津贴申请表》（一式两份）；④如委托近亲属或其他人员办理申请手续，还须提供受委托人的身份证明原件及复印件一份，并填写相关委托书。

领取时携带：《北京市高龄老年人津贴和补助医疗领取证》。

3. 办理程序

（1）符合申请高龄津贴条件的人员，应持办理材料向其户籍所在地的居（村）委会提出申请；未成立居委会的新建居民小区内的申请人，可以直接向户口所在地街道办事处或者乡（镇）人民政府提出申请。

（2）一般情况下从申请时间开始30个工作日之后可以在街道办事处或者乡（镇）人民政府领取高龄老年人津贴。高龄老年人津贴按月发放，领取时需携带《北京市高龄老年人津贴和补助医疗领取证》和家庭户口簿。

（3）对高龄津贴申请和发放工作有异议时，可在接到不符合申请高龄津贴的通知后10日内向（街道/乡/镇/区县老龄办）提出书面复核申请。

对符合条件的申请人由区（县）老龄办委托街道办事处或乡（镇）人民政府办理《北京市高龄老年人津贴和补助医疗领取证》，申请人第一次领取津贴时同时领取《北京市高龄老年人津贴和补助医疗领取证》，以后凭《北京市高龄老年人津贴和补助医疗领取证》按月领取高龄津贴。高龄津贴是三个月复审一次，每季度最后一个月领取高龄津贴时，需带《北京市高龄老年人津贴和补助医疗领取证》和家庭户口簿，其中，户籍所在地和经常居住地不一致的，根据《关于取消调整74项市政府部门要求基层开具的涉及群众办事创业各类证明的通知》（京审改办函〔2016〕12号）文件规定，不再需要提供经常居住地出具的证明，改为通过北京市养老服务与信息管理系统查询核实办理。

（四）老年优待

1. 办理依据

《北京市人民政府办公厅关于转发市老龄工作委员会办公室北京市老年人社会保障和社会优待办法的通知》（京政办发〔2013〕30号）。

2. 办理条件

具有本市户籍的60周岁（含60周岁）以上的老年人；在北京行政区域内驻军且在北京行政区域内长期居住的军队离退休60周岁（含60周岁）以上的老年人；在本市行政区域内居住满6个月及以上的外埠60周岁（含60周岁）以上的老年人。优待卡的办理年龄为65岁。

3. 所需材料

本人身份证及身份证复印件一份；近期一寸白底彩色免冠标准照片一张，照片背面用铅笔注明姓名及身份证号码；部队离退休老年人还需提供离退休证件复印件一张；符合条件的外埠老年人还需提交在本市行政区域内居住满6个月及以上的北京市公安局统一印制、在暂住地公安派出所办理的《暂住证》和复印件一份。办理老年卡的还需要填写北京市65周岁以上（含65周岁）老年人信息登记表。

4. 办理程序

居（村）初审。凡符合条件的老年人凭本人身份证到户籍所在地或经常居住地居（村）委会提出个人申请，同时提交办理材料，居（村）委会统一报送街道（乡镇）。

街道（乡镇）审核。街道（乡镇）对符合办证条件的老年人资料进行审核，按老年人身份证提供的信息资料填写优待证卡片（粘贴照片），统一编号后上报区（县）老龄办。对符合办卡条件的老年人资料进行审核，将老年人信息登记表制成Excel电子表格，连同老年人资料一起上报区（县）老龄办。

区（县）老龄办核准办理。区（县）老龄办对办证老年人信息逐一进行核准，核准后对优待证加盖钢印，老年人凭身份证原件领取《优待证》。一般每月1日前将符合办卡条件老年人的照片、身份证复印件及信息登记表电子表格统一上报市老龄办。

市老龄办对各区（县）上报信息进行抽查合格后，于15个工作日内完成制卡工作，并将老年人照片、身份证复印件返回区（县）老龄办，老年人凭身份证原件领取《优待证》。

部队离退休老年人办理。符合条件的部队离退休老年人持办理材料，到师级以上政治机关提出申请。由师级以上政治部门审核汇总后出具符合办证条件证明，统一到辖区（县）老龄办核准办理。

四、软件实训

（一）石磊申请"三无"老人入住社会福利机构

1. 案例描述

居住在浙江省杭州市余杭区五常街道玉苑社区的石磊年满65周岁，属杭州户籍，其妻子已去世，长子是二级残疾人并患有肾结石积水，需要长期服药和治疗，女儿已出嫁，且家庭生活困难，每月只能支付100元赡养费。石磊大属于无劳动力、无生活来源、法定扶养义务人无赡养能力的事实"三无"人员。2017年2月10日，石磊向户口所在地的五常街道办事处申请入住社会福利机构。当天，五常街道办事处的资料审核员接到申请后对石磊的申请材料进行初审，核实申请材料真实齐全后，交于审核员签署意见，审核员签署完成后报送于余杭区民政局审核。2月15日，余杭区民政局的审核员进行审核认定后，报送杭州市民政局批准。2月20日，杭州市民政局批准同意后，由街道办事处会同有关人员，持"三无"人员入住社会福利机构审批材料，将其送入社会福利院入住。

申请条件：入住市社会福利院、市养老院集中供养的"三无"人员，是指具有本市户籍的城镇居民中，符合下列条件的老年人和残疾人（未成年人入住儿童福利院按《孤儿入儿童福利机构的若干规定》办理）：无劳动能力、无生活来源、无法定赡养（抚养、扶养）义务人，或者其法定赡养（抚养、扶养）义务人确无赡养能力（抚养能力、扶养能力）的事实"三无"人员。

2. 基本信息

相关基本信息如表4-1和表4-2所示。

表4-1　申请人信息

姓名	石磊	性别	男
年龄	65岁	民族	汉
联系电话	15207310028	身份证号码	330103195201102452
家庭地址	浙江省杭州市余杭区五常街道玉苑社区30号201室		
申请原由	今年年满65周岁，妻子已去世，长子是二级残疾人并患有肾结石积水，需要长期服药和治疗，女儿已出嫁，且家庭生活困难，每月只能支付100元赡养费，属于无劳动力、无生活来源、法定扶养义务人无赡养能力的事实"三无"人员		

表 4-2 审核信息

街道审核意见	石磊老人符合"三无"人员入住社会福利机构条件,拟请办理		
街道盖章	五常街道办事处	街道审核日期	2017年2月10日
区民政局审核意见	经核实,石磊老人符合"三无"人员入住社会福利机构条件,拟予办理		
区民政局盖章	余杭区民政局	区民政局审核日期	2017年2月15日
市民政局审批意见	经审批,同意石磊老人入住社会福利机构		
市民政局盖章	杭州市民政局	市民政局审批日期	2017年2月20日

备注:盖章标准按照"政府机关单位公章尺寸大小规定"盖章。

3. 所需材料

身份证复印件,户口本复印件,婚姻状况证明复印件,无赡养(抚养、扶养)能力的证明复印件,无劳动能力、无生活来源的证明复印件,体检证明复印件。

4. 实训要求

请根据上述案例描述、基本信息和相关政策要求,在软件中模拟"三无"人员入住社会福利机构申请业务流程。

5. 操作步骤

申请入住社会福利机构—接收入住社会福利机构申请—审查入住社会福利机构申请—审核入住社会福利机构申请—审批入住社会福利机构申请。

(二)李孝德申领高龄老人生活津贴

1. 案例描述

居住在长沙市天心区文源街道金汇社区的李孝德年满80周岁,本地户籍。符合高龄老人生活津贴申领条件,2017年5月10日,李孝德向户口所在地的金汇居委会提出高龄老人生活津贴申请。居委会的审核员对申报材料进行了审核,认为李孝德符合申领高龄老人生活津贴条件,交与文源街道办事处办理。2017年5月13日,文源街道办事处的审核员审核通过后交与天心区老龄办办理,5月15日,天心区老龄办的审批员经审批,同意李孝德老人从2017年5月15日起领取长沙市高龄老人生活津贴,每月发放津贴金额为50元。

2. 基本信息

相关基本信息如表4-3和表4-4所示。

3. 所需材料

身份证复印件、户口本复印件。

4. 实训要求

请根据上述案例描述、基本信息和相关政策要求,在软件中模拟高龄老人生活津贴申请流程。

表 4-3 申请信息

姓名	李孝德	性别	男
民族	汉	出生日期	1937 年 2 月
联系电话	15207305742	身份证号码	430104193702102472
户口所在地	湖南省长沙市天心区		
现居住地址	长沙市天心区文源街道金汇社区 90 号 302 室		
赡养人姓名	李骁	与老人关系	父子
赡养人电话	15200314678		

表 4-4 审核信息

社区意见	李孝德老人符合申领高龄老人生活津贴条件，请办理		
社区盖章	金汇居委会	社区审查日期	2017 年 5 月 10 日
街道审核意见	经核实，李孝德老人符合申领高龄老人生活津贴条件，同意办理		
街道盖章	文源街道办事处	街道审核日期	2017 年 5 月 13 日
区老龄办审批意见	经审批，同意李孝德老人从 2017 年 5 月 15 日起领取长沙市高龄老人生活津贴，每月发放津贴金额为 50 元		
区老龄办盖章	天心区老龄办	区老龄办审批日期	2017 年 5 月 15 日

备注：盖章标准按照"政府机关单位公章尺寸大小规定"盖章。

5. 操作步骤

申请高龄老人津贴—受理高龄老人津贴申请—审核高龄老人津贴申请—审批高龄老人津贴申请。

（三）张祖仁申请老年人优待证

1. 案例描述

居住在浙江省杭州市余杭区五常街道玉苑社区的张祖仁年满 60 周岁，属杭州户籍。2017 年 8 月 10 日，张祖仁向户口所在地的玉苑居委会申请办理老年优待证。居委会的审核员经审核认为张祖仁符合办证条件，便将张祖仁的资料报送至五常街道办事处审核，2017 年 8 月 13 日，五常街道办事处的审核员审核通过后报送至余杭区老龄办审批，8 月 15 日，余杭区老龄办的审批员审批通过，8 月 20 日，制作完成后统一将老年人优待证发放给符合办证条件的老年人，张祖仁当天接收完成。

《浙江省老年人优待证》分绿、红两种卡，60~69 周岁老年人办理绿卡，70 周岁及以上老年人办理红卡。凡户籍在本区的年满 60 周岁的老年人，凭本人身份证，到户口所在地的社区（村）登记办理《浙江省老年人优待证》绿卡。凡户籍在本区的年满 70 周岁的老年人，凭本人身份证，到户口所在地的社区（村）登记办理《浙江省老年人优待证》红卡。常住本区六个月以上的外地老年人（包括港、澳、台老人和外国老人），凭本人身份证或其他有效身份证明，并持公安机关核发的居住证明（如暂住证等），到户口所在地的社区（村）登记办理。办理《优待证》需交老年人本人近期正面免冠红底一寸彩色照片 1 张。

2. 相关信息

相关信息如表 4-5 所示。

表 4-5 申请信息

姓名	张祖仁	性别	男
民族	汉	出生日期	1957 年 7 月 18 日
申办类型	初办	联系电话	15207305742
身份证号码	330103195707182476		
户口所在地	浙江省杭州市余杭区		
家庭地址	浙江省杭州市余杭区五常街道玉苑社区 8 号 303 室		
申请日期	2017 年 8 月 10 日	办证员签章	余杭区老龄办
办证员签章日期	2017 年 8 月 15 日	优待证编号	7A01060100324
优待证盖章信息	浙江省老龄工作委员会		

备注：盖章标准按照"政府机关单位公章尺寸大小规定"盖章。

3. 所需材料

身份证复印件、户口本复印件。

4. 实训要求

请根据上述案例描述、基本信息和相关政策要求，在软件中模拟老年人优待证申请流程。

5. 操作步骤

申请老年人优待证—受理老年人优待证申请—审核老年人优待证申请—审批老年人优待证申请—发放老年人优待证—接收完成。

五、情境模拟

（一）养老机构设立

请根据养老机构设立的相关政策文件、业务办理程序及相关要求，模拟养老机构设立相关手续的办理情境，开展角色扮演练习，主要模拟申请者及主管部门相关人员的角色，练习从申请到审批的全过程。考虑正常情况和复杂情况（比如材料不合格、条件不符合等情况被驳回，以及出现争议的情况）下的业务处理过程。

（二）养老机构运营资助

请按照相关政策文件、业务办理程序及相关要求，模拟演练养老机构运营资助申请的全过程,需要考虑申请者和民政部门相关人员的不同角色,练习从申请到审批的全过程。考虑正常情况和复杂情况(比如材料不合格、条件不符合等情况被驳回,以及出现争议的情况)下的全部业务处理过程。

(三)高龄津贴(北京市)

请按照相关政策文件、业务办理程序及相关要求,模拟演练高龄津贴申请、审批到待遇发放的全过程,需要考虑申请者、不同层级机构、民政部门相关人员的不同角色,练习从申请到审批的全过程。考虑正常情况和复杂情况(比如材料不合格、条件不符合等情况被驳回,以及出现争议的情况)下的全部业务处理过程。

(四)老年优待(北京市)

请按照相关政策文件、业务办理程序及相关要求,模拟演练老年优待卡申请、审批到发放的全过程,需要考虑申请者、不同层级机构、民政部门相关人员的不同角色,练习从申请到发放的全过程。考虑正常情况和复杂情况(比如材料不合格、条件不符合等情况被驳回,以及出现争议的情况)下的全部业务处理过程。

第二节 儿童福利实务与实训

一、基本概念

"凡是以促进儿童身心健康全面发展与正常生活为目的的各种努力、事业及制度等均称为儿童福利"(《儿童权利宣言》)。陆士桢和常晶晶认为儿童福利含义广泛,首先是一种社会观念,其次是社会政策,再次是社会机制,最后是社会行为和服务。儿童福利的概念分为广义儿童福利和狭义儿童福利。广义儿童福利是面向社会全体家庭和儿童的,社会对每一位儿童都负有责任,是发展性、制度性的福利。狭义儿童福利是面向特殊儿童群体提供的特定服务,是"补缺型"社会福利,服务的对象是处于不幸境地的儿童,在社会资源有限的基础上,应优先满足特殊群体儿童的需要。① 随着社会发展,人们逐渐对广义儿童福利趋向认同,中国台湾学者曾华源认为现代社会中青少年包括儿童福利需求共有八类,分别是:基本生活需求的满足;健康照顾需求的满足;拥有良好的家庭生活环境;不断学习的需求;娱乐休闲需求的满足;能够获得社会生

---

① 陆士桢、常晶晶:《简论儿童福利和儿童福利政策》,《中国青年政治学院学报》,2003年第1期,第1-6页。

活能力的需求；身心健康发展的需求；免予被伤害的需求。①

我国儿童福利的内容主要包括以下几个方面：②

（1）儿童医疗福利。儿童处于特殊的生理阶段，为了促进儿童的健康成长，国家为儿童提供医疗福利。如通过实行预防接种制度从而积极防治儿童常见病、多发病，加强对传染病防治工作的监督管理和对托儿所、幼儿园卫生保健的业务指导等，同时还兴办专为儿童医疗保健服务的儿童医院，或者在全科医院设立儿科，同时开展儿童保健工作，定期进行儿童健康检查、预防接种等，从而保证儿童的健康成长。

（2）儿童机构福利。国家和社会负责建立和普及托儿所、幼儿园，为儿童提供良好的活动、生活条件和保育服务；建立儿童活动中心、少年宫、少年活动站以及儿童公园、儿童乐园等儿童活动学习场所。另外，博物馆、纪念馆、科技馆、文化馆、影剧院、体育馆、动物园、公园等场所，对中小学生实行优惠开放。与此同时，国家还鼓励政府机关、社会团体、企事业单位和其他社会组织、公民个人等，兴办哺乳室、托儿所、幼儿园，提倡和支持兴办家庭托儿所，并且开展多种形式的有利于儿童健康成长的社会活动。

（3）儿童教育福利。在《中华人民共和国教育法》和《义务教育法实施细则》中，对有关儿童的教育福利作了如下规定：国家实行九年制义务教育。凡年满6周岁的儿童，不分性别、民族、种族，应当入学接受规定年限的义务教育。条件不具备的地区，可以推迟到7周岁入学；地方各级人民政府应当合理设置小学、初级中等学校，使儿童、少年就近入学。同时，为盲、聋哑和弱智儿童举办特殊教育学校。

（4）儿童的日常生活福利。儿童的生命权、健康权应该受到保护。父母或者其他监护人应当依法履行对儿童的监护职责和抚养义务，不得虐待、遗弃儿童；不得歧视女童或者残疾儿童；禁止溺婴、弃婴。父母或者其他监护人还应当以健康的思想、品行和适当的方法教育儿童，引导他们进行有益身心健康的活动，预防和制止儿童吸烟、酗酒、流浪以及聚赌、吸毒等。

二、政策现状

（一）儿童收养

主要依据：《中华人民共和国收养法（修正）》（1998）。

1. 儿童被收养的条件

下列不满十四周岁的未成年人可以被收养：①丧失父母的孤儿；②查找不到生父

---

① 曾华源等：《社会工作专业价值与伦理概论》，洪叶文化事业有限公司2011年版。
② 曹立前等：《社会救助与社会福利》，中国海洋大学出版社2006年版。

母的弃婴和儿童；③生父母有特殊困难无力抚养的子女。

2. 收养人的条件

收养人应当同时具备下列条件：①无子女；②有抚养教育被收养人的能力；③未患有在医学上认为不应当收养子女的疾病；④年满三十周岁。

无配偶的男性收养女性的，收养人与被收养人的年龄应当相差四十周岁以上。生父母送养子女，须双方共同送养。生父母一方不明或者查找不到的可以单方送养。有配偶者收养子女，须夫妻共同收养。

3. 养儿童的数量

收养人只能收养一名子女。收养孤儿、残疾儿童或者社会福利机构抚养的查找不到生父母的弃婴和儿童，可以不受收养人无子女和收养一名的限制。

4. 儿童收养登记

收养应当向县级以上人民政府民政部门登记。收养关系自登记之日起成立。收养查找不到生父母的弃婴和儿童的，办理登记的民政部门应当在登记前予以公告。收养关系当事人愿意订立收养协议的，可以订立收养协议。收养关系当事人各方或者一方要求办理收养公证的，应当办理收养公证。

《中国公民收养子女登记办法》对儿童收养登记做了进一步具体规定：

（1）收养登记机关的确定。收养社会福利机构抚养的查找不到生父母的弃婴、儿童和孤儿的，在社会福利机构所在地的收养登记机关办理登记。

收养非社会福利机构抚养的查找不到生父母的弃婴和儿童的，在弃婴和儿童发现地的收养登记机关办理登记。

收养生父母有特殊困难无力抚养的子女或者由监护人监护的孤儿的，在被收养人生父母或者监护人常住户口所在地（组织作监护人的，在该组织所在地）的收养登记机关办理登记。

收养三代以内同辈旁系血亲的子女，以及继父或者继母收养继子女的，在被收养人生父或者生母常住户口所在地的收养登记机关办理登记。

（2）收养登记手续的办理。收养关系当事人应当亲自到收养登记机关办理成立收养关系的登记手续。夫妻共同收养子女的，应当共同到收养登记机关办理登记手续；一方因故不能亲自前往的，应当书面委托另一方办理登记手续，委托书应当经过村民委员会或者居民委员会证明或者经过公证。

收养人应当向收养登记机关提交收养申请书和下列证件、证明材料：①收养人的居民户口簿和居民身份证；②由收养人所在单位或者村民委员会、居民委员会出具的本人婚姻状况、有无子女和抚养教育被收养人的能力等情况的证明；③县级以上医疗机构出具的未患有在医学上认为不应当收养子女的疾病的身体健康检查证明。

收养查找不到生父母的弃婴、儿童的，并应当提交收养人经常居住地计划生育部门出具的收养人生育情况证明；其中收养非社会福利机构抚养的查找不到生父母的弃婴、儿童的，收养人还应当提交下列证明材料：①收养人经常居住地计划生育部门出具的收养人无子女的证明；②公安机关出具的捡拾弃婴、儿童报案的证明。

收养继子女时，可以只提交居民户口簿、居民身份证和收养人与被收养人生父或者生母结婚的证明。

（3）收养登记时限。收养登记机关收到收养登记申请书及有关材料后，应当自次日起30日内进行审查。对符合收养法规定条件的，为当事人办理收养登记，发给收养登记证，收养关系自登记之日起成立；对不符合收养法规定条件的，不予登记，并对当事人说明理由。

收养查找不到生父母的弃婴、儿童的，收养登记机关应当在登记前公告查找其生父母；自公告之日起满60日，弃婴、儿童的生父母或者其他监护人未认领的，视为查找不到生父母的弃婴、儿童。公告期间不计算在登记办理期限内。

（二）儿童家庭寄养

主要政策依据：《家庭寄养管理办法》（民政部，2014）。

1. 儿童家庭寄养的管理

国务院民政部门负责全国家庭寄养监督管理工作。县级以上地方人民政府民政部门负责本行政区域内家庭寄养监督管理工作。县级以上地方人民政府民政部门设立的儿童福利机构负责家庭寄养工作的组织实施。

2. 家庭寄养的条件

未满十八周岁、监护权在县级以上地方人民政府民政部门的孤儿、查找不到生父母的弃婴和儿童，可以被寄养。需要长期依靠医疗康复、特殊教育等专业技术照料的重度残疾儿童，不宜安排家庭寄养。

寄养家庭应当同时具备下列条件：

（1）有儿童福利机构所在地的常住户口和固定住所。寄养儿童入住后，人均居住面积不低于当地人均居住水平。

（2）有稳定的经济收入，家庭成员人均收入在当地处于中等水平以上。

（3）家庭成员未患有传染病或者精神疾病，以及其他不利于寄养儿童抚育、成长的疾病。

（4）家庭成员无犯罪记录，无不良生活嗜好，关系和睦，与邻里关系融洽。

（5）主要照料人的年龄在三十周岁以上六十五周岁以下，身体健康，具有照料儿童的能力、经验，初中以上文化程度。具有社会工作、医疗康复、心理健康、文化教育等专业知识的家庭和自愿无偿奉献爱心的家庭，同等条件下优先考虑。

3. 寄养家庭的义务

寄养家庭应当履行下列义务：

（1）保障寄养儿童人身安全，尊重寄养儿童人格尊严。

（2）为寄养儿童提供生活照料，满足日常营养需要，帮助其提高生活自理能力。

（3）培养寄养儿童健康的心理素质，树立良好的思想道德观念。

（4）按照国家规定安排寄养儿童接受学龄前教育和义务教育。负责与学校沟通，配合学校做好寄养儿童的学校教育。

（5）对患病的寄养儿童及时安排医治。寄养儿童发生急症、重症等情况时，应当及时进行医治，并向儿童福利机构报告。

（6）配合儿童福利机构为寄养的残疾儿童提供辅助矫治、肢体功能康复训练、聋儿语言康复训练等方面的服务。

（7）配合儿童福利机构做好寄养儿童的送养工作。

（8）定期向儿童福利机构反映寄养儿童的成长状况，并接受其探访、培训、监督和指导。

（9）及时向儿童福利机构报告家庭住所变更情况。

（10）保障寄养儿童应予保障的其他权益。

4. 儿童福利机构的职责

儿童福利机构主要承担以下职责：

（1）制订家庭寄养工作计划并组织实施；

（2）负责寄养家庭的招募、调查、审核和签约；

（3）培训寄养家庭中的主要照料人，组织寄养工作经验交流活动；

（4）定期探访寄养儿童，及时处理存在的问题；

（5）监督、评估寄养家庭的养育工作；

（6）建立家庭寄养服务档案并妥善保管；

（7）根据协议规定发放寄养儿童所需款物；

（8）向主管民政部门及时反映家庭寄养工作情况并提出建议。

（三）孤儿基本生活费的发放

主要政策依据：《国务院办公厅关于加强孤儿保障工作的意见》（国办发〔2010〕54号），《民政部财政部关于发放孤儿基本生活费的通知》（民发〔2010〕161号），《民政部关于进一步完善保障孤儿基本生活有关工作的意见》（民发〔2011〕207号）。

1. 孤儿安置渠道

孤儿是指失去父母、查找不到生父母的未满18周岁的未成年人，由地方县级以上民政部门依据有关规定和条件认定。地方各级政府要按照有利于孤儿身心健康成长的原则，采取多种方式，拓展孤儿安置渠道，妥善安置孤儿。

（1）亲属抚养。孤儿的监护人依照《中华人民共和国民法通则》等法律法规确定。孤儿的祖父母、外祖父母、兄、姐要依法承担抚养义务、履行监护职责；鼓励关系密切的其他亲属、朋友担任孤儿监护人；没有前述监护人的，未成年人的父、母的所在单位或者未成年人住所地的居民委员会、村民委员会或者民政部门担任监护人。监护人不履行监护职责或者侵害孤儿合法权益的，应承担相应的法律责任。

（2）机构养育。对没有亲属和其他监护人抚养的孤儿，经依法公告后由民政部门设立的儿童福利机构收留抚养。有条件的儿童福利机构可在社区购买、租赁房屋，或在机构内部建造单元式居所，为孤儿提供家庭式养育。公安部门应及时为孤儿办理儿童福利机构集体户口。

（3）家庭寄养。由孤儿父母生前所在单位或者孤儿住所地的村（居）民委员会或者民政部门担任监护人的，可由监护人对有抚养意愿和抚养能力的家庭进行评估，选择抚育条件较好的家庭开展委托监护或者家庭寄养，并给予养育费用补贴，当地政府可酌情给予劳务补贴。

（4）依法收养。鼓励收养孤儿。收养孤儿按照《中华人民共和国收养法》的规定办理。对中国公民依法收养的孤儿，需要为其办理户口登记或者迁移手续的，户口登记机关应及时予以办理，并在登记与户主关系时注明子女关系。对寄养的孤儿，寄养家庭有收养意愿的，应优先为其办理收养手续。

2. 发放对象范围

孤儿保障的对象是失去父母、查找不到生父母的未成年人。其中，"未成年人"定义依据《中华人民共和国未成年人保护法》，指未满18周岁的公民。应将所有失去父母、查找不到生父母的未满18周岁的未成年人纳入保障，作为孤儿基本生活费发放对象。在孤儿身份认定工作中遇有问题的，应加强与公安、司法、卫生、人民法院等部门的协调，帮助孤儿出具父母死亡证明或人口失踪证明，对于人民法院宣告人口失踪或死亡所需的费用，可通过法律援助或司法救助申请减免。

3. 发放标准与资金来源

各省（自治区、直辖市）要根据城乡生活水平、儿童成长需要和财力状况，按照保障孤儿的基本生活不低于当地平均生活水平的原则，合理确定孤儿基本生活最低养育标准，具体标准参照民政部关于孤儿最低养育标准的指导意见确定。机构供养孤儿养育标准应高于散居孤儿养育标准。

地方各级财政要将孤儿基本生活费列入预算，省级财政要进一步加大投入，保障孤儿基本生活费所需资金。地方各级民政部门要根据保障对象的范围认真核定孤儿身份，提出资金需求，经同级财政部门审核后列入预算。中央财政2010年安排25亿元专项补助资金,对东、中、西部地区孤儿分别按照月人均180元、270元、360元的标准予以补助。以后年度按民政部审核的上年孤儿人数及孤儿基本养育需求,逐年测算安排中央财政补助金额。各地财政部门要统筹安排中央补助和地方资金,建立孤儿基本生活最低养育标准自然增长机制。孤儿基本生活费保障资金实行专项管理,专账核算,专款专用,严禁挤占挪用。

孤儿基本生活费由地方各级财政安排专项资金予以保障,中央财政安排专项资金予以补助。中央财政补助资金自2011年起采取预拨方式,将部分来年所需资金跨年度提前下拨各地。各地要定期与财政部门沟通,确保按月发放孤儿基本生活费,不具备条件的地方可按季度发放。孤儿基本生活费严格执行专款专用,不得从中列支工作费用。相关工作经费通过财政拨款和民政部门使用的彩票公益金等渠道解决。

三、业务办理

(一)儿童收养

1. 收养社会福利机构抚养的弃婴、儿童登记

(1)办理条件。

①被收养人条件:不满14周岁,查找不到生父母的弃婴和儿童。

②送养人条件:社会福利机构。

③收养人条件:有抚养教育被收养人的能力;未患有医学上认为不应当收养子女的疾病;年满30周岁。

④特殊条件:收养年满10周岁以上的未成年人的,应当征得被收养人的同意;不受收养1名子女的限制;无配偶的男性收养女性的,收养人与被收养人的年龄应当相差40周岁以上。

(2)所需材料。

收养人需提交收养申请书和下列证件、证明材料:

①收养人的居民户口簿和居民身份证;

②夫妻共同收养的提交双方的结婚证,单身收养的提交本人无婚姻登记记录证明(离婚或丧偶的同时提交离婚或丧偶证明);

③由收养人所在单位出具或登记机关、第三方收养评估机构核实的收养人有无子女和有抚养教育被收养人的能力等情况的证明;

④收养登记机关核实收养人生育情况证明;

⑤县级以上医疗机构出具的未患有在医学上认为不应当收养子女的疾病的身体健康检查证明。

送养人需提交下列证件和证明材料:

①社会福利机构负责人的身份证件和相关证明；

②弃婴、儿童进入社会福利机构的原始记录；

③公安机关出具的捡拾弃婴、儿童报案的证明；

④社会福利机构与收养人签订的同意送养协议书；

⑤被收养人的居民户口簿；

⑥县级以上医疗机构出具的被收养人的身体健康检查证明。

收养人提供本人一张二寸单人照片、收养人和被收养人两张大二寸合影照片；送养人提供被收养人一张二寸单人照片。

（3）办理程序。

①申请（受理）。收养关系当事人共同到收养登记机关提出申请。

②审查。审查证件、证明材料是否齐全、规范、有效；询问相关情况；公告查找生父母60日。

③登记（发证）。对符合收养法律法规规定的，予以登记，发给收养登记证。对不符合收养法律法规规定的，不予登记，并告知不予登记的理由。

2. 收养生父母无完全民事行为能力并对子女有严重危害可能的登记

（1）办理条件。

①被收养人条件：不满14周岁。

②送养人条件：被收养人的监护人。

③收养人条件：无子女；有抚养教育被收养人的能力；未患有医学上认为不应当收养子女的疾病；年满30周岁。

④特殊条件：收养年满10周岁以上的未成年人的，应当征得被收养人的同意；收养人只能收养1名子女；收养残疾儿童的，不受收养1名和无子女的限制；无配偶的男性收养女性的，收养人与被收养人的年龄应当相差40周岁以上。

（2）所需材料。

收养人需提交收养申请书和下列证件、证明材料：收养人的居民户口簿和居民身份证；夫妻共同收养的提交双方的结婚证，单身收养的提交本人无婚姻登记记录证明（离婚或丧偶的同时提交离婚或丧偶证明）；由收养人所在单位出具的无子女和有抚养教育被收养人的能力等情况的证明；县级以上医疗机构出具的未患有在医学上认为不应当收养子女的疾病的身体健康检查证明。

送养人需提交下列证件和证明材料：送养人的居民户口簿和居民身份证（组织作监护人的，提交其负责人的身份证件和相关证明）；其他有抚养义务的人同意送养的书面意见；登记机关调查或第三方收养评估机构核实实际承担监护责任的情况证明；登记机关调查或第三方收养评估机构核实被收养人生父母无完全民事行为能力并对被收养人有严重危害的情况证明;收养残疾儿童的,须同时出具指定的医疗机构出具的残疾证明。

收养人提供本人一张二寸单人照片、收养人和被收养人两张大二寸合影照片;送养人提供被收养人一张二寸单人照片。

(3)办理程序。

①申请(受理)。收养关系当事人共同到收养登记机关提出申请。

②审查。审查证件、证明材料是否齐全、规范、有效;询问相关情况。

③登记(发证)。对符合收养法律法规规定的,予以登记,发给收养登记证。对不符合收养法律法规规定的,不予登记,并告知不予登记的理由。

3.收养社会福利机构抚养的孤儿登记

(1)办理条件。

①被收养人条件:不满14周岁,丧失父母的孤儿。

②送养人条件:社会福利机构。

③收养人条件:有抚养教育被收养人的能力;未患有医学上认为不应当收养子女的疾病;年满30周岁。

④特殊条件:收养年满10周岁以上的未成年人的,应当征得被收养人的同意;不受收养1名的限制;无配偶的男性收养女性的,收养人与被收养人的年龄应当相差40周岁以上。

(2)所需材料。收养人需提交下列证件、证明材料:收养人的居民户口簿和居民身份证;夫妻共同收养的提交双方的结婚证,单身收养的提交本人无婚姻登记记录证明(离婚或丧偶的同时提交离婚或丧偶证明);由收养人所在单位出具或登记机关、第三方收养评估机构核实的收养人有无子女和有抚养教育被收养人的能力等情况证明;县级以上医疗机构出具的未患有在医学上认为不应当收养子女的疾病的身体健康检查证明。

送养人需提交下列证件和证明材料:社会福利机构负责人的身份证件和相关证明;孤儿父母死亡或者宣告死亡的证明;其他有抚养义务的人同意送养的书面意见;被收养人的居民户口簿;县级以上医疗机构出具的被收养人的身体健康检查证明。

收养人提供本人一张二寸单人照片、收养人和被收养人两张大二寸合影照片;送养人提供被收养人一张二寸单人照片。

(3)办理程序。

①申请(受理)。收养关系当事人共同到收养登记机关提出申请。

②审查。审查证件、证明材料是否齐全、规范、有效;询问相关情况。

③登记(发证)。对符合收养法律法规规定的,予以登记,发给收养登记证;对不

符合收养法律法规规定的，不予登记，并告知不予登记的理由。

4. 收养非社会福利机构抚养的孤儿登记

（1）办理条件。

①被收养人条件：不满14周岁，丧失父母的孤儿。

②送养人条件：孤儿的监护人。

③收养人条件：有抚养教育被收养人的能力；未患有医学上认为不应当收养子女的疾病；年满30周岁。

④特殊条件：收养年满10周岁以上的未成年人的，应当征得被收养人的同意；无配偶的男性收养女性的，收养人与被收养人的年龄应当相差40周岁以上。

（2）所需材料。收养人需提交收养申请书和下列证件、证明材料：收养人的居民户口簿和居民身份证；夫妻共同收养的提交双方的结婚证，单身收养的提交本人无婚姻登记记录证明（离婚或丧偶的同时提交离婚或丧偶证明）；由收养人所在单位出具或登记机关、第三方收养评估机构核实的收养人有无子女和有抚养教育被收养人的能力等情况证明；县级以上医疗机构出具的未患有在医学上认为不应当收养子女的疾病的身体健康检查证明。

送养人需提交下列证件和证明材料：送养人的居民户口簿和居民身份证（组织作监护人的，提交其负责人的身份证件和相关证明）；其他有抚养义务的人同意送养的书面意见；登记机关核实实际承担监护责任的情况证明。

收养人提供本人一张二寸单人照片、收养人和被收养人两张大二寸合影照片。

（3）办理程序。

①申请（受理）。收养关系当事人共同到收养登记机关提出申请。

②审查。审查证件、证明材料是否齐全、规范、有效；询问相关情况。

③登记（发证）。对符合收养法律法规规定的，予以登记，发给收养登记证。对不符合收养法律法规规定的，不予登记，并告知不予登记的理由。

5. 收养非社会福利机构抚养的弃婴、儿童登记

（1）办理条件。

①被收养人条件：不满14周岁，查找不到生父母的弃婴和儿童。

②收养人条件：无子女；有抚养教育被收养人的能力；未患有医学上认为不应当收养子女的疾病；年满30周岁。

③特殊条件：收养年满10周岁以上的未成年人的，应当征得被收养人的同意；收养人只能收养1名子女；收养残疾儿童的，不受收养1名和无子女的限制；无配偶的男性收养女性的，收养人与被收养人的年龄应当相差40周岁以上。

（2）所需材料。收养人需提交收养申请书和下列证件、证明材料：收养人的居民户

口簿和居民身份证；夫妻共同收养的提交双方的结婚证，单身收养的提交本人无婚姻登记记录证明（离婚或丧偶的同时提交离婚或丧偶证明）；由收养人所在单位出具或登记机关、第三方收养评估机构核实的收养人无子女和有抚养教育被收养人的能力等情况证明；县级以上医疗机构出具的未患有在医学上认为不应当收养子女的疾病的身体健康检查证明。收养登记机关核实的收养人无子女情况证明；公安机关出具的捡拾弃婴、儿童报案的证明；收养残疾儿童的，须同时出具指定的医疗机构出具的残疾证明。

收养人提供本人一张二寸单人照片、收养人和被收养人两张大二寸合影照片。

（3）办理程序。

①申请（受理）。收养关系当事人共同到收养登记机关提出申请。

②审查。审查证件、证明材料是否齐全、规范、有效；询问相关情况；公告查找生父母 60 日。

③登记（发证）。对符合收养法律法规规定的，予以登记，发给收养登记证；对不符合收养法律法规规定的，不予登记，并告知不予登记的理由。

（二）儿童家庭寄养

确立家庭寄养关系，应当经过以下程序：

1. 申请

拟开展寄养的家庭应当向儿童福利机构提出书面申请，并提供户口簿、身份证复印件，家庭经济收入和住房情况、家庭成员健康状况以及一致同意申请等证明材料。

2. 评估

儿童福利机构应当组织专业人员或者委托社会工作服务机构等第三方专业机构对提出申请的家庭进行实地调查，核实申请家庭是否具备寄养条件和抚育能力，了解其邻里关系、社会交往、有无犯罪记录、社区环境等情况，并根据调查结果提出评估意见。

3. 审核

儿童福利机构应当根据评估意见对申请家庭进行审核，确定后报主管民政部门备案。

4. 培训

儿童福利机构应当对寄养家庭主要照料人进行培训。

5. 签约

儿童福利机构应当与寄养家庭主要照料人签订寄养协议，明确寄养期限、寄养双方的权利义务、寄养家庭的主要照料人、寄养融合期限、违约责任及处理等事项。家庭寄养协议自双方签字（盖章）之日起生效。

（三）孤儿基本生活费的发放

孤儿基本生活费的管理既要严格规范，又要考虑到孤儿养育的特点和城乡实际，因地制宜，采取合理可行的办法和程序。

1. 申请、审核和审批

社会散居孤儿申请孤儿基本生活费，由孤儿监护人向孤儿户籍所在地的街道办事处或乡（镇）人民政府提出申请，申请时应出具孤儿父母死亡证明或人民法院宣告孤儿父母死亡或失踪的证明。街道办事处或乡（镇）人民政府对申请人和孤儿情况进行核实并提出初步意见，上报县级人民政府民政部门审批。县级人民政府民政部门要认真审核申请材料，提出核定、审批意见。为保护孤儿的隐私，应避免以公示的方式核实了解情况。

福利机构孤儿的基本生活费，由福利机构负责汇总孤儿信息并向所属民政部门提出申请，由所属民政部门审批。省级民政部门会同财政部门，于每年3月底之前，将本地区截至上一年底的孤儿人数、保障标准、资金安排情况联合上报民政部、财政部。

2. 资金发放

县级财政部门根据同级民政部门提出的支付申请，将孤儿基本生活费直接拨付到孤儿或其监护人个人账户或福利机构集体账户。财政直接支付确有困难的，可通过县级民政部门按规定程序以现金形式发放。

3. 动态管理

街道办事处、乡（镇）人民政府和县级人民政府民政部门要采取多种形式，深入调查了解孤儿保障情况，及时按照程序和规定办理增发或停发孤儿基本生活费的手续。要将审批、发放工作与儿童福利信息系统建设结合起来，借助信息化手段实现对发放工作的动态管理，规范程序，提高效率。

四、软件实训

（一）黎海申请孤儿（弃婴）入住社会福利机构

1. 案例描述

上海市杨浦区五角场街道的居民黎晓和李芬因2017年3月17日发生车祸，导致黎晓当场死亡，李芬下半身瘫痪，现生活完全不能治理，家中有一女儿黎琴琴，年满3周岁，监护人为母亲李芬。因黎晓的哥哥黎海家里条件困难，也无法抚养黎琴琴，经李芬同意，将黎琴琴送入儿童福利院抚养。

2017年4月5日，黎海向五角场街道申请儿童入住社会福利机构申请，当天五角场街道办事处的资料审核员接到申请后对黎海的申请材料进行初审，核实申请材料真实齐全后，交与审核员审核，审核员提出意见后，报送于杨浦区民政局审核。4月7日，区民政局的审核员经审查，予以通过审核，并报送于上海市民政局审批，2017年4月10日，市民政局审批员经审批，同意黎琴琴入住上海市儿童福利院，当天，市民政局的证件发放员向黎海发放了孤儿入住社会福利机构通知书。

黎海接收到通知后,带黎琴琴做了入院身体检查,检查无异后,上海市儿童福利院为黎琴琴办理了入院手续。

2. 基本信息

相关基本信息如表 4-6 至表 4-8 所示。

表 4-6 申请信息

姓名	黎琴琴	性别	女
年龄	3 岁	出生年月	2014 年 2 月 25 日
民族	汉	籍贯	上海
住址	上海市杨浦区五角场街道武川路 15 号 1 号楼 201 室		
儿童简况	因 2017 年 3 月 17 日发生车祸,导致父亲当场死亡,母亲下半身瘫痪,现生活完全不能治理,无法抚养黎琴琴		
家庭意见	同意将黎琴琴送入儿童福利院抚养		

表 4-7 审核信息

街道审核意见	经审查,申请人提交的材料真实有效,同意申报	
街道公章	五角场街道办事处	审核日期	2017 年 4 月 5 日
区民政局审核意见	资料合法有效,经审核,予以通过审核	
区民政局公章	杨浦区民政局	审核日期	2017 年 4 月 7 日
市民政局审批意见	经审批,同意黎琴琴入住上海市社会儿童福利院	
市民政局公章	上海市民政局	审批日期	2017 年 4 月 10 日

表 4-8 体检信息

既往病史	无	过敏史	无
体重	15.5kg	评价	偏瘦
身长(高)	104cm	评价	正常
皮肤	未见明显异常	眼(左/右)	未见明显异常
视力	左:0.5 右:0.5	耳(左/右)	未见明显异常
口腔	牙齿数:20 龋齿数:0	头颅	未见明显异常
胸廓	对称,无畸形	脊柱四肢	未见明显异常
咽部	未见明显异常	心肺	未见明显异常
肝脾	未见明显异常	外生殖器	未见明显异常
血红蛋白	127g/L	丙氨酸氨基转移酶	17
检查结果	体检项目无异常		
医生签名	王熙	检查单位	上海市儿童福利院
体检日期	2017 年 4 月 12 日		

备注:盖章标准按照"政府机关单位公章尺寸大小规定"盖章。

申请条件：社会散居孤儿、受艾滋病影响儿童、因父母重度残疾或服刑等原因导致的事实无人抚养儿童。

所需资料：①儿童父母死亡、失踪、服刑、重残、患艾滋病等证明材料；②入住福利机构申请；③申请人身份证（有监护人的孤儿需提供监护人身份证）。

办理程序：①申请人提交申请及相关材料；②乡镇人民政府（街道办事处）受理申请，并于5个工作日内进行核实，报区（市）民政部门审核；③区（市）民政部门于5个工作日内完成审核，报市级民政部门；④市级民政部门于5个工作日内完成审核，做出是否同意入住的决定；⑤同意入住的，申请人持有关材料到市级儿童福利院办理入院手续。儿童福利院为孤儿进行全面查体，建立病历和入院档案；⑥孤儿先进入观察室观察一周，确认无传染性疾病后，按年龄段及身体状况转入相应房间；⑦儿童年满18周岁后，生活能够自理的离院走向社会，生活不能自理的安置到社会福利院集中供养。

3. 所需材料

监护人身份证复印件、死亡证明复印件、残疾人证复印件。

4. 实训要求

请根据上述案例描述、基本信息和相关政策要求，在软件中模拟孤儿、弃婴入住社会福利机构申请业务流程。

5. 操作步骤

申请入住儿童福利院—接收儿童入住社会福利机构申请材料—受理儿童入住社会福利机构申请—审核儿童入住社会福利机构申请—审批儿童入住社会福利机构申请—发放孤儿、弃婴入住社会福利机构通知书—接收孤儿、弃婴入住社会福利机构通知书—入院体检。

（二）张高松申请事实无人抚养困境儿童生活补贴

1. 案例描述

居住在重庆市云阳县外滩大道3号20幢4单元302的张晓峰一家三口人都是城镇居民，但妻子韩梦莹是重度残疾人，一家的重担都压在张晓峰一人身上。2015年7月20日，张晓峰因为突发脑溢血死亡，由于韩梦莹肢体残疾身体不便，于是由丈夫的弟弟张高松担任儿子张阳的监护人。由于侄子现在读书，生活十分困难，于是张高松于2015年10月10日向外滩社区居委会提交了事实无人抚养困境儿童生活补贴申请资料。

当天居委会工作人员接收资料后次日进行入户调查和民主评议，经评议无异议，于2015年10月11日在社区内公示5天，公示无异议，于2015年10月16日由工作人员填写《事实无人抚养困境儿童家庭情况调查》并填写审核意见后上报给双江街道办事处审核。

2015年10月17日街道办事处收到上报资料后召开会议进行审核,审核完毕后于当天填写审核意见并将资料递交给云阳县民政局审批。2015年10月17日云阳县民政局接收相关申请审批材料,经局长办公会集体审定,于当天填写审批意见。次日填写《事实无人抚养困境儿童生活补贴发放花名册》和《事实无人抚养困境儿童生活补贴发放汇总表》并报给云阳县财政局,2015年10月25日由财政局通过银行汇款给监护人。

2. 基本信息

相关基本信息如表4-9至表4-15所示。

表4-9 事实无人抚养困境儿童生活补贴申请审核信息

城乡类别	城市	家庭人口	3
家庭困难情况	父亲突发脑溢血死亡,母亲是重度残疾人,无家庭收入来源,孩子现在上学,尚无独立自主收入来源		
居委会审查意见	同意申请		
居委会盖章	云阳县外滩社区居委会	居委会盖章日期	2015年10月16日
居委会负责人签字	李家琦	街道办事处负责人签字	王梦雅
街道办事处意见	同意申请		
街道办事处盖章	云阳县双江街道办事处	街道办事处盖章日期	2015年10月17日
县民政局意见	经审核,同意事实无人抚养困境儿童生活补贴申请		
县民政局盖章	重庆市云阳县民政局	县民政局负责人签字	郑依
县民政局盖章日期	2015年10月17日		

表4-10 困境儿童信息

姓名	张阳	性别	男
身份证号	500000200406205672	出生年月	2004年6月20日
家庭住址	重庆市云阳县外滩大道3号20幢4单元302		
困境儿童类别	父亲(死亡)母亲(重残)		

表4-11 户主(监护人)信息

姓名	张高松	性别	男
身份证号	500000197302115672	联系电话	13886479580
家庭住址	重庆市云阳县外滩大道3号20幢4单元302		
银行卡号	6217000830000123038	与儿童关系	叔侄

表 4-12　家庭情况调查信息

家庭住址	云阳县双江街道外滩大道 3 号		
困境儿童父母基本情况	父亲突发脑溢血死亡，母亲是重度残疾人，孩子现在上学，无家庭收入来源		
监护人家庭状况	本人孑身一人，身体状况良好，长期打工维持家用		
入户调查人签名	肖云、叶飞	调查时间	2015 年 10 月 10 日
调查单位盖章	云阳县外滩社区居委会		

表 4-13　困境儿童生活补贴发放花名册/发放汇总表信息

填报区县盖章	重庆市云阳县	负责人	陈晨
填报人	郑依	填报时间	2015 年 10 月 18 日
困境儿童	1	男	1
女	0	0~6	0
6~12	1	12~16	0
16~18	0	城市	1
农村	0	健康	1
残疾	0		

表 4-14　困境儿童生活补贴公示信息

区/县	重庆市云阳	召开民主评议时间	2015 年 10 月 11 日
救助金额	600 元/月	监督举报电话	023-63753343
社区居委会盖章	云阳县外滩社区居委会	社区居委会电话	023-63758794
公示日期	2015 年 10 月 11 日		

表 4-15　银行转账信息

转账日期	2015 年 10 月 25 日	转账时间	2015 年 10 月 25 日上午 10：00
转出户名	云阳县财政局	转出银行	中国建设银行
转入户名	张高松	转入银行	中国建设银行
转出账号	6217000830000123467	转入账号	6217000830000123038
转账状态	成功	转账币种	人民币
转账用途	事实无人抚养困境儿童生活补贴		

备注：盖章标准按照"政府机关单位公章尺寸大小规定"盖章。

3. 所需材料

身份证复印件、户口簿复印件（儿童户主）、监护人确认书原件和复印件、死亡证明原件和复印件、重残证明原件和复印件。

4. 实训要求

请根据上述案例描述、基本信息和相关政策要求,在软件中模拟事实无人抚养困境儿童生活补贴申请流程。

5. 操作步骤

申请事实无人抚养困境儿童生活补贴—接收事实无人抚养困境儿童生活补贴申请—填写事实无人抚养困境儿童生活补贴公示表—张榜公示事实无人抚养困境儿童生活补贴公示表—出具事实无人抚养困境儿童家庭情况调查记录—签署事实无人抚养困境儿童生活补贴申请意见—审核事实无人抚养困境儿童生活补贴申请—审批事实无人抚养困境儿童生活补贴申请—编制事实无人抚养困境儿童生活补贴发放花名册—备案事实无人抚养困境儿童生活补贴发放花名册—银行汇款。

五、情境模拟

(一) 儿童收养

请按照相关政策文件、业务办理程序及相关要求,模拟以下几种情况下的儿童收养业务办理,需要考虑申请者、不同层级机构、民政部门及相关部门人员的不同角色,练习从申请到审批的全过程。考虑正常情况和复杂情况(比如材料不合格、条件不符合等情况被驳回,以及出现争议的情况)下的全部业务处理过程。

(1) 收养社会福利机构抚养的弃婴、儿童登记。

(2) 收养生父母无完全民事行为能力并对子女有严重危害可能的登记。

(3) 收养社会福利机构抚养的孤儿登记。

(4) 收养非社会福利机构抚养的孤儿登记。

(5) 收养非社会福利机构抚养的弃婴、儿童登记。

(二) 儿童家庭寄养

请按照相关政策文件、业务办理程序及相关要求,模拟儿童家庭寄养业务办理过程,需要考虑申请者、民政部门及相关部门人员等不同角色,练习从申请到审批的全过程,包括发放对象的审核、待遇的确定与发放等内容。考虑正常情况和复杂情况(比如材料不合格、条件不符合等情况被驳回,以及出现争议的情况)下的全部业务处理过程。

(三) 孤儿基本生活费的发放

请按照相关政策文件、业务办理程序及相关要求,模拟孤儿基本生活费的业务办理过程,需要考虑儿童、申请者、儿童福利机构、民政部门及相关部门人员等不同角色,练习从申请到审批的全过程。考虑正常情况和复杂情况(比如材料不合格、条件不符合等情况被驳回,以及出现争议的情况)下的全部业务处理过程。

第三节 残疾人福利实务与实训

一、基本概念

政府实际工作部门与学术界大多把对残疾人的救助与保障工作称为"残疾人社会保障制度",残疾人社会保障是国家为了保证有残疾的公民在年老、疾病、缺乏劳动能力及退休、失业、失学等情况下从国家和社会获得基本的物质帮助而建立起来的特定保护性制度安排,包括残疾人社会保险、残疾人社会福利、残疾人社会救济、革命伤残军人优抚保障等,项目互相衔接、互为补充,形成了一个较完整的中国特色的残疾人社会保障体系。随着国民经济发展及公民权利增长,应该从更宏观更广泛的角度讨论残疾人社会福利,残疾人社会福利不但指国家和社会在保障残疾人基本物质生活需要的基础上,为残疾人在生活、工作、教育、医疗和康复等方面提供的设施、条件和服务,还应当更全面地为残疾人提供包括制度化与非制度化、物质性和精神性、现金的和服务的等多方面福利。

根据《中华人民共和国残疾人保障法》(以下简称《残疾人保障法》)的内容,我国残疾人社会福利主要包括残疾人康复、残疾人教育、残疾人劳动就业、文化生活以及无障碍建设等方面。

(1) 残疾人康复。残疾人康复即帮助残疾人恢复和补偿功能,增强其生活自理和社会适应能力,平等参与到社会生活之中。我国《残疾人保障法》规定,国家保障残疾人享有康复服务的权利,康复工作应当从实际出发,将现代康复技术与我国传统康复技术相结合,以社区康复为空间载体,康复机构为中枢,残疾人家庭为依托,以实用、易行、受益广的康复内容为重点,优先开展残疾儿童抢救性治疗和康复发展符合康复要求的科学技术,鼓励自主创新,加强康复新技术的研究开发和应用,为残疾人提供有效的康复服务。残疾人康复包括医疗康复、心理康复、教育康复、职业康复、社会康复等多方面,其根本目的在于通过各种康复手段,使残疾人回归社会。

(2) 残疾人教育。残疾人教育即对视力、听力言语、智力、肢体有残疾的人群实施教育,其目的是提高残疾人的文化素质和自立能力,具体包括学前教育、义务教育、职业技术教育、普通高级中等以上教育及成人教育。《中华人民共和国残疾人保障法》规定,国家保障残疾人享有平等接受教育的权利,各级人民政府应当将残疾人教育作为国家教育事业的组成部分,统一规划,加强领导,为残疾人接受教育创造条件。《残疾人教育条例》规定发展残疾人教育应当普及与提高相结合,以普及为重点的方针,着重发展义务教育和职业教育,积极开展学前教育,逐步发展高级中等以上教育。在实施方式上,残疾人教育应根据残疾人的残疾类别和接受能力采取普通教育或特殊教育方式实施教育,坚持充分发挥普通教育机构在实施残疾人教育中的作用。

(3)残疾人劳动就业。残疾人劳动就业福利即促进达到法定劳动年龄、具有一定劳动能力、有劳动要求的残疾人获得劳动岗位,并取得劳动报酬或经营收入。《中华人民共和国残疾人保障法》规定,国家保障残疾人劳动的权利,各级人民政府应当对残疾人劳动就业统筹规划,为残疾人创造劳动就业条件。目前我国残疾人就业方针是集中就业与分散就业相结合,采取优惠措施和扶持保护措施,通过多渠道、多层次、多种形式,使残疾人劳动就业逐步普及、稳定和合理。我国残疾人的就业渠道主要有国家和社会举办残疾人福利企业、按摩医疗机构和其他福利性企业事业组织集中就业机关、团体、企业事业组织、城乡集体经济组织,按比例安置残疾人就业鼓励、帮助残疾人自愿组织起来就业、个体就业及社区就业在农村,组织和扶持农村残疾人从事种植业、养殖业或家庭手工业等多种形式的生产劳动,实现就业。

(4)残疾人文化生活。国家和社会通过举办各种活动,鼓励、帮助残疾人参加各种文化、体育、娱乐活动,努力满足残疾人精神文化生活的需要。为了丰富残疾人的文化生活,国际上定期举办伤残人奥林匹克运动会、特殊奥运会、世界聋人运动会、国际特殊艺术节、国际残疾人智能竞赛等。《残疾人保障法》规定,国家保障残疾人享有平等参与文化生活的权利,我国除了积极组织残疾人参加国际性的活动外,还举办全国残疾人艺术汇演和五届全国盲、聋、培智学校学生艺术汇演,涌现出许多优秀残疾人演员和残疾人节目,丰富了残疾人的精神文化生活。

(5)无障碍设施建设。国家和社会应当致力逐步创造良好的环境,改善残疾人参与社会生活的条件,逐步实行方便残疾人的城市道路和建筑物设计规范,采取无障碍措施,消除妨碍残疾人参与社会生活的障碍,促进其在日常生活中的社会融合。《残疾人保障法》规定,国家和社会应当采取措施逐步完善无障碍设施,推进信息交流无障碍,为残疾人平等参与社会生活创造无障碍环境。

二、政策现状

(一)残疾预防和残疾人康复

《残疾预防和残疾人康复条例》对残疾预防和残疾人康复做了具体规定。

1. 残疾预防

县级以上人民政府组织有关部门、残疾人联合会等开展下列残疾预防工作:①实施残疾监测,定期调查残疾状况,分析致残原因,对遗传、疾病、药物、事故等主要致残因素实施动态监测；②制订并实施残疾预防工作计划，针对主要致残因素实施重点预防，对致残风险较高的地区、人群、行业、单位实施优先干预；③做好残疾预防宣传教育工作，普及残疾预防知识。

卫生和计划生育主管部门在开展孕前和孕产期保健、产前筛查、产前诊断以及新生儿疾病筛查，传染病、地方病、慢性病、精神疾病等防控，心理保健指导等工作时，应当做好残疾预防工作，针对遗传、疾病、药物等致残因素，采取相应措施消除或者降低致残风险，加强临床早期康复介入，减少残疾的发生。

公安、安全生产监督管理、食品药品监督管理、环境保护、防灾减灾救灾等部门在开展交通安全、生产安全、食品药品安全、环境保护、防灾减灾救灾等工作时，应当针对事故、环境污染、灾害等致残因素，采取相应措施，减少残疾的发生。

国务院卫生和计划生育、教育、民政等有关部门和中国残疾人联合会在履行职责时应当收集、汇总残疾人信息，实现信息共享。

承担新生儿疾病和未成年人残疾筛查、诊断的医疗卫生机构应当按照规定将残疾和患有致残性疾病的未成年人信息，向所在地县级人民政府卫生和计划生育主管部门报告。接到报告的卫生和计划生育主管部门应当按照规定及时将相关信息与残疾人联合会共享，并共同组织开展早期干预。

具有高度致残风险的用人单位应当对职工进行残疾预防相关知识培训，告知作业场所和工作岗位存在的致残风险，并采取防护措施，提供防护设施和防护用品。

《残疾人康复服务"十三五"实施方案》提出要加强残疾预防，实施《国家残疾预防行动计划（2016~2020年)》，建立、完善残疾预防工作机制，卫生计生、民政、残联等部门协调配合，分工落实残疾预防工作任务。各级政府残疾人工作委员会负责做好《国家残疾预防行动计划（2016~2020年)》执行情况的考核监督。利用"爱耳日""爱眼日""精神卫生日""助残日"等宣传节点，针对遗传、疾病、环境、意外伤害等主要致残因素，广泛开展残疾预防宣传教育活动。

2. 康复服务

县级以上人民政府应当组织卫生和计划生育、教育、民政等部门和残疾人联合会整合从事残疾人康复服务的机构（简称康复机构）、设施和人员等资源，合理布局，建立和完善以社区康复为基础、康复机构为骨干、残疾人家庭为依托的残疾人康复服务体系，以实用、易行、受益广的康复内容为重点，为残疾人提供综合性的康复服务。

康复机构应当具有符合无障碍环境建设要求的服务场所以及与所提供康复服务相适应的专业技术人员、设施设备等条件，建立完善的康复服务管理制度。康复机构应当依照有关法律、法规和标准、规范的规定，为残疾人提供安全、有效的康复服务。鼓励康复机构为所在区域的社区、学校、家庭提供康复业务指导和技术支持。

各级人民政府应当将残疾人社区康复纳入社区公共服务体系。县级以上人民政府有关部门、残疾人联合会应当利用社区资源，根据社区残疾人数量、类型和康复需求等设立康复场所，或者通过政府购买服务方式委托社会组织，组织开展康复指导、日常生活能力训练、康复护理、辅助器具配置、信息咨询、知识普及和转介等社区康复工作。城乡基层群众性自治组织应当鼓励和支持残疾人及其家庭成员参加社区康复活动，融入社区生活。

提供残疾人康复服务，应当针对残疾人的健康、日常活动、社会参与等需求进行评估，依据评估结果制定个性化康复方案，并根据实施情况对康复方案进行调整优化。制定、实施康复方案，应当充分听取、尊重残疾人及其家属的意见，告知康复措施的详细信息。提供残疾人康复服务，应当保护残疾人隐私，不得歧视、侮辱残疾人。

《残疾人康复服务"十三五"实施方案》明确提出要构建与经济社会发展相协调、与残疾人康复需求相适应的多元化康复服务体系、多层次康复保障制度，普遍满足城乡残疾人的基本康复服务需求。到 2020 年，有需求的残疾儿童和持证残疾人接受基本康复服务的比例达 80%以上。完善多层次的残疾人康复保障政策。将残疾人健康管理和社区康复纳入国家基本公共服务清单，将社区医疗康复纳入社区卫生服务，建立 0~6 岁儿童残疾筛查工作机制。落实好将康复综合评定、吞咽功能障碍检查、平衡训练等医疗康复项目纳入基本医疗保障范围的政策。对符合条件的贫困残疾人参加基本医疗保险的个人缴费部分给予补贴。做好贫困残疾人医疗救助工作。

（二）残疾人就业

《残疾人就业条例》规定，国家对残疾人就业实行集中就业与分散就业相结合的方针，促进残疾人就业。

1. 用人单位的责任

用人单位应当按照一定比例安排残疾人就业，并为其提供适当的工种、岗位。用人单位安排残疾人就业的比例不得低于本单位在职职工总数的 1.5%。用人单位跨地区招用残疾人的，应当计入所安排的残疾人职工人数之内。用人单位安排残疾人就业达不到其所在地省、自治区、直辖市人民政府规定比例的，应当缴纳残疾人就业保障金。

政府和社会依法兴办的残疾人福利企业、盲人按摩机构和其他福利性单位（以下统称集中使用残疾人的用人单位），应当集中安排残疾人就业。集中使用残疾人的用人单位中从事全日制工作的残疾人职工，应当占本单位在职职工总数的 25%以上。

《中共中央组织部等 7 部门关于促进残疾人按比例就业的意见》中明确指出：党政机关、事业单位及国有企业应当为全社会作出表率，率先垂范招录和安置残疾人。根据残疾人按比例就业制度相关规定，各级机关、事业单位应包含一定数量的岗位用于残疾人就业。加大对用人单位的补贴、奖励和惩处力度。对参加职业培训、职业技能鉴定并符合条件的残疾人给予职业培训、职业技能鉴定补贴，对吸纳残疾人就业并符合条件的用人单位，按规定给予社会保险补贴。

2. 就业服务

各级人民政府和有关部门应当为就业困难的残疾人提供有针对性的就业援助服务，鼓励和扶持职业培训机构为残疾人提供职业培训，并组织残疾人定期开展职业技能竞赛。中国残疾人联合会及其地方组织所属的残疾人就业服务机构应当免费为残疾人就业提供下列服务：①发布残疾人就业信息；②组织开展残疾人职业培训；③为残疾人提供职业心理咨询、职业适应评估、职业康复训练、求职定向指导、职业介绍等服务；④为残疾人自主择业提供必要的帮助；⑤为用人单位安排残疾人就业提供必要的支持。

（三）残疾人教育

1. 残疾人事业专项彩票公益金助学

主要依据：《残疾人事业专项彩票公益金助学项目（中高等特殊教育）实施方案》。

（1）资助对象。

①项目地区原则上为"十一五"期间，已建有高等特教学院和残疾人中等职业学校的省、自治区、直辖市。

②资助对象为现有面向全国招生的全日制高等特教学院、中国残联和地方政府合作办学的全日制特教普通高中以及现有残联系统独立设置的全日制残疾人中等职业学校。项目学校（院）应为总体办学水平较高，管理较规范，能如期按计划努力完成项目预定任务。

（2）资助标准。

①"中高等特教学校（院）办学补贴"（简称办学补贴），用于相关学校（院）改善办学条件，购置教育教学设备及升级改造现有设备设施，购置教具、文体器材、图书资料，校园无障碍设施建设及改造等。

②"实训基地建设补贴"（简称实训基地补贴），用于相关学校（院）购置实训基地设备、器材及升级改造现有设备，实习场地和无障碍设施建设及改造，师资培训（含中国残联举办的培训和校级培训）等。

③项目资金分配综合考虑中高等特教学校（院）发展状况、在校残疾学生总数和外省生源比例、实训基地建设情况、项目执行能力、办学质量和效益等因素。原则上学校校园（不含教职工宿舍和相对独立的附属机构）占地面积应不少于1万平方米，基本满足中高等特殊教育机构需求，如建设校内实训基地，应按相关专业要求确定场地建筑规模，相关场所应能容纳实训设备；学校连年招生，且在校残疾学生数达到一定规模，学校专业设置时间较长，专业发展较成熟，师资队伍整体水平较高，残疾人中等职业学校按200人以下、200~400人、400人以上，高等特教学院按100人以下、

100~200人、200人以上不同规模，给予不同额度资助；向外省生源比例较高的高等特教学院适当倾斜。

（3）资助目标。改善中高等特教学校（院）办学条件，加强残疾学生实习训练基地（简称实训基地）建设，推进地方政府加大对中高等特殊教育的支持，提高教育质量和办学效益。受助中高等特教学校（院）根据中国残联拟分配方案，填报《残疾人事业专项彩票公益金助学项目办学补贴和实训基地补贴资金申请表》，经省级残联审核后，于每年5月15日前报中国残联审批。

2. 义务教育阶段"两免一补"政策

《国家"两免一补"政策》中明确指出："两免一补"是指免学杂费、免教科书费、补助寄宿生生活费，是我国政府制定的一项助学政策。其中免学杂费：对象为全国农村和城市学生，中央和地方政府按比例分担经费，西部地区8:2，中部地区6:4，东部地区除直辖市外，按财力状况分省确定；免教科书费：对象为全国农村所有学生和城市贫困生、县镇残疾学生，全国农村和中西部地区经费由中央财政承担（补助标准：小学生平均90元，初中生平均80元），东部地区自行承担（地方课程教科书，由地方财政承担）；补助寄宿生生活费：对象为城乡贫困生，中央规定：中西部地区农村寄宿生补助标准，小学生每天人均2元，初中3元，每年按250天计算。中西部地区中央财政按落实所需经费金额的50%给予奖励性补助；东部地区由地方政府承担，中央财政适当奖励。残疾儿童少年教育的成本较高，如盲生、聋生需使用助听器、助视器、盲文纸、盲文写字板等辅助学习用品用具。在落实"两免一补"基础上，仍需要各级政府与非政府组织以及社会各方面共同资助，建立完善弱势群体的社会公平保障体系。

3. 残疾人特殊教育

《残疾人教育条例》中明确阐述义务教育中的残疾人特殊教育：地方各级人民政府应当将残疾儿童、少年实行义务教育纳入当地义务教育发展规划并统筹安排实施。县级以上各级人民政府对实施义务教育的工作进行监督、指导、检查，应当包括对残疾儿童、少年实施义务教育工作的监督、指导、检查。适龄残疾儿童、少年的父母或者其他监护人，应当依法使其子女或者被监护人接受义务教育。残疾儿童、少年接受义务教育的入学年龄和年限，应当与当地儿童、少年接受义务教育的入学年龄和年限相同；必要时，其入学年龄和在校年龄可以适当提高。适龄残疾儿童、少年可以根据条件，通过下列形式接受义务教育：①在普通学校随班就读；②在普通学校、儿童福利机构或者其他机构附设的残疾儿童、少年特殊教育班就读；③在残疾儿童、少年特殊教育学校就读。地方各级人民政府应当逐步创造条件，对因身体条件不能到学校就读的适龄残疾儿童、少年，采取其他适当形式进行义务教育。对经济困难的残疾学生，应当酌情减免杂费和其他费用。

《特殊教育提升计划》中提到：扩大普通学校随班就读规模。尽可能在普通学校安排残疾学生随班就读，加强特殊教育资源教室、无障碍设施等建设，为残疾学生提供必要的学习和生活便利。有条件的儿童福利机构可设立特教班。提高特殊教育学校招生能力。国家支持建设的中西部地区特殊教育学校，要在2014年秋季开学前全部开始招生。支持现有特殊教育学校扩大招生规模、增加招生类别。组织开展送教上门。县（市、区）教育行政部门要统筹安排特殊教育学校和普通学校教育资源，为确实不能到校就读的重度残疾儿童少年提供送教上门或远程教育等服务，并将其纳入学籍管理。

（四）残疾人无障碍设施

《无障碍环境建设"十三五"实施方案》明确提出：

（1）完善无障碍环境建设相关政策、标准。进一步修订完善与无障碍环境建设相关的城市公共设施建设规划，鼓励制定促进社会资本投入无障碍环境建设的优惠激励政策，出台加强学校无障碍改造、加强政府和社会公共服务网站无障碍改造、食品药品信息无障碍识别、金融无障碍、残疾人紧急避险和应急疏散等政策，推动制定盲人、聋人信息消费支持政策。制定铁道客车及动车组无障碍设施通用技术条件、无障碍客运船舶、移动互联网终端无障碍、导盲犬驯养管理等无障碍国家、行业标准，推进信息无障碍国际标准化工作，完善无障碍建设标准体系和评价体系，为无障碍环境建设提供技术支持。

（2）加大无障碍建设与改造力度。按照无障碍设施工程建设相关标准和规范要求，对新建、改建设施的规划、设计、施工、验收严格监管，进一步提高无障碍设施系统化、规范化、标准化和质量。制订计划，提高改造比例，提供资金保障，加快推进政府机关、学校、社区、旅游景区、社会福利、公共交通等公共场所和设施的无障碍改造。完善无障碍设施相关使用信息或指示标志。航空、铁路、城市公共交通、医疗卫生、文化、体育、金融、邮政、商业、旅游等切实将无障碍建设纳入各相关行业建设内容，与行业公共服务设施建设同步推进。加强无障碍设施日常维护与管理，纳入城市管理内容，建立城市无障碍设施电子数据库，加大对占用、破坏无障碍设施等违法行为的处罚力度，确保无障碍设施发挥功能。

（五）残疾人文化体育

《残疾人文化体育工作"十三五"配套实施方案》提出了未来残疾人文化体育工作的任务目标和主要措施。

（1）任务目标。大力弘扬人道主义精神，积极倡导"平等·参与·共享"理念，大力培育和践行社会主义核心价值观，树立残疾人事业良好形象，为加快推进残疾人小康进程营造良好的社会环境。全面实施残疾人文化服务建设工程，进一步建立公共文化服务网络，城镇残疾人普遍参与文化生活，残疾人特殊艺术发展整体水平明显提升。

促进残疾人康复体育、健身体育、竞技体育协调发展，提高残疾人体育锻炼的参与率与覆盖面，实现残疾人冬季体育项目振兴，全面提高残疾人竞技体育水平，为国争光。

（2）主要措施。

①以先进文化为引领，积极倡导"平等·参与·共享"理念。

②整合宣传力量，树立残疾人事业基本形象。

③加强残疾人公共文化体育服务，纳入国家公共文化体育服务体系。

④丰富基层残疾人文化生活，就近就便提供文化服务。

⑤发展残疾人特殊艺术，打造残疾人文化艺术品牌。

⑥鼓励残疾人文化创意产业发展，推进残疾人共奔小康。

⑦丰富残疾人体育活动，满足残疾人康复健身需求。

⑧发展残疾人冰雪运动，实施《冬季残奥项目振兴计划》。

⑨展示残疾人体育精神，残健融合共奔小康。

（六）残疾人基本公共服务

《国务院关于印发"十三五"推进基本公共服务均等化规划的通知》要求国家提供适合残疾人特殊需求的基本公共服务，为残疾人平等参与社会发展创造便利化条件和友好型环境，让残疾人安居乐业、衣食无忧，生活得更加殷实、更加幸福、更有尊严。本领域服务项目共10项，具体包括：困难残疾人生活补贴和重度残疾人护理补贴、无业重度残疾人最低生活保障、残疾人基本社会保险个人缴费资助和保险待遇、残疾人基本住房保障、残疾人托养服务、残疾人康复、残疾人教育、残疾人职业培训和就业服务、残疾人文化体育、无障碍环境支持。

残疾人基本公共服务建设的重点任务：

（1）残疾人基本生活。全面落实困难残疾人生活补贴和重度残疾人护理补贴制度。生活困难、靠家庭供养且无法单独立户的成年无业重度残疾人，经个人申请，可按照单人户纳入最低生活保障范围。对获得最低生活保障后仍有困难的重度残疾人采取必要措施给予生活保障。完成农村贫困残疾人家庭存量危房改造。

（2）残疾人就业创业和社保服务。为有劳动能力和就业意愿的城乡残疾人免费提供就业创业服务，按规定提供免费职业培训。落实好针对就业困难残疾人的各项就业援助和扶持政策，为智力、精神和重度肢体残疾人提供辅助性、支持性就业服务等。落实贫困和重度残疾人参加社会保险个人缴费资助政策，完善重度残疾人医疗报销制度，做好重度残疾人就医费用结算服务。

（3）残疾人康复、教育、文体和无障碍服务。继续实施残疾儿童抢救性康复、贫困残疾人辅助器具适配、防盲治盲、防聋治聋等重点康复项目，加强残疾人健康管理和社区康复。积极推进为家庭经济困难的残疾儿童、青少年提供包括义务教育和高中阶段教育在内的 12 年免费教育。加强国家通用手语、通用盲文的规范与推广。推动公共文化体育场所设施免费或优惠向残疾人开放,为视力、听力残疾人等提供特需文化服务。加快推进公共场所和设施的无障碍改造。

三、业务办理

以下主要以北京市的相关政策为例,介绍残疾人福利相关业务的办理。

(一) 残疾儿童少年康复服务补助申请

1. 政策依据

主要政策包括:《北京市残疾儿童少年康复补助办法》《北京市残疾儿童少年康复补助办法实施细则》《北京市残疾儿童少年康复服务办法》和《北京市残疾儿童少年康复服务办法实施细则》。

2. 补助对象

具有本市户籍、年龄不满十六周岁、持有残疾人证的残疾儿童少年,在康复服务定点机构接受康复训练和服务,配发辅助器具,均可享受康复补助。

残疾儿童少年经过评估需要配发辅助器具的,在市残联当年确定的辅助器具配发目录范围内免费配发。年龄不满七周岁的重度听力残疾儿童,经评估符合植入人工电子耳蜗条件的,按照人工电子耳蜗的实际费用,给予一次性补助;年龄不满十六周岁的听力残疾儿童少年,已经自费植入人工电子耳蜗,需要对处理器进行升级的,按照实际发生费用给予一次性补助。人工电子耳蜗植入或处理器升级的费用补助,每人只能享受一次。

3. 补助标准

残疾儿童少年接受康复训练与服务,每月康复费用不足(含)500 元的,按照实际发生费用给予补助;每月康复费用超过 500 元的,在社区卫生服务机构接受康复服务的,其超出部分按照实际发生费用的 70% 给予补助;在康复服务指定机构接受康复服务的,其超出部分按照实际发生费用的 50% 给予补助。每人每月补助总金额:视力残疾儿童少年最高不超过 500 元,肢体、智力、听力言语残疾儿童少年最高不超过 1500 元,精神、多重残疾儿童少年最高不超过 2000 元。纳入北京市城镇居民基本医疗保险和新型农村合作医疗报销目录范围内的项目不予补助。享受最低生活保障及城市重残人生活补助家庭的残疾儿童少年,可免费在康复救助定点机构接受康复训练与服务。

4. 办理程序

残疾儿童少年康复补助申请审批程序:

(1) 申请。残疾儿童少年的监护人或家长持残疾人证、户口本原件及复印件、一寸同版彩色证件照 3 张,到其户口所在地居(村)委会领取并填写《北京市残疾儿童少年康复补助申请审批表》（简称审批表），由居（村）委会签署意见后，报街道、乡镇残联初审。

（2）初审。街道、乡镇残联收到审批表及相关材料后，进行初审，对符合条件的，由负责人在审批表上签字并加盖公章后，将相关材料上报区（县）残联审批。

（3）评估。区（县）残联收到街道、乡镇残联上报的相关材料后，组织残疾儿童少年进行功能评估。其中申请到康复救助定点机构免费进行康复训练的对象，区（县）残联联系市残疾人康复服务指导中心进行功能评估。

（4）审批。经评估符合条件的，区（县）残联予以审批，并在审批表内注明补助项目。对于申请植入人工电子耳蜗及需要对处理器进行升级的，需报市残联审批。

申请审批表如材料4-19所示。

材料4-19 北京市残疾儿童少年康复补助申请审批表

区/县　　　　　　街/乡/镇　　　　　　居/家/村委会

申请人姓名		性别		民族		照片
出生日期		残疾类别				
身份证号						
监护人或家长姓名		与残疾人关系				
		家庭联系电话				
家庭是否享受低保/城市重残人生活补助				是□　否□		
申请项目	①辅助器具配发□ 具体项目＿＿＿＿＿＿ ②康复训练服务□ 拟选康复机构＿＿＿＿＿＿＿＿＿＿ 　　　　　　　　　　　　　　　　　监护人或家长签字： 　　　　　　　　　　　　　　　　　　　年　月　日					
街（乡镇）残联意见	申报情况属实。请到＿＿＿＿＿＿＿＿＿＿（指定康复评估机构）进行康复评估后，报区（县）残联审批。 　　　　　　　　　　　　　　　　　签字（盖章）　　年　月　日					
指定康复评估机构意见	申请人属于＿＿＿＿＿＿级残疾，建议： ①适配＿＿＿＿＿＿＿＿＿＿＿＿，具体意见附后； ②接受＿＿＿＿＿＿＿＿＿＿＿＿，具体意见附后。 　　　　　　　　　　　　　　　　　签字（盖章）　　年　月　日					
区县残联意见	补贴项目	□每月最高补贴额度不超过＿＿＿＿＿元				
	免费康复项目	在门诊式康复机构可享受＿＿＿＿＿个月免费康复训练服务；每周免费接受基本康复服务总量不超过 10 次；或者在日托式康复机构可享受免费康复训练服务 10 个月；每月免费接受基本康复服务总量不超过 55 次。				
	适配辅具项目	□人工电子耳蜗类辅助器具（□植入，□升级） □免费适配＿＿＿＿＿＿＿＿＿＿＿＿（辅助器具）				
		签字 　　　　　　　　　　　　　　　　（盖章） 　　　　　　　　　　　　　　　年　月　日				
备注						

（二）辅助器具申请补贴购买

1. 政策依据

主要政策包括：《北京市残疾人辅助器具服务管理办法（试行）》《〈北京市残疾人辅助器具服务管理办法（试行）〉实施细则》《北京市残疾人辅助器具购买补贴目录》和《北京市残疾人辅助器具入围产品服务机构管理规定（试行）》。

2. 补贴对象

具有北京市户籍，持有《中华人民共和国残疾人证》（简称《残疾人证》）的残疾人，可向辖区残联申请辅助器具购买补贴。其中：残疾儿童少年是指不满16周岁的残疾人；在校残疾学生是指年满16周岁，具有全日制在校学籍登记的残疾人；一次性护理用品的补贴对象是指经专业医疗机构确诊有两便失禁病症的残疾人；人工电子耳蜗的补贴对象是指年龄不满7周岁、经评估鉴定符合人工电子耳蜗植入条件的听力残疾人；人工电子耳蜗升级的补贴对象是指已植入人工电子耳蜗，但未享受本市人工电子耳蜗植入补贴的16周岁以下听力残疾人。

3. 补贴标准

以下残疾人按审批要求购买《购买补贴目录》中的辅助器具，可按所购买辅助器具对应补贴标准的100%享受资金补贴。

（1）享受低保待遇的残疾人（含享受城市重残人生活补助的残疾人）。

（2）持有"低收入家庭救助证"的残疾人。

（3）处于劳动年龄内，未享受低保、低收入家庭救助待遇的失业且无稳定性收入的残疾人。

（4）不满16周岁残疾儿童少年。

（5）年满16周岁的在校残疾学生。

其他残疾人按审批要求购买《购买补贴目录》中的辅助器具，按所购买辅助器具对应补贴标准的50%享受资金补贴；所购辅助器具价格低于补贴标准50%的，按实际价格给予100%补贴。

4. 办理流程

（1）注册登记。残疾人登录"辅具服务平台"注册个人信息（以个人身份证注册账号），按要求正确录入个人信息。残疾人不便上网注册申请的，可委托代理人办理，或在社区（村）填报《北京市残疾人辅助器具补贴申请审批表》，由街道（乡镇）辅助器具服务站工作人员代办网上注册登记（申请人和代办者应签订相关委托协议）。

（2）资格审核。"辅具服务平台"对残疾人的基础信息进行自动审核。应按100%补贴标准申请购买辅助器具的残疾人，系统不能确认其信息的，街道（乡镇）残联应在5个工作日内通知申请人或委托代办人补充证明材料并人工补录信息。

(3)选择辅助器具。网上资格审核通过后，申请人可参照《购买补贴目录》，在"辅具服务平台"选取与本人残疾类别对应的辅助器具产品。

(4)评估。申请人所选取的辅助器具产品，需要区级或市级评估的，申请人或委托代办人应通过电话预约辅助器具评估服务。评估机构应按要求对申请人进行评估，并将评估适配意见上传至"辅具服务平台"。

(5)审批。区残联根据残疾人的申请信息和评估意见实施网上审批。未通过审批的申请人可根据评估意见再次申请选购辅助器具。区残联接到机构评估意见后，应在10个工作日内办结审批手续。

(三)残疾人学生和生活困难残疾人子女助学补助申请

1. 政策依据

主要政策包括：《北京市残疾人学生和生活困难残疾人子女学生助学补助办法》和《中共北京市委、北京市人民政府关于促进残疾人事业发展的实施意见》(京发〔2009〕17号)。

2. 补助对象

具有本市户籍、持有《中华人民共和国残疾人证》(简称《残疾人证》)的残疾人学生、生活困难残疾人子女学生，包括就读于实施学历教育的全日制公办和民办学校中的高中学生、大学生(含本科生、专科生、高等职业教育学生)、研究生(含硕士研究生、博士研究生)以及接受成人高等教育学生。生活困难残疾人，是指享受民政部门城乡居民最低生活保障、生活困难补助和低收入的残疾人。

3. 补助标准

补助的具体标准如下：

(1)普通高中学生，每人每学年补助1200元。

(2)中等职业教育学生，按照市财政、市教委等六部门《关于修订实施北京市中等职业教育免费及国家助学金政策的通知》(京财教育〔2012〕3118号)的规定执行。

(3)参加统招考试并被普通高等院校录取的大学生，每人每学年补助4500元；普通高校或科研院所全日制学习且无工资性收入的研究生，每人每学年补助6000元。生活困难家庭中的高等教育新入学学生按照民政部门规定的新生入学救助等政策规定执行，不得重复享受本办法补助。

(4)参加全国成人高考、高等教育自学考试、成人研究生考试的残疾人，在取得相应学历证书后，按照大专6000元、本科8000元和研究生10000元的标准，给予一次性的助学补助。同等学力的补助只能享受一次。

(5)免交学费的公办特教学校学生和大学生，不享受本办法助学补助。

4. 所需材料

（1）残疾人学生提交入学录取通知书或在校学习证明、本人的《中华人民共和国居民身份证》（简称《身份证》）或户口簿、残疾人证、学费发票等原件及复印件。

（2）取得成人高考、自学高等学历和成人研究生学历的残疾人，提交本人身份证或户口簿、残疾人证、学历证书、学费发票等原件和复印件。

（3）生活困难残疾人子女学生，提交入学录取通知书或在校学习的证明、学费发票、本人身份证和户口簿、父（母）残疾人证等原件和复印件，以及享受城乡居民最低生活保障、生活困难补助或低收入认定的有关证明原件和复印件。

5. 办理程序

（1）提交申请。申请符合助学补助条件的学生本人或直系亲属（监护人），视情况选择并填写下述助学补助申请审批表，并由学校审核盖章。于每年10月10日前持有关证明材料，到户口所在地的街道（乡镇）残联提出申请。

①残疾人高中学生填写《北京市残疾人高中学生助学补助申请审批表》和生活困难残疾人子女高中学生填写《北京市生活困难残疾人子女高中学生助学补助申请审批表》。

②生活困难残疾人子女大学生、研究生填写《北京市生活困难残疾人子女大学生、研究生助学补助申请审批表》。

③残疾人大学生、研究生和取得成人高考、自学高等学历和研究生学历的残疾人，填写《北京市残疾人大学生、研究生助学补助申请审批表》。

（2）初审。街道（乡镇）残联对申请人的情况进行审核、汇总，提出资金预算，于每年10月30日前将补助对象的申请审批表、证明材料复印件报区（县）残联。

（3）审批。区（县）残联接到街道（乡镇）残联上报的相关材料后，于10个工作日内完成审批。

（4）核发。区（县）残联审批后，落实相关助学补助资金，并督促街道（乡镇）残联及时足额向受助对象发放到位。

（5）存档。区（县）残联负责归档留存申请审批表（第一联）和受助学生的证明材料；街道（乡镇）残联负责归档留存申请审批表（第二联）。

（6）备案。区（县）残联于每年12月20日前，完成年度助学情况汇总，并填制《北京市残疾人学生和生活困难的残疾人子女学生助学补助情况汇总表》上报市残联。

（四）用人单位安排残疾人就业情况审核

1. 政策依据

主要政策包括：《北京市残疾人就业保障金征收使用管理办法》（京财税〔2016〕639号）、《北京市用人单位安排残疾人就业情况申报审核实施办法（暂行）》（京残发〔2016〕45号）。

2. 办理条件

用人单位上年安排持有《中华人民共和国残疾人证》或《中华人民共和国残疾军人证》（1~8级）的人员在本单位就业：

（1）将残疾人录用为机关、事业单位在编人员，或依法与法定就业年龄内残疾人签订1年以上（含1年）劳动合同（聘用合同）。

（2）依法支付残疾人职工工资。

（3）依法为残疾人职工在本市按月足额缴纳各项社会保险。

3. 所需材料

（1）《北京市用人单位安排残疾人就业情况表》。

（2）残疾人职工本人的《中华人民共和国残疾人证》或《中华人民共和国残疾军人证》（1~8级）复印件（首次申报的，须同时提供原件，经审核后退回）。

（3）与残疾人职工签订的劳动合同（聘用合同）复印件（首次申报、续签劳动合同或变更劳动合同期限的，须同时提供原件，经审核后退回），机关、事业单位在编人员由主管人事部门出具相关证明。

（4）上年各月支付残疾人职工工资凭证原件及复印件。用人单位实际支付残疾人职工的月工资低于北京市最低工资标准的，应当提供残疾人病假、事假考勤记录或用人单位停工、停业相关证明材料；用人单位因生产经营困难延期支付残疾人职工工资的（延期不得超过30天），需提供生产经营困难的相关证明材料。

（5）跨地区招用残疾人的（不含机关、事业单位在编人员），提供含该残疾人职工的《北京市社会保险个人权益记录（单位职工缴费信息）》。

4. 办理程序

残疾人就业服务机构按照有关规定对用人单位申报的安排残疾人就业情况进行审核确定后，应当在5个工作日内向用人单位出具《北京市用人单位安排残疾人就业情况审核确定书》（简称《审核确定书》）。

用人单位在规定时间内已申报安排残疾人就业情况，并经残疾人就业服务机构审核确定，因故需要重新申报审核的，规定如下：规定时间内，用人单位可持相关材料到原审核地点进行申报。残疾人就业服务机构对用人单位重新申报的安排残疾人就业情况审核确定后，应当在5个工作日内向用人单位重新出具《审核确定书》，同时收回原《审核确定书》。超过规定时间的，用人单位可自缴纳保障金之日起的3年内，持相关材料到地税登记地的残疾人就业服务机构进行申报。残疾人就业服务机构对用人单位重新申报的安排残疾人就业情况进行审核确定并经逐级审批通过后，应当在10个工作日内向用人单位出具《北京市用人单位安排残疾人就业情况重新审核确定书》，同时收回原《审核确定书》（见材料4-20至材料4-22）。

材料4-20 北京市用人单位安排残疾人就业情况表

（申报年度：　　年）

用人单位公章：

用人单位名称			所属行业		通信地址				
纳税人识别号/计算机代码			是否集中安置残疾人就业单位		联系人			联系方式	

序号	残疾人入职工姓名	身份证号	证件类别	残疾类别/性质	残疾人证号/残疾军人证编号	户籍所在地	户籍性质	文化程度	岗位名称	劳动合同（服务协议）起止时间	申报年度社会保险缴费起止月	月均工资（元）	本人联系方式（手机号码）

（此页不够可另附）

申报声明	本单位所申报的残疾人就业相关材料信息真实、准确并完整，与事实相符。

经办人签名：　　　　　　　　　　年　月　日

填表说明：

① "纳税人识别号/计算机代码"：2016年申报时请填写计算机代码，以后年度均填写纳税人识别号；
② "所属行业"：请填写本表背面《行业分类表》对应的代码（略）；
③ "证件类别"：请填写"残疾人证"或"残疾军人证"；
④ "残疾类别/性质"：持《中华人民共和国残疾人证》的请填写"视力残疾""听力残疾""言语残疾""智力残疾""肢体残疾""精神残疾"或"多重残疾"，持《中华人民共和国残疾军人证》的请填写"因公""因病"或"因战"；
⑤ "户籍所在地"：请填写××省（市）××市（区/县）××区（街道乡镇）或"外省市"；
⑥ "户籍性质"：请填写"本市城镇""本市农村"或"外省市"；
⑦ "文化程度"：请填写"初中及以下""高中（中专、技校、职高）""大专（高职）"或"本科及以上"；
⑧ "岗位名称"：请按照残疾人职工实际岗位填写；
⑨ "劳动合同（服务协议）起止时间"：签订固定期合同的职工请填写起止年月；签订无固定期合同的职工请填写"无固定期"，如"2015年8月至2016年7月"，签订无固定期合同的职工请填写"无固定期"，在编职工请填写"在编职工"；
⑩ "申报年度社会保险缴费起止月"：请填写"×月至×月"。

材料 4-21　北京市用人单位安排残疾人就业情况审核确定书

（　　年度）

单位名称			
纳税人识别号/计算机代码			
通信地址			
联系人		联系方式	
根据《北京市实施〈中华人民共和国残疾人保障法〉办法》《北京市残疾人就业保障金征收使用管理办法》（京财税〔2016〕639号）等有关规定，本市行政区域内的机关、团体、企业、事业单位和民办非企业单位，应当按照不少于本单位在职职工总数1.7%的比例安排残疾人就业，达不到上述规定比例的，应当缴纳残疾人就业保障金。经审核： 你单位安排残疾人就业人数为_____。 请在规定时间内向主管地方税务机关自行申报缴纳残疾人就业保障金。 　　　　　　　　　　　　　　　　　　　　　　　　　区残疾人就业服务机构 　　　　　　　　　　　　　　　　　　　　　　　　　　　年　月　日 核员编码：			

材料 4-22　北京市用人单位安排残疾人就业情况重新审核确定书

（　　年度）

单位名称			
纳税人识别号/计算机代码			
通信地址			
联系人		联系方式	
根据《北京市实施〈中华人民共和国残疾人保障法〉办法》《北京市残疾人就业保障金征收使用管理办法》（京财税〔2016〕639号）等有关规定，本市行政区域内的机关、团体、企业、事业单位和民办非企业单位，应当按照不少于本单位在职职工总数1.7%的比例安排残疾人就业，达不到上述规定比例的，应当缴纳残疾人就业保障金。经审核： 你单位原核定的安排残疾人就业人数为_____，重新核定的安排残疾人就业人数为_____。 　　　　　　　　　　　　　　　　　　　　　　　　　区残疾人就业服务机构 　　　　　　　　　　　　　　　　　　　　　　　　　　　年　月　日 审核员编码：			
就业机构负责人签字 年　月　日		主管理事长签字 年　月　日	

（五）残疾人城乡基本养老保险缴费补贴申请及评审

1. 政策依据

相关政策主要包括：《关于对本市残疾人参加城乡居民养老保险给予缴费补贴的通知》（京残发〔2009〕99号）、《关于执行〈关于对本市残疾人参加城乡居民养老保险给予缴费补贴的通知〉的补充通知》（京残发〔2015〕78号）、《关于做好残疾人参加城乡居民养老保险缴费补贴相关政策衔接工作的通知》（京残发〔2009〕116号）。

2. 补贴对象

具有本市户籍，持有"中华人民共和国残疾人证"（简称残疾人证），男年满16周岁未满60周岁、女年满16周岁未满55周岁（不含在校生），符合参加本市城乡居民养老保险条件的残疾人。

3. 补贴标准

（1）对参保的重度残疾人（简称重残人），按照城乡居民养老保险最低缴费标准给予全额补贴；对参保的其他残疾人，按照城乡居民养老保险最低缴费标准给予50%的补贴。

（2）残疾人参加城乡居民养老保险缴费补贴按年度给予补贴，补贴时间最长不超过15年。

（3）区县政府对残疾人参加城乡居民养老保险给予缴费补贴的，其补贴标准低于本通知规定的补贴标准的，按照本通知的规定给予缴费补贴；高于或与本通知补贴标准一致的，按照区县政府的有关规定进行补贴，其补贴资金由原渠道列支。残疾人不得重复享受缴费补贴。

4. 办理程序

（1）申请。

①残疾人享受缴费补贴，应在每年9月30日前向户籍所在地的街道、乡镇残联提出申请。

②初次申请的，应携带本人的户籍簿、身份证、残疾人证原件及复印件和3张同版1寸近期免冠彩色照片，填写《北京市残疾人参加城乡居民养老保险缴费补贴申请审批表》（简称《申请审批表》），申领《北京市残疾人参加城乡居民养老保险缴费补贴审核证》（简称审核证）。

③续缴保险费的，持审核证、身份证和残疾人证按年度提出续缴保险费补贴申请。

（2）审批。

①对初次申请缴费补贴的残疾人，街道、乡镇残联应对其申请情况和提交的证明材料进行审核，在其《申请审批表》上签署意见并在其"审核证"相应栏内盖章后，于每月10日前报区县残联审批；区县残联自接到街道、乡镇残联上报的有关材料之日起，应在10个工作日内将审批结果反馈给街道、乡镇残联，由街道、乡镇残联向经批准享受缴费补贴的残疾人发放"审核证"。

②街道、乡镇残联负责残疾人续缴保险费补贴的审批工作。对符合续缴保险费补贴条件的，在其"审核证"相应年度栏签署意见、加盖印章，并于每月10日前将《北京市残疾人参加城乡居民养老保险缴费补贴花名册》报区县残联。

相关表格包括：《享受缴纳城乡居民养老保险费补贴重度残疾人范围》《北京市残疾

人参加城乡居民养老保险缴费补贴申请审批表》《北京市残疾人参加城乡居民养老保险缴费补贴审核证》和《北京市残疾人参加城乡居民养老保险缴费补贴花名册》(可在网上浏览下载)。

(六) 困难残疾人生活补贴和重度残疾人护理补贴申请

1. 政策依据

主要政策依据包括:《北京市人民政府关于全面建立困难残疾人生活补贴和重度残疾人护理补贴制度的实施意见》(京政发〔2016〕46号)、《北京市困难残疾人生活补贴和重度残疾人护理补贴制度实施办法》(京民福发〔2016〕434号)。

2. 补贴对象

(1) 困难残疾人生活补贴对象。困难残疾人生活补贴主要补助残疾人因残疾产生的额外生活支出,包括但不限于生活用水、电、气、暖等支出。补贴对象为具有本市户籍、持有第二代《中华人民共和国残疾人证》或"残疾人服务一卡通"、符合以下条件之一的残疾人:

①享受低保待遇的残疾人(经民政部门认定,持有《北京市城市居民最低生活保障金领取证》或《北京市农村居民最低生活保障金领取证》或《北京市城市居民生活困难补助金领取证》);

②低收入家庭中未享受低保待遇的残疾人(经民政部门认定,持有《北京市低收入家庭救助证》);

③属于非低收入家庭且未享受低保待遇,年满16周岁未满60周岁、失业且无稳定性收入的残疾人或年满16周岁及以上的全日制在校残疾学生;

④属于非低收入家庭且未享受低保待遇,男年满60周岁、女年满55周岁,个人稳定性收入低于北京市低保标准且残疾等级为一级、二级的视力、肢体残疾人和残疾等级为一级、二级、三级的智力、精神残疾人;

⑤属于非低收入家庭且未享受低保待遇,未满16周岁的残疾人。

(2) 重度残疾人护理补贴对象。重度残疾人护理补贴主要补助残疾人因残疾产生的额外长期照护支出。补贴对象为具有本市户籍、持有第二代《中华人民共和国残疾人证》或"残疾人服务一卡通"、需要长期照护的残疾人,具体是残疾等级为一级、二级的残疾人和残疾等级为三级的智力、精神残疾人。

3. 补贴标准

(1) 困难残疾人生活补贴标准。

①享受低保待遇的残疾人中,残疾等级为一级、二级的视力、肢体残疾人和残疾等级为一级、二级、三级的智力、精神残疾人,补贴标准为每人每月400元;残疾等级为三级、四级的视力、肢体残疾人,残疾等级为四级的智力、精神残疾人和残疾等

级为一级、二级、三级、四级的听力、言语残疾人，补贴标准为每人每月320元。

②低收入家庭中未享受低保待遇的残疾人中，残疾等级为一级、二级的视力、肢体残疾人和残疾等级为一级、二级、三级的智力、精神残疾人，参照北京市低保标准按月享受生活补贴；残疾等级为三级、四级的视力、肢体残疾人，残疾等级为四级的智力、精神残疾人和残疾等级为一级、二级、三级、四级的听力、言语残疾人，补贴标准为每人每月300元。

③属于非低收入家庭且未享受低保待遇，年满16周岁未满60周岁、失业且无稳定性收入的残疾人或年满16周岁及以上的全日制在校残疾学生中，残疾等级为一级、二级的视力、肢体残疾人和残疾等级为一级、二级、三级的智力、精神残疾人，参照北京市低保标准按月享受生活补贴；残疾等级为三级、四级的视力、肢体残疾人，残疾等级为四级的智力、精神残疾人和残疾等级为一级、二级、三级、四级的听力、言语残疾人，补贴标准为每人每月200元。

④属于非低收入家庭且未享受低保待遇，男年满60周岁、女年满55周岁，个人稳定性收入低于北京市低保标准的残疾人中，残疾等级为一级、二级的视力、肢体残疾人和残疾等级为一级、二级、三级的智力、精神残疾人，按月享受个人稳定性收入与北京市低保标准的差额补贴。

⑤属于非低收入家庭且未享受低保待遇、未满16周岁的残疾人中，残疾等级为一级、二级的视力、肢体残疾人和残疾等级为一级、二级、三级的智力、精神残疾人，补贴标准为每人每月300元；残疾等级为三级、四级的视力、肢体残疾人，残疾等级为四级的智力、精神残疾人和残疾等级为一级、二级、三级、四级的听力、言语残疾人，补贴标准为每人每月200元。

（2）重度残疾人护理补贴标准。

①残疾等级为一级的视力、肢体、智力、精神残疾人和残疾等级为二级的智力、精神残疾人中的多重残疾人，补贴标准为每人每月300元。

②残疾等级为二级的视力、肢体残疾人，残疾等级为二级、三级的智力、精神残疾人（不含多重残疾人）和残疾等级为一级、二级的听力、言语残疾人，补贴标准为每人每月100元。

4. 所需材料

（1）由符合申请条件的残疾人本人，法定监护人，法定赡养、抚养、扶养义务人，或其他委托人自愿申请，在社区或街道（乡镇）领取并填写《北京市困难残疾人生活补贴申请审批表》（简称《生活补贴申请审批表》）、《北京市重度残疾人护理补贴申请审批表》（简称《护理补贴申请审批表》）、《申请残疾人生活补贴和护理补贴个人经济状况登记表及授权委托书》，然后向户籍所在地街道（乡镇）社会救助申请窗口提交，并授权委托民政部门进行个人经济状况核查。

（2）申请两项补贴者需提供以下材料：

①《生活补贴申请审批表》或《护理补贴申请审批表》；

②《申请残疾人生活补贴和护理补贴个人经济状况登记表及授权委托书》；

③第二代《中华人民共和国残疾人证》或"残疾人服务一卡通"原件及复印件1份；

④身份证或户口簿原件及复印件1份；

⑤一寸同版彩色证件照3张。

申请生活补贴者还需要根据自身情况提供以下证明材料之一：《北京市城市居民最低生活保障金领取证》或《北京市农村居民最低生活保障金领取证》或《北京市城市居民生活困难补助金领取证》原件及复印件1份；《北京市低收入家庭救助证》原件及复印件1份；北京市社会保险个人权益记录1份；全日制在校学生证明。

5. 办理程序

（1）申请人将申请材料报送户籍所在地的街道（乡镇）社会救助申请窗口，街道（乡镇）社会救助申请窗口将申请情况同步录入民政信息系统；并将申请材料于接收当日转交街道（乡镇）残联，对申请人残疾状况、现享受的残联灵活就业社会保险补贴等扶持政策情况进行确认或核查，必要时可以提请区残联协助确认；需在3个工作日内将综合核查情况及申请材料，转交街道（乡镇）民政科，由其提出初审意见。

（2）街道（乡镇）民政科自接到《生活补贴申请审批表》或《护理补贴申请审批表》和相关证明材料之日起，在4个工作日内作出初审意见。初审不合格的，由街道（乡镇）社会救助申请窗口书面告知申请人，说明理由并退还其材料。初审合格的，要及时组织公示。

（3）对初审合格的申请人进行公示。

①公示地一般为申请生活补贴、护理补贴残疾人户籍所在地的社区（村）。人户分离的，由残疾人户籍所在地的街道（乡镇）转交其居住地的社区（村）进行公示。

②公示内容包括申请补贴残疾人姓名、补贴类别和补贴金额。

③公示期为7天。

④公示期满，由社区（村）向街道（乡镇）书面报告公示情况。

（4）公示期满有异议的，由街道（乡镇）核实并书面告知申请人，说明理由并退还材料；无异议的，街道（乡镇）相关部门在《申请审批表》上签名盖章后，由街道（乡镇）连同相关证明材料送区残联进行审核。

（5）审核。区残联自接到申请材料之日起，在3个工作日内依托相关信息管理系统进行残疾人身份、现享受的残疾人扶持政策等信息情况的核实并作出审核意见。审核不合格的，书面通知街道（乡镇），说明理由并退还材料；审核合格的，连同申请材料一并转送区民政局进行审定。

（6）审定。区民政局自接到申请材料之日起，在5个工作日内，参照北京市居民经济状况核对信息系统出具的居民经济状况核对报告，综合考虑作出审定意见。审定不合格的，书面通知区残联，说明理由并退还材料；审定合格的，区民政局会同区残联报区财政局申请拨付资金，并通过街道（乡镇）社会救助申请窗口发放《北京市困难残疾人生活补贴和重度残疾人护理补贴领取证》（简称《领取证》）。

（7）发放。

①补贴资格审定合格的残疾人自递交申请当月计发补贴，残疾人两项补贴按月发放，每月10日前由民政部门通过金融机构转账存入"残疾人服务一卡通"账户。

②特殊情况下需要直接发放现金的，区民政局要会同区残联制定专门的监管办法并报市民政局、市残联备案，防止和杜绝冒领、重复领取、克扣现象。

（8）复核。

①残疾人两项补贴的复核采取残疾人主动申报和区民政局会同区残联半年度定期复核相结合的方式进行。

②享受两项补贴的残疾人，应在每年1月1~20日和7月1~20日（遇到节假日顺延），持残疾人证、户口簿、领取证原件，到街道（乡镇）办理享受生活补贴或护理补贴的复核手续。

复核生活补贴者还需根据情况持《北京市城市居民最低生活保障金领取证》或《北京市农村居民最低生活保障金领取证》或《北京市城市居民生活困难补助金领取证》《北京市低收入家庭救助证》原件、北京市社会保险个人权益记录、全日制在校学生证明。

（七）残疾人助残券申请

1. 政策依据

主要政策包括：《转发市民政局市残联关于北京市市民居家养老（助残）服务（"九养"）办法的通知》（京政办发〔2009〕104号）（简称《"九养"办法》）、《关于贯彻落实〈北京市市民居家养老（助残）服务（"九养"）办法〉的意见》（京民老龄发〔2009〕504号）、《关于印发〈16~59周岁无工作重残人居家养老（助残）券发放范围（暂行）〉的通知》（京残发〔2010〕10号）。

2. 办理条件

具有本市户籍的60~79周岁重度残疾人（持第二代"中华人民共和国残疾人证"，残疾程度为一级、二级的视力残疾人和肢体残疾人以及残疾程度为一级、二级、三级的智力残疾人和精神残疾人，下同）、16~59周岁无工作重度残疾人（由居委会、村委会提供未就业证明）均可在居住地申请每月100元的居家养老（助残）券，人户分离人员须提交未在户籍所在地享受居家养老（助残）服务补贴的证明。

3. 发放范围

《"九养"办法》中"16~59周岁无工作重度残疾人"主要是指：享受重残无业生活补助的重残人（不含残疾程度为三级的视力残疾人）和未在用人单位（含福利企业、乡镇企业，下同）就业、未领取各类营业执照的其他重残人。按照灵活就业个人缴纳社会保险费但未享受缴纳社会保险补贴的重残人，确无工作的，由发券地的居（家、村）委会出具无工作证明后，可按无工作重残人申领居家养老（助残）券。

4. 办理材料

16~59周岁无工作重度残疾人（由居委会、村委会提供未就业证明和残疾证、身份证、户口簿），60~79周岁重度残疾人提供残疾证、身份证、户口簿。

（八）城镇个体就业残疾人社会保险补贴申请

1. 政策依据

主要政策包括：《残疾人就业条例》《关于城镇贫困残疾人个体户参加基本养老保险给予适当补贴有关问题的通知》（劳社部发〔2005〕14号）、《关于进一步加强扶助贫困残疾人工作实施意见》（京政办发〔2005〕20号）、《北京市城镇登记失业人员灵活就业社会保险补贴办法》（京劳社就发〔2006〕160号）、《关于印发城镇个体就业残疾人社会保险补贴暂行办法的通知》（京残发〔2007〕62号）、《关于确定城镇个体就业残疾人2008年基本养老保险补贴标准的紧急通知》（京残发〔2008〕50号）、《关于调整城镇个体就业残疾人失业保险补贴标准有关问题的通知》（京残发〔2009〕40号）。

2. 补贴对象

个体就业残疾人是指具有本市城镇户籍、持有"中华人民共和国残疾人证"（简称"残疾人证"）、在法定劳动年龄内的下列残疾人（简称个体就业残疾人）：

（1）从事个体经营并领取了"个体工商户营业执照"的残疾人个体户和从业的其他残疾人（含盲人保健按摩个体）。

（2）在集贸市场从事个体经营的残疾人。

（3）由街道、乡镇或社区安排，在社区内从事便民服务的残疾人。

3. 补贴标准

自2007年4月1日起，按下列标准对个体就业残疾人给予社会保险补贴。

（1）基本养老保险2007缴费年度以上一年度本市职工月平均工资的40%为基数，2008年至2010年各缴费年度分别以45%、50%、55%为基数，2011缴费年度及以后以60%为基数，补贴14%。

（2）失业保险以本市上一年度职工月平均工资40%为基数，补贴15%。

（3）基本医疗保险以本市上一年度职工月平均工资70%为基数，补贴6%。

4. 所需材件

个体就业残疾人可持下列证明，到户口所在地的街道、乡镇残联申请享受社会保险补贴：

（1）身份证、户口簿、残疾人证原件及复印件。

（2）"个体工商户营业执照"或集贸市场个体经营证明、实现灵活就业的证明原件及复印件。

（3）缴纳社会保险费证明原件。

5. 办理程序

申请社会保险补贴的个体就业残疾人应填写《个体就业残疾人享受社会保险补贴申请审批表》，经街道、乡镇残联审核盖章后，由区县残联审批。

经批准享受社会保险补贴的个体就业残疾人，应按规定到劳动保障部门职业介绍服务中心办理存档和参加社会保险手续。

对个体就业残疾人的社会保险补贴，采取"先缴纳后补贴，一年一补"的方法，即个体就业残疾人个人应先按规定缴纳社会保险费，持缴费票据原件和有关证明到街道（乡镇）残联申领补贴。

（九）社会福利机构收住残疾人运营补贴申请

1. 政策依据

相关政策主要包括：《关于印发〈北京市残疾人入住社会福利机构补贴办法〉的通知》（京残发〔2012〕77号）、《关于印发〈社会力量兴办非营利性社会福利机构运营资助办法〉的通知》（福发〔2014〕274号）。

2. 适用对象

具有本市户籍，持有"中华人民共和国残疾人证"（简称"残疾人证"），年满16周岁未满60周岁，失业且无稳定性收入的残疾人。

开展寄宿制残疾人托养服务并取得"社会福利机构设置批准证书"的社会福利机构或取得"北京市养老服务机构执业许可证"的养老服务机构（以下统称为社会福利机构）。

3. 补贴标准

（1）对残疾人的补贴。

①残疾程度为一级的视力、肢体、智力和精神残疾人入住社会福利机构的，每人每月补贴400元。

②残疾程度为二级的视力、肢体残疾人，二级、三级的智力和精神残疾人入住社会福利机构的，每人每月补贴200元。

③对享受本市城乡最低生活保障待遇的残疾程度为一级、二级的视力、肢体残疾

人，一级、二级、三级的智力和精神残疾人入住社会福利机构的，在上述补贴的基础上，每人每月再补贴600元。

（2）对社会力量兴办（含公办民营）社会福利机构的补贴。

①对收住残疾程度为一级、二级的视力、肢体残疾人，一级、二级、三级的智力和精神残疾人的社会福利机构，每人每月给予运营补贴300元。

②对收住残疾程度为三级、四级的视力、肢体残疾人，四级的智力、精神残疾人，一级、二级、三级、四级的言语残疾人和听力残疾人的社会福利机构，每人每月给予运营补贴200元。

（3）对收住残疾人达到一定规模的社会福利机构购置康复器材的，在市残联规定购置康复器材目录范围内按比例给予一次性补贴，具体标准为：收住残疾人20名以上的，按照购置康复器材总额50%的比例给予补贴，最高补贴不超过20万元；收住残疾人50名以上的，按照购置康复器材总额60%的比例给予补贴，最高补贴不超过30万元。

4. 所需材料

社会福利机构收住残疾人的，应持下列证明材料向所在区县残联提出申请，并填写《残疾人入住社会福利机构个人补贴申请审批表》《残疾人入住社会福利机构运营补贴申请审批表》和《社会福利机构开展残疾人托养服务统计报表》（相关表格可在网上浏览下载），经区县、市残联审核审批通过后领取资金补贴。

（1）"民办非企业单位登记证书"或"事业单位法人证书"副本及复印件。

（2）"组织机构代码证"副本及复印件。

（3）"社会福利机构设置批准证书"或"北京市养老服务机构执业许可证"副本及复印件。

（4）与残疾人签订的托养服务协议、残疾人提供的审核通过的《申请审批表》、残疾人入住机构名单、残疾人证、缴费凭证及相关复印件等。

（5）社会福利机构申请康复器材一次性补贴的，应持相关票据和附件向所在区县残联提出申请，并填写《社会福利机构购置康复器材补贴申请审批表》，经区县残联审核通过后报市残联，市残联组织进行评估并审批后，方可申领一次性补贴资金。

5. 办理程序

（1）残疾人申请入住社会福利机构的，应由本人或监护人，持残疾人证、身份证、户口簿、失业且无稳定性收入证明及3张1寸同版彩色证件照（享受低保待遇的残疾人还应持"低保领取证"原件和复印件），向户籍所在地的街道、乡镇残联提出申请，填写《北京市残疾人入住社会福利机构申请审批表》（简称《申请审批表》）。

（2）街道、乡镇残联自接到申请入住社会福利机构的残疾人《申请审批表》和相关证明材料之日起，在 7 个工作日内对其申请情况和提交的证明材料等进行审核，审核通过后上报区县残联复审。

（3）区县残联收到街道、乡镇残联上报的《申请审批表》和相关材料之日起，在 7 个工作日内作出复审，复审合格后报市残联，市残联审批后，区县残联将审批情况反馈给街道、乡镇残联。

对残疾人入住社会福利机构的个人补贴和对社会福利机构的运营补贴，按季度核算补贴给社会福利机构，社会福利机构应等额核减对残疾人入住机构的个人补贴费用。对社会福利机构购置康复器材的经审核通过后按比例给予一次性资金补贴。

四、软件实训

（一）罗薇申请残疾人康复服务需求

1. 案例描述

龙湖区龙潭街道的居民罗薇，属于三级肢体残疾，2017 年 6 月 5 日，罗薇的轮椅被损坏，导致行动不便，生活困难，且因家庭条件困难，无法自己购买新轮椅，当天，罗薇向龙潭街道提出残疾人康复需求申请，望政府能够提供帮助。龙潭街道的资料审核员接到申请后对罗薇的申请材料进行初审，核实申请材料真实齐全后，交与审核员签署意见，审核员签署完成后报送于龙湖区残联审核。6 月 9 日，区残联的审核员进行审核认定后，报送龙湖区康复指导中心评估。6 月 13 日，龙湖区康复指导中心进行评估，经评估，确定申请人有条件接受康复，并提供了轮椅。

2. 基本信息

相关基本信息如表 4-16 和表 4-17 所示。

表 4-16　申请信息

姓名	罗薇	性别	女
身份证号	430623199107204327	残疾证号	43062319910720432763
联系电话	15000314629	监护人	罗四
家庭人均收入	400 元	邮政编码	400301
家庭住址	龙湖区龙潭街道林溪路 90 号 13 号楼 302 室		
残疾类别	肢体残疾——截肢	残疾等级	三级
康复需求	辅助器具——移乘类——轮椅	申请日期	2017 年 6 月 5 日
需求陈述	本人双小腿缺失，属于三级肢体残疾人，轮椅被损坏，导致行动不便，生活困难，且因家庭条件困难，无法自己购买新轮椅，望给予帮助，辅助轮椅一个		

表 4-17 审核信息

街道审核意见	经核实，该申请人情况属实，拟予办理		
街道盖章	龙潭街道办事处	街道审核日期	2017年6月5日
区残联审批意见	经核实，该申请人情况属实，同意申请		
区残联盖章	龙湖区残疾人联合会	残联办审批日期	2017年6月9日
康复指导中心评估意见、处置意见	经评估，确定申请人有条件接受康复，并提供辅助器具		
康复指导中心负责人	王诗琳	评估日期	2017年6月13日

备注：盖章标准按照"政府机关单位公章尺寸大小规定"盖章。

3. 所需材料

身份证复印件、残疾人证复印件、家庭低收入证明复印件。

4. 实训要求

请根据上述案例描述、基本信息和相关政策要求，在软件中模拟残疾人康复服务需求申请流程。

5. 操作步骤

申请残疾人康复服务需求—接收残疾人康复服务需求申请—审核残疾人康复服务需求申请—审批残疾人康复服务需求申请—评估残疾人康复服务需求申请。

（二）郭霖申请残疾人两项补贴

1. 案例描述

上海市杨浦区五角场街道的居民郭霖，因在两年前意外摔倒，经医院手术治疗无效，成为肢体残疾一级残疾人。因此导致郭霖下半身失去知觉而瘫痪，现生活完全不能治理。郭霖因肌肉萎缩，长期卧床而得了褥疮，为了控制褥疮感染，得每天洗三次至四次褥疮消毒放药包扎。每隔两小时左右就得翻一次身，为了每时每刻照管，因此母亲不能劳动干活，然而没有固定收入，父亲收入低，生活陷入了困境。虽然郭霖已得政府最低生活保障金待遇，但是这种病会经常引起发烧，吃药打针没用，必须输液治疗才能得康复，其他控制缓解病情的药物，每月总需将近数百元的药物费用，郭霖委托父亲郭海天为其办理困难残疾人生活补贴及重度残疾人护理补贴申请，望政府能够提供帮助。

2017年3月2日，郭海天到户籍所在地五角场街道办事处提出残疾人两项补贴申请，当天五角场街道办事处的资料审核员接到申请后对郭海天的申请材料进行初审，核实申请材料真实齐全后，交与审核员审核，审核员提出意见后，并形成《困难残疾人生活补贴汇总表》《重度残疾人护理补贴汇总表》报送于杨浦区残联审核。3月5日，区残联的审核员经审查，予以通过审核，并报送于杨浦区民政局审批。2017年3月8日，区民政局经审查，同意郭霖自2017年3月8日起领取困难残疾人生活补贴及重度残疾人护理补贴，并将审批表与汇总表报送于杨浦区财政局备案。杨浦区财政局备案完成后，通知金融机构每月10日前将补贴存入残疾人账户，补贴资格审定合格的残疾人自递交申请当月计发补贴。

2. 基本信息

相关基本信息如表4-18至表4-21所示。

表4-18 申请人信息

姓名	郭霖	性别	男
民族	汉	出生日期	1994年2月10日
文化程度	高中	户口性质	城镇
残疾类别	肢体残疾	残疾等级	一级
身份证号	310110199402104357	残疾证号	31011019940210435742
困难补贴类型	低保	联系电话	18200319468
户籍地址	上海市杨浦区五角场街道		
家庭住址	上海市杨浦区五角场街道武川路10号3号楼201室		
补贴收款户名	郭海天	收款账号	6217000830034123039
享受的补贴	最低生活保障金		
申请理由	属于一级肢体残疾，因意外摔倒，经医院手术治疗无效。因此导致下半身失去知觉而瘫痪，现生活完全不能治理。郭霖因肌肉萎缩，长期卧床而得了褥疮，为了每时每刻照管，因此母亲不能劳动干活，然而没有固定收入，父亲收入低，且治疗费用较高，生活陷入了困境，望政府能够提供帮助		

表4-19 监护人信息

姓名	郭海天	联系电话	18207309503
身份证	310110198210144378	与残疾人关系	父子

表4-20 审核信息

街道审查意见	经审查，申请人提交的材料真实有效，同意申报		
街道盖章	五角场街道办事处	街道审查日期	2017年3月2日
区残联审核意见	申请人残疾人证等资料合法有效，经核，予以通过审核		
区残联盖章	杨浦区残疾人联合会	残联办审批日期	2017年3月5日
区民政局审批意见	经审查，同意郭霖自2017年3月8日起领取困难残疾人生活补贴及重度残疾人护理补贴		
区民政局盖章	杨浦区民政局	审批日期	2017年3月8日
困难残疾人生活补贴标准	330元	困难残疾人生活补贴金额	330元
重度残疾人护理补贴标准	300元	重度残疾人护理补贴金额	300元

表 4-21 银行转账信息

转账日期	2017 年 3 月 10 日	转账时间	上午 10：00
转出户名	杨浦区财政局	转入户名	郭海天
转出银行	中国建设银行五角场支行	转入银行	中国建设银行
转出账号	6217000832300153478	转入账号	6217000830034123039
转账币种	人民币	转账状态	成功
转账用途	困难残疾人生活补贴及重度残疾人护理补贴		

备注：盖章标准按照"政府机关单位公章尺寸大小规定"盖章。

3. 所需资料

残疾人身份证复印件、委托人身份证复印件、残疾人证复印件、最低生活保障证复印件。

4. 实训要求

请根据上述案例描述、基本信息和相关政策，在软件中模拟残疾人两项补贴资金申请业务流程。

5. 操作步骤

申请残疾人两项补贴资金—接收残疾人两项补贴资金—审查残疾人两项补贴资金申请—审核残疾人两项补贴资金申请—审批残疾人两项补贴资金申请—备案残疾人两项补贴花名册—银行汇款。

五、情境模拟

（一）残疾儿童少年康复服务补助申请

请按照残疾儿童少年康复服务补助的政策文件、业务办理程序及相关要求，模拟演练残疾儿童少年康复服务申请、审批到发放的全过程，需要考虑申请者、不同层级机构、民政部门、康复服务机构等相关人员的不同角色，练习从申请到发放的全过程。考虑正常情况和复杂情况（比如材料不合格、条件不符合等情况被驳回，以及出现争议的情况）下的全部业务处理过程。

（二）辅助器具申请补贴购买

请按照辅助器具申请补贴购买的政策文件、业务办理程序及相关要求，模拟演练辅助器具申请补贴购买补贴的申请、审批到发放的全过程，需要考虑申请者、不同层级机构、民政部门等相关人员的不同角色，练习从申请到发放的全部业务过程。考虑正常情况和复杂情况（比如材料不合格、条件不符合等情况被驳回，以及出现争议的情况）下的全部业务处理过程。

(三) 残疾人学生和生活困难残疾人子女助学补助申请

请按照残疾残疾人学生和生活困难残疾人子女助学补助申请的政策文件、业务办理程序及相关要求，模拟演练残疾人学生和生活困难残疾人子女助学补助申请、审批到发放的全过程，需要考虑申请者、不同层级机构、民政部门等相关人员的不同角色，练习从申请到发放的全过程。考虑正常情况和复杂情况（比如材料不合格、条件不符合等情况被驳回，以及出现争议的情况）下的全部业务处理过程。

(四) 用人单位安排残疾人就业情况审核

请按照残疾人就业、用人单位安排残疾人就业的政策文件、业务办理程序及相关要求，模拟演练用人单位安排残疾人就业情况审核的全过程，需要考虑企业、不同层级机构、民政部门等相关人员的不同角色，练习用人单位安排残疾人就业情况审核的全过程。考虑正常情况和复杂情况（比如材料不合格、条件不符合等情况被驳回，以及出现争议的情况）下的全部业务处理过程。

(五) 残疾人城乡基本养老保险缴费补贴申请及评审

请按照残疾人城乡基本养老保险缴费补贴的政策文件、业务办理程序及相关要求，模拟演练残疾人城乡基本养老保险费补贴的申请、审批到发放的全过程，需要考虑申请者、不同层级机构、民政部门等相关人员的不同角色，练习从申请到发放的全过程。考虑正常情况和复杂情况（比如材料不合格、条件不符合等情况被驳回，以及出现争议的情况）下的全部业务处理过程。

(六) 困难残疾人生活补贴和重度残疾人护理补贴申请

请按照困难残疾人生活补贴和重度残疾人护理补贴的政策文件、业务办理程序及相关要求，模拟演练残疾儿童少年康复服务申请、审批到发放的全过程，需要考虑申请者、不同层级机构、民政部门等相关人员的不同角色，练习从申请到发放的全过程。考虑正常情况和复杂情况（比如材料不合格、条件不符合等情况被驳回，以及出现争议的情况）下的全部业务处理过程。

(七) 残疾人助残券申请

请按照残疾人助残券申请的政策文件、业务办理程序及相关要求，模拟演练残疾人助残券申请、审批到发放的全过程，需要考虑申请者、不同层级机构、民政部门等相关人员的不同角色，练习从申请到发放的全过程。考虑正常情况和复杂情况（比如材料不合格、条件不符合等情况被驳回，以及出现争议的情况）下的全部业务处理过程。

(八) 城镇个体就业残疾人社会保险补贴申请

请按照城镇个体就业残疾人社会保险补贴的政策文件、业务办理程序及相关要求，模拟演练城镇个体就业残疾人社会保险补贴申请、审批到发放的全过程，需要考虑申请者、不同层级机构、民政部门等相关人员的不同角色，练习从申请到发放的全过程。

考虑正常情况和复杂情况（比如材料不合格、条件不符合等情况被驳回，以及出现争议的情况）下的全部业务处理过程。

（九）社会福利机构收住残疾人运营补贴申请

请按照社会福利机构收住残疾人运营补贴的相关政策文件、业务办理程序及相关要求，模拟演练社会福利机构收住残疾人运营补贴申请、审批到发放的全过程，需要考虑申请者、不同层级机构、民政部门、康复服务机构等相关人员的不同角色，练习从申请到发放的全过程。考虑正常情况和复杂情况（比如材料不合格、条件不符合等情况被驳回，以及出现争议的情况）下的全部业务处理过程。

第五章 社会救助实务与实训

[学习目标]

熟悉特困人员供养、最低生活保障、住房救助、教育救助、医疗救助、临时救助、流浪乞讨人员救助、灾害救助、就业救助等社会救助的相关政策,掌握社会救助业务办理的流程,结合有关案例对社会救助业务进行软件实训和场景模拟训练,全面掌握社会救助业务办理的相关技能。

第一节 特困人员供养实务与实训

一、政策现状

主要政策包括:《社会救助暂行办法》(中华人民共和国国务院令第649号)、《农村五保供养工作条例》(中华人民共和国国务院令第456号)、国务院印发《关于进一步健全特困人员救助供养制度的意见》(国发〔2016〕14号)、民政部关于贯彻落实《国务院关于进一步健全特困人员救助供养制度的意见》的通知(民发〔2016〕115号)、《民政部关于印发〈特困人员认定办法〉的通知》(民发〔2016〕178号)。

(一)对象范围

城乡老年人、残疾人以及未满16周岁的未成年人,同时具备以下条件的,应当依法纳入特困人员救助供养范围:无劳动能力、无生活来源、无法定赡养抚养扶养义务人或者其法定义务人无履行义务能力。

(二)供养内容

特困人员救助供养主要包括以下内容:

(1)提供基本生活条件。包括供给粮油、副食品、生活用燃料、服装、被褥等日常生活用品和零用钱。可以通过实物或者现金的方式予以保障。

（2）对生活不能自理的给予照料。包括日常生活、住院期间的必要照料等基本服务。

（3）提供疾病治疗。全额资助参加城乡居民基本医疗保险的个人缴费部分。医疗费用按照基本医疗保险、大病保险和医疗救助等医疗保障制度规定支付后仍有不足的，由救助供养经费予以支持。

（4）办理丧葬事宜。特困人员死亡后的丧葬事宜，集中供养的由供养服务机构办理，分散供养的由乡镇人民政府（街道办事处）委托村（居）民委员会或者其亲属办理。丧葬费用从救助供养经费中支出。

（5）对符合规定标准的住房困难的分散供养特困人员，通过配租公共租赁住房、发放住房租赁补贴、农村危房改造等方式给予住房救助。

（6）对在义务教育阶段就学的特困人员，给予教育救助；对在高中教育（含中等职业教育）、普通高等教育阶段就学的特困人员，根据实际情况给予适当教育救助。

（三）供养标准

特困人员救助供养标准包括基本生活标准和照料护理标准。

基本生活标准应当满足特困人员基本生活所需。照料护理标准应当根据特困人员生活自理能力和服务需求分类制定，体现差异性。各地要按照"分类定标、差异服务"的思路，根据特困人员基本生活需求和照料护理需求，合理确定救助供养标准。

基本生活标准应当满足特困人员基本生活所需，一般可参照上年度当地居民人均消费支出、人均可支配收入或低保标准的一定比例确定，原则上应不低于当地低保标准的1.3倍。

照料护理标准应当按照差异化服务原则，依据特困人员生活自理能力和服务需求分档制定，一般可分为三档，参照当地日常生活照料、养老机构护理费用或当地最低工资标准的一定比例确定。救助供养标准要与当地经济社会发展相适应，遵循托底、适度原则，适时调整。

（四）供养形式

特困人员救助供养形式分为在家分散供养和在当地的供养服务机构集中供养。具备生活自理能力的，鼓励其在家分散供养；完全或者部分丧失生活自理能力的，优先为其提供集中供养服务。

（1）分散供养。对分散供养的特困人员，经本人同意，乡镇人民政府（街道办事处）可委托其亲友或村（居）民委员会、供养服务机构、社会组织、社会工作服务机构等提供日常看护、生活照料、住院陪护等服务。有条件的地方，可为分散供养的特困人员提供社区日间照料服务。

（2）集中供养。对需要集中供养的特困人员，由县级人民政府民政部门按照便于管理的原则，就近安排到相应的供养服务机构；未满16周岁的，安置到儿童福利机构。

二、业务办理

（一）申请

申请特困人员救助供养，由本人向户籍所在地的乡镇人民政府（街道办事处）提出书面申请，按规定提交相关材料，书面说明劳动能力、生活来源以及赡养、抚养、扶养情况。本人申请有困难的，可以委托村（居）民委员会或者他人代为提出申请。乡镇人民政府（街道办事处）以及村（居）民委员会应当及时了解掌握辖区内居民的生活情况，发现符合特困人员救助供养条件的人员，应当告知其救助供养政策，对无民事行为能力等无法自主申请的，应当主动帮助其申请。

（二）审核

乡镇人民政府（街道办事处）应当通过入户调查、邻里访问、信函索证、群众评议、信息核查等方式，对申请人的收入状况、财产状况以及其他证明材料等进行调查核实，于20个工作日内提出初审意见，在申请人所在村（社区）公示后，报县级人民政府民政部门审批。申请人及有关单位、组织或者个人应当配合调查，如实提供有关情况。

（三）审批

县级人民政府民政部门应当全面审查乡镇人民政府（街道办事处）上报的调查材料和审核意见，并随机抽查核实，于20个工作日内做出审批决定。对符合条件的申请予以批准，并在申请人所在村（社区）公布；对不符合条件的申请不予批准，并书面向申请人说明理由。

（四）终止

特困人员不再符合救助供养条件的，村（居）民委员会或者供养服务机构应当及时告知乡镇人民政府（街道办事处），由乡镇人民政府（街道办事处）审核并报县级人民政府民政部门核准后，终止救助供养并予以公示。县级人民政府民政部门、乡镇人民政府（街道办事处）在工作中发现特困人员不再符合救助供养条件的，应当及时办理终止救助供养手续。特困人员中的未成年人，满16周岁后仍在接受义务教育或在普通高中、中等职业学校就读的，可继续享有救助供养待遇。

三、软件实训

（一）案例描述

居住在上海市崇明县马丰镇王家湾村1组88号的张三逸是农村居民，今年60岁，未婚，无儿无女，无赡养人，无固定收入，生活十分困难。于是张三逸于2015年6月6日向乡政府提交了"五保"救助申请资料，乡政府审查通过后于次日填写"五保"救助申请审批表。2015年6月9日乡政府进行入户调查和民主评议，经评议无异议，于当天在村内公告5天，公告无异议，于2015年6月16日填写审核意见后上报给县民政局审批。2015年6月18日县民政局接到上报后当天对张三逸家进行了审核，认为符合救助条件，于2015年6月28日发放了"五保供养证"，张三逸于当天接收了"五保供养证"。

（二）基本信息

基本信息如表5-1至表5-3所示。

表5-1 个人信息

姓名	张三逸	性别	男
年龄	60	身份证号	321302195508077869
身体状况	一般	五保类型	老年人
住房结构	土瓦	间数	1
家庭住址	上海市崇明县王家湾村1组88号	供养方式	分散供养
申请日期	2015年6月6日	申请理由	无人赡养
抚养人	无	是否享受过低保待遇	否
其他财产	0	住房情况	一般土瓦房
生活费	0	电费	10
其他需说明情况	无	文化程度	小学
是否残疾	否		

表5-2 乡政府信息

乡政府意见	同意"五保"	乡政府负责人签字	马卢达
乡政府盖章	上海市崇明县马丰镇政府	乡政府盖章日期	2015年6月16日
乡政府入户调查意见	该户情况属实	入户调查日期	2015年6月9日
乡政府举报电话	021-98789878	公示日期	2015年6月9日
入户调查人	汪峰	变更记录	无

表5-3 县民政局信息

县政府意见	同意"五保"	县政府负责人签字	张阳阳
县政府盖章	上海市崇明县政府	县政府盖章日期	2015年6月18日

（三）所需材料

身份证原件和复印件、户口簿原件和复印件、收入证明原件和复印件。

（四）实训要求

请根据案例描述、基本信息和相关政策，在软件中进行"五保"救助业务办理。

（五）操作步骤

提交"五保"救助申请材料—审核"五保"救助提交材料—申请"五保"救助—接收"五保"救助申请—入户调查—民主评议及公示—乡镇审核—上报救助材料—县民政局审核—发放"五保"供养证书—接收"五保"供养证书。

四、情境模拟

请按照特困人员供养的政策文件、业务办理程序及相关要求，模拟演练特困人员供养申请和审批的全过程，需要考虑申请者、民政部门等相关机构人员的不同角色，练习业务办理的全过程。考虑正常情况和复杂情况（比如材料不合格、条件不符合等情况被驳回，以及出现争议的情况）下的全部业务处理过程。

第二节 最低生活保障实务与实训

一、政策现状

主要政策依据包括：《社会救助暂行办法》（中华人民共和国国务院令第649号），《城市居民最低生活保障条例》（中华人民共和国国务院令第271号），《民政部关于进一步加强城市低保对象认定工作的通知》（民函〔2012〕140号），《民政部关于印发〈最低生活保障审核审批办法（试行）〉的通知》（民发〔2012〕220号），《国务院关于在全国建立农村最低生活保障制度的通知》（国发〔2007〕19号），《民政部关于进一步规范农村最低生活保障工作的指导意见》（民发〔2010〕153号），《民政部国家统计局关于进一步加强农村最低生活保障申请家庭经济状况核查工作的意见》（民发〔2015〕55号），《民政部关于印发〈最低生活保障审核审批办法（试行）〉的通知》（民发〔2012〕220号）。

（一）城市居民最低生活保障

1. 保障对象

持有非农业户口的城市居民，凡共同生活的家庭成员人均收入低于当地城市居民最低生活保障标准的，均有从当地人民政府获得基本生活物质帮助的权利。收入是指共同生活的家庭成员的全部货币收入和实物收入，包括法定赡养人、扶养人或者抚养人应当给付的赡养费、扶养费或者抚养费，不包括优抚对象按照国家规定享受的抚恤金、补助金。

2. 保障标准

城市居民最低生活保障标准，按照当地维持城市居民基本生活所必需的衣、食、住费用，并适当考虑水电燃煤（燃气）费用以及未成年人的义务教育费用确定。直辖市、设区市的城市居民最低生活保障标准，由市人民政府民政部门会同财政、统计、物价等部门制定，报本级人民政府批准并公布执行；县（县级市）的城市居民最低生活保障标准，由县（县级市）人民政府民政部门会同财政、统计、物价等部门制定，报本级人民政府批准并报上一级人民政府备案后公布执行。城市居民最低生活保障标准需要提高时，依照前两款的规定重新核定。

3. 资金来源

《城市居民最低生活保障条例》第五条规定："城市居民最低生活保障所需资金，由地方人民政府列入财政预算，纳入社会救济专项资金支出项目，专项管理，专款专用。国家鼓励社会组织和个人为城市居民最低生活保障提供捐赠、资助；所提供的捐赠资助，全部纳入当地城市居民最低生活保障资金"。

4. 审批管理

城市居民最低生活保障制度实行地方各级人民政府负责制。县级以上地方各级人民政府民政部门具体负责本行政区域内城市居民最低生活保障的管理工作；财政部门按照规定落实城市居民最低生活保障资金；统计、物价、审计、劳动保障和人事等部门分工负责，在各自的职责范围内负责城市居民最低生活保障的有关工作。县级人民政府民政部门以及街道办事处和镇人民政府负责城市居民最低生活保障的具体管理审批工作。居民委员会根据管理审批机关的委托，可以承担城市居民最低生活保障的日常管理、服务工作。国务院民政部门负责全国城市居民最低生活保障的管理工作。

（二）农村最低生活保障

1. 保障对象

农村最低生活保障对象是家庭年人均纯收入低于当地最低生活保障标准的农村居民，主要是因病残、年老体弱、丧失劳动能力以及生存条件恶劣等原因造成生活常年困难的农村居民。

2. 保障标准

农村最低生活保障标准由县级以上地方人民政府按照能够维持当地农村居民全年基本生活所必需的吃饭、穿衣、用水、用电等费用确定，并报上一级地方人民政府备案后公布执行。农村最低生活保障标准要随着当地生活必需品价格变化和人民生活水平提高适时进行调整。

低保标准的确定与调整，首先要经过科学测算。按照既能保障困难群众基本生活，又与当地财力和经济社会发展水平相适应的原则，采取市场菜篮法、恩格尔系数法等方法，合理使用统计调查数据进行测算。其次要经过法定程序。由民政部门会同财政、统计等部门共同测定，经县级以上人民政府批准和颁布。要避免主观决策或盲目攀比，确保低保标准的科学性和权威性。

3. 资金来源

《国务院关于在全国建立农村最低生活保障制度的通知》第五条规定："农村最低生活保障资金的筹集以地方为主，地方各级人民政府要将农村最低生活保障资金列入财政预算，省级人民政府要加大投入。地方各级人民政府民政部门要根据保障对象人数等提出资金需求，经同级财政部门审核后列入预算。中央财政对财政困难地区给予适当补助。地方各级人民政府及其相关部门要统筹考虑农村各项社会救助制度，合理安排农村最低生活保障资金，提高资金使用效益。同时，鼓励和引导社会力量为农村最低生活保障提供捐赠和资助。农村最低生活保障资金实行专项管理，专账核算，专款专用，严禁挤占挪用。"

4. 审批管理

乡（镇）人民政府审核、县级民政部门审批。乡（镇）人民政府要履行受理、调查、审核和动态管理的职责。个别居住分散、交通不便的地区，乡（镇）人民政府可通过行政委托等方式，委托村级组织代为受理申请和进行家庭经济状况调查，其间发生的法律纠纷依法由委托机构承担。县级民政部门在审批过程中，应对乡（镇）人民政府上报审批对象的家庭情况按一定比例进行抽查。有条件的地区可以实行县、乡联审联批或网上审批，提高工作效率。推行由国库集中支付，通过银行、信用社等金融服务机构直接发放低保金的办法。低保金原则上要采取差额补助的办法，即依据调查掌握的申请人家庭年人均纯收入情况，补齐至当地保障标准。

二、业务办理

（一）城市居民最低生活保障

1. 审批程序

（1）申请。申请享受城市居民最低生活保障待遇，由户主向户籍所在地的街道办事处或者镇人民政府提出书面申请，并出具有关证明材料，填写《城市居民最低生活保障待遇审批表》。城市居民最低生活保障待遇，由其所在地的街道办事处或者镇人民政府初审，并将有关材料和初审意见报送县级人民政府民政部门审批。

（2）审核。管理审批机关为审批城市居民最低生活保障待遇的需要，可以通过入户调查、邻里访问以及信函索证等方式对申请人的家庭经济状况和实际生活水平进行调查核实。申请人及有关单位、组织或者个人应当接受调查,如实提供有关情况。

(3) 审批。县级人民政府民政部门经审查,对符合享受城市居民最低生活保障待遇条件的家庭,应当区分下列不同情况批准其享受城市居民最低生活保障待遇:对无生活来源、无劳动能力又无法定赡养人、扶养人或者抚养人的城市居民,批准其按照当地城市居民最低生活保障标准全额享受;对尚有一定收入的城市居民,批准其按照家庭人均收入低于当地城市居民最低生活保障标准的差额享受。

(4) 终止。县级人民政府民政部门经审查,对不符合享受城市居民最低生活保障待遇条件的,应当书面通知申请人,并说明理由。管理审批机关应当自接到申请人提出申请之日起的30日内办结审批手续。

2. 城市低保对象认定程序

(1) 由街道、乡镇低保经办机构直接受理低保申请。受街道或乡镇低保经办机构委托受理低保申请的社区居民委员会,要将申请人提交的所有材料以及家庭经济状况调查结果全部上交到街道或者乡镇低保经办机构,不得自行作出不予受理或不符合低保条件的决定。

(2) 入户调查应存录原始资料。入户调查和邻里走访应由两人以上同行,并详细、真实地记录低保申请人家庭生活情况,以备街道和区(县)级民政部门审核、审批时查验。

(3) 民主评议应规范、简便,讲求实效。民主评议的参加人员应为社区居民委员会成员、街道及社区低保工作人员、居民代表以及驻社区人大代表、政协委员等,总人数不得少于7人,并定期轮换。评议时,应充分了解低保申请家庭的情况,必要时,可向低保申请人或者其代理人询问。民主评议应采取无记名的方式使与会人员充分表达意见,并当场公布评议结果。评议结果无论同意与否,都应上报街道、乡镇低保经办机构。

(4) 张榜公示应限定范围和时间。一般情况下,公示的范围应限于低保申请人所居住的社区居委会,不提倡在互联网站上公示;公示的内容应仅限于拟批准享受低保的户主姓名、家庭人口数及享受金额,应注意保护其家庭特别是儿童的隐私;对于老年人家庭、残疾人家庭等家庭收入无变化或变化不大的,不宜实行常年公示。

(5) 县级民政部门应建立随机抽查制度。要对低保家庭实行分类管理,对于家庭收入无变化或者变化不大的家庭,可每年复核一次;对于家庭收入处于经常变动状态的,至少每半年复核一次。县级民政部门要加强随机抽查力度,每年抽查数量应分别不少于新申请低保家庭总数和已有低保家庭总数的20%。

(6) 居民家庭收入核对机制建设。根据居民家庭收入的不同类型,与税务、房地产、社会保险、公积金、车辆、工商、金融等部门协商收入核对的具体程序和办法,建立分层次、多类别、高效率、运转灵活的居民家庭收入核对运行机制。

(二) 农村居民最低生活保障

1. 申请、审核和审批

申请农村最低生活保障，一般由户主本人向户籍所在地的乡（镇）人民政府提出申请；村民委员会受乡（镇）人民政府委托，也可受理申请。

受乡（镇）人民政府委托，在村党组织的领导下，村民委员会对申请人开展家庭经济状况调查、组织村民会议或村民代表会议民主评议后提出初步意见，报乡（镇）人民政府；乡（镇）人民政府审核后，报县级人民政府民政部门审批。

乡（镇）人民政府和县级人民政府民政部门要核查申请人的家庭收入，了解其家庭财产、劳动力状况和实际生活水平，并结合村民民主评议，提出审核、审批意见。

2. 家庭经济状况调查

乡（镇）人民政府要对低保申请人家庭经济状况进行调查，调查覆盖面要达到100%。调查应由乡（镇）人民政府工作人员（包括驻村干部）牵头组织，村级组织工作人员参加，采取入户调查、邻里访问等方法实施。申请人应提供家庭经济收入、财产状况等证明材料，并对其真实性和完整性作出书面承诺，调查人员和申请人应分别签字确认调查结论。

3. 村级民主评议

村级民主评议要由乡（镇）人民政府统一组织，由村党支部和村委会成员、熟悉村民情况的党员代表、村民代表等人员组成评议小组，乡（镇）人民政府工作人员列席会议，所有参加评议人员均要签字确认评议结果。村级民主评议不是批准程序，评议结果无论是同意还是不同意，都要将申请人的完整材料上报乡（镇）人民政府。

4. 社会公示

县级民政部门和乡（镇）人民政府要分别对申请人家庭经济状况调查、民主评议以及审核审批结果及时进行公示。公示内容应包括申请人家庭基本情况、经济状况调查及民主评议结论、是否纳入低保与拟给予保障金额的审核（批）意见等。公示信息要真实完整，公示地点应为申请人所在的自然村（组），公示时间一般不少于7天。公示机构要同时公布举报电话及通信方式，确保公众能对公示内容进行反馈。对于群众有异议的公示内容，应再次调查核实并重新公示。

5. 资金发放

最低生活保障金原则上按照申请人家庭年人均纯收入与保障标准的差额发放，也可以在核查申请人家庭收入的基础上，按照其家庭的困难程度和类别，分档发放。要加快推行国库集中支付方式，通过代理金融机构直接、及时地将最低生活保障金支付到最低生活保障对象账户。

6. 动态管理

县级民政部门和乡（镇）人民政府要加大动态管理力度，区分低保对象不同情况，采用分类定期复核办法：对于收入来源比较明确、变化不大、长期贫困的家庭可以实行年度复审；对收入来源不固定、群众产生新的异议的对象要缩短复审期限。要根据复查掌握的家庭经济状况变化，及时按程序办理停发、减发或增发低保金的手续，及时向社会公示。

三、软件实训

（一）申请城市居民低保

1. 案例描述

居住在上海市浦东新区南码头路11号69栋508的张高松一家三口人都是城镇居民，张高松工作下岗。妻子工资收入低，儿子现在读书，生活十分困难。于是张高松于2015年5月5日向街道政府提交低保救助申请资料，待街道政府审查通过后于次日填写低保救助申请审批表，当天街道政府的低保工作人员将申请人录入低保系统。2015年5月8日街道政府进行入户调查和民主评议，经评议无异议，于当天在社区内公告5天，公告无异议，于2015年5月15日填写审核意见后上报给区民政局审批。2015年5月17日区民政局接到街道上报的资料后当天对张高松家进行了入户调查，认为符合救助条件，便出具了城市居民低保公示书，当天居委会进行了第二次公示，在社区内公告5天，公告无异议，于是2015年5月23日区民政局发放了低保领取证，次月1日发放保障金。

2. 基本信息

相关信息如表5-4至表5-7所示。

表5-4 个人信息

户主姓名	张高松	性别	男
身份证号	321302197008015611	民族	汉
户口所在街道	浦东新区南码头街道	户口所在居委会	新新居委会
家庭详细地址	上海市浦东新区南码头路11号69栋508	申请理由	无生活来源
年龄	45	家庭人口	3
类别	城市低收入家庭	所在单位	无
联系电话	18721810859	家庭属性	企业下岗人员
非农业人口	3	共有城市居民多少户	100
健康状况	良好	共有城市居民多少人	390
城市享受低保户数	1	城市享受低保人数	3
开户银行	中国农业银行	开户银行卡号	622278978656789298

表 5-5　共同生活家庭成员状况

姓名	与户主关系	性别	年龄	婚姻状况	农户或非农户	身份证号	月总收入	收入来源类别	工作单位
张高松	本人	男	45	已婚	非农业户口	321302197008015611	0	无	无
王本贵	夫妻	女	46	已婚	非农业户口	321302196905015756	1200 元	打工	上海洗洗物业公司
张小梅	父女	女	20	未婚	非农业户口	321302199509019870	0	无	无
户月总收入		1200 元				人均月收入		400 元	

表 5-6　居委会和街道办事处信息

街道办事处意见	同意	街道领导签章	马菲菲
街道签章日期	2015 年 5 月 15 日	街道盖章	上海市浦东新区南码头街道
调查人	张帆、李文、王笑笑		

表 5-7　区民政局信息

区领导签字	冯潇霆	区单位签章	上海市浦东新区政府
调查人	张一毛	区签章日期	2015 年 5 月 17 日
入户调查情况	情况属实，家庭贫困	区民政局审批意见	同意

3. 所需材料

身份证原件和复印件、户口本原件和复印件、收入证明原件和复印件。

4. 实训要求

请根据案例描述、基本信息及相关政策，在软件中模拟城市低保救助申请业务。（注：按差额救助方式救助；城市低保家庭月差额救助金额=（月最低生活保障线标准-月家庭人均收入）×家庭人口数）

5. 操作步骤

申请城市低保—审查申请材料—填写城市低保申请表—录入城市低保系统—入户调查—民主评议及公示—街道审核低保—上报低保审核—二次入户调查—出具公示书—二次公示—区民政局审核低保—发放城市低保领取证—接收城市低保领取证。

（二）申请农村低保

1. 案例描述

居住在上海市崇明县杨家湾村四组 99 号的王洪亮一家 3 口人都是农村居民，王洪亮无劳动能力。靠妻子张曼曼一人务农，儿子现在读书，生活十分困难。王洪亮于 2015 年 5 月 6 日向龙门乡政府提交了低保救助申请资料，龙门乡政府审查通过后于次日填写低保救助申请审批表,当天龙门乡政府的低保工作人员将申请人录入低保系统。2015年5月9日龙门乡政府进行入户调查和民主评议,经评议无异议,于当天在村内公告5天,公告无异议,于2015年5月16日填写审核意见后上报给县民政局审批。2015年5月18日县民政局接到街道上报的资料后当天对王洪亮家进行了入户调查,认为符合救助条件,便出具了农村居民低保公示书,当天村委会进行了第二次公示,在村内公告5天,公告无异议,于是2015年5月24日县民政局发放了低保领取证,于次月1日发放低保保障金。

2. 基本信息

基本信息如表5-8至表5-11所示。

表5-8 个人信息

户主姓名	王洪亮	性别	男
身份证号	321302196801015097	民族	汉
户口所在乡镇	崇明县龙门乡	户口所在村委会	杨家湾村委会
家庭详细地址	上海市崇明县龙门乡杨家湾村四组99号	申请理由	生活困难
健康状况	一般	家庭人口	3
类别	农村低收入家庭	所在单位	无
联系电话	18721819890	家庭属性	务农
农业人口	3	共有农村居民多少户	89
共有农村居民多少人	268	城市享受低保户数	1
城市享受低保人数	3	健康状况	一般
开户银行	中国农业银行	开户银行卡号	6222987898789653123

表5-9 共同生活家庭成员状况

单位:元

姓名	与户主关系	性别	年龄	婚姻状况	农户或非农户	身份证号	月总收入	收入来源类别	工作单位
王洪亮	本人	男	47	已婚	农业户口	321302196801015097	0	无	无
张曼曼	夫妻	女	46	已婚	农业户口	321302196905015756	1500	务农	无
王小明	父子	男	20	未婚	农业户口	321302199509019871	0	无	无
户月总收入	1500					人均月收入	500		

表 5-10 村委会和乡民政局信息

乡政府意见	同意	乡政府领导签章	王小丫
乡政府签章日期	2015年5月16日	乡政府盖章	上海市崇明县龙门乡政府
乡政府调查人	王二、杨阳洋	监督举报电话	021-87687689

表 5-11 县民政局信息

县领导签字	冯婷婷	县民政局签章	上海市崇明县民政局
调查人	胡丽婷	县民政局签章日期	2015年5月23日
入户调查情况	情况属实，家庭贫困	县民政局审批意见	同意

3. 所需材料

身份证原件和复印件、户口簿原件和复印件、收入证明原件和复印件。

4. 实训要求

请根据案例描述、基本信息和相关政策，在软件中模拟农村低保救助申请业务流程。

5. 操作步骤

申请农村低保—审查申请材料—填写农村低保申请表—录入农村低保系统—乡民政局入户调查—乡政府评议及公示—乡民政局审核低保—上报低保审核—县民政局出具公示书—二次公示—县民政局批准低保—发放农村低保领取证—接收农村低保领取证。

四、情境模拟

请按照最低生活保障的政策文件、业务办理程序及相关要求，模拟演练城市和农村最低生活保障申请、家计调查、审核和审批的全过程，需要考虑申请者、基层组织、民政部门等相关机构和人员的不同角色，练习业务办理的全过程。考虑正常情况和复杂情况（比如材料不合格、条件不符合等情况被驳回，以及出现争议的情况）下的全部业务处理过程。

第三节 住房救助实务与实训

一、政策现状

住房救助是社会救助的重要组成部分，是针对住房困难的社会救助对象实施的住房保障。住房救助是切实保障特殊困难群众获得能够满足其家庭生活需要的基本住房，在住房方面保民生、促公平的托底性制度安排。政策依据：《社会救助暂行办法》和《国务院关于全面建立临时救助制度的通知》（国发〔2014〕47号）、《住房城乡建设部民政部财政部关于做好住房救助有关工作的通知》（建保〔2014〕160号）。

（一）救助对象

国家对符合规定标准的住房困难的最低生活保障家庭、分散供养的特困人员，给予住房救助。住房救助对象是指符合县级以上地方人民政府规定标准的、住房困难的最低生活保障家庭和分散供养的特困人员。城镇住房救助对象，属于公共租赁住房制度保障范围。农村住房救助对象，属于优先实施农村危房改造的对象范围。

（二）救助方式

住房救助通过配租公共租赁住房、发放住房租赁补贴、农村危房改造等方式实施。充分考虑住房救助对象经济条件差、住房支付能力不足的客观条件，通过配租公共租赁住房、发放低收入住房困难家庭租赁补贴、农村危房改造等方式实施住房救助。对城镇住房救助对象，要优先配租公共租赁住房或发放低收入住房困难家庭租赁补贴，其中对配租公共租赁住房的，应给予租金减免，确保其租房支出可负担。对农村住房救助对象，应优先纳入当地农村危房改造计划，优先实施改造。

（三）救助标准

县级以上地方人民政府要统筹考虑本行政区域经济发展水平和住房价格水平等因素，合理确定、及时公布住房救助对象的住房困难条件，以及城镇家庭实施住房救助后住房应当达到的标准和对住房救助对象实施农村危房改造的补助标准。住房困难标准及住房救助标准应当按年度实行动态管理，以确保救助对象住房条件能随着经济和社会发展水平的进步而相应地提高。

二、业务办理

《社会救助暂行办法》规定：城镇家庭申请住房救助的，应当经由乡镇人民政府、街道办事处或者直接向县级人民政府住房保障部门提出，经县级人民政府民政部门审核家庭收入、财产状况和县级人民政府住房保障部门审核家庭住房状况并公示后，对符合申请条件的申请人，由县级人民政府住房保障部门优先给予保障。农村家庭申请住房救助的，按照县级以上人民政府有关规定执行。

《住房城乡建设部民政部财政部关于做好住房救助有关工作的通知》规定：城镇家庭可通过乡镇人民政府、街道办事处或者直接向住房保障部门提出申请，经县级民政部门确认申请家庭的最低生活保障及特困供养人员资格，由住房保障部门负责审核家庭住房状况并公示。经审核符合规定条件的，应当纳入城镇住房保障轮候对象范围，优先给予保障。农村居民（家庭）应向户籍所在地的乡镇人民政府提出申请。乡镇人民政府对申请人的最低生活保障或特困供养人员资格、住房状况进行确认、调查核实并公示后，报县级人民政府住房城乡建设部门会同民政部门审批。对经审批决定纳入住房救助范围的，应将其作为农村危房改造对象优先纳入当地农村危房改造计划。

以北京市农村住房救助的办理程序为例。《北京市农村住房救助实施办法（试行）》（京民救发〔2010〕101号）规定：①申请住房救助应当以家庭为单位，由户主向居住地村民委员会提出书面申请，填写《北京市农村居民住房救助申请表》，提交户籍等申请材料。申请家庭须在每年1月提出申请，否则，不纳入本年度的保障范围，特殊情况除外。所需材料：户籍、居民身份证、住房以及北京市农村居民最低生活保障金领取证或《北京市低收入家庭救助证》及其他相关证明材料。②村民委员会收到申请材料后应组织民主评议，评议结束后将申请家庭的基本情况和评议意见在本村范围内进行公示（公示时间为7天），公示期满无异议的，将申请家庭的基本情况、评议意见和公示情况报送乡镇人民政府。③乡镇人民政府对报送的申请材料要及时进行审核，填写《北京市农村居民住房救助审批表》，对申请家庭的住房进行评定，提出审核意见，报区县民政部门审批。④区县民政部门对乡镇政府上报的申请材料要进行复核，会同住房城乡建设委对申请家庭的住房进行认定，对符合条件给予住房救助待遇的，核准其享受住房救助的方式及标准。对不符合条件不予批准的，区县民政部门通过街道（乡镇）社保所，向申请人书面告知结果并陈述理由。

三、软件实训

（一）城市廉租房救助

1. 案例描述

张峰逸居住在上海市浦东新区东方路89号56栋101，一家三口人都是上海市城镇户口，为上海市低保家庭。由于三人共同居住的面积为15平方米，感受到了住房压力，于是张峰逸于2015年6月1日向街道政府提交城市廉租房救助申请资料，待街道政府审查通过后于次日填写了城镇廉租房申请登记表。2015年6月8日街道政府进行民主评议及公示，于2015年6月15日填写审核意见后上报给区房管局审批。2015年6月17日区民政局接到街道上报的资料后当天对张峰逸家进行了入户核查，认为符合救助条件，便出具了城市居民住房救助公示书，当天居委会进行了第二次公示，在社区内公告5天，公告无异议，于是2015年6月30日区房管局审核通过。

2. 基本信息

相关信息如表5-12至表5-15所示。

表 5-12　个人信息

申请人	张峰逸	申请人身份证号	310110196311223099
申请人户籍所在地址	上海市浦东新区东方路 89 号 56 栋 101		
房屋证件名称	房地产权证	承租人	程建
产权人（单位）	上海保利拉菲地产公司	使用面积	15
家庭成员无其他住处			
填表人	张峰逸	联系电话	15987898656
联系地址	上海市浦东新区东方路 89 号 56 栋 101	家庭类型	低保家庭
街道监督电话	021-89876536		

表 5-13　家庭成员信息

与申请人关系	姓名	性别	年龄	身份证号	户口所在地	工作单位	是否长期共同居住
本人	张峰逸	男	55	310110196311223099	上海市浦东新区	上海丰盛餐饮公司	是
夫妻	王丹丹	女	55	310110196310223096	上海市浦东新区	无	是
父子	张小雨	男	22	310110199309083099	上海市浦东新区	上海金融学院	是

表 5-14　家庭成员住房证明

姓名	张峰逸	单位	上海保利拉菲地产公司
住房面积	20m²	地址	上海市浦东新区东方路 89 号 56 栋 101
负责人	王佳杰	联系电话	15987898656
盖章日期	2015 年 5 月 1 日		
备注：该户其他成员除姓名不一样其他信息都同上。			

表 5-15　审核登记意见

街道办事处意见	情况属实	街道办事处经办人签字	杨欣
街道办事处盖章	上海市浦东新区东方路街道办事处	街道办事处盖章日期	2015 年 6 月 15 日
区廉租部核查住房面积	15m²	共居住人口	3
人均使用面积	5m²	公告是否有异议	无
核查是否符合条件	是	核查负责人	李文金
核查日期	2015 年 6 月 17 日	区廉租审查家庭种类	低保家庭
建议救助方式	给予廉租	应配租人口数	3
实物配租面积	30m²	该家每月最高补贴	1860 元
审查部门盖章	上海市浦东新区房管部门	审查盖章日期	2015 年 6 月 17 日

3. 所需资料

身份证原件及复印件、户口簿原件及复印件、收入证明原件及复印件。

4. 实训要求

请根据案例描述、基本信息和相关政策,在软件中模拟城市住房救助申请、审批的全部业务流程。

5. 操作步骤

提交城市住房申请材料—审核城市住房救助材料—审核城市住房救助—接收住房救助—街道公示—街道审核—上报救助材料—区房管部门入户核查—二次公示—区房管部门审核救助。

(二)农村住房救助

1. 案例描述

王建波居住在上海市崇明县刘家傲三组128号,一家3口人,是本村的低保户。2015年4月王建波发现自己家所住的房子属于危房,也不能进行维修了,随时都有倒塌的危险。于是王建波2015年5月8日向乡政府提交了住房救助申请资料,乡政府审查通过后于次日填写农村困难群众住房救助申请表,乡政府住房救助工作人员当天接收了农村困难群众住房救助申请表。2015年5月20日乡政府进行了民主评议及公示,经公示无异议,于2015年5月26日填写审核意见后上报给县民政局审批。2015年5月26日县民政局接到街道上报的资料后于2015年5月28日对王建波家进行了审查,认为符合救助条件,于当天交给了住房救助领导小组,住房救助领导小组人员2015年6月8日核准通过。

2. 基本信息

相关信息如表5-16、表5-17所示。

表5-16 个人基本信息

姓名	与户主关系	身份证号码	健康状况	备注
王建波	本人	310110196311223077	良好	无
李晓婷	夫妻	310110196308103064	良好	无
王韩儿	父女	310110199507253072	良好	无
户主性别	男		是否"五保"户	否
是否低保户	是		联系电话	18217510566
家庭住址	上海市崇明县石付乡刘家傲三组128号		房屋建造年份	1988年
建造面积(m²)	45		间数	3
层数	1		结构类型	砖混结构
质量状况	差		申请救助理由	房子为危房
申请救助方式	申请翻建		申请救助标准	翻建房屋

表 5–17 审核审批意见

乡政府意见	情况属实，同意救助		
乡政府盖章	上海崇明县上海市崇明县石付乡政府	乡政府盖章日期	2015 年 5 月 26 日
县民政局意见	情况属实，同意救助		
县民政局盖章	上海市崇明县民政局	县政府盖章日期	2015 年 5 月 28 日
县民政局领导小组核准意见	情况属实，同意救助		
县民政局领导小组盖章	上海市崇明县民政局	县民政局领导小组盖章日期	2015 年 6 月 8 日
政府举报电话	021-59459598		

3. 所需材料

身份证原件及复印件、户口簿原件及复印件、收入证明原件及复印件。

4. 实训要求

请根据案例描述、基本信息和相关政策，在软件中模拟农村住房救助申请、审批的全部业务流程。

5. 操作步骤

提交农村住房救助申请材料—审核农村住房申请材料—申请农村住房救助—接收农村住房救助申请—民主评议及公示—乡政府审核—上报县民政局—县民政局审核—县住房领导小组审核。

四、情境模拟

请按照住房救助的政策文件、业务办理程序及相关要求，模拟演练城市和农村住房救助申请、审核和审批的全过程，需要考虑申请者、基层组织、民政部门、住房与城乡建设部门等相关机构和人员的不同角色，练习业务办理的全过程。考虑正常情况和复杂情况（比如材料不合格、条件不符合等情况被驳回，以及出现争议的情况）下的全部业务处理过程。

第四节 教育救助实务与实训

一、政策现状

《社会救助暂行办法》规定：国家对在义务教育阶段就学的最低生活保障家庭成员、

特困供养人员，给予教育救助。对在高中教育（含中等职业教育）、普通高等教育阶段就学的最低生活保障家庭成员、特困供养人员，以及不能入学接受义务教育的残疾儿童，根据实际情况给予适当教育救助。教育救助根据不同教育阶段需求，采取减免相关费用、发放助学金、给予生活补助、安排勤工助学等方式实施，保障教育救助对象基本学习、生活需求。教育救助标准，由省、自治区、直辖市人民政府根据经济社会发展水平和教育救助对象的基本学习、生活需求确定、公布。申请教育救助，应当按照国家有关规定向就读学校提出，按规定程序审核、确认后，由学校按照国家有关规定实施。由于地方政策的差异，以下以北京市为例说明教育救助的主要内容，政策依据：《关于进一步规范高等教育新生入学救助办法的通知》（京民社救发〔2011〕367号）。

（一）救助对象

享受本市城乡居民最低生活保障、低收入救助的家庭和享受生活困难补助的重残人家庭中，当年参加全国普通高等教育入学考试、在本市高等教育招生计划内、经北京教育考试院高等学校招生办公室正式录取、考入普通高等学校接受全日制本科、专科或高等职业教育的学生可申请享受一次性救助。考取师范、农林专业免交学费和享受专业奖学金的学生，不享受此项一次性救助。

（二）救助标准

（1）考取普通高等院校，接受本科、专科或高等职业教育的学生，当年一次性最多救助4500元。救助标准将随高等教育新生入学学费的变化和本市居民生活水平的提高适时调整，具体标准由市民政局、市财政局、市教委、市残联经测算后确定。

（2）学费低于上述救助标准的，按实际发生金额救助。

（三）资金来源

（1）实施高等教育新生入学救助所需资金，在市级财政资金中列支，纳入临时救助资金，实行专账管理，专款专用。

（2）市民政局根据上年度享受高等教育新生入学救助情况和支出资金等数据，制订本年度用款计划；省市财政局共同发文下达预算批复，并划拨至区县财政局。

（3）区县民政局商同级财政部门将此项教育救助资金划拨至区县民政局或街道办事处（乡镇人民政府），按规定发放。高等教育新生入学救助工作结束后，市财政局和市民政局将根据各区县救助资金实际支出情况，下拨补充资金并制定下一步用款方案。

二、业务办理

以下以北京市为例，说明教育救助的业务程序。

（一）申请

每年10月底前，申请享受本市高等教育新生入学救助的对象，由申请人或申请人

家长向户籍所在地街道办事处或乡镇人民政府社会救助经办机构提出书面救助申请,同时提交以下证明材料:

(1) 居民户口簿、居民身份证复印件。

(2) 北京市城市(农村)居民最低生活保障金领取证、北京市低收入家庭救助证或北京市城市居民生活困难补助金领取证(查验)。

(3) 查验录取通知书、学费缴费通知原件,并提供复印件。

(4) 民政部门认为需要提供的其他证明材料。

(二) 受理及审核

街道办事处或乡镇人民政府社会救助经办机构负责受理高等教育新生入学救助申请,审核申请人提交的证明材料,及时了解申请人家庭情况,同时汇总有关材料填写《北京市高等教育新生入学救助待遇申请审批表》,并签署审核意见后,上报区县民政局。

(三) 审批及发放

区县民政局负责对上报材料进行核准和审批。符合救助条件的,核准享受高等教育新生入学救助待遇;不符合救助条件的,以书面形式告知并说明理由。街道办事处或乡镇人民政府社会救助经办机构,按照区县民政部门的审批结果和救助标准,通过原申请渠道组织发放。同时,由区县民政局编制《北京市高等教育新生入学救助待遇核准汇总表》和《北京市高等教育新生入学救助待遇情况统计表》,上报市民政局复核。

(四) 复核、监督与协调

市民政局由社会救助处、计划财务处、审计处、纪检监察处及城乡居民最低生活保障事务中心等相关部门组成高等教育新生入学救助工作领导小组,负责新生入学救助政策的制定、调整和指导检查工作,对区县上报的救助情况进行复核,协调市财政部门下拨救助资金。日常工作由市民政局社会救助处负责。相关材料如材料5-1至材料5-4所示。

材料 5-1　北京市高等教育新生入学救助待遇申请审批表

申请人姓名		性别		年龄		出生日期	
身份证号码			联系方式			邮政编码	
户口所在地				现居住地			
录取院校				所学专业		学历	
学制		学费金额			学校地址		
监护人姓名			与申请人关系			家庭受助类型	
享受保障情况				领取证号			

续表

申请理由	
	申请人签字：　　　年　月　日
街道（乡镇）社会救助经办机构意见	
	经办人签章：　　　　　　　　　　领导签章：　　年　月　日
区（县）民政局意见	
	经办人签章：　　　　　　　　　　领导签章：　　年　月　日

材料5-2　告知书

×××：

我们按照《关于进一步规范高等教育新生入学救助办法的通知》有关条款的规定，对您＿＿＿＿年＿＿月＿＿日提交的关于申请高等教育新生入学救助申请和相关材料进行核查。经核实，您目前的状况不符合申请高等教育新生入学救助的条件，理由是：

如对本决定不服，可以自收到本告知书之日起六十日内向　　　　区（县）人民政府或者北京市民政局提出行政复议，或自收到本告知书之日起三个月内向　　　　区（县）人民法院提起行政诉讼。

特此告知

北京市　　区（县）民政局
（印章）
　年　月　日

告知书送达确认

于　　年　月　日收到申请高等教育新生入学救助结果的告知书，同意其所述内容，并予以确认。

被送达人：（签字）
送达确认日期：　　年　月　日

材料 5-3　北京市高等教育新生入学救助待遇核准备案表

区县名称（盖章）：　　　　　　　　　　　　　　　　　　　　　　　　　　　　　　单位：人/万元

序号	申请人姓名	性别	年龄	身份证号码	户口所在地	录取学校	所学专业	学历	学制	应缴学费	受助金额		监护人姓名	家庭受助类型
											市级高等教育入学救助	其他部门资助情况		

备注：家庭受助类型：低保家庭、低收入家庭、生活困难补助家庭。

材料 5-4 北京市高等教育新生入学救助情况统计表

填报单位（盖章）：

区县名称	享受救助人数总计	当年享受高等教育新生入学救助情况（人）															当年拨付区县教育救助金情况（万元）					
		低保家庭					生活困难补助重残人家庭					低收入家庭					拨付资金合计	低保家庭		重残人家庭		低收入家庭	
		低保家庭救助人数合计	城市		农村		重残家庭救助人数合计	城市		农村		低收入家庭救助人数合计	城市		农村			城市	农村	城市	农村	城市	农村
			本科	专科（高职）	本科	专科（高职）		本科	专科（高职）	本科	专科（高职）		本科	专科（高职）	本科	专科（高职）							
	1	2	3	4	5	6	7	8	9	10	11	12	13	14	15	16	17	18	19	20	21	22	23

填表人：　　　　　　　　　　　　领导签字：　　　　　　　　　　　　填表日期：　　年　月　日

三、软件实训

(一) 城镇教育救助申请

1. 案例描述

2013年5月6日被上海金融学院录取的李宁因家里条件艰苦无法承受大学学费,希望能拿到教育补助来减轻家庭负担。他于2013年5月10日向街道政府提交教育救助所需资料,待街道政府审查通过于当天填写了《教育救助申请书》,街道政府教育救助人员于次日对李宁家庭进行入户调查,2013年5月12日居委会进行民主评议,经评议无异议,于当天在社区内公告5天,公告无异议后,街道办事处教育救助人员于2013年5月19日进行审核,经街道审核领导小组审核,情况属实,审核通过后于次日上报区民政局审批。区民政局审批同意后,2013年5月21日由街道办事处发放教育救助资金,当天李宁领取签字完毕。

2. 基本信息

相关信息如表5-18至表5-20所示。

表5-18 个人基本信息

家庭成员姓名	关系	工作(学习)单位	职业	月收入(元)
李宁	本人	上海金融学院	学生	0
韩丽丽	母子	无	无	0
李天明	父子	罗店镇	建筑工	2500
所处镇	罗店镇	年龄(岁)	21	
户口性质	城镇	家庭类型	重病	
申请人的性别	男	申请人的民族	汉	
家庭人数(人)	3	身份证号码	310110199407226455	
家庭月均收入(元)	2500	申请人的联系方式	18217341875	
家庭详细地址	上海市宝山区牡丹江路1088号103室			
录取高校名称	上海金融学院	层次(本科/大专)	本科	
申请事由	家庭收入微薄,无法承担大学学费			

表5-19 申请意见

居委会盖章	上海市宝山区牡丹江路居民委员会	街道政府盖章	上海市宝山区牡丹江路街道政府
街道审核意见	经审核领导小组审核,情况属实,同意上报请区民政局审批		
审核领导小组组长签字	陈浩天	签字日期	2013年5月19日
区民政局审批意见	经审核,其本人符合教育救助条件		
区民政局审批结论	符合条件	审批人签字	李朗
签字日期	2013年5月20日	区民政局盖章	上海市宝山区民政局

第五章 社会救助实务与实训

表 5-20 入户调查和救助情况

家庭经济情况	收入低，无法承担学费和医疗费；生活困苦		
调查认定情况	经入户调查，该户家庭因病致贫，造成家庭生活非常困难，建议给予救助		
调查人	毛阿敏	调查日期	2013 年 5 月 11 日
救助金额（元）	4000	经办人	向睿达
发放救助资金时间	2013 年 5 月 21 日	领取日期	2013 年 5 月 21 日

3. 所需材料

身份证原件和复印件、户口簿原件和复印件、收入证明原件和复印件、《录取通知书》原件和复印件、《交费通知书》原件和复印件。

4. 实训要求

请根据案例描述、基本信息和相关政策，在软件中模拟城镇教育救助的业务办理流程。

5. 操作步骤

城市教育救助申请所需资料—审查申请材料—填写教育救助申请审批表—入户调查—民主评议及公示—街道办事处审核—上报区民政局审批—区民政局审批—发放教育救助资金—领取教育救助资金。

（二）农村教育救助申请案例

1. 案例描述

2014 年 9 月 2 日被上海金融学院录取的韩雪儿因家里条件艰苦无法承受大学学费，希望能拿到教育补助来减轻家庭负担于 9 月 5 日向乡政府提交教育救助所需资料，待乡政府审查通过于当天填写了《教育救助申请书》，乡政府教育救助人员于次日对韩雪儿家庭进行入户调查，2014 年 9 月 7 日村委会进行民主评议，经评议无异议，于当天在社区内公告 5 天，公告无异议后，乡政府教育救助人员于 2014 年 9 月 13 日进行审核，审核通过后于次日上报县民政局审批。县民政局审批同意后，2014 年 9 月 16 日由乡政府发放教育救助资金，当天韩雪儿领取签字完毕。

2. 基本信息

相关信息如表 5-21 至表 5-23 所示。

表 5-21 个人基本信息

家庭成员姓名	关系	工作（学习）单位	职业	月收入（元）
韩雪儿	本人	上海金融学院	学生	0
韩磊	父女	横沙乡	司机	3000
谢琴	母女	横沙乡	清洁工	2000
韩信	姐弟	上海中学	学生	0

续表

所处乡	横沙乡	年龄（岁）	22
户口性质	农村	家庭类型	健全
申请人的性别	女	申请人的民族	汉
家庭人数（人）	4	身份证号码	310110199302186464
家庭月均收入（元）	3700	申请人的联系方式	18218751053
家庭详细地址	上海市崇明县横沙乡米行村112号		
录取高校名称	上海金融学院	层次（本科/大专）	本科
申请事由	家庭收入微薄，无法承担学费		

表5-22 申请意见

村委会盖章	上海市崇明县横沙乡米行村委会	乡政府盖章	上海崇明县横沙乡人民政府
乡政府审核意见	经审核领导小组审核，情况属实，同意上报请县民政局审批		
审核领导小组组长签字	陈敏	签字日期	2014年9月13日
县民政局审批意见	经审核，其本人符合教育救助条件		
县民政局审批结论	符合条件	审批人签字	向邵婷
签字日期	2014年9月14日	县民政局盖章	上海市崇明县民政局

表5-23 入户调查和救助情况

家庭经济情况	收入低，无法承担学费；生活困苦		
调查认定情况	经入户调查，该户家庭收入低，教育费用高，造成家庭生活非常困难，建议给予救助		
调查人	王蜜蜜	调查日期	2014年9月6日
救助金额（元）	4000	经办人	冯巩
发放救助资金时间	2014年9月16日	领取日期	2014年9月16日

3. 所需材料

身份证原件和复印件、户口簿原件和复印件、收入证明原件和复印件、《录取通知书》原件和复印件、《交费通知书》原件和复印件。

4. 实训要求

请根据案例描述、基本信息和相关政策，在软件中模拟农村教育救助的业务办理程序。

5. 操作步骤

农村教育救助申请所需资料—审查申请材料—申请教育救助申请审批表—进行入户调查—进行民主评议及公示—乡镇政府审核—上报县民政局审批—县民政局审批—

发放教育救助资金—领取教育救助资金。

四、情境模拟

请按照城乡教育救助的政策文件、业务办理程序及相关要求,模拟演练城市和农村教育救助申请、审核和审批的全过程,需要考虑申请者、学校、基层组织、民政部门及其他相关机构和人员的不同角色,练习业务办理的全过程。考虑正常情况和复杂情况(比如材料不合格、条件不符合等情况被驳回,以及出现争议的情况)下的全部业务处理过程。

第五节　医疗救助实务与实训

一、政策现状

政策依据包括:《社会救助暂行办法》(中华人民共和国国务院令第 649 号),《民政部　卫生部　财政部　人力资源和社会保障部关于进一步完善城乡医疗救助制度的意见》(民发〔2009〕81 号),《国务院办公厅转发民政部等部门关于进一步完善医疗救助制度全面开展重特大疾病医疗救助工作意见的通知》(国办发〔2015〕30 号),《关于调整完善我市城乡医疗救助制度的意见》(京民社救发〔2014〕219 号),《关于调整规范城乡社会救助对象医疗救助申请审批程序有关问题的通知》(京民救发〔2015〕346 号),《关于开展因病致贫家庭医疗救助有关问题的通知(试行)》(京民社救发〔2015〕403 号),《关于调整社会救助对象医疗救助相关标准的通知》(京民救发〔2017〕76 号)。

(一)救助对象

最低生活保障家庭成员和特困供养人员是医疗救助的重点救助对象。要逐步将低收入家庭的老年人、未成年人、重度残疾人和重病患者等困难群众,以及县级以上人民政府规定的其他特殊困难人员纳入救助范围。适当拓展重特大疾病医疗救助对象范围,积极探索对发生高额医疗费用、超过家庭承受能力、基本生活出现严重困难家庭中的重病患者(以下统称因病致贫家庭重病患者)实施救助。在各类医疗救助对象中,要重点加大对重病、重残儿童的救助力度。

(二)救助方式

(1)资助参保参合。对重点救助对象参加城镇居民基本医疗保险或新型农村合作医疗的个人缴费部分进行补贴,特困供养人员给予全额资助,最低生活保障家庭成员给予定额资助，保障其获得基本医疗保险服务。

（2）减免医疗费用。对救助对象经基本医疗保险、大病保险和其他补充医疗保险支付后，个人及其家庭难以承担的符合规定的基本医疗自付费用，给予补助。北京市规定，特困供养人员、最低生活保障人员和生活困难补助人员就诊时，可享受基本手术费和CT、核磁共振大型设备检查费20%，以及普通住院床位费50%的减免。

（三）救助内容

根据救助对象的不同医疗需求，开展医疗救助服务。要坚持以住院救助为主，同时兼顾门诊救助。住院救助主要用于帮助解决因病住院救助对象个人负担的医疗费用；门诊救助主要帮助解决符合条件的救助对象患有常见病、慢性病、需要长期药物维持治疗以及急诊、急救的个人负担的医疗费用。

（四）救助标准

医疗救助标准由县级以上人民政府按照经济社会发展水平和医疗救助资金情况确定、公布。各地要根据当年医疗救助基金总量，科学制定医疗救助补助方案。逐步降低或取消医疗救助的起付线，合理设置封顶线，进一步提高救助对象经相关基本医疗保障制度补偿后需自付的基本医疗费用的救助比例。

以下以北京市的医疗救助政策为例来了解医疗救助的标准。《关于调整完善我市城乡医疗救助制度的意见》（京民社救发〔2014〕219号）规定：取消医疗救助起付线。社会救助对象就诊时发生的医疗费用，在经过城镇职工基本医疗保险、城镇居民基本医疗保险或新型农村合作医疗等基本医疗保险和商业保险报销后，可按下列政策享受救助。

1. 门诊救助

（1）特困供养人员政策范围内的个人负担部分，由民政部门实报实销。民政部门管理的因公（病）致残返城知青的门诊救助参照上述人员标准执行。

（2）民政部门管理的享受原工资40%救济的20世纪60年代初精简退职老职工，政策范围内个人负担部分由民政部门按照70%给予救助。

（3）除前述人员以外未享受职工基本医疗保险的社会救助对象，政策范围内个人负担部分由民政部门按照70%给予救助，全年救助封顶线4000元。

2. 住院救助

（1）特困供养人员政策范围内的个人负担部分，由民政部门实报实销。民政部门管理的因公（病）致残返城知青的住院救助参照上述人员标准执行。

（2）民政部门管理的享受原工资40%救济的20世纪60年代初精简退职老职工，政策范围内个人负担部分由民政部门按照70%给予救助。

（3）除前述人员以外的社会救助对象，政策范围内个人负担部分由民政部门按照

70%给予救助,全年救助封顶线 40000 元。

(4) 以下两种在门诊发生的医疗费用可享受住院救助待遇:①恶性肿瘤放射治疗和化学治疗,肾透析、肾移植(包括肝肾联合移植)后服抗排异药,血友病、再生障碍性贫血、肝移植术后抗排异治疗,以及心脏移植术后抗排异治疗和肺移植术后门诊抗排异治疗的费用。②在急诊留观发生符合基本医疗保险支付范围的相关医疗费用。

二、业务办理

(一)所需材料

1. 住院押金减免和出院即时结算

(1) 提供住院押金减免和出院即时结算服务的定点医疗机构出具的住院通知单和住院押金缴费通知的复印件。

(2) 罹患重大疾病的,需提供本市二级及以上医保或新农合定点医疗机构出具的诊断证明。

(3) 怀孕分娩的,需提供生育服务证复印件。

(4) 民政部门认为需要提供的其他证明材料。

2. 事后医疗救助

(1) 北京市医疗门诊收费票据或北京市医疗住院收费票据,以及北京市城镇职工基本医疗保险或城镇居民基本医疗保险、新农合等主管部门出具的费用结算分割单。

(2) 本市医保或新农合定点医疗机构出具的诊断证明。

(3) 罹患重大疾病的,需提供本市二级及以上医保或新农合定点医疗机构出具的诊断证明。

(4) 怀孕分娩的,需提供生育服务证复印件。

(5) 民政部门认为需要提供的其他证明材料。

3. 因病致贫家庭医疗救助

(1) 户口簿及身份证复印件。

(2)《申请因病致贫家庭医疗救助经济状况和医疗费用支出情况登记表及声明书》。

(3) 年度收入证明和相关财产证明。

(4) 本市二级及以上医保或新农合定点医疗机构出具的诊断证明。

(5) 北京市医疗门诊收费票据或北京市医疗住院收费票据,以及北京市城镇职工基本医疗保险或城镇居民基本医疗保险、新型农村合作医疗、商业保险主管部门出具的费用结算分割单。

(6) 民政部门认为需要提供的其他证明材料。

(二) 办理程序

1. 住院押金减免和出院即时结算

（1）办理申请。社会救助对象办理住院押金减免和出院即时结算，应当按照属地管理的原则，由共同生活的家庭成员向户籍所在地乡镇（街道）社保所提出出具《社会救助对象享受住院押金减免和出院即时结算审查证明》的申请，同时提交证明材料。

（2）出具证明。户籍所在地乡镇（街道）社保所指导申请人填写《承诺书》和《北京市城乡社会救助对象办理住院押金减免和出院即时结算登记表》，在1个工作日内完成审查并出具《社会救助对象享受住院押金减免和出院即时结算审查证明》。

（3）实施救助。社会救助对象持享受本市社会救助的相关证件和医院出具的住院通知单以及《社会救助对象享受住院押金减免和出院即时结算审查证明》等材料，到提供住院押金减免和出院即时结算服务的定点医疗机构办理住院手续，按政策享受住院押金减免，并由定点医疗机构按照"先保险、后救助"的原则，按照医疗救助政策垫付相关治疗费用。社会救助对象只需支付自付部分即可办理出院手续。

2. 事后医疗救助

（1）申请。事后医疗救助待遇的申请按属地管理原则，救助对象向户籍所在地乡镇人民政府（街道办事处）社会保障事务所提出书面申请，并提交证明材料。

（2）受理审核。乡镇人民政府（街道办事处）社会保障事务所查验申请人享受社会救助的证件，审核申请人提供材料，指导申请人填写《北京市城乡社会救助对象事后医疗救助待遇申请表》。乡镇人民政府（街道办事处）社会保障事务所核实申请人年度内享受医疗救助情况，填写《北京市城乡社会求助对象事后医疗救助待遇审批表》，由乡镇人民政府（街道办事处）负责医疗救助审核的行政主管部门提出审核意见，并将材料上报区民政局核准。

（3）审批。区民政局对乡镇人民政府（街道办事处）提交的材料进行复核，在《北京市城乡社会求助对象事后医疗救助待遇审批表》上签署批准意见。对符合条件的，通过社会化发放的方式，于审批工作结束后10个工作日内完成资金发放工作。

3. 因病致贫家庭医疗救助

（1）申请。申请因病致贫家庭医疗救助应当在城乡居民大病保险报销后，由共同生活的家庭成员向户籍所在地乡镇人民政府（街道办事处）提出书面申请并提交相关证明材料。申请家庭应当填写《申请因病致贫家庭医疗救助经济状况和医疗费用支出情况登记表及声明书》，如实申报家庭经济状况和医疗费用支出情况，授权区民政部门对其家庭收入、家庭财产和医疗费用支出情况进行核查，同时提交上一自然年度共同生活家庭成员的证明材料。

（2）受理审核。乡镇人民政府（街道办事处）社会保障事务所对申请家庭提交的材料进行审查,材料齐备的予以受理,指导申请家庭填写《北京市因病致贫家庭医疗救助申请表》,在村(居)民委员会协助下,通过信息核对、入户调查、邻里访问以及信函索证等方式,对申请家庭的经济状况和医疗费用支出等情况进行调查核实,填写《北京市因病致贫家庭医疗救助审批表》,及时将申请家庭情况在村(居)民委员会进行第一次公示。公示期满后,同级负责医疗救助审核的主管部门提出审核意见。

(3)审批。区民政局对乡镇人民政府(街道办事处)提交的材料进行复核,将拟批准给予救助家庭的基本情况及救助金额在乡镇人民政府(街道办事处)及村(居)民委员会进行第二次公示。公示期满无异议的,区民政部门在《北京市因病致贫家庭医疗救助审批表》上签署救助意见。对符合条件的,通过社会化发放的方式,于审批工作结束后10个工作日内完成资金发放工作。

三、软件实训

(一)城镇医疗救助

1. 案例描述

居住在普陀区南杨园社区的王旭,18岁,城镇户籍,患直肠癌。父母离异,全靠母亲工作,医药费的花销大,生活困难。王旭于2014年2月5日向街道政府提交医疗救助申请资料,待街道政府审查通过后当天填写了《医疗救助申请审批表》。街道政府于次日对王旭家庭进行入户调查,2014年2月8日居委会进行民主评议,经评议无异议,于当天在社区内公告5天,公告无异议,于2014年2月14日街道政府填写审核意见后上报给区民政局审批。2014年2月16日,区民政局进行审批,审批通过后,2月19日由街道政府发放医疗救助资金,王旭于次日领取完成。

2. 基本信息

相关信息如表5-24至表5-26所示。

表5-24 个人基本信息

家庭成员姓名	与患者关系	工作单位/就读学校	月收入(含退休金)(元)	备注
王旭	本人	上海复旦大学	0	
李莉莉	母子	上海科技有限公司	5000	软件工程师
王允儿	兄妹	上海联华中学	0	
患者姓名	王旭	性别	男	
家庭人口(人)	3	户籍类别	城镇	
对象类别	特困户	联系电话	18217341866	
家庭住址	上海市普陀区桐柏路109号203室	身份证号码	310110199709273075	

续表

户名	王旭	开户银行	中国建设银行
账号	6217001220067827689	患病种类	直肠癌
就诊类型	住院	治疗医院	上海复兴医院
入院时间	2012年7月15日	医疗总费用（元）	12098
医保已报销金额（元）	6980	个人应自付费用（元）	5200
申请救助理由	家里贫困，医疗费用高		

表 5-25　申请意见

居委会盖章	上海市普陀区南杨园居民委员会	街道政府盖章	上海市普陀区曹杨新村街道政府
街道审核意见	经入户调查，该家庭生活困难，建议区民政局给予救助		
负责人签字	陈翔	审核日期	2014年2月14日
区民政局审批意见	经研究，同意一次性发放医疗救助2570元		
区民政局盖章	上海市普陀区民政局	负责人签字	张晓晓
审批日期	2014年2月16日		

表 5-26　入户调查/公示情况/救助资金

家庭经济状况	收入低，医疗费高		
调查认定情况	经入户调查，申请人上报情况属实，建议给予救助		
调查人	傅英	调查日期	2014年2月6日
监督举报电话	021-52564588	居委会电话	021-62485687
救助金额（元）	2570	年度	2014
拨付单位	上海市普陀区曹杨新村街道政府	发放经手人	韩磊

3. 所需材料

身份证原件和复印件、户口簿原件和复印件、住院医疗费用发票原件和复印件、医疗诊断书原件和复印件、家庭收入证明原件和复印件。

4. 实训要求

请根据案例描述、基本信息和相关政策，在软件中模拟城市医疗救助业务的办理程序。

5. 操作步骤

提交城市医疗救助所需资料—审查申请材料—填写城市医疗救助申请审批表—入户调查—民主评议及公示—街道审核—上报救助材料—区民政局审批—街道发放医疗救助资金—领取医疗救助资金。

(二)农村医疗救助

1. 案例描述

居住在上海市崇明县港村的李海龙,52岁,农村户籍,患冠心病。妻子50岁患类风湿性关节炎,两人均无劳动能力,儿子在上海市为司机,医药费的花销大,生活困难。李海龙于2014年7月15日向乡政府提交医疗救助申请资料,待乡政府审查通过后当天填写了《医疗救助申请审批表》。乡政府于次日对李海龙家庭进行入户调查,2014年7月17日村委会进行民主评议,经评议无异议,于当天在社区内公告5天,公告无异议,于2014年7月23日乡政府填写填写审核意见后上报给县民政局审批。2014年7月24日,县民政局进行审批,审批通过后,7月26日由乡政府发放医疗救助资金,李海龙于次日领取完成。

2. 基本信息

基本信息如表5-27至表5-29所示。

表5-27 个人基本情况

家庭成员姓名	与患者关系	工作单位/就读学校	月收入(含退休金)(元)	备注
李海龙	本人	无	0	
王小莉	夫妻	无	0	
李平	父子	上海市亦胜汽车租赁公司	6500	司机
患者姓名	李海龙	性别	男	
家庭人口(人)	3	户籍类别	农村	
对象类别	低保对象	联系电话	18217504233	
家庭住址	上海崇明县横沙乡港村三组99号	身份证号码	310110196311183077	
户名	李海龙	开户银行	中国工商银行	
账号	6217001220067844238	患病种类	冠心病	
就诊类型	住院	治疗医院	上海长征医院	
入院时间	2012年8月5日	医疗总费用(元)	45780	
医保已报销金额(元)	28750	个人应自付费用(元)	17030	
已享受医疗救助的日期	2013年2月10日	治疗所在医院名称	上海中山医院	
医疗救助金额(元)	3700	申请救助理由	家里贫困,医疗费用高	

表 5-28 申请意见

村委会盖章	上海崇明县横沙乡港村村民委员会	乡政府盖章	上海崇明县横沙乡政府
乡政府审核意见	经入户调查，该家庭生活困难，建议县民政局给予救助		
负责人签字	李磊	审核日期	2014 年 7 月 23 日
县民政局审批意见	经研究，同意一次性发放医疗救助4320元		
县民政局盖章	上海市崇明县民政局	负责人签字	穆晓晓
审批日期	2014 年 7 月 24 日		

表 5-29 入户调查/公示情况/救助资金

家庭经济状况	收入低，医疗费高		
调查认定情况	经入户调查，申请人上报情况属实，建议给予救助		
调查人	孙欣	调查日期	2014 年 7 月 16 日
监督举报电话	021-59622676	村委会电话	021-59459546
救助金额（元）	4320	年度	2014
拨付单位	上海崇明县横沙乡政府	发放经手人	韩磊

3. 所需材料

身份证原件和复印件、户口簿原件和复印件、住院医疗费用发票原件和复印件、医疗诊断书原件和复印件、家庭收入证明原件和复印件。

4. 实训要求

请根据案例描述、基本信息和相关政策，在软件中模拟农村医疗救助业务的办理程序。

5. 操作步骤

提交农村医疗救助所需资料—审查申请材料—填写农村医疗救助申请审批表—乡镇政府入户调查—村委会民主评议及公示—乡镇审核—上报救助材料—县民政局审批—发放医疗救助资金—领取医疗救助资金。

四、情境模拟

请按照城乡医疗救助的政策文件、业务办理程序及相关要求，模拟演练城市和农村医疗救助申请、审核和审批的全过程，需要考虑申请者、医院、基层组织、民政部门及其他相关机构和人员的不同角色，练习业务办理的全过程。考虑正常情况和复杂情况（比如材料不合格、条件不符合等情况被驳回，以及出现争议的情况）下的全部业务处理过程。

第六节　临时救助实务与实训

一、政策现状

临时救助是国家对遭遇突发事件、意外伤害、重大疾病或其他特殊原因导致基本生活陷入困境，其他社会救助制度暂时无法覆盖或救助之后基本生活暂时仍有严重困难的家庭或个人给予的应急性、过渡性的救助。主要政策依据：《社会救助暂行办法》（中华人民共和国国务院令第 649 号），《国务院关于全面建立临时救助制度的通知》（国发〔2014〕47 号），《关于建立临时救助制度有关问题的通知》（京民救发〔2003〕367 号），《关于规范和统筹临时救助制度的通知》（京民救发〔2008〕546 号），《北京市人民政府关于进一步完善本市临时救助制度的通知》（京政发〔2015〕26 号）。以下主要以北京市为例，介绍临时救助的相关政策内容。

（一）对象范围

（1）家庭对象。因火灾、交通事故等意外事件，家庭成员突发重大疾病等原因，导致基本生活暂时出现严重困难的家庭；因生活必需支出突然增加超出家庭承受能力，导致基本生活暂时出现严重困难的最低生活保障家庭；遭遇其他特殊困难的家庭。

（2）个人对象。因遭遇火灾、交通事故、突发重大疾病或其他特殊困难，暂时无法得到家庭支持，导致基本生活陷入困境的个人。其中，符合生活无着的流浪、乞讨人员救助条件的，由县级人民政府按有关规定提供临时食宿、急病救治、协助返回等救助。

因自然灾害、事故灾难、公共卫生、社会安全等突发公共事件，需要开展紧急转移安置和基本生活救助，以及属于疾病应急救助范围的，按照有关规定执行。

县级以上地方人民政府应当根据当地实际，制定具体的临时救助对象认定办法，规定意外事件、突发重大疾病、生活必需支出突然增加以及其他特殊困难的类型和范围。

（二）救助方式

对符合条件的救助对象，可采取以下救助方式：

（1）发放临时救助金。各地要全面推行临时救助金社会化发放，按照财政国库管理制度将临时救助金直接支付到救助对象个人账户，确保救助金足额、及时发放到位。必要时，可直接发放现金。

（2）发放实物。根据临时救助标准和救助对象基本生活需要，可采取发放衣物、食品、饮用水，提供临时住所等方式予以救助。对于采取实物发放形式的，除紧急情况外，要严格按照政府采购制度的有关规定执行。

（3）提供转介服务。对给予临时救助金、实物救助后，仍不能解决临时救助对象困难的，可分情况提供转介服务。对符合最低生活保障或医疗、教育、住房、就业等专项救助条件的，要协助其申请；对需要公益慈善组织、社会工作服务机构等通过慈善项目、发动社会募捐、提供专业服务、志愿服务等形式给予帮扶的，要及时转介。

（三）救助标准

临时救助标准要与当地经济社会发展水平相适应。县级以上地方人民政府要根据救助对象困难类型、困难程度，统筹考虑其他社会救助制度保障水平，合理确定临时救助标准，并适时调整。临时救助标准应向社会公布。省级人民政府要加强对本行政区域内临时救助标准制定的统筹，推动形成相对统一的区域临时救助标准。

以下是北京市的临时救助标准：

1. 临时救助金标准

根据临时救助对象困难程度及持续状况，临时救助金发放标准分为三档。临时救助对象以家庭为单位申请的，分别按照家庭全部成员每人1个月、2个月、3个月的当年本市城市低保标准，为其发放临时救助金；临时救助对象以个人为单位申请的，分别按照每人1个月、2个月、3个月的当年本市城市低保标准，为其发放临时救助金。临时救助金实行社会化发放，直接支付到临时救助对象个人账户；必要时，可直接发放现金。

2. 救助服务标准

（1）本市各级救助管理机构、慈善超市等，可根据临时救助对象困难情形，为本辖区内临时救助对象发放衣物、食品、饮用水等实物。

（2）本市各级救助管理机构可根据临时救助对象困难情形，为其提供临时住所、临时生活照料、心理干预等救助服务；对突发急病的临时救助对象，可提供医疗服务。

（3）符合生活无着的流浪、乞讨人员救助条件的，按照本市关于流浪、乞讨人员救助管理的有关规定，为其提供相应的救助服务。

3. 转介服务标准

对给予临时救助金和提供救助服务后，仍不能解决临时救助对象困难的，可分情况提供转介服务。对符合本市低保或医疗、教育、住房、就业等专项救助条件的，要及时转入相应救助；对需要慈善组织、社会工作服务机构等通过慈善项目、发动社会募捐、提供专业服务、志愿服务等形式给予帮扶的，要及时转介。

（四）资金来源

地方各级人民政府要将临时救助资金列入财政预算；省级人民政府要优化财政支

出结构，切实加大临时救助资金投入；城乡居民最低生活保障资金有结余的地方，可安排部分资金用于最低生活保障对象的临时救助支出。中央财政对地方实施临时救助制度给予适当补助，重点向救助任务重、财政困难、工作成效突出的地区倾斜。

北京市的临时救助资金预算与渠道：各区县政府每年要按照上一年度本市城市低保标准、上一年底由区县民政部门核定的本区县低保对象和低收入对象人数等因素，核算本区县临时救助金的总金额。核算金额公式为：区县临时救助金的总金额＝（低保对象人数＋低收入对象人数）×本市城市低保标准×12×5%。各区县政府要将临时救助资金纳入财政预算，进一步优化财政支出结构，确保临时救助资金及时到位。市民政、财政部门要通过使用中央临时救助补助资金和市级福利彩票公益金等方式，加大对区县临时救助资金的补助力度。

二、业务办理

建立"一门受理、协同办理"机制，依托乡镇人民政府（街道办事处）政务大厅、办事大厅等，设立统一的社会救助申请受理窗口，方便群众求助。根据部门职责建立受理、分办、转办、结果反馈流程，明确办理时限和要求，跟踪办理结果，将有关情况及时告知求助对象。

（一）申请受理程序

1. 依申请受理

凡认为符合救助条件的城乡居民家庭或个人均可向所在地乡镇政府（街道办事处）提出临时救助申请；受申请人委托，村（居）民委员会或其他单位、个人可代为提出临时救助申请。

（1）申请临时救助金。申请人需具有本市户籍或持有本市居住证。具有本市户籍的，应以家庭为单位，向户籍所在地乡镇政府（街道办事处）申请。持有本市居住证的，可以个人为单位，向居住地乡镇政府（街道办事处）申请。

（2）申请救助服务。对申请救助服务的家庭或个人，当地乡镇政府（街道办事处）应当协助其向辖区内的救助管理机构、慈善超市申请。符合条件的家庭或个人，也可直接向本市各级救助管理机构申请救助服务。

（3）转介服务。对需要转介服务的家庭或个人，当地乡镇政府（街道办事处）应当协助其向相关部门或单位申请。

2. 主动发现受理

（1）乡镇政府（街道办事处）、村（居）民委员会要及时核实辖区居民遭遇突发事件、意外事故、罹患重病等特殊情况，帮助有困难的家庭或个人提出救助申请。

（2）公安、城管执法等部门在执法中发现身处困境的未成年人、精神病人等无民事行为能力人或限制民事行为能力人，以及失去主动求助能力的危重病人等，应主动采取必要措施，帮助其脱离困境。

（3）乡镇政府（街道办事处）或区县民政部门在发现或接到有关部门、社会组织、公民个人报告救助线索后，应主动核查情况，对其中符合临时救助条件的，应协助其申请救助并受理。

（二）审核审批程序

1. 一般程序

（1）临时救助金审核审批。乡镇政府（街道办事处）应当在村（居）民委员会协助下，对申请人的家庭经济状况、人口状况、遭遇困难类型、困难程度等逐一调查，视情况组织民主评议，提出审核意见，并在申请人户籍地或居住地村（居）民委员会张榜公示后，报送区县民政部门审批。其中，对于持有本市居住证的申请人，由区县民政部门协调申请人户籍所在地民政部门配合做好财产核查工作。对符合条件的，应及时予以批准；不符合条件的，不予批准，并书面向申请人说明理由。

对属于本市低保、低收入家庭的申请人，乡镇政府（街道办事处）和区县民政部门在受理申请之日起7个工作日内，完成审核审批程序。

不属于本市低保、低收入家庭的申请人，其家庭财产应符合本市社会救助财产认定标准，乡镇政府（街道办事处）和区县民政部门在受理申请之日起20个工作日内，完成审核审批程序。

（2）救助服务审核。乡镇政府（街道办事处）应当在村（居）民委员会协助下，结合申请人提供的相关证明材料，对其困难情况进行调查。对经审核符合救助服务条件的，应及时协调救助管理机构、慈善超市为其提供救助服务。

（3）转介服务审核。乡镇政府（街道办事处）应当在村（居）民委员会协助下，结合申请人提供的相关证明材料，对其困难情况进行调查。对经审核符合转介服务条件、可纳入本市基本生活救助或专项救助制度保障范围的，要及时协助申请人申请；需纳入慈善组织、社会工作服务机构帮扶的，要及时转入慈善救助渠道。

2. 紧急程序

对于情况紧急、需立即采取措施以防止造成无法挽回的损失或无法改变的严重后果的，乡镇政府（街道办事处）、区县民政部门应先行救助。紧急情况解除之后，应按规定补办审核审批手续。

申请人以同一事由重复申请临时救助，无正当理由的，不予救助。申请人采取虚报、隐瞒、伪造等手段，骗取临时救助的，按照有关法律法规和规定处理。

三、软件实训

(一) 城镇临时救助

1. 案例描述

居住在普陀区雅苑社区的郭海军一家三口人都是城镇居民,郭海军因身体残疾而丧失劳动能力,找不到工作,妻子工资收入低,无法维持日常家用和医药费的花销,生活困难。郭海军于 2015 年 5 月 5 日向街道政府提交临时救助申请资料,待街道政府审查通过后当天填写了《临时救助申请审批表》。街道政府于次日对郭海军家庭进行入户调查,2015 年 5 月 8 日居委会进行民主评议,经评议无异议,于当天在社区内公告 5 天,公告无异议,2015 年 5 月 14 日街道政府填写审核意见后上报给区民政局审批。2015 年 5 月 16 日,区民政局审批通过后出具了公示书,居委会进行了第二次公示,在社区内公告 5 天,公告无异议,2015 年 5 月 22 日由街道政府发放了临时救助资金,郭海军于次日领取。

2. 基本信息

相关信息如表 5-30 至表 5-33 所示。

表 5-30 个人基本信息

家庭成员姓名	性别	与户主关系	职业	月收入(元)
郭海军	男	本人	无	0
陈春花	女	夫妻	清洁工	2300
郭星宇	男	父子	学生	0
户主年龄(岁)	40		民族	汉
婚姻状况	已婚		家庭人口(人)	3
户籍地址	上海市普陀区金沙江路		现家庭地址	上海市普陀区金沙江路 208 号 105 室
联系电话	18217341987		家庭年平均收入(元)	9200
申请人身份证号码	310110197509253415		开户名	郭海军
开户银行	中国建设银行		银行账号	6217001210047827973
家庭类别	城乡低收入家庭		年度获救情况	医疗救助
申请理由/救助原因	低收入,生活困难			

表 5-31 申请意见

居委会盖章	上海市普陀区雅苑居民委员会	街道政府盖章	上海市普陀区曹杨新区街道政府
街道审核意见	经入户调查，该户因病致贫，家庭生活困难，建议区民政局给予救助		
负责人签字	陈秋芳	签字日期	2015年5月14日
区民政局审批意见	经研究，同意一次性发放临时生活救助4800元		
区民政局审批结论	符合条件	负责人签字	张赛花
签字日期	2015年5月15日	区民政局盖章	上海市普陀区民政局

表 5-32 入户调查及两次公示情况

家庭经济状况	收入低，无法承担学费和医疗费；生活困苦		
调查认定情况	经入户调查，该户家庭因病致贫，造成家庭生活非常困难，建议给予救助		
调查人	牟小桃	调查日期	2015年5月6日
导致家庭贫困的原因	医疗费支出高	二次公示的备注	城乡低收入家庭

表 5-33 救助情况

救助金额（元）	4800	发放经手人	石玉香
发放形式	存折	发放时间	2015年5月22日

3. 所需材料

身份证原件和复印件、户口簿原件和复印件、家庭收入证明原件和复印件。

4. 实训要求

请根据案例描述、基本信息和相关政策，在软件中模拟城市临时救助业务的办理程序。

5. 操作步骤

提交城市临时救助所需资料—审查申请资料—填写城市临时救助申请审批表—入户调查—民主评议及张榜公示—街道办事处填写审核意见—上报区民政局审批—区民政局审批—出具公示书—二次公示—发放临时救助资金—领取临时救助资金。

（二）农村临时救助

1. 案例描述

居住在上海崇明县横沙乡兴胜村张植国一家四口人都是农村村民，父母在家务农以种田为主，因遭遇火灾导致家庭基本生活陷入困境。张植国于2015年6月2日向乡政府提交临时救助申请资料，待乡政府审查通过后当天填写临时救助申请审批表。2015年6月4日村委会进行入户调查和民主评议，经评议无异议，于当天在社区内公告5天，公告无异议，于2015年6月10日乡政府填写审核意见后上报给区民政局审批。2015年6月12日，县民政局审批通过后出具了公示书，村委会进行了第二次公示，在社区内公告5天，公告无异议，2015年6月18日由乡镇人民政府发放了临时救助资金，张植国于次日领取。

2. 基本信息

相关信息如表5-34至表5-37所示。

表5-34 个人基本信息

家庭成员姓名	性别	与户主关系	职业	月收入（元）
张植国	男	本人	务农	2500
徐荷花	女	夫妻	务农	2500
张莲凤	女	父女	学生	0
张卫兵	男	父子	学生	0
户主年龄（岁）	40	民族	汉	
婚姻状况	已婚	家庭人口（人）	4	
户籍地址	上海崇明县横沙乡兴胜村四组	现家庭地址	上海崇明县横沙乡兴胜村四组15号	
联系电话	18217347428	家庭年平均收入（元）	15000	
申请人身份证号码	310110197508254252	开户名	张植国	
开户银行	中国工商银行	银行账号	6217001210042477018	
家庭类别	遭受突发事件	年度获救情况	无	
申请理由/救助原因	因火灾导致家庭贫困			

表5-35 申请意见

村委会盖章	上海崇明县横沙乡兴胜村民委员会	乡镇府盖章	上海崇明县横沙乡政府
乡镇府审核意见	经入户调查，该户因火灾病致贫，家庭生活困难，建议县民政局给予救助		
负责人签字	赵敏	签字日期	2015年6月13日
县民政局审批意见	经研究，同意一次性发放临时生活救助9500元		
县民政局审批结论	符合条件	负责人签字	赵燕燕
签字日期	2015年6月15日	县民政局盖章	上海市崇明县民政局

表5-36 入户调查及公示情况

家庭经济状况	因火灾导致家庭贫困；生活困苦		
调查认定情况	经入户调查，该户家庭因火灾致贫，造成家庭生活非常困难，建议给予救助		
调查人	蒋翠翠	调查日期	2015年6月4日
导致家庭贫困的原因	临时性灾难	二次公示的备注	遭遇突发事件

表 5-37 救助情况

救助金额（元）	9500	发放经手人	晏明霞
发放形式	存折	发放时间	2015年6月18日

3. 所需材料

身份证原件和复印件、户口簿原件和复印件、家庭收入证明原件和复印件。

4. 实训要求

请根据上述案例描述、基本信息和相关政策，在软件中模拟农村临时救助申请流程。

5. 操作步骤

提交农村临时救助所需资料—审查申请材料—填写农村临时救助申请审批表—进行入户调查—村委会民主评议及张榜公示—乡镇政府填写审核意见—上报县民政局审批—县民政局审批—县民政局出具公示书—二次公示—乡镇政府发放临时救助资金—领取临时救助资金。

四、情境模拟

请按照临时救助的政策文件、业务办理程序及相关要求，模拟演练城市和农村临时救助申请、审核和审批的全过程，需要考虑申请者、基层组织、民政部门及其他相关机构和人员的不同角色，练习业务办理的全过程。考虑正常情况和复杂情况（比如材料不合格、条件不符合等情况被驳回，以及出现争议的情况）下的全部业务处理过程。

第七节 流浪乞讨人员救助实务与实训

一、政策依据

主要政策依据：国务院《城市生活无着的流浪乞讨人员救助管理办法》（国务院第381号令）、民政部《城市生活无着的流浪乞讨人员救助管理办法实施细则》（民政部第24号令）。

（一）救助对象

"城市生活无着的流浪乞讨人员"是指因自身无力解决食宿，无亲友投靠，又不享受城市最低生活保障或者农村"五保"供养，正在城市流浪乞讨度日的人员。虽有流浪乞讨行为，但不具备规定情形的，不属于救助对象。

（二）救助管理

县级以上城市人民政府应当根据需要设立流浪乞讨人员救助站。救助站对流浪乞讨人员的救助是一项临时性社会救助措施。县级以上城市人民政府应当采取积极措施及时救助流浪乞讨人员，并应当将救助工作所需经费列入财政预算，予以保障。国家鼓励、支持社会组织和个人救助流浪乞讨人员。

（三）救助内容

救助站应当根据受助人员的需要提供下列救助：

（1）提供符合食品卫生要求的食物。

（2）提供符合基本条件的住处。

（3）对在站内突发急病的，及时送医院救治。

（4）帮助与其亲属或者所在单位联系。

（5）对没有交通费返回其住所地或者所在单位的，提供乘车凭证。

（四）救助要求

流浪乞讨人员向救助站求助时，应当如实提供本人的下列情况：

（1）姓名、年龄、性别、居民身份证或者能够证明身份的其他证件、本人户口所在地、住所地。

（2）是否享受城市最低生活保障或者农村"五保"供养。

（3）流浪乞讨的原因、时间、经过。

（4）近亲属和其他关系密切亲戚的姓名、住址、联系方式。

（5）随身物品的情况。

救助站应当向求助的流浪乞讨人员告知救助对象的范围和实施救助的内容，询问与求助需求有关的情况，并对其个人情况予以登记。救助站对属于救助对象的，应当及时安排救助；不属于救助对象的，不予救助并告知其理由。对因年老、年幼、残疾等原因无法提供个人情况的，救助站应当先提供救助，再查明情况。对拒不如实提供个人情况的，不予救助。

二、业务办理

（一）办理条件

条件：

（1）申请人填写《求助登记表》；

（2）申请人需要如实填写如下信息：姓名、性别、年龄、民族、健康状况、户籍所在地、经常居住地、享受社会保障情况、流浪乞讨经过、联系人情况、来站方式以及求助需求；

（3）申请人须如实提供有效身份证件或证件号码。

（二）办理程序

1. 受理

条件：

（1）申请人填写《求助登记表》（见材料5-5）；

（2）申请人需要如实填写如下信息：姓名、性别、年龄、民族、健康状况、户籍所在地、经常居住地、享受社会保障情况、流浪乞讨经过、联系人情况、来站方式以及求助需求；

（3）申请人须如实提供有效身份证件或证件号码。

时限：即时。

2. 审核

标准：

（1）各救助管理机构与申请人户籍所在地家庭或相关部门核实，确定申请材料属实；

（2）申请人符合救助条件，即属于因自身无力解决食宿，无亲友投靠，又不享受城市最低生活保障或者农村"五保"供养，正在城市流浪乞讨度日的人员；

（3）对于因年老、年幼、残疾等原因无法提供个人情况的申请人，先予救助然后查明有关情况。

材料5-5　求助登记表

档案编号：

姓名		性别		出生日期	年　月　日	年龄		民族		照片
证件类型			证件号码							
来站时间	年　月　日　时　分				救助编号					
身高		体重		户籍地	省　　市（地区）区/县　乡/镇街道					
来站方式	□自行来站　□公安护送　□城管护送　□本站主动救助　□其他人员护送 □其他站护送　□本站接回　□其他_____									
求助内容	□饮食　□住宿　□通信　□乘车凭证　□其他_____									
求助原因	□乞讨　□务工不着　□寻亲不遇　□遗失钱财　□被盗被抢　□被骗 □被拐　□因灾　□拾荒　□其他_____									
身体状况	□基本健康　□肢体残疾　□智力残疾　□疑似精神障碍　□疑似传染病 □行动困难　□明显外伤　□严重抑郁　□躁动不安　□其他_____									
安全检查情况	□需交公安处置的物品：□炸药雷管　□腐蚀物品　□管制刀具　□其他_____ □需代为保管的物品：□锐器利器　□打火器具　□其他_____ □需丢弃的物品：□_____ □没有上述物品									

续表

寄存物品内容					求助人签字： 保管人签字：	
流浪经历				曾经救助情况		
亲属信息	姓名		亲属关系		联系电话	
护送人	姓名		证件号		联系电话	
	工作单位				护送人员签字	
是否给予救助	□是 □否		不予救助原因		不予救助通知书编号	
入站	入站时间	年 月 日 时 分			接待人员签字	
备注						

三、软件实训

此部分案例实训软件有待进一步开发。

四、情境模拟

请按照流浪乞讨人员救助的政策文件、业务办理程序及相关要求，模拟演练城市流浪乞讨人员救助申请、审核和救助的全过程，需要考虑申请者、基层组织、民政部门及其他相关机构和人员的不同角色，练习业务办理的全过程。考虑正常情况和复杂情况（比如材料不合格、条件不符合等情况被驳回，以及出现争议的情况）下的全部业务处理过程。

第八节　灾害救助实务与实训

一、政策现状

政策依据包括：《社会救助暂行办法》（中华人民共和国国务院令第649号），《救灾捐赠管理办法》（中华人民共和国民政部令第35号），《自然灾害救助条例》（中华人民共和国国务院令第577号）。

(一) 应急救助

县级以上人民政府或者人民政府的自然灾害救助应急综合协调机构应当根据自然灾害预警预报启动预警响应，采取下列一项或者多项措施：

（1）向社会发布规避自然灾害风险的警告，宣传避险常识和技能，提示公众做好自救互救准备。

（2）开放应急避难场所，疏散、转移易受自然灾害危害的人员和财产，情况紧急时，实行有组织的避险转移。

（3）加强对易受自然灾害危害的乡村、社区以及公共场所的安全保障。

（4）责成民政等部门做好基本生活救助的准备。

自然灾害发生并达到自然灾害救助应急预案启动条件的，县级以上人民政府或者人民政府的自然灾害救助应急综合协调机构应当及时启动自然灾害救助应急响应，采取下列一项或者多项措施：

（1）立即向社会发布政府应对措施和公众防范措施。

（2）紧急转移安置受灾人员。

（3）紧急调拨、运输自然灾害救助应急资金和物资，及时向受灾人员提供食品、饮用水、衣被、取暖、临时住所、医疗防疫等应急救助，保障受灾人员基本生活。

（4）抚慰受灾人员，处理遇难人员善后事宜。

（5）组织受灾人员开展自救互救。

（6）分析评估灾情趋势和灾区需求，采取相应的自然灾害救助措施。

（7）组织自然灾害救助捐赠活动。

对应急救助物资，各交通运输主管部门应当组织优先运输。

(二) 灾后救助

受灾地区人民政府应当在确保安全的前提下，采取就地安置与异地安置、政府安置与自行安置相结合的方式，对受灾人员进行过渡性安置。就地安置应当选择在交通便利、便于恢复生产和生活的地点，并避开可能发生次生自然灾害的区域，尽量不占用或者少占用耕地。

自然灾害危险消除后，受灾地区人民政府应当统筹研究制定居民住房恢复重建规划和优惠政策，组织重建或者修缮因灾损毁的居民住房，对恢复重建确有困难的家庭予以重点帮扶。居民住房恢复重建应当因地制宜、经济实用，确保房屋建设质量符合防灾减灾要求。

受灾地区人民政府民政等部门应当向经审核确认的居民住房恢复重建补助对象发放补助资金和物资，住房城乡建设等部门应当为受灾人员重建或者修缮因灾损毁的居民住房提供必要的技术支持。

居民住房恢复重建补助对象由受灾人员本人申请或者由村民小组、居民小组提名。经村民委员会、居民委员会民主评议，符合救助条件的，在自然村、社区范围内公示；无异议或者经村民委员会、居民委员会民主评议异议不成立的，由村民委员会、居民委员会将评议意见和有关材料提交乡镇人民政府、街道办事处审核，报县级人民政府民政等部门审批。

自然灾害发生后的当年冬季、次年春季，受灾地区人民政府应当为生活困难的受灾人员提供基本生活救助。受灾地区县级人民政府民政部门应当在每年10月底前统计、评估本行政区域受灾人员当年冬季、次年春季的基本生活困难和需求，核实救助对象，编制工作台账，制订救助工作方案，经本级人民政府批准后组织实施，并报上一级人民政府民政部门备案。

（三）受灾人员救助管理

自然灾害救助实行属地管理，分级负责。设区的市级以上人民政府和自然灾害多发、易发地区的县级人民政府应当根据自然灾害特点、居民人口数量和分布等情况，设立自然灾害救助物资储备库，保障自然灾害发生后救助物资的紧急供应。

自然灾害发生后，县级以上人民政府或者人民政府的自然灾害救助应急综合协调机构应当根据情况紧急疏散、转移、安置受灾人员，及时为受灾人员提供必要的食品、饮用水、衣被、取暖、临时住所、医疗防疫等应急救助。

受灾地区人民政府应当在确保安全的前提下，对住房损毁严重的受灾人员进行过渡性安置。自然灾害危险消除后，受灾地区人民政府民政等部门应当及时核实本行政区域内居民住房恢复重建补助对象，并给予资金、物资等救助。自然灾害发生后，受灾地区人民政府应当为因当年冬寒或者次年春荒遇到生活困难的受灾人员提供基本生活救助。

（四）救灾捐赠款物的使用与管理

自然灾害救助款物应当用于受灾人员的紧急转移安置，基本生活救助，医疗救助，教育、医疗等公共服务设施和住房的恢复重建，自然灾害救助物资的采购、储存和运输，以及因灾遇难人员亲属的抚慰等项支出。

救灾捐赠款物的使用范围：

（1）解决灾民衣、食、住、医等生活困难。

（2）紧急抢救、转移和安置灾民。

（3）灾民倒塌房屋的恢复重建。

（4）捐赠人指定的与救灾直接相关的用途。

（5）经同级人民政府批准的其他直接用于救灾方面的必要开支。

救灾捐赠受赠人应当对救灾捐赠款指定账户，专项管理；对救灾捐赠物资建立分类登记表册。具有救灾宗旨的公益性民间组织应当按照当地政府提供的灾区需求，提出分配、使用救灾捐赠款物方案，报同级人民政府民政部门备案，接受监督。

定向捐赠的款物，应当按照捐赠人的意愿使用。政府部门接受的捐赠人无指定意向的款物，由县级以上人民政府民政部门统筹安排用于自然灾害救助；社会组织接受的捐赠人无指定意向的款物，由社会组织按照有关规定用于自然灾害救助。

受灾地区人民政府民政、财政等部门和有关社会组织应当通过报刊、广播、电视、互联网，主动向社会公开所接受的自然灾害救助款物和捐赠款物的来源、数量及其使用情况。受灾地区村民委员会、居民委员会应当公布救助对象及其接受救助款物数额和使用情况。

发放救灾捐赠款物时，应当坚持民主评议、登记造册、张榜公布、公开发放等程序，做到制度健全、账目清楚，手续完备，并向社会公布。县级以上人民政府民政部门应当会同监察、审计等部门及时对救灾捐赠款物的使用发放情况进行监督检查。捐赠人有权向救灾捐赠受赠人查询救灾捐赠财产的使用、管理情况，并提出意见和建议。对于捐赠人的查询，救灾捐赠受赠人应当如实答复。

二、软件实训

（一）城市受灾人员救助

1. 案例描述

2012年7月8日杨浦区五角场街道遭受了台风的侵袭，造成房屋倒塌，给群众生产生活造成了巨大的损失和困难。受灾人员王源于7月10日向街道办事处提交受灾所需资料和《受灾救助申请书》，街道办事处受灾救助人员于次日交与居委会进行民主评议，经评议无异议，于当天在社区内公告5天，公告无异议。街道办事处受灾救助人员于2012年7月17日对受灾人员进行审核，审核通过后于次日上报区民政局审批。经区民政局审批同意后，于2012年7月20日区民政局建立《受灾人员救助工作台账》，根据《受灾人员救助工作台账》，以户为单位填制《灾民救助卡》，加盖印章后便发放了《灾民救助卡》，王源于次日已接收。2012年7月22日街道办事处受灾救助人员马丁根据受灾人员救助工作台账向王源发放救灾款物，并在《灾民救助卡》做好登记。当天王源领取签字完毕。

2. 基本信息

相关信息如表5-38至表5-40所示。

表 5-38 个人基本信息

救助人员姓名	与户主关系	性别	民族	身份证号码
王源	本人	男	汉	310110197509257347
李莉莉	夫妻	女	汉	310110197512097344
王晓东	父子	男	汉	310110199103157437
王莲	父女	女	汉	310110199407226456
所处镇	五角场镇	所处居委会		蓝天居民委员会
户主年龄（岁）	37	家庭住址		上海市杨浦区五角场街道 194 栋 503 室
补助人口（人）	4	农户编号		2301245630218
家庭类型	城乡低保户	银行账号		6217001210047827973
联系电话	18218759466	申请事由		因遭受台风自然灾害，造成经济损失，生活困难，特提出救济申请

表 5-39 申请意见

居委会盖章	蓝天居民委员会	街道政府盖章	上海五角场街道办事处
街道审核意见	经审核领导小组审核，情况属实，同意上报请区民政局审批		
审核领导小组组长签字	宁静	签字日期	2012 年 7 月 17 日
区民政局审批意见	经审核，其本人符合受灾救助条件		
区民政局审批结论	符合条件	审批人签字	韩磊
签字日期	2012 年 7 月 18 日	区民政局盖章	上海市杨浦区民政局
受灾救助台账填报人	王坤	受灾救助台账审核人	项昊

表 5-40 救助情况

救助口粮（千克）	280	发放金额（元）	12000
衣被救助人口（人）	4	救助衣被数量（件，床）	8、4
灾民救助卡发证机关	上海市杨浦区民政局	发证日期	2012 年 7 月 20 日

3. 所需材料

身份证原件和复印件、户口簿原件和复印件。

4. 实训要求

请根据上述案例描述、基本信息和相关政策，在软件中模拟练习城市受灾人员救助业务的办理程序。

5. 操作步骤

城市受灾救助所需资料—审查申请资料—填写受灾救助申请表—民主评议及张榜公示—街道审核—上报民政局审批—区民政局审批—建立救助台账—制发救助卡片—

接收救助卡片—发放救助资金—领取救助资金。

（二）农村受灾人员救助申请

1. 案例描述

2013年6月10日上海市崇明县遭受了地震的侵袭，造成农作物受灾、房屋倒塌，给群众生产生活造成了巨大的损失和困难。受灾人员李晓明于6月12日向乡政府提交了证明受灾所需资料和《受灾救助申请书》，乡政府受灾救助人员于次日交与村委会进行民主评议，经民主评议无异议，于当天在社区内公告5天，因公告无异议。乡政府受灾救助人员于2013年6月19日对受灾人员进行审核，审核通过后于次日上报县民政局审批。经县民政局审批同意后，2013年6月21日县民政局建立《受灾人员救助工作台账》，根据《受灾人员救助工作台账》，以户为单位填制《灾民救助卡》，加盖印章后便发放了《灾民救助卡》，李晓明于次日已接收。2013年6月23日乡政府受灾救助人员王韩志根据受灾人员救助工作台账和《灾民救助卡》向李晓明发放救灾款物。当天李晓明领取签字完毕。请根据案例描述、基本信息和相关政策，模拟受灾人员救助申请流程。

2. 基本信息

相关信息如表5-41至表5-43所示。

表5-41　个人基本信息

救助人员姓名	与户主关系	性别	民族	身份证号码
李晓明	本人	男	汉	310110197208084465
连小蝶	夫妻	女	汉	310110197202017484
李汉	父子	男	汉	310110199103157437
李治	父子	男	汉	310110199212204754
李敏	父女	女	汉	310110199209074236
所处乡	横沙乡	所处村委会	兴胜村委会	
户主年龄（岁）	43	家庭住址	上海市崇明县横沙乡兴胜村14号	
补助人口（人）	5	农户编号	2301260030213	
家庭类型	城乡低保户	银行账号	6217001810074827666	
联系电话	18217341877	申请事由	因遭受地震自然灾害，造成经济损失，生活困难，特提出救济申请	

表5-42　申请意见

村委会盖章	上海市崇明县横沙乡兴胜村民委员会	乡镇府盖章	上海崇明县横沙乡政府
乡镇审核意见	经审核领导小组审核，情况属实，同意上报请县民政局		
审核领导小组组长签字	贺小波	签字日期	2013年6月19日

续表

县民政局审批意见	经审核，其本人符合受灾救助条件		
县民政局审批结论	符合条件	审批人签字	王明
签字日期	2013年6月20日	县民政局盖章	上海市崇明县民政局
受灾救助台账填报人	谢宇	受灾救助台账审核人	向睿达

表5-43 救助情况

救助口粮（千克）	320	发放金额（元）	15000
衣被救助人口（人）	5	救助衣被数量（件，床）	10、5
灾民救助卡发证机关	上海市崇明县民政局	发证日期	2013年6月21日

3. 所需材料

身份证原件和复印件、户口簿原件和复印件。

4. 实训要求

请根据上述案例描述、基本信息和相关政策，在软件中练习农村受灾人员救助业务的办理程序。

5. 操作步骤

农村受灾救助所需资料—审查申请资料—填写受灾救助申请书—民主评议及张榜公示书—乡镇审核—上报县民政局审批—县民政局审批—建立受灾救助工作台账—制发受灾救助卡片—接收受灾救助卡片—发放救助资金—领取救助资金。

三、情境模拟

请按照受灾人员救助的政策文件、业务办理程序及相关要求，模拟演练城乡受灾人员救助申请、审核和救助的全过程，考虑应急救助、灾后救助、受灾人员救助管理、救灾捐赠款物的使用与管理等内容，考虑申请者、基层组织、民政部门及其他相关机构和人员的不同角色，模拟练习业务办理的全过程。考虑正常情况和复杂情况（比如材料不合格、条件不符合等情况被驳回，以及出现争议的情况）下的全部业务处理过程。

第九节 就业救助实务与实训

一、政策现状

（一）《社会救助暂行办法》（中华人民共和国国务院令第 649 号）

（1）国家对最低生活保障家庭中有劳动能力并处于失业状态的成员，通过贷款贴息、社会保险补贴、岗位补贴、培训补贴、费用减免、公益性岗位安置等办法，给予就业救助。

（2）最低生活保障家庭有劳动能力的成员均处于失业状态的，县级以上地方人民政府应当采取有针对性的措施，确保该家庭至少有一人就业。

（3）申请就业救助的，应当向住所地街道、社区公共就业服务机构提出，公共就业服务机构核实后予以登记，并免费提供就业岗位信息、职业介绍、职业指导等就业服务。

（4）最低生活保障家庭中有劳动能力但未就业的成员，应当接受人力资源和社会保障等有关部门介绍的工作；无正当理由，连续三次拒绝接受介绍的与其健康状况、劳动能力等相适应的工作的，县级人民政府民政部门应当决定减发或者停发其本人的最低生活保障金。

（5）吸纳就业救助对象的用人单位，按照国家有关规定享受社会保险补贴、税收优惠、小额担保贷款等就业扶持政策。

（二）《关于加强就业援助工作的指导意见》（人社部发〔2010〕29 号）

1. 对象范围

就业援助对象包括就业困难人员和零就业家庭成员。就业困难人员是指因身体状况、技能水平、家庭因素、失去土地等原因难以实现就业，以及连续失业一定时间仍未能实现就业的人员。就业困难人员的具体范围，由省、自治区、直辖市人民政府根据本行政区域的实际情况规定。零就业家庭成员是指法定劳动年龄内的家庭人员均处于失业状况的城市居民家庭中的登记失业人员。各地要结合本地区实际，明确援助对象范围条件、申报条件和经办程序，细化援助服务要求标准，确定相关扶持政策具体内容。

2. 登记认定

简化登记认定程序，使各类援助对象都能够在社区进行登记。对未进行失业登记的，要首先进行失业登记，并核发就业失业登记证明；对符合援助对象条件的，要按照规定程序及时予以公示认定,核发就业援助卡,就业援助卡与就业失业登记证明同时使用。

3. 动态管理

及时掌握援助对象的就业状态和具体情况,以社区台账和信息系统为载体,做到基本信息登记造册和动态信息及时更新。对无正当理由不接受就业援助服务或已不符合就业援助对象条件的人员,不再作为援助对象对待。

4. 分类帮扶

根据每一位援助对象的需求和特点,研究制定个性化的援助方案,设计安排专门的服务路径和援助措施,以援助协议的方式实施"一人一策"的重点帮扶。要为已就业的援助对象提供主动的跟踪服务,街道和乡镇、社区和行政村基层平台工作人员要主动上门提供服务,县级以上公共就业服务机构要定期安排人员深入基层,及时了解掌握援助对象享受政策情况,帮助他们解决就业过程中遇到的实际困难。

5. 提供优先服务

各级公共就业服务机构都要将援助对象作为优先服务的重点群体,按照人本服务要求,对就业援助各个具体工作环节,制定并实施特殊的服务流程和服务标准,明确各项援助工作的内容、时间和效果要求,实行"首问负责制",将责任落实到具体工作机构和工作人员,使援助对象在各级公共就业服务机构能够优先得到标准化、专业化的重点帮助。

6. 大力开发岗位

各地要大力开发公益性岗位,结合当地经济社会发展需要拓展岗位范围,扩大岗位规模,及时落实岗位补贴和社保补贴政策,完善公益性岗位开发和管理制度。要引导鼓励企业吸纳援助对象,帮助企业及时享受到相关政策。要积极帮助一批援助对象自主创业,着力做好创业培训、开业指导、小额贷款和跟踪服务等"一条龙"服务工作。要将短期内未就业的援助对象及时组织到职业培训中,并落实职业培训补贴政策。

(三)《关于全面推进零就业家庭就业援助工作的通知》(劳社部发〔2007〕24号)

1. 建立申报认定制度

零就业家庭是指城镇家庭中,所有法定劳动年龄内、具有劳动能力和就业愿望的家庭成员均处于失业状态,且无经营性、投资性收入的家庭。符合上述条件的家庭,可按照自愿原则,向户籍所在地的街道(乡镇)劳动保障工作机构申请零就业家庭登记认定。具体条件和登记认定程序由地方劳动保障部门规定。

2. 多渠道开发就业岗位

各地劳动保障部门要大力开发就业岗位,多渠道帮扶零就业家庭成员实现就业。要通过开发公益性就业岗位和实行相关补贴,安置年龄偏大、家庭困难的零就业家庭成员就业。要实行相应政策扶持，鼓励各类用人单位吸纳零就业家庭成员实现稳定就业；开发适用性强的创业项目，指导零就业家庭成员自主创业；扶持兴办劳动密集型小企业，推广适于家庭手工加工的项目，引导零就业家庭成员灵活就业；组织劳务输出项目，组织零就业家庭成员转移就业。

3. 扩大再就业政策扶持范围

各地要对符合条件的零就业家庭成员认真落实各项就业扶持政策。要根据党的十六届六中全会精神，结合本地实际，将再就业政策扶持范围扩大到零就业家庭成员，进一步明确扶持政策，鼓励零就业家庭成员自谋职业和自主创业，鼓励企业吸纳零就业家庭成员，提高公益性岗位安置和灵活就业人员的稳定性。要针对政策落实中的问题，改进操作办法，确保政策能够落到扶持对象身上。

4. 建立最低生活保障、失业保险与就业联动机制

探索低保、失业保险和最低工资之间的政策衔接，形成鼓励和吸引有劳动能力的低保人员积极主动就业的激励机制。合理确定最低生活保障待遇、失业保险金和最低工资标准，探索低保人员就业后其待遇在一定时期内合理延续的办法，保证就业后的困难人员总体收入水平和待遇不降低，增强有劳动能力的低保对象和失业人员的就业意愿。要抓紧制定工作方案，明确政策措施，力争年底前使每个城市都能建立起失业保险、低保制度与就业工作的联动机制。对有劳动能力和就业愿望的零就业家庭人员，应组织他们进行失业登记，提供就业服务。对正在享受失业保险待遇的人员和有劳动能力的低保人员，要将他们组织到职业介绍、职业培训、公益性劳动等就业准备活动中。劳动保障部门要与民政、财政等部门密切配合，完善相关管理办法和操作流程，建立沟通机制，依托街道社区平台，实现资源整合、信息共享，加强对低保人员的跟踪服务和动态管理。

5. 建立零就业家庭就业援助长效机制

规范企业裁员行为，加强失业调控。加强对企业裁员行为的指导，尽量避免裁减家庭成员中已经有失业人员的职工，严格控制夫妻双方同时失业，从源头上控制零就业家庭的产生。完善调查登记制度，实施动态管理。街道社区劳动保障工作人员要定期上门调查走访，准确掌握零就业家庭的总量、具体情况和就业愿望等，建立基本台账，指定专人负责，跟踪服务，对新出现的零就业家庭及时登记，实行动态管理。制定即时援助预案，出现一户解决一户。各地要制定工作预案，对新出现的零就业家庭，及时启动援助预案，实施有效的就业援助，确保一定期限内实现就业。提高灵活就业人员的就业稳定性。各地对灵活就业的零就业家庭人员，要帮助其接续社会保险关系，落实岗位补贴和社会保险补贴，提高其就业稳定性。

二、软件实训

(一) 城市就业救助城市申请

1. 案例描述

居住在上海市杨浦区五角场社区的罗湘成,45岁,城市户籍,属于协保人员,达到法定正常退休年龄退休后,便向政府申请就业救助。罗湘成于2012年7月5日向街道政府提交就业救助申请资料,待街道政府审查通过后当天填写了《就业困难人员申请审批表》。2012年7月7日居委会进行民主评议,经评议无异议,于当天在社区内公告5天,公告无异议,2012年7月14日街道政府审核通过后便填写审核意见上报给区民政局审批。2012年7月18日,区民政局进行审批,审批通过后,次日在《就业援助卡》上签署认定情况、加盖认定机构印章,完成认定工作。请根据案例描述、基本信息和相关政策,模拟就业救助申请流程。

2. 基本信息

相关信息如表5-44和表5-45所示。

表5-44 个人基本信息

姓名	罗湘成	身份证号码	310110196702163075
性别	男	户籍性质	居民户
婚姻状况	已婚	民族	汉
联系电话	18217361786	户口所在地	上海市杨浦区五角场
文化程度	大学	家庭住址	上海市杨浦区五角场190号501室
失业登记时间	2011年5月10日	困难人员类别/困难类型	协保人员

表5-45 申请意见

居委会盖章	上海市杨浦区五角场居民委员会	举报电话	021-65589017
街道审核意见	经审核,认为符合就业救助条件		
经办人签字	白晓燕	审核日期	2012年7月14日
街道政府盖章	上海市杨浦区五角场街道政府	区民政局盖章	上海市杨浦区民政局
区民政局审批意见	经研究,同意一次性发放就业救助6500元		
经办人签字	李天寒	审批日期	2012年7月18日
就业援助对象认定情况	年满45周岁,属于协保人员	认定日期	2012年7月19日
认定机构	上海市杨浦区民政局	经办人	王珊

3. 所需材料

身份证原件和复印件、户口簿原件和复印件、就业失业登记证原件和复印件。

4. 实训要求

请根据上述案例描述、基本信息和相关政策，在软件中练习城市就业救助业务的办理程序。

5. 操作步骤

提交城市就业救助所需资料—审查申请材料—填写就业困难人员申请审批表—民主评议及公示—街道审核—上报区民政局审批—区民政局审批—予以证明—接收批复。

（二）农村就业救助申请

1. 案例描述

居住在上海崇明县横沙乡兴胜村的李连成，32岁，农村户籍，靠被征地而领取生活费补贴，期满后仍难以实现就业，便向政府申请就业救助。李连成于2012年7月15日向乡政府提交就业救助申请资料，待乡政府审查通过后当天填写了《就业困难人员申请审批表》。2012年7月17日村委会进行民主评议，经评议无异议，当天在社区内公告5天，公告无异议，于2012年7月24日乡政府审核通过后便填写审核意见上报给县民政局审批。2012年7月25日，县政局进行审批，审批通过后，次日在《就业援助卡》上签署认定情况、加盖认定机构印章，完成认定工作。

2. 基本信息

相关信息如表5-46和表5-47所示。

表5-46　个人基本信息

姓名	李连成	身份证号码	310110198011163083
性别	男	户籍性质	农业
婚姻状况	已婚	民族	汉
联系电话	18217341877	户口所在地	上海崇明县横沙乡兴胜村
文化程度	初中	家庭住址	上海崇明县横沙乡兴胜村二组53号
失业登记时间	2011年7月5日	困难人员类别/困难类型	被征地并领取生活费补贴期满后仍难以实现就业的人员

表 5-47 申请意见

村委会盖章	上海崇明县横沙乡兴胜村民委员会	举报电话	021-65799072
乡镇府审核意见	经审核，认为符合就业救助条件		
经办人签字	赵小敏	审核日期	2012年7月24日
乡镇府盖章	上海崇明县横沙乡政府	县民政局盖章	上海市崇明县民政局
县民政局审批意见	经研究，同意一次性发放就业救助13000元		
经办人签字	向睿达	审批日期	2012年7月25日
就业援助对象认定情况	属于被征地并领取生活费补贴期满后仍难以实现就业的人员	认定日期	2012年7月26日
认定机构	上海市崇明县民政局	经办人	万致远

3. 所需材料

身份证原件和复印件、户口簿原件和复印件、就业失业登记证原件和复印件。

4. 实训要求

请根据案例描述、基本信息和相关政策，在软件中练习农村就业救助申请的业务流程。

5. 操作步骤

提交就业救助申请资料—审查申请资料—申请就业救助—村委会民主评议及公示—乡镇审核—上报县民政局审批—县民政局审批—县民政局予以证明—接收批复。

三、情境模拟

请按照就业救助的政策文件、业务办理程序及相关要求，模拟演练城乡就业救助申请、审核和救助的全过程，考虑申请者、基层组织、民政部门及其他相关机构和人员的不同角色，模拟练习业务办理的全过程。考虑正常情况和复杂情况（比如材料不合格、条件不符合等情况被驳回，以及出现争议的情况）下的全部业务处理过程。

参考文献

［1］陈良瑾：《社会保障教程》，知识出版社1990年版。

［2］孙光德、董克用：《社会保障概论》，中国人民大学出版社2001年版。

［3］曹立前：《社会救助与社会福利》，中国海洋大学出版社2006年版。

［4］郑功成：《社会保障概论》，复旦大学出版社2006年版。

［5］曾华源等：《社会工作专业价值与伦理概论》，洪叶文化事业有限公司2011年版。

［6］郑功成：《社会保障学——理念、制度、实践与思辨》，商务印书馆2013年版。

［7］高灵芝：《社会保障概论》，山东人民出版社2016年版。

［8］王延中、龙玉其：《社会保障概论》，中国人民大学出版社2017年版。

［9］"北京调整城乡居民养老保险参保缴费标准"，网易财经，http://money.163.com/17/0216/16/CDDMK6QL002580S6.html，2017年2月16日。

［10］"人社部回应跨省异地就医四问：谁受益？咋办理？"，中国新闻网，http://www.chinanews.com/gn/2017/09-27/8341052.shtml，2017年9月27日。

［11］陆士桢、常晶晶：《简论儿童福利和儿童福利政策》，《中国青年政治学院学报》2003年第1期。

［12］龙玉其：《社会保障在收入再分配中的作用》，《前沿》2013年第11期。

［13］陈银娥：《社会福利（21世纪社会工作系列教材）》，中国人民大学出版社2006年版。

［14］钟仁耀：《社会救助与社会福利》，上海财经大学出版社2013年版。